SARDAIGNE

Les auteurs du guide Évasion Sardaigne

Ce guide a été réalisé par une équipe d'auteurs et d'experts de la Sardaigne, qui ont rassemblé leurs meilleurs conseils pour vous aider à composer votre propre voyage.
La présente édition a été revue et augmentée par **Veronica Maiella**, Italienne née à Naples, journaliste et auteure de voyage. Elle a arpenté la Sardaigne de long en large et a particulièrement aimé ses paysages montagneux et ses excursions dans la région du Supramonte. Elle vous livre ici toutes ses trouvailles : ses plages préférées, ses balades secrètes, ses adresses et ses coups de cœur.
L'édition originale a été établie par **Nathalie Rouveyre-Scalbert**, journaliste française ayant habité Milan, et par **Anthony Moinet**, un voyageur au long cours qui a vécu à Milan et épousé une Italienne.

Guide evasion

Site archéologique de Tharros

À SAVOIR

➤ **Climat :** climat méditerranéen. Du printemps à l'automne, l'île est très agréable. Vous trouverez plus de monde en été.
➤ **Formalités :** carte d'identité ou passeport en cours de validité pour les ressortissants de l'UE.
➤ **Durée de vol :** 2h pour un vol Paris-Olbia et 4h pour un vol Paris-Cagliari avec escale.
➤ **Décalage horaire :** aucun
➤ **Devise :** euro
➤ **Santé :** aucun vaccin exigé. En cas de traitement, pensez à vous munir de vos médicaments car vous ne serez pas assuré de trouver les mêmes.
➤ **Budget :** comptez entre 70 et 100 €/jour/pers. si vous souhaitez dormir dans un *agriturismo* et manger dans un bon restaurant.

CARTES ET PLANS

Les incontournables de la Sardaigne	**rabat avant**
La Gallura	**32-33**
L'archipel de La Maddalena	49
Le Nord-Ouest	**72-73**
Sassari	76-77
Alghero	97
Le Sud-Ouest	**115**
Sant'Antioco et San Pietro	143
Cagliari et ses environs	**152-153**
Cagliari	156-157
La côte orientale	**174-175**

Sommaire

- *Les incontournables* 5
- *Si vous aimez…* 9
- *La Sardaigne, c'est aussi…* 13
- *Nos plages préférées* 15
- *Nos activités préférées* 17
- *4 circuits sur mesure* 18
- *Sur le blog Évasion* 26

VISITER 28

La Gallura 30
- **1** Olbia et ses environs 34
- **2** La Costa Smeralda 40
- **3** L'archipel de La Maddalena, Palau et l'île des Gabbiani 47
- *Coup de cœur : L'archipel de La Maddalena, une folie minérale sur la mer* 55
- **4** Tempio Pausania et l'arrière-pays de la Gallura 56
- *Randonnée : La découverte du mont Limbara* 62
- **5** De Santa Teresa Gallura à Castelsardo, la côte nord 64

Le Nord-Ouest, entre terre et mer 70
- **6** Sassari 74
- **7** Les églises romanes du Logudoro 81
- **8** Le golfe de l'Asinara 86
- *Balade secrète : Retour à la nature : découverte du parc de l'Asinara* 95
- **9** Alghero 96
- **10** Les environs d'Alghero 104
- **11** Bosa et ses environs 108

Le Sud-Ouest, art et nature 114
- **12** Oristano et la péninsule du Sinis 116
- **13** Ghilarza et ses environs 123
- **14** Barumini et la Giara di Gesturi 128
- **15** L'Iglesiente 133
- **16** Sant'Antioco et San Pietro 142

Cagliari et ses environs 150
- **17** Cagliari 154
- **18** De Pula à la Costa del Sud 165
- **19** De la Costa Rei à la vallée du Flumendosa 168

La côte orientale 172
- **20** L'Ogliastra 176
- **21** Le golfe d'Orosei 182
- *Balade secrète : Échappée belle à Bidderosa, une oasis d'exception* 187
- **22** Nuoro et la Barbagia 188
- *Randonnée : Le canyon Gorropu* 196
- *Balade secrète : Au pied du Supramonte : Su Gologone et Lanaittu* 199

MANGER, DORMIR… 200

- La Gallura 202
- Le Nord-Ouest 212
- Le Sud-Ouest 220
- Cagliari et ses environs 226
- La côte orientale 231

TOUT SAVOIR SUR… 238

- Histoire 240
- Fêtes et religion 246
- Culture 250
- Société 252
- Économie 254
- Nature 256
- Gastronomie 258

CARNET PRATIQUE 260

- Avant de partir 262
- Sur place 267
- Lexique 284
- Index 286

Plage de La Maddalena

Les incontournables

Archipel de La Maddalena

Au cœur des bouches de Bonifacio, l'archipel de la Maddalena offre l'un des paysages les plus grandioses de toute la Sardaigne. Avec ses eaux cristallines, ses chaos rocheux fabuleux au ras des flots, sans oublier sa faune et sa flore protégées, les sept îles (seulement deux sont habitées) sont littéralement prises d'assaut en été. Essayez de venir plutôt hors saison : l'archipel retrouve alors son caractère sauvage et féerique !

> p. 48

Basilique Santissima Trinità della Saccargia

Non loin de Sassari, cette église est un superbe exemple d'architecture romane de l'île. Reconnaissable par son clocher élancé, sa magnifique et insolite façade extérieure en calcaire et basalte laisse deviner une influence pisane. Son abside conserve de remarquables peintures, très probablement réalisées par des artistes pisans.

> p. 82

Stintino et l'Asinara

À l'extrémité nord-ouest, Stintino est surtout connue pour la superbe plage de La Pelosa, qui figure incontestablement parmi les plus belles de toute la Sardaigne. Avec ses deux jolies marinas, ce charmant village est également un parfait point de chute pour partir à l'aventure dans l'île de l'Asinara, toute proche, une sublime réserve naturelle accessible uniquement par bateau et encore méconnue des touristes.

> p. 90 et 91

Alghero

Alghero reste très attachée à son passé catalan. Elle en garde des traces évidentes dans les magnifiques rues lumineuses du centre et le long de ses imposants remparts ponctués de tours. Admirez le coucher de soleil depuis l'une de ses agréables terrasses de café, sur les fortifications, et profitez de merveilleuses plages aux portes de la ville.

> p. 97

Basilique Santissima Trinità della Saccargia

Les façades colorées de Bosa

Bosa

Classée parmi les « bourgs les plus beaux d'Italie », la ville de Bosa est située au sud d'Alghero. La visite de sa forteresse médiévale permet d'embrasser une vue à 360° sur la ville. Le superbe quartier de Sa Costa sera l'occasion d'une jolie balade dans ses ruelles étroites aux maisons pastel. N'oubliez pas ensuite de flâner le long du fleuve Temo où se trouvent les anciennes tanneries, les Sas Conzas.

> *p. 109*

Site archéologique de Su Nuraxi

Cette exceptionnelle forteresse néolithique frappe par sa taille et par son plan atypique. Situé à l'intérieur des terres, entre les provinces de Cagliari et d'Oristano, ce site, inscrit au patrimoine mondial de l'humanité, témoigne d'un passé singulier propre à la Sardaigne : la civilisation nuragique à l'âge du bronze.

> *p. 129*

Carloforte

Cette magnifique localité est la seule commune de l'île de San Pietro et se rejoint uniquement par ferry au départ de Calasetta, sur l'île voisine de Sant'Antioco. Ville dont l'identité est ici plus qu'ailleurs liée à la mer, Carloforte forme un charmant contraste avec toute autre localité sarde. L'héritage ligure est ici partout : des ruelles étroites du centre aux façades peintes des maisons, des spécialités gastronomiques jusqu'au dialecte des habitants.

> *p. 147*

Quartier Castello à Cagliari

Au cœur de la ville, le plus ancien quartier de Cagliari renferme de nombreux musées et quelques trésors d'architecture, comme la cathédrale et les tours de guet. Du haut du *bastione* di San Remy, c'est un panorama époustouflant qui s'offre à vous. Attablé à la terrasse de l'un des nombreux bars branchés, on peut apprécier cette vue inestimable.

> *p. 159*

Le phare de Carloforte

Golfe d'Orosei

Magnifique arc de cercle bordé de falaises calcaires, le golfe d'Orosei dévoile un environnement naturel d'une beauté vierge, qui s'étend sur environ 50 km le long du littoral oriental. La plupart de ses plages idylliques, comme Cala Goloritzè ou Cala Luna, ne sont accessibles qu'en bateau ou par de longs sentiers.

> p. 182

Supramonte

Ses pics escarpés recèlent les plus belles balades de l'île, notamment celle qui mène au canyon Gorropu, l'un des plus importants d'Europe. Des villages de montagne – Oliena, Orgosolo, Urzulei – jalonnent une route sinueuse, la SP125, qui offre de beaux panoramas jusqu'au golfe d'Orosei.

> p. 191

Village préhistorique de Tiscali

L'accès au site le plus impressionnant de la civilisation nuragique n'est pas aisé. C'est uniquement par une splendide randonnée dans la vallée du Riu Flumineddu, à l'est de l'île, que l'on y accède. Dissimulés dans une caverne dont la voûte s'est effondrée, des vestiges de constructions typiques en pierre de forme conique se dévoilent.

> p. 191

Une fresque murale à Orgosolo

Orgosolo et ses peintures murales

Au cœur de la Barbagia, Orgosolo exprime l'âme contestatrice du territoire. C'est ici que dans les années 1960 un groupe anarchique réalisa une première peinture murale pour dénoncer les injustices sociales. Depuis, plus de cent graffitis décorent les murs de ce charmant village, qu'il faut absolument découvrir le long du corso Repubblica ou en suivant la SP22 vers Oliena.

> p. 192

Cala Goloritzè dans le golfe d'Orosei

Les impressionnantes falaises de Capo Caccia

Si vous aimez…

Les ambiances de fêtes

Le calendrier des festivités sardes est marqué par un nombre considérable de manifestations. Parmi les plus importantes, on citera la fête de Sant'Efisio, spectaculaire marche costumée entre Cagliari et Nora *(p. 248)* ; la très colorée Sartiglia à Oristano *(p. 247)*, où les cavaliers se livrent à des prouesses acrobatiques à cheval ; les cortèges mystérieux emprunts de mysticisme de Lunissanti à Castelsardo *(p. 248)*. Sans oublier le carnaval de Mamoiada et ses impressionnants *mamuthones*, une procession dansée qui se tient en janvier *(p. 247)* !

Les mamuthones *de Mamoiada*

Les routes panoramiques

Les motards le confirmeront : les routes sinueuses de l'île se prêtent particulièrement aux balades motorisées. La route SP49 qui relie Alghero à Bosa *(p. 109)* est parmi les plus panoramiques mais d'autres parcours ne sont pas à dédaigner. La SS125, l'Orientale Sarda *(p. 172)*, relie Cala Gonone aux sommets du Supramonte et du Gennargentu alors que la SS392 (suivre ensuite les panneaux pour « Vallicciola » entre Tempio Pausania et Oschiri) traverse le vert boisé du Monte Limbara *(p. 60)* jusqu'à la vallée du lac Coghinas *(p. 84)*.

Vue depuis la route panoramique entre Bosa et Alghero

Le Gennargentu

Colonne, sur l'île de San Pietro *(p. 146)* ; des massifs de pierre calcaire façonnés par le vent, comme le Supramonte *(p. 191)* ; des sommets enneigés comme la Punta La Mamora (1 834 m) dans le Gennargentu *(p. 195)* ; ou encore de spectaculaires dunes de sable atteignant 50 m de hauteur à Piscinas *(p. 139)*, sur la côte sud-ouest.

Les villages traditionnels

Dans l'arrière-pays, les villages vivent à un rythme d'un autre temps. Souvent perchés à flanc de colline, ils dégagent une atmosphère authentique. Ceux de la Barbagia sont les plus ancrés dans la tradition : remontez le temps à Orgosolo *(p. 192)*, Oliena *(p. 192)*, Tonara *(p. 195)* et Aritzo *(p. 195)*.

Les paysages spectaculaires

La Sardaigne est un caléidoscope de paysages aussi impressionnants que diversifiés : des falaises à pics sur la mer, comme le Capo Caccia *(p. 106)*, sur la côte nord-ouest, ou la Punta delle Colonne, sur l'île de San Pietro *(p. 146)* ; des massifs de pierre calcaire façonnés par le vent, comme le Supramonte *(p. 191)* ; des sommets enneigés comme la Punta La Mamora (1 834 m) dans le Gennargentu *(p. 195)* ; ou encore de spectaculaires dunes de sable atteignant 50 m de hauteur à Piscinas *(p. 139)*, sur la côte sud-ouest.

Les vestiges préhistoriques

La Sardaigne est la terre des nuraghes, ces tours coniques faites de gros blocs de pierre datés essentiellement de l'âge du bronze (-2200 à -800 av. J.-C.). Le site archéologique de Su Nuraxi *(p. 129)* est le plus important, classé au patrimoine mondial de l'humanité. Celui de Tiscali *(p. 191)*, niché dans une grotte, est probablement le plus évocateur. Quant au nuraghe de Santu Antinu *(p. 82)*, sur la côte Ouest, il est encore parfaitement conservé et moins fréquenté. Enfin, le sanctuaire de Santa Cristina *(p. 125)*, avec son puits sacré, garde son caractère mystique.

Plage de Cala Domestica

Les asinelli de l'Asinara

La gastronomie

On doit au monde pastoral la majorité des références culinaires de la Sardaigne *(p. 258)*. Ainsi, ne manquez pas les fromages tels que le ***pecorino***, véritable institution sarde ; les viandes rôties et les salaisons, comme le ***porceddu*** ; mais aussi la ***bottarga*** et le **thon**, les deux principales spécialités de poissons sardes. Et pour accompagner tous ces plats, vous aurez bien sûr le choix entre un vin rouge, le **cannonau**, et un vin blanc, le **vermentino**.

La mer cristalline

Plus claire que du cristal, plus limpide qu'une source, vous resterez admiratifs devant la couleur de l'eau, où que vous soyez. **Vert émeraude** sur la Costa Smeralda *(p. 40)*, **bleu turquoise** vers le golfe d'Oristano *(p. 122)*, **azur** dans celui de l'Asinara *(p. 89, 91)*… Les plages de Sardaigne sont baignées par une mer aux nuances infinies. Les fonds riches des côtes méditerranéennes font également de l'île une destination idéale pour le snorkeling et la plongée.

Les églises romanes

L'abondance d'églises romanes remonte à la période des judicats, sorte de royaumes indépendants du Moyen Âge. Les plus importantes se concentrent au nord : la Santissima Trinità della Saccargia *(p. 82)* à Codrongianos et Sant'Antioco de Bisarcio *(p. 83)*, près d'Ozieri. Il faudra se déplacer légèrement plus au sud pour ne pas rater San Pietro de Sorres *(p. 82)* et son monastère bénédictin, mais aussi la petite San Pietro extra muros de Bosa *(p. 112)*, de l'autre côté du Temo.

La faune et la flore

La Sardaigne affiche une importante biodiversité. Les ânes de l'Asinara *(p. 92)*, les *cavallini* (petits chevaux) du haut plateau de la Giara et les cerfs de Sardaigne sont des espèces propres à l'île. Elles y côtoient l'aigle royal, des mouflons, des renards et même des tortues marines. Côté flore, le chêne vert et le chêne-liège sont prospères dans les forêts, et le maquis méditerranéen (beaucoup de myrte, d'arbousiers et des figuiers de Barbarie) a pris racine le long des côtes.

Les parcs naturels

À la mer, à la montagne, mais aussi sur des hauts plateaux : la Sardaigne a intelligemment protégé ses beautés naturelles. On admirera la côte nord protégée par le parc naturel de l'Asinara *(p. 92)* et par celui de La Maddalena *(p. 48)*, alors que le Parco nazionale del Gennargentu *(p. 194)* sauvegarde les sommets de montagne et les spectaculaires falaises du golfe d'Orosei *(p. 182)*. Les verts explosent dans toutes leurs tonalités dans les bois du Monte Limbara *(p. 60)*. Le Capo San Marco *(p. 122)*, sur la presqu'île du Sinis, a découpé son paysage à la mer.

Les mines de Montevecchio

La Sardaigne c'est aussi…

Du cochon

On ne cessera de vous proposer, tout au long de votre séjour, du *maialetto* ou du *porceddu*. Ce porcelet délicatement rôti à la broche au feu de bois est la fierté des tables sardes *(p. 259)*. Croquant à l'extérieur et tendre à l'intérieur, on vous en servira dans tous les restaurants et dans les *agriturismi*. Vous en trouverez également déjà cuisiné en vente dans les rôtisseries, en particulier pour le 15 août.

Du vin

La Sardaigne possède elle aussi sa palette de bons vins. Vous pourrez les découvrir en visitant des caves réputées, comme Sella & Mosca près d'Alghero *(p. 218)* et Antichi Poderi di Jerzu *(p. 232)* ou bien simplement à table : testez-y des vins mythiques comme le vermentino de la Gallura, parfait avec poisson et fruits de mer, le cannonau de l'Ogliastra *(p. 259)*, incontournable avec un cochonnet à la broche, et le carignano des îles Sulcitanes, allié rêvé du thon.

Des mines abandonnées

La côte entre Portoscuso et Arborea conserve la mémoire d'un passé glorieux, à l'époque où la Sardaigne était un des principaux centres miniers d'Europe. Perdus au milieu du maquis, à Montevecchio et Ingurtosu *(p. 140)* vous découvrirez des immeubles abandonnés de style Liberty (l'Art déco italien), des tronçons de chemins de fer et des chariots fantômes rongés par le sel et le sable. À Buggerru, les tunnels de la galerie Henry *(p. 138)* conservent encore le souvenir du train souterrain qui transportait les minerais. Près de Cala Domestica *(p. 138)* se trouvent toujours les ruines des anciens entrepôts.

Des *sagre*

Les *sagre* sont des fêtes dédiées à une spécialité gastronomique du territoire, et la Sardaigne, avec ses particularités locales, en est riche *(p. 247)*. La *sagra* du pain, de la friture de poisson, de la viande de mouton : chaque village en organise au moins une ! Demandez des informations où vous logez : ce sera l'occasion de goûter aux productions du terroir et de vivre les fêtes de village les plus authentiques.

Des nuits de fêtes

De juin à fin septembre, la Sardaigne prend des allures d'Ibiza. En effet, ses plages dorées et sa mer turquoise attirent autant de bons vivants que de petites familles. À l'heure de l'*aperitivo*, l'ambiance est là, en sirotant un verre tout en écoutant le dernier tube de la saison. Après le dîner, place à la fête ! Les boîtes de nuit tendance de la Costa Smeralda *(p. 40)*, d'Alghero *(p. 96)* ou du golfe d'Oristano *(p. 118)* changent à chaque saison. L'ambiance et les acteurs restent les mêmes : très habillés, très maquillés et avec une envie débordante de faire la fête jusqu'au bout de la nuit.

De l'huile

Moins réputée que celle d'autres régions italiennes, la production en huile affiche quand même quelques excellences, récompensées par des prix officiels. Les domaines de l'Accademia Olearia et l'Antica Compagnia Olearia Sarda se trouvent près d'Alghero. Près de Nuoro, l'huile biologique de la famille Sanna est à goûter.

Des traces phéniciennes et romaines

La Sardaigne a été une escale importante pour le commerce dans la Méditerranée occidentale. Pendant l'Antiquité, ce sont les Phéniciens et les Romains qui y faisaient halte. Des vestiges de ces temps subsistent principalement au sud de l'île – à Tharros *(p. 120)*, au capo San Marco *(p. 122)* et au théâtre romain de Nora *(p. 166)* près de Pula – jusqu'à la ville de Fordongianus et ses anciens thermes romains *(p. 127)*.

Plage de La Pelosa et vue sur l'Isola Piana

Nos plages préférées

Retrouvez ces plages sur la carte des incontournables en rabat avant.

La Cinta

La plage la plus fréquentée de San Teodoro s'étend sur 4 km face à une mer aux mille reflets. Une fine langue de terre la sépare d'une vaste lagune où nidifient des oiseaux. Buvette et location de bateaux et canoës.

> p. 39

Cala Portese

Sur l'île de Caprera, la Cala Portese est aussi connue sous le nom de *spiaggia dei due mari* (plage des deux mers). Cette crique aux eaux cristallines est abritée par de jolies dunes (protégées).

> p. 52

Porto Ferro

Deux tours du XVIIe s. gardent la baie de Porto Ferro, avec derrière elle le lac de Baratz, entouré de maquis. Cette plage peu fréquentée s'étend sur 2 km à l'extrême nord de la rivière du Corallo.

> p. 107

La Pelosa

Gardée par deux tours aragonaises, c'est la plage préférée des habitants de Sassari. À quelques encablures à la nage d'Isola Piana, La Pelosa affiche du sable ultra-blanc et une mer couleur lagon. Ses fonds marins conviennent bien à la plongée et au snorkeling.

> p. 90

Is Arutas

Proche d'Oristano, Is Arutas est aussi surnommée « la plage des grains de riz ». Ce nom fait référence aux grains de quartz qui composent son sable et prennent des reflets roses. Bordée d'une pinède, la plage s'ouvre sur une eau transparente.

> p. 122

Cala Domestica

Gardée par une tour espagnole et invisible de la route, il s'agit d'une des plus petites plages de l'île. Les blanches falaises calcaires qui l'entourent assurent une sensation d'intimité et ses fonds marins peu profonds en font un spot réputé pour la pêche sous-marine.

> p. 138

Piscinas

Le long de la Costa Verde, la plage est balayée par le mistral et appréciée par les surfeurs. Ses dunes font face à une mer d'un bleu profond. Naturelle et isolée, elle accueille les tortues marines qui viennent y déposer leurs œufs.

> p. 139

Su Giudeu

Entourée de genévriers et de pins parasols, cette crique splendide est l'un des trésors de la baie de Chia, ce qui explique qu'elle soit souvent prise d'assaut en été. Les fonds peu profonds sont parfaits pour le snorkeling.

> p. 167

Plage de Tuerredda

Tout au sud, entre Capo Spartivento et Capo Malfatano, la plage de Tuerrada est une longue étendue de sable fin et blanc. Le maquis méditerranéen qui l'entoure confère à la mer des couleurs tropicales.

> p. 167

Cala Luna

C'est certainement la plus belle plage du golfe d'Orosei. Vous ne l'atteindrez qu'à pied, au bout d'un long sentier en pente. Bordée de maquis et fermée par de hautes falaises calcaires, la plage est un mélange de sable et de minuscules cailloux blancs.

> p. 184

Le trenino verde

Nos activités préférées

La randonnée

L'île est sillonnée par des sentiers : on rejoint des plages éloignées comme Cala Luna dans le golfe d'Orosei *(p. 183)*, on traverse le canyon Gorropu dans le Supramonte *(p. 196)* ou on marche jusqu'à des sites préhistoriques comme Tiscali *(p. 191)*. À noter : les balises ne sont pas toujours en bon état, savoir lire une carte topographique ou faire appel aux services d'un guide peut s'avérer nécessaire.

La plongée et le snorkeling

L'île de Tavolara *(p. 203)*, le Capo Carbonara *(p. 230)* et l'île d'Asinara *(p. 211)* sont les principales réserves marines de la Sardaigne et, donc, de sublimes spots de plongée. La plupart des clubs de plongée sur place proposent du snorkeling, pour ceux qui voudraient profiter des fonds sous-marins tout en restant en surface.

La voile et le kayak

Grâce à son exposition aux vents, l'île est particulièrement réputée pour pratiquer la planche à voile et, plus récemment, le kitesurf. Vous pourrez en faire sur les îles des Gabbiani *(p. 208)* ou de Caprera *(p. 207)*. Au sud, dirigez-vous vers les environs de Cagliari *(p. 228)*. Le kayak n'est pas en reste : il est pratiqué dans le golfe d'Orosei *(p. 234)* pour explorer ses criques.

En selle !

Même si on attend la mise en place de 42 itinéraires à vélo (plus de 2 000 km de pistes cyclables à aménager), la Sardaigne reste quand même une destination qui se prête aux deux-roues. Ses nombreuses « routes blanches », non asphaltées, sont idéales pour des vélos tout-terrain. Alors, explorez le plateau de la Giara *(p. 131)* à bicyclette, ce qui permet de le découvrir aisément en une seule journée.

Spéléologie

La grotte d'Ispinigoli *(p. 185 et p. 234)*, près de Dorgali, est sans aucun doute la plus renommée. Mais l'ensemble de l'arrière-pays est caractérisé par ses cavités rocheuses, comme celles de Sa Oche et Su Bentu (à l'est), ou la grotte Is Zuddas (pointe sud). Les côtes escarpées en sont tout aussi riches : on visitera en bateau celles du Bue marino et de Neptune *(p. 107)*. La grotte de Nereo, parmi les plus grandes cavités sous-marines de la Méditerranée, est destinée uniquement aux plongeurs expérimentés.

Trenino verde

Le *trenino verde* est un moyen de transport pittoresque : remis en service avec des locomotives à vapeur ou des automotrices, ce petit train touristique utilise le réseau à voie métrique construit au XIXe s. Actuellement, quatre circuits sont possibles sur l'île, dont le Bosa-Macomer *(p. 112)* et le Tempio-Palau *(p. 60)*. La ligne Arabatax-Gairo *(p. 179)* qui traverse le Gennargentu, a été suspendue à cause des dommages dus aux incendies de l'été 2017 ; tout est mis en œuvre pour rouvrir cette ligne au plus vite. Allant où les routes ne vont pas, c'est un moyen féerique de découvrir l'arrière-pays.

Observation des oiseaux

Au sud, observez le flamant rose dans la lagune de Molentagius, près de Cagliari. Les étangs de Cabras *(p. 119)* et de Mistras, dans la péninsule du Sinis, sont également riches en oiseaux : on y aperçoit le héron et le cormoran et encore le flamant rose, omniprésent. Au nord, les salines de Stintino *(p. 90)* et Platamona *(p. 89)* sont connues pour l'observation des volatiles, alors qu'entre Alghero et Bosa *(p. 104)*, en s'armant de patience, vous pourrez apercevoir le rare vautour fauve.

4 circuits sur mesure

Circuit 1
10 jours pour voir l'essentiel

Avec un choix de coups de cœur et de quelques incontournables de l'île, cet itinéraire vous permettra d'avoir un bon aperçu de l'ensemble des richesses de l'île.

Jours 1 et 2 : Costa Smeralda

➤ ***Porto Cervo est à 30 km N d'Olbia.***

Matinée fashion à Porto Cervo. Après avoir pris l'apéro sur la séduisante *piazzetta* (petite place), montez jusqu'à San Pantaleo pour profiter du panorama. Passez la nuit dans l'un des charmants établissements de la Gallura. Le lendemain, voyagez dans le temps en visitant le site de Coddu Vecchiu et ses impressionnantes sépultures nuragiques, avant de rejoindre les plages aux alentours de Cannigione. Nuit à Palau.
Visite 2.

Jours 3 et 4 : Stintino et Asinara

➤ ***À env. 136 km O de Porto Cervo.***

➤ ***Pour l'Asinara : 30 min. de traversée depuis Stintino, arrivée au débarcadère de Fonelli.***

Partez le matin pour Stintino et ses superbes plages : choisissez l'autoroute pour Sassari et faites une halte à la Santissima Trinità della Saccargia. Passez l'après-midi sur la plage de La Pelosa. Nuit à Stintino. Partez le lendemain à la découverte de l'île de l'Asinara et de son incroyable parc naturel. Nuit sur l'île ou retour à Stintino.
Visite 8.

Jour 5 : Alghero et ses environs

➤ ***À 45 km S de Stintino.***

Direction Capo Caccia et son promontoire abrupt, pensez à réserver une balade en bateau pour visiter la grotte de Neptune. Déambulez dans les ruelles d'Alghero : visite des ateliers d'orfèvrerie spécialisés dans le travail du corail et apéritif sur les remparts catalans.
Visite 9.

Jour 6 : Bosa

➤ ***À 53 km S d'Alghero.***

Rejoignez Bosa par la route panoramique SP105, en faisant une halte à la plage de La Speranza ou à celle de S'Abba Druche. À Bosa, promenez-vous dans le centre historique avant de monter au château et d'admirer la vue. Soirée détente dans l'une des adresses le long du fleuve Temo. Nuit à Bosa.
Visite 11.

Jour 7 : péninsule du Sinis

➤ ***À 60 km S de Bosa.***

Reposez-vous sur la plage de Is Arutas et poursuivez jusqu'aux paysages découpés du Capo San Marco en faisant une halte au site archéologique de Tharros. Nuit à Oristano ou dans ses environs.
Visite 12.

Jour 8 : Su Nuraxi

➤ ***Env. 57 km S-E d'Oristano.***

Direction Su Nuraxi, le plus important site nuragique de l'île. Halte à Barumini pour visiter le Musée archéologique.
Visite 14.

Jour 9 : Supramonte

➤ ***À env. 130 km E de Barumini.***

Sur le chemin, arrêtez-vous à Nuoro pour visiter son musée de la Vie quotidienne. Explorez le Supramonte et dormez dans l'un de ses villages.
Visite 22.

Jour 10 : golfe d'Orosei

➤ ***À env. 40 km à l'E de Nuoro. Bateau depuis Cala Gonone.***

En bateau à la découverte des plages et criques, avant le retour à Olbia.
Visite 21.

10 jours
pour voir l'essentiel

Circuit 2
15 jours pour tout voir (ou presque)

Il vous faudra passer du temps sur la route mais ce circuit vous permettra d'avoir un aperçu de tous les incontournables de l'île.

Jours 1 et 2 : archipel de La Maddalena

➤ ***L'aéroport d'Olbia est à env. 43 km S de Palau, d'où partent les ferries pour La Maddalena.***

Reprendre le jour 4 du circuit 4 *(p. 24)*. Passez une nuit à La Maddalena pour découvrir l'île une fois que les bateaux chargés de touristes sont repartis.
Visite 3.

Jour 3 : arrière-pays de la Gallura

➤ ***Reprenez un bateau vers Palau, et empruntez la SS133 vers le S. À Tempio Pausania, prenez à l'O dir. Castelsardo (90 km S-O).***

Visitez l'arrière-pays de la Gallura, autour d'Aggius et de Tempio Pausania et arrêtez-vous au mont Limbara pour une balade. Rejoignez la côte par la vallée de la Lune. Soirée et nuit à Castelsardo.
Visite 4.

Jour 4 : Santissimà Trinita della Saccargia et Stintino

➤ ***Env. 60 km S depuis Castelsardo.***

Partez le matin pour Stintino et ses superbes plages : choisissez l'autoroute pour Sassari et faites une halte à la Santissima Trinità della Saccargia. Passez l'après-midi sur la plage de La Pelosa. Nuit à Stintino.
Visites 7 et 8.

Jour 5 : Alghero et ses environs

➤ ***À 45 km S de Stintino.***

Reprenez le jour 7 du circuit 4 *(p. 24)*.
Visite 9.

Jour 6 : Bosa

➤ ***À 53 km S d'Alghero.***

Reprendre jour 6 du circuit 1 *(p. 18)*.
Visite 11.

Jour 7 : péninsule du Sinis

➤ ***À 60 km S de Bosa.***

Reposez-vous sur la plage d'Is Arutas et poursuivez jusqu'aux paysages découpés du Capo San Marco en faisant une halte au site archéologique de Tharros. Nuit à Oristano ou dans ses environs.
Visite 12.

Jour 8 : Carloforte

➤ ***À 138 km au S-O de Oristano.***

Reprendre les jours 6-7 du circuit 3 *(p. 22)*. Nuit à Carloforte.
Visite 16.

Jour 9 : Cagliari

➤ ***Env. 88 km à l'O de Carloforte.***

Reprendre le jour 1 du circuit 3 *(p. 22)*.
Visite 17.

Jour 10 : Su Nuraxi

➤ ***Env. 55 km N de Cagliari.***

Reprendre le jour 2 du circuit 3 *(p. 22)*. L'après-midi, prévoyez une balade à vélo sur le plateau de la Giara. Nuit dans la région de Barumini.
Visite 14.

Jour 11 : Gennargentu

➤ ***À env. 54 km N de Barrumini.***

Respirez l'air de montagne du Gennargentu et ses nombreux chemins de randonnée. Nuit à Aritzo.
Visite 22.

Jours 12 et 13 : Supramonte

➤ ***Env. 70 km N de Aritzo.***

Traversez le massif du Gennargentu et découvrez les pics du Supramonte. Arrêtez-vous à Orgosolo pour une balade à la découverte de ses peintures murales. Nuit dans l'un des villages du Supramonte. Profitez d'une des randonnées du Supramonte, celle qui permet de découvrir le canyon Gorropu. Pour les bons marcheurs, randonnée jusqu'au site préhistorique de Tiscali (4h, a/r).
Visite 22.

Jour 14 : golfe d'Orosei

➤ ***Env. 37 km E de Orgosolo.***

Reprendre jour 10 du circuit 1 *(p. 18)*.
Visite 21.

Jour 15 : Nuoro et Olbia

➤ ***Env. 99 km de Dorgali.***

Retour vers Olbia. Si l'avion est prévu en soirée, prévoyez un crochet à Nuoro et visitez son musée de la Vie quotidienne.
Visite 22.

15 jours
pour tout voir
(ou presque)

Circuit 3
Le Sud en une semaine

Région au caractère contrasté, le sud de la Sardaigne promet de très nombreuses découvertes. Une fois franchis les murs de la capitale, c'est une nature à perte de vue qui s'offre aux visiteurs.

> Jour 1 : Cagliari

➤ ***L'aéroport de Cagliari est à env. 8 km N du centre-ville.***

Arrivée à Cagliari. Promenez-vous dans le quartier du Castello. Profitez de l'incroyable panorama sur la ville attablé en terrasse au bastion San Remy. Dînez à l'Antica Cagliari *(p. 227)*, célèbre pour son risotto aux fruits de mer.

Visite 17.

> Jour 2 : Su Nuraxi

➤ ***À 66 km N de Cagliari.***

Direction Su Nuraxi, le plus important site nuragique de l'île. Halte à Barumini pour visiter le Musée archéologique (où sont conservés les objets des fouilles). Retour à Cagliari.

Visite 14.

> Jour 3 et 4 : Villasimius et ses environs

➤ ***À 50 km E de Cagliari.***

Profitez de la plage autour de Villasimius. Ensuite, shopping le long de la via Umberto I, entre boutiques de mode et d'artisanat, avant une halte *gelato* chez l'un des nombreux glaciers, dormez à Villasimius. Le lendemain, partez en excursion dans la réserve marine de Capo Carbonara pour vous initier à la plongée. Nuit à Cagliari.

Visite 19.

> Jour 5 : Costa del Sud

➤ ***À env. 55 km S de Cagliari.***

De Cagliari, suivez la route vers le Capo Teulada. Après une halte à Pula et une visite des fouilles de Nora, cap vers Chia et ses eaux tropicales. Passez la nuit dans l'un des nombreux resorts de Pula ou optez pour l'un des hôtels du bourg de Chia.

Visite 18.

> Jours 6 et 7 : îles Sant'Antioco et San Pietro

➤ ***À env. 70 km O de Chia. En été, les* traghetti *font des allers-retours réguliers Calasetta-Carloforte de 7h à 20h env.***

Le premier jour, découvrez le village pittoresque de Sant'Antioco et détendez-vous sur Cala Lunga. Dînez au restaurant Al Tonno di Corsa *(p. 224)* à Carloforte, où le chef travaille le thon de plusieurs façons ! Nuit à Carloforte ou à Calasetta. Le lendemain, visite de Carloforte sur l'île de San Pietro et de la tonnara de La Punta. Puis programmez une excursion en bateau sur la côte nord. Retour sur l'île de Sant'Antioco pour la nuit.

Visite 16.

> Jour 8 : Iglesiente

À env. 100 km E de Sant'Antioco.

Retour à Cagliari pour le vol retour en passant par la région de l'Iglesiente. Si votre avion décolle dans la soirée, arrêtez-vous sur la route pour visiter Iglesias.

Visite 15.

Le Sud
en une semaine

Circuit 4
Le Nord en une semaine

Le glamour de la Costa Smeralda, le dépaysement des plaines lunaires de la Gallura, la poésie des remparts d'Alghero ou la nature préservée de l'Asinara... Il y en a pour tous les goûts !

> Jour 1 : Olbia

➤ L'aéroport est à env. 4 km S du centre-ville d'Olbia.

Arrivée à Olbia. Visitez les vestiges nuragiques de Cabu Abbas puis lézardez sur la plage del Principe. Nuit à Porto Cervo ou à Olbia.

Visite 1.

> Jours 2 et 3 : Costa Smeralda

➤ À 30 km N d'Olbia.

Matinée fashion à Porto Cervo. Après avoir pris l'apéro sur la séduisante *piazzetta* (petite place), montez jusqu'à San Pantaleo pour profiter du panorama. Passez la nuit dans l'un des charmants établissements de la Gallura. Le lendemain, voyagez dans le temps en visitant le site de Coddu Vecchiu et ses impressionnantes sépultures nuragiques, avant de rejoindre les plages aux alentours de Palau. Nuit à Palau.

Visite 2.

> Jour 4 : archipel de La Maddalena

➤ Palau, d'où vous prendrez un bateau pour l'archipel, est à 14 km N de Cannigione.

Partez tôt le matin pour l'archipel de La Maddalena, au départ de Palau, pour une journée plage. Nuit dans l'archipel ou à Palau.

Visite 3.

> Jour 5 : arrière-pays de la Gallura

➤ Reprenez un bateau vers Palau, puis empruntez la SS133 vers le S. À Tempio Pausania, prenez à l'O dir. Castelsardo (90 km S-O).

Visitez l'arrière-pays de la Gallura, autour d'Aggius et de Tempio Pausania et arrêtez-vous au mont Limbara pour une balade dans les bois. Rejoignez la côte par la vallée de la Lune. Soirée et nuit à Castelsardo.

Visite 4.

> Jour 6 : Stintino et l'Asinara

Partez pour Stintino pour une excursion sur l'île de l'Asinara ou passez la journée sur la magnifique plage de La Pelosa. Nuit à Stintino.

Visite 8.

> Jour 7 : Alghero et ses environs

➤ À 45 km S de Stintino.

Direction Capo Caccia et son promontoire abrupt, pensez à réserver une balade en bateau pour visiter la grotte de Neptune. En fin d'après-midi, déambulez dans les ruelles d'Alghero : visite des ateliers d'orfèvrerie spécialisés dans le travail du corail et apéritif sur les remparts catalans.

Visite 9.

> Jour 8 : Logudoro

➤ Env. 140 km (1h45) depuis Alghero.

Sur la route du retour vers Olbia, admirez les cathédrales romanes construites entre le XIe et le XIVe s. Faites une halte pour voir la Santissima Trinità della Saccargia ou Sant'Antioco di Bisarcio.

Visite 7.

Le Nord
en une semaine

Les tops de Sardaigne sur le blog Évasion

Pain carasau *et* pecorino

➤ Les meilleures spécialités

Les spécialités gastronomiques sardes reflètent le monde pastoral de l'île. Ce sont des plats simples, inspirés d'une cuisine pauvre mais goûteuse.

- La viande à la broche
- Le pain *carasau*
- Les *culurgiones*
- La *fregola*
- La *zuppa gallurese*

…La suite des spécialités par ici

➤ Les plus beaux villages

L'âme authentique de la Sardaigne se ressent dans ses villages haut perchés. Si certains commencent à s'ouvrir au tourisme, ils conservent leurs traditions et leur rythme d'un autre temps.

- Bosa, la carte postale
- Orgosolo, le contestataire
- Santu Lussurgiu, le moyenâgeux
- Castelsardo, le haut perché
- San Pantaleo, le bohème

…Et bien d'autres villages encore :

Stintino

Vue sur le canyon Gorropu

➤ Dans quelle région séjourner ?

La belle Sardaigne ! Entre le littoral et l'arrière-pays, l'île ressemble à un petit paradis. Mais pas facile de parcourir toute son étendue en un seul séjour ! Voici nos conseils pour bien choisir la région où vous résiderez.

- La Gallura, glamour et farniente
- Le Nord-Ouest, patrimoine et panoramas
- Le Centre, mystères et majesté
- Le Sud-Ouest, art et nature
- La côte orientale, randonnées et snorkeling

… Comment choisir ?

Visiter la Sardaigne

Les escaliers menant à la grotte de Neptune

La Sardaigne en 5 chapitres :

La Gallura 30

Visite 1
Olbia et ses environs 34
Visite 2
La Costa Smeralda 40
Visite 3
L'archipel de La Maddalena, Palau et l'île des Gabbiani 47
➤ *Coup de cœur de l'auteur : L'archipel de La Maddalena, une folie minérale dans la mer* 55
Visite 4
Tempio Pausania et l'arrière-pays de la Gallura 56
➤ *Randonnée : La découverte du mont Limbara* 62
Visite 5
De Santa Teresa Gallura à Castelsardo, la côte nord 64

Le Nord-Ouest 70

Visite 6
Sassari 74
Visite 7
Les églises romanes du Logudoro 81
Visite 8
Le golfe de l'Asinara 86
➤ *Balade secrète : Retour à la nature : découverte du parc de l'Asinara* 95
Visite 9
Alghero 96
Visite 10
Les environs d'Alghero 104
Visite 11
Bosa et ses environs 108

Le Sud-Ouest 114

Visite 12
Oristano et la péninsule du Sinis 116
Visite 13
Ghilarza et ses environs 123
Visite 14
Barumini et la Giara di Gesturi 128
Visite 15
L'Iglesiente 133
Visite 16
Sant'Antioco et San Pietro 142

Cagliari et ses environs 150

Visite 17
Cagliari 154
Visite 18
De Pula à la Costa del Sud 165
Visite 19
De la Costa Rei à la vallée du Flumendosa 168

La côte orientale 172

Visite 20
L'Ogliastra 176
Visite 21
Le golfe d'Orosei 182
➤ *Balade secrète : Échappée belle à Bidderosa, une oasis d'exception* 187
Visite 22
Nuoro et la Barbagia 188
➤ *Randonnée : Le canyon Gorropu* 196
➤ *Balade secrète : Au pied du Supramonte : Su Gologone et Lanaittu* 199

La Gallura, cliché ou surprise ?

La Gallura est sans conteste une des zones les plus séduisantes de la Sardaigne. Au-delà de la célèbre Costa Smeralda, qui reste la côte la plus touristique de l'île et qui est connue pour ses allures jet-set, la région tire sa renommée de son littoral aux splendides couleurs, de l'archipel de La Maddalena aux plages paradisiaques et de la nature sauvage de l'arrière-pays. Ce dernier, beaucoup plus paisible que sa côte, regorge de richesses naturelles et archéologiques. Proche de Tempio Pausania, la ville des marbriers, se dresse le Monte Limbara, particulièrement réputé pour ses randonnées dans les bois, parsemés de chênes-lièges. Côté culture, la région est fortement marquée par la civilisation nuragique, dont les vestiges sont encore visibles dans bien des endroits.

PRATIQUE

Carte : La Gallura p. 32-33 • L'archipel de La Maddalena, Palau et l'île des Gabbiani p. 49.
Manger, dormir, s'amuser : p. 202.
Se déplacer : en voiture et en bus *(voir Carnet pratique p. 268)*. Sachez que vous ne pourrez pas aller partout en bus, la voiture reste le meilleur moyen d'accéder aux villages et aux plages les plus reculés.

- **Visite 1 :** Olbia est desservi par le train *(voir Carnet pratique p. 270)*.
- **Visite 3 :** L'archipel de La Maddalena se rejoint en voiture ou en bateau *(voir Carnet pratique p. 271)*.

VISITES
1 à 5

La Gallura

La Costa Paradiso

La Gallura

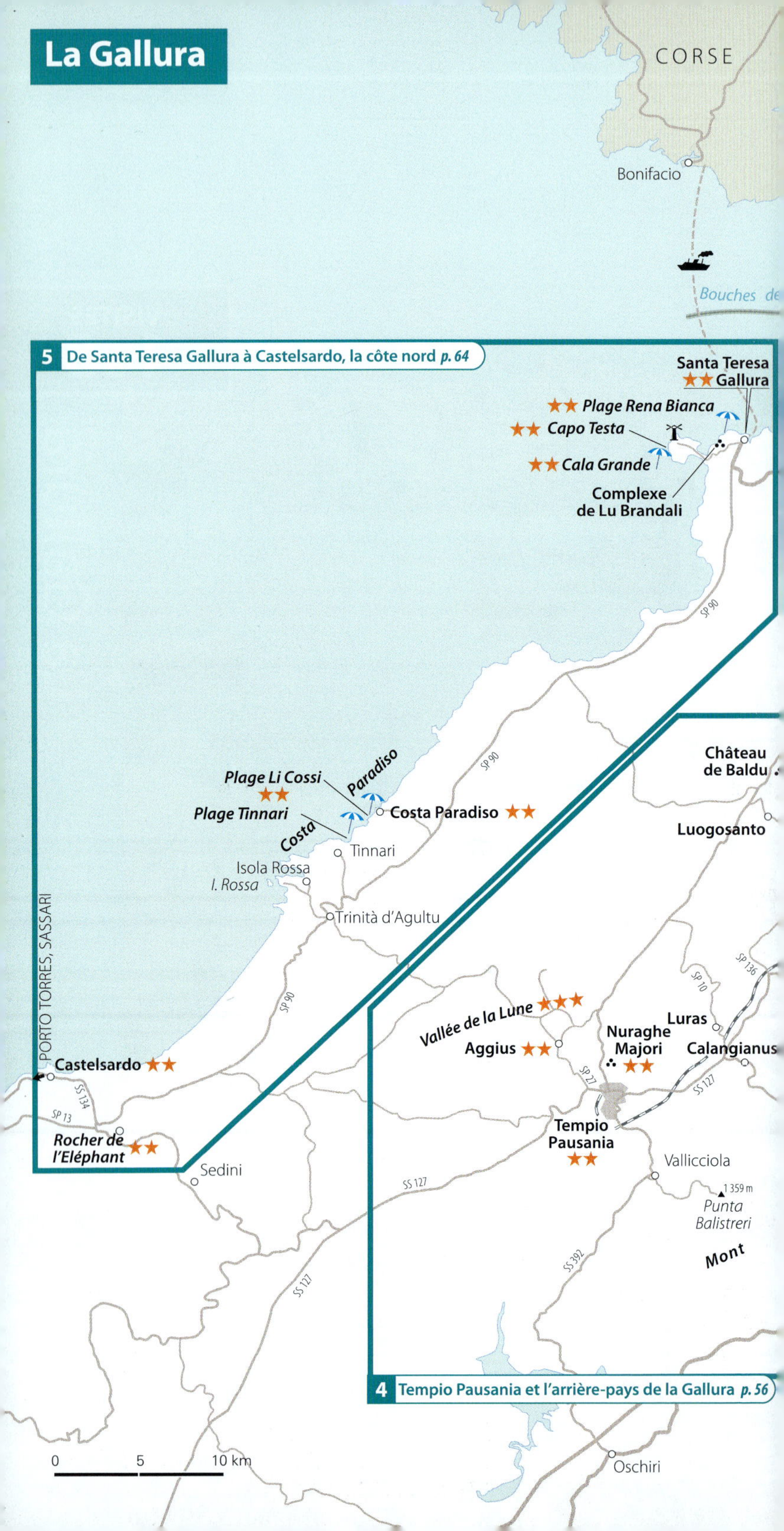
CORSE
Bonifacio
Bouches de
5 De Santa Teresa Gallura à Castelsardo, la côte nord p. 64
Santa Teresa
★★ Gallura
★★ Plage Rena Bianca
★★ Capo Testa
★★ Cala Grande
Complexe
de Lu Brandali
SP 90
Château
de Baldu
Luogosanto
Plage Li Cossi
★★
Plage Tinnari
Costa
Paradiso
Costa Paradiso ★★
Tinnari
Isola Rossa
I. Rossa
Trinità d'Agultu
PORTO TORRES, SASSARI
Castelsardo ★★
SS 134
SP 13
Rocher de
l'Eléphant ★★
Sedini
SP 136
SP 10
Vallée de la Lune ★★★
Aggius ★★
Luras
Nuraghe
Majori ★★
Calangianus
SP 27
SS 127
Tempio
Pausania
★★
Vallicciola
1 359 m
Punta
Balistreri
Mont
SS 392
4 Tempio Pausania et l'arrière-pays de la Gallura p. 56
0
5
10 km
Oschiri

N
Î. Cavallo
Î. Lavezzi
Bonifacio
3 L'archipel de La Maddalena, Palau et l'île des Gabbiani p. 47
Î. Santa Maria ★★
Î. Razzoli
Î. Budelli ★★★
Archipel de La Maddalena ★★★
Î. Spargi ★★
Î. Gabbiani
Î. Maddalena ★★★
Î. Caprera ★★★
Î. Santo Stefano
Cala Portese ★★
Porto Pollo
Porto Rafael
M. Altura
Palau
Rocher de l'Ours
Capo d'Orso
SS 133
MER TYRRHÉNIENNE
2 La Costa Smeralda p. 40
Capo Ferro
Porto Cervo ★★
Plage de Grande Pevero ★★
Plage de Porto Nibani ★★★
Poltu Quatu
SP 59
SS 125
Cannigione
Temple de Malchittu ★★
Arzachena
Coddu Vecchiu ★★★
Plage del Principe ★★★
Plage Liscia Ruja
Plage Petra Ruja
Plage Razza Juncu
Punta Volpe
SP 73
SP 94
San Pantaleo
★★ Porto Rotondo
GÊNES
FIUMICINO
LIVOURNE
CIVITAVECCHIA
San Trano
SP 14
G A L L U R A
SS 427
SS 125
SP 73
SP 16
Oliviers millénaires de San Nicola ★★
Sant' Antonio di Gallura
Golfo Aranci
Capo Figari
I. Figarolo
SP 82
Cala Sassari ★★
Nuraghe Cabu Abbas
Osseddu
Cala Banana
Plage Mare e Rocce
Plage de Pittulongu ★★
Puits sacré de Sa Testa ★★
Olbia
I. Tavolara
Réserve marine de Tavolara - Punta di Coda Cavallo ★★★
SS 125
Porto San Paolo
I. Molara
Randonnée p. 62
Limbara ★★★
SS 127
SS 199
SS 131
Plage de La Cinta ★★★
Berchida
SS 199
San Teodoro
Cala Budoni
1 Olbia et ses environs p. 34

1 Olbia et ses environs

Cala Moresca à Golfo Aranci

De la ville d'Olbia aux sites nuragiques en passant par les plages de Pittulongu et de San Teodoro, cette région est un concentré de la Sardaigne : traditions, histoire, plages et farniente. Olbia, principale agglomération de la Gallura, est souvent la première ville de l'île que l'on aborde ; elle constitue un excellent avant-goût des différentes saveurs sardes. Les alentours de la ville, balisés par quelques vestiges de l'ère nuragique *(p. 240)* donnent à ce parcours une dimension historique toute particulière. Les plages de Pittulongu, de Golfo Aranci et de San Teodoro, bordées d'une mer cristalline, combleront les amateurs de bains de soleil.

- **Carte :** p. 32-33.
- **Arriver, se déplacer :** voir carnet pratique p. 270.
- **Manger, dormir, s'amuser :** p. 202.

➤ Olbia

Carte p. 32-33.

La proximité avec la côte romaine (200 km de Civitavecchia) et un aéroport parmi les plus fréquentés d'Italie ont fait d'Olbia l'une des portes d'entrée de la Sardaigne. Si son centre historique ne conserve que quelques témoignages de son passé, son emplacement bien relié aux environs par un axe routier confortable (la SS131) fait de la ville un point de départ idéal pour découvrir la Gallura. Le peuplement de la région date de l'âge prénuragique, comme en témoigne la présence à quelques kilomètres d'Olbia de nombreux vestiges. La ville a, quant à elle, été fondée par les Carthaginois. Les Romains ont participé largement à son développement, notamment dans les secteurs agricole et portuaire.

Après des siècles de déclin marqués par différentes invasions et dominations, la ville redevient un port maritime actif avec l'essor touristique de la Costa Smeralda dans les années 1960. Ville de passage, Olbia conserve pourtant un centre-ville charmant, notamment en fin de journée.

➤ *Longez le vieux port et rejoignez l'îlot situé entre les deux quais d'embarquement*

Museo archeologico*

Isola di Peddona, Porto Vecchio ☎ 078 928 290. Hiver mer.-dim. 10h-13h et 17h-20h. Entrée gratuite (des expositions sont parfois organisées ; certaines sont payantes).

La promenade du bord de mer plantée de jeunes palmiers longe le port où arrivent les ferrys qui assurent les liaisons avec la péninsule. L'îlot de Peddona mérite une halte pour une visite au récent Musée archéologique. Ici sont exposés les vestiges de deux épaves de navires romains retrouvés lors de travaux dans l'ancien port de la ville. Brûlées pendant l'invasion vandale de la Sardaigne en 450 apr. J.-C., leurs carcasses sont impressionnantes. Le reste de la collection rassemble une série d'objets anciens qui renseigne sur la vie quotidienne d'Olbia dans l'Antiquité.

Corso Umberto I

Le corso Umberto I est incontestablement l'artère la plus vivante, où il fait bon déambuler pour ressentir l'esprit de la ville. Les vieilles constructions bordant le *corso*, à l'instar de la **bibliothèque** municipale et de la **mairie** aux inspirations Liberty (l'Art déco italien) témoignent du renouveau économique et culturel de la ville au XIXe s.

Les boutiques de mode côtoient les échoppes des artisans et les terrasses des cafés. La **piazza Margherita** est une jolie petite place italienne ; il est agréable d'y prendre un verre, à l'heure où le soleil se couche.

➤ *En haut du corso Umberto I, passez la voie de chemin de fer et prenez à dr. la via S. Simplicio*

Basilica San Simplicio**

Via Fausto Noce, 55B. T.l.j. 7h-12h et 17h-20h. Accès libre.

Du nom du patron de la ville, la basilique San Simplicio fait partie des plus belles églises romanes de l'île. Construite en trois phases successives, du XIe au XIIe s., elle devient le lieu de consécration des évêques du diocèse de Tempio jusqu'au XIXe s.

Entièrement bâtie en granit, la **façade** se compose de trois parties, dont la plus haute est rehaussée d'une singulière fenêtre ornée de deux petites colonnes. L'intérieur de l'église est constitué quant à lui de trois nefs séparées par deux allées de colonnes et de pilastres. Dans l'abside, deux **fresques** ont été restaurées. San Simplicio, le patron de la ville, figure dans celle de gauche.

➤ *Suivez le panneau de signalisation corso Umberto I*

Chiesa San Paolo Apostolo

Piazza Civitas. T.l.j. 7h-12h et 17h-20h.

La petite église San Paolo Apostolo a été reconstruite au XVIIIe s. sur les ruines de ce qui devait être la chapelle du palais du judicat de Gallura au Moyen Âge et, précédemment, un temple romain. Avec son **campanile** et sa **coupole** recouverte de faïences, elle saisit par sa sobriété.

➤ Nuraghe Cabu Abbas★

***Carte p. 32-33** – À 5 km N-E d'Olbia. Empruntez la route du port industriel (SP82). Prenez dir. Osseddu à g., un panneau indique le site. Garez-vous, puis comptez 20 min de marche sur un petit sentier. Visite libre possible. Si vous souhaitez découvrir le site dans le cadre d'une visite guidée, contactez l'office de tourisme par téléphone ☎ 078 952 206 ou par mail : info@olbiatourisme.it. Accès libre.*

Une agréable petite promenade sur un chemin balisé immergé dans la végétation sarde est nécessaire pour pouvoir apercevoir le nuraghe Cabu Abbas situé au sommet d'une colline. Cette balade est accessible à tous, mais évitez les heures chaudes. Entouré d'une petite muraille de blocs de granit, ce nuraghe à tour unique date de l'âge du bronze récent (1300-1200 av. J.-C.). Initialement, il devait dépasser 5 m de haut. Dans le vestibule, on peut voir une petite niche et une partie de la cage d'escalier qui menait à la terrasse de l'étage supérieur. La chambre centrale, qui abrite un petit puits, était recouverte d'une *thòlos* (coupole).

En haut, le **panorama** sur la nature et sur le golfe est imprenable. C'est probablement cette importante visibilité qui explique la présence stratégique de ce monument.

➤ Pozzo sacro di Sa Testa★★

Puits sacré de Sa Testa

***Carte p. 32-33** – À 5 km N-E d'Olbia. Empruntez la SP82 dir. Pittulongu, puis suivez la dir. Cala Saccaia. Visite libre possible. Si vous souhaitez découvrir le site dans le cadre d'une visite guidée, contactez l'office de tourisme par téléphone ☎ 078 952 206 ou par mail : info@olbiatourisme.it. Accès libre.*

Découvert en 1938 (lors de la recherche d'une source) et restauré en 1969, le puits sacré de Sa Testa est réalisé en blocs de **granit** et de **schiste**, matériaux que l'on trouve à proximité du site. Le puits (xe s. av. J.-C.), l'un des plus importants monuments de ce genre dans la région, se compose d'une cour circulaire, qui était probablement destinée

Puits sacré de Sa Testa

à des rites collectifs, d'un petit vestibule et d'un escalier qui plonge vers la source. Les 17 marches permettent d'accéder à la chambre où jaillit l'eau.

Le puits sacré était voué au culte de l'eau. On ne dénombre qu'une trentaine de puits similaires en Sardaigne, dont la plupart ne sont pas ouverts au public. Celui de Sa Testa est d'autant plus rare que sa source n'est toujours pas tarie. Des fragments de **tasses** et d'**objets en bronze** ont été retrouvés ainsi qu'une mystérieuse **statuette en bois** du VIe s. qui semble d'origine grecque.

➤ Plages entre Olbia et Golfo Aranci

Carte p. 32-33.

La SP82, qui longe le bord de mer sur 18 km entre Olbia et Golfo Aranci, dessert de nombreuses plages et criques plus ou moins grandes, de sable ou de rochers.

Plage de Pittulongu★★

À 8 km N d'Olbia par la SP82 dir. Pittulongu. Prenez à dr. ; plusieurs accès et possibilité de se garer. Baignade non surveillée.

C'est la plage préférée des habitants d'Olbia. Avec un sable doré et une eau cristalline, elle est idéale pour les familles. L'eau n'est pas profonde au bord de la plage, ce qui convient parfaitement aux enfants. Grâce à quelques **bars** et **restaurants**, on peut aisément y passer la journée, si tant est qu'on ait un parasol. Vous apercevrez au loin l'île de Tavolara, un véritable iceberg de granit.

Plage Mare e Rocce

À 9 km N d'Olbia par la SP82, à quelques mètres au N de la plage de Pittulongu. Facile d'accès, parking et bars à disposition.

La plage Mare e Rocce, qui, comme son nom l'indique, est agrémentée de quelques jolis rochers polis par l'eau, séduit les familles pour ses fonds peu profonds, mais également les amateurs de **snorkeling**.

Cala Banana

À 10 km N d'Olbia par la SP82. Après avoir traversé le hameau de Punta Bados, prenez à dr. (fléché) pendant 1 km de petite route asphaltée puis tournez à dr. et continuez sur un chemin. Il n'y a pas de vrai parking, mais poss. de se garer sur le bord des chemins.

Plus difficile d'accès, cette crique à l'écart de la foule séduira tous ceux qui sont en quête de tranquillité. Vous pourrez poser votre serviette sur cette belle anse de sable et regarder les quelques rochers qui affleurent sur l'eau cristalline.

Cala Sassari★★

À 11 km N d'Olbia par la SP82. Juste avant d'arriver à Golfo Aranci, prenez à dr. (fléché), continuez sur 300 m et tournez à g., puis prenez encore à g. et roulez sur un chemin de terre carrossable pendant 400 m. Parking, bar et restaurant à disposition.

Cala Sassari se mérite. Formée de plusieurs anses aux eaux turquoise, avec quelques rochers, elle offre une vue magnifique sur l'île de **Tavolara** et l'**îlot Figarolo**. Les fonds marins feront la joie des plongeurs. Sur place, vous pourrez louer un parasol ainsi que des chaises longues.

➤ Golfo Aranci

Carte p. 32-33 – À 18,4 km N-E d'Olbia par la route du bord de mer, la SP82.

Golfo Aranci est un petit bourg de pêcheurs situé au début du promontoire du Capo Figari, qui s'est fortement développé à la fin du XIXe s. avec l'arrivée de la ligne de chemin de fer et la construction de son port. Escale importante des liaisons avec le continent, Golfo Aranci est aujourd'hui une station balnéaire animée et presque aussi charmante que ses voisines de la Costa Smeralda.

Sa position géographique privilégiée permet de profiter d'une jolie vue sur l'**îlot Figarolo**, au verdoyant maquis méditerranéen. Les plages qui suivent le village sont agréables.

La **Cala Moresca**, située sur le promontoire, est idéale pour ceux qui recherchent un peu de calme *(une fois les quais d'embarquement des navettes passés, traversez les rails et tournez à dr. après le passage à niveau. Après 600 m de route asphaltée, il reste 2 km de chemin carrossable. Parking).*

La **Cala Sabina** est également parfaite si vous aimez la quiétude, d'autant qu'elle est accessible seulement par mer, en train ou à pied. Située de l'autre côté du Capo Figari, c'est un havre de paix. Pendant l'été, la liaison Olbia-Golfo Aranci s'arrête à l'arrêt *Cala Sabina*. Autrement, il est également possible de s'en approcher en voiture par la SP82 *(garez-vous au niveau du rond-point formé avec la SP16 et poursuivez à pied sur un sentier balisé pendant 1 km).*

➤ Riserva marina di Tavolara - Punta di Coda Cavallo★★★

Carte p. 32-33 – Accessible en bateau depuis Porto San Paolo, à env. 15 km S d'Olbia sur la SS125.

Au large de la côte qui court entre Olbia et San Teodoro, l'**île de Tavolara** est un immense bloc calcaire émergeant des eaux. Sa forme trapézoïdale a souvent amené la tradition populaire à l'appeler « le gianduiotto géant », du nom du petit chocolat turinois de la même forme.

Tavolara est longue de 6 km sur 1 km de large ; son extrémité occidentale, dite « Spalmatore di Terra », accueille quelques maisonnettes, deux restaurants et un étroit cimetière disposés autour d'un petit port. Un paysage naturel vierge et des eaux cristallines ont conduit les autorités à faire de cet environnement une réserve naturelle en 1997 *(www.amptavolara.com)*. Se baigner ici est un moment inoubliable. La plongée est également un moyen de découvrir un monde sous-marin d'une grande beauté. Chaque année, Tavolara accueille un festival de cinéma très couru : depuis 1991, pendant près d'une semaine, l'île se transforme en cinéma de plein air avec projection sous les étoiles *(www.cinematavolara.it)*. Au sud de Tavolara, l'**île de Molara** rivalise de beauté. Elle restera, malheureusement, inaccessible car il s'agit d'une propriété privée et, donc, tout accès y est complètement interdit.

L'île de Tavolara

Plage de La Cinta

➤ San Teodoro et ses plages

***Carte p. 32-33** – À 29,5 km S-E d'Olbia par la SS131 dir. Cagliari/Nuoro. Après 21 km, prenez la sortie vers San Teodoro, continuez tout droit, au rond-point prenez la 3e sortie sur la SS125, poursuivez à dr. sur la SP1.*

La piazza Mediterraneo est le cœur de San Teodoro. Ici, les commerces affichent la vocation balnéaire de la localité. Dans les ruelles qui rayonnent depuis le centre, on peut encore apercevoir quelques exemples d'habitation traditionnelle sarde. C'est en particulier pour ses plages que San Teodoro attire chaque été une foule d'habitués et de vacanciers.

Plage de La Cinta***

À 2 km du centre par la via Tirreno et la via Olbia, dir. Olbia.

Longue de plus de 3 km, cette plage est une merveilleuse étendue de sable fin et d'eaux turquoise. Plusieurs espèces végétales poussent le long des dunes qui séparent la plage de la route; au moment de la floraison du lys maritime, le spectacle est particulièrement évocateur. De là, quelques sentiers conduisent jusqu'à l'**étang de San Teodoro** derrière la plage. Ce vaste miroir d'eau est le repère d'un écosystème aussi varié qu'intéressant : à la belle saison, on aperçoit souvent des groupes de flamants roses.

Cala Budoni

À 12 km S de San Teodoro, dir. Posada. Parking.

Cette plage, située de l'autre côté de la Punta d'Ottiolu, au sud de San Teodoro, est également très courue pour la clarté de son eau et la beauté de sa plage. Les bas-fonds qui la caractérisent en font un lieu très apprécié pour la baignade des plus petits.

2 La Costa Smeralda

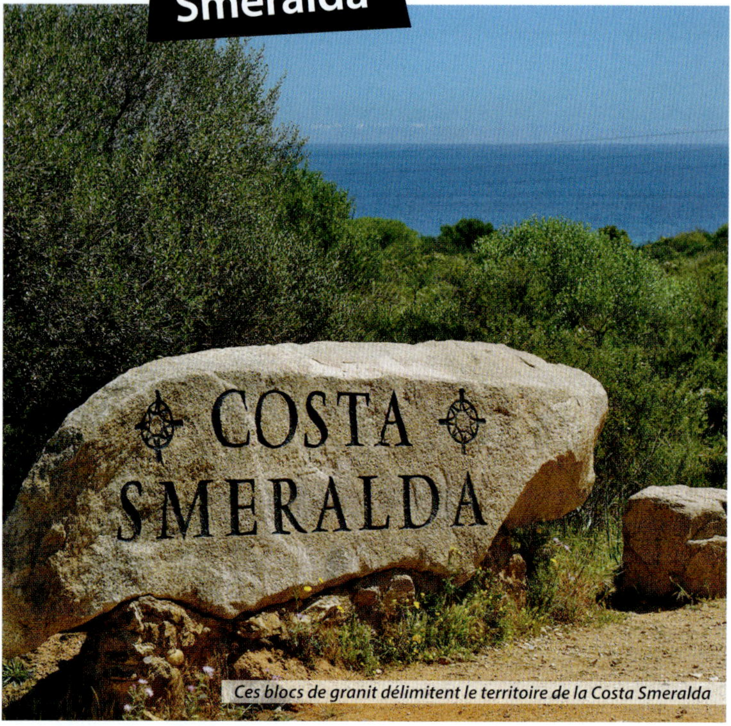

Ces blocs de granit délimitent le territoire de la Costa Smeralda

S'il est un endroit bien connu de la Sardaigne, c'est la fameuse Costa Smeralda. Ce petit bout de côte est aujourd'hui un des hauts lieux du tourisme de très grand luxe. En pleine saison, sa popularité est telle qu'il n'est pas rare de voir des touristes se faire photographier devant les énormes blocs de granit estampillés Costa Smeralda qui font office de panneaux à l'entrée du territoire.
De l'autre côté de cette frontière artificielle, quelques villages vous combleront si vous aimez la nature et la tranquillité.
San Pantaleo constitue une alternative arty alors qu'Arzachena séduit surtout grâce à ses vestiges de la civilisation nuragique.

- **Carte :** p. 32-33.
- **Arriver, se déplacer :** voir carnet pratique p. 271.
- **Manger, dormir, s'amuser :** p. 204.

La Costa Smeralda

La « folie douce » qui caractérise cette côte mythique vient probablement de son histoire et, surtout, de sa naissance même.

Karim Aga Khan, 49e Imam de la communauté ismaélienne, accompagné de quelques investisseurs italiens et étrangers, a bel et bien créé la Costa Smeralda de toutes pièces en mars 1962, en constituant un consortium censé gérer cet espace de 3 500 hectares. L'idée de départ était d'y construire quelques demeures de vacances, mais le projet a vite été beaucoup plus ambitieux, et c'est un village de vacances de très haut standing qui est sorti de terre.

Animé par le désir de préserver la côte et la végétation du site, le consortium de l'Aga Khan a établi dès sa création des règles très précises d'urbanisme, le rêve inavoué des créateurs étant de construire un village méditerranéen idéal. Il en résulte un **syncrétisme architectural** intéressant qui emprunte aux styles marocain, espagnol et italien. Les plus grands architectes européens ont été sollicités, dont le Français Jacques Couëlle. Les tons, du blanc à l'ocre, ainsi que les formes arrondies des constructions d'inspiration troglodytique forment un ensemble assez harmonieux. Précurseur quant à la **préservation de la biodiversité**, le comité en charge du développement impose une sélection de matériaux provenant exclusivement du pays (granit, tuiles locales, galets). Idem pour les végétaux, avec l'interdiction pure et simple d'importer des végétaux de l'étranger. Aujourd'hui, 10 hôtels, 100 villas, un terrain de golf et un port à la renommée mondiale forment le territoire.

➤ Porto Rotondo★★

Carte p. 32-33 – À 17 km N d'Olbia. Prenez la SS125, au rond-point tournez sur la SP73, puis prenez à dr. sur la SP99 et suivez la dir. Porto Rotondo.

Porto Rotondo est depuis quelques années un des symboles les plus fameux du **tourisme jet-set** en Sardaigne. Comme sa rivale Porto Cervo, Porto Rotondo, avec sa *piazzetta*, sa marina, ses hôtels multi-étoilés et ses boutiques de luxe, attire les fortunes du monde entier. Silvio Berlusconi, avec sa Villa Certosa, a d'ailleurs grandement participé à la notoriété de cette station balnéaire.

Ce village touristique à l'architecture et aux aménagements soignés est un audacieux projet qui a vu le jour en 1964 et qui a été mené par Luigi et Nicolò Donà dalle Rose, deux nobles vénitiens, pour un groupe d'entrepreneurs italiens. Porto Rotondo s'est développé autour de la marina. La structure du site s'inspire d'ailleurs de Venise, et si l'épicentre du village se nomme **piazzetta San Marco**, ce n'est probablement pas un hasard !

L'**église San Lorenzo**, derrière la place, est résolument contemporaine. Avec son campanile l'église est visible de loin. Elle est ouverte seulement l'été *(horaires variables selon les messes)* et abrite une vingtaine de **statuettes** sacrées en bois réalisées par l'artiste Mario Ceroli.

Un **théâtre en plein air** de style néo-antique s'élève juste à côté de l'église. Créé également par Mario Ceroli en 1995, il accueille bon nombre de spectacles et concerts durant l'été *(rens. à l'office de tourisme d'Olbia pour la programmation, p. 270)*.

Depuis une quinzaine d'années, la densité en été est beaucoup trop importante pour que Porto Rotondo soit un lieu de villégiature agréable. La visite s'impose pourtant, notamment aux amateurs de beaux bateaux et de luxe un brin ostentatoire.

➤ Plages mythiques

Carte p. 32-33.

La plage est l'activité reine de tous ceux qui élisent domicile sur la Costa Smeralda. Entre Porto Rotondo et Porto Cervo, la côte découpée et rocheuse n'est qu'une succession de criques paradisiaques souvent bordées de maquis. Malheureusement, celles-ci sont vite bondées en pleine saison. Le calme ne sera que pour ceux qui consentent à marcher quelques centaines de mètres pour atteindre les plages les plus « secrètes », si tant est que cela puisse exister sur cette côte aussi légendaire que surpeuplée.

Plages de Porto Rotondo

Aux abords de Porto Rotondo, les plages les plus courues sont situées sur la **Punta Volpe** au nord-est de la ville, comme la **plage de Sassi** *(en direction de Punta Volpe, la plage se trouve à la dr. de la route)* et celle d'**Ira** *(à l'O du port, accessible à pied depuis le centre-ville)*. Dotées de parkings et de loueurs de transats, elles disposent de tout le confort balnéaire. Il y a beaucoup de monde en saison, mais c'est un délice le reste du temps.

Plages de Razza Juncu, Petra Ruja et Liscia Ruja

Sortez de Porto Rotondo par la via Monte Ladu, au rond-point prenez la 1re sortie sur la SP99, tournez à dr. sur la SP73 dir. Porto Cervo, passez Portisco et juste après le bloc granitique marqué Costa Smeralda tournez à dr. sur la route non balisée jusqu'au parking des trois plages.

Longues étendues de sable fin, ces plages sont l'idéal pour une journée en famille ; bars, kiosques ambulants et restaurants sont à proximité. Avec une étendue de plus de 5 km, **Liscia Ruja**, appelée familièrement Long Beach, compte parmi les plus longues plages de Sardaigne.

Plage del Principe***
Spiaggia Poltu di li Cogghji

À 25 km N de Porto Rotondo par les SP99, SP73, SP94 et SP160. Sur la SP160, panneau Romazzino à g. puis accès parking sur la dr. Accès à la plage à pied (10 min de marche).

C'est « la plage de légende ». Elle serait ainsi dénommée car ce serait la première plage aperçue par l'Aga Khan et qu'il aurait eu, en la voyant, un coup de foudre pour l'île. Il faut dire que l'eau transparente agrémentée de quelques blocs de granit, le sable blanc et la végétation invitent au rêve. Seul point noir au tableau, la plage est très fortement fréquentée en été.

Plage de Porto Nibani***

Pour atteindre cette plage, une petite randonnée de niveau moyen s'impose. Depuis le parking de la plage Grande Pevero, même si rien n'est ici balisé, prenez un sentier qui part vers le Monte Zoppu, avec un dénivelé puis une descente. Au croisement, tournez à dr. vers la plage Nibani. Durée de la marche : 1h.

Cette petite plage en face des îles Nibani est la plus isolée d'entre toutes, c'est donc la plage la plus calme et la plus sauvage. Idéal si vous aimez la tranquillité !

Plage de Grande Pevero**

À 27 km N de Porto Rotondo par les SP99, SP73, SP94 et SP59 dir. Golfo Pevero. Puis tournez à dr. dir. Piccolo Pevero. Garez-vous (parking payant) et poursuivez à pied pendant 300 m.

En forme de demi-lune, la plage Grande Pevero est sublime et convient bien aux enfants avec sa pente douce. Son sable blanc contraste avec l'eau turquoise et les genévriers qui bordent la plage.

➤ Porto Cervo**

***Carte p. 32-33** – À 26 km N de Porto Rotondo. Sortez de Porto Rotondo par la via Monte Ladu, au rond-point prenez la 1re sortie sur la SP99, tournez à dr. sur la SP73 dir. Porto Cervo, gardez la dr. et poursuivez sur la SP94 puis la SP59 jusqu'à destination.*

Porto Cervo est le cœur de la Costa Smeralda, son centre urbain le plus important. C'est donc ici qu'il faut venir voir pour mieux être vu. L'heure sacrée de l'*aperitivo* est idéale, notamment pour apercevoir les riches propriétaires de yachts rentrer à la marina après une journée de

Église Stella Maris

cabotage dans les criques émeraude de la côte. Le spectacle peut être véritablement grandiose !

La **marina**, toujours propriété de l'Aga Khan, compte près de 650 emplacements. Elle abrite l'un des **clubs nautiques** *(p. 206)* les plus connus de la Méditerranée, notamment grâce aux régates et aux compétiteurs qui y participent.

La ***piazzetta*** située juste au-dessus du *porto vecchio* est l'épicentre de la station. Ici, les boutiques de luxe se succèdent. Pour les amateurs de shopping haut de gamme !

Chiesa Stella Maris★★★

Via Stella Maris, 1 ☎ 078 992 001.
T.l.j. 7h-12h et 15h30-19h30 (les horaires peuvent varier).

Petit bijou de l'architecture néo-méditerranéenne de la Costa Smeralda adaptée au sacré, l'église Stella Maris est l'œuvre de l'architecte **Michele Busiri Vici**. Située sur les hauteurs entre le *porto vecchio* et la marina, l'église consacrée en 1968 offre une **vue panoramique** sur Porto Cervo. À l'intérieur de ses murs peints à la chaux, quelques prestigieuses œuvres issues de donations étonnent, à l'instar de la ***Mater Addolorata*** d'El Greco datant du XVIe s. et de l'**orgue** d'origine napolitaine. Dehors, deux belles **sculptures** de l'artiste sarde Pinuccio Sciola donnent à l'église Stella Maris une allure contemporaine. L'été, des **concerts** sont donnés dans l'église *(rens. à l'office de tourisme d'Olbia, p. 270).*

UNE PAUSE EN TERRASSE

Une très belle terrasse qui s'étale sur la *piazzetta*. Il y fait bon prendre l'apéritif, même si ce bar huppé peut pratiquer des prix assez élevés. Très grand choix de cocktails et service impeccable.
➤ ***Il Portico Bar**, Piazzetta, Porto Cervo ☎ 078 993 16 21. Juin-oct. horaires variables.*

UNE PAUSE AVEC VUE

Ce bar branché avec sa terrasse au mobilier design est l'adresse idéale pour prendre un verre à la tombée du jour. Vous y apprécierez un apéritif avec vue sur les pics de granit ocre. Goûtez le vermentino, fameux vin de la Gallura.

➤ ***Caffè Nina**, Piazza della Chiesa, San Pantaleo ☎ 338 36 87 288. www.caffenina.it. T.l.j. horaires variables.*

➤ Poltu Quatu

Carte p. 32-33 – À 31 km N-O de Porto Rotondo par les SP99, SP73, SP94 et SP59.

Situé de l'autre côté du Capo Ferro, Poltu Quatu est un endroit étonnant. Ce fjord creusé dans la roche et la nature abrite quelques hôtels et résidences typiques de la Costa Smeralda. Idéal pour admirer le ballet des bateaux rentrant au port.

En poursuivant vers l'ouest le long de la côte, la jolie localité de **Baja Sardinia** *(3 km O par la SP59)* attire toujours un public amoureux des beaux endroits. Prendre l'apéritif ici en bord de mer est un rituel très apprécié par les habitués de la Costa.

➤ San Pantaleo★

Carte p. 32-33 – À 18 km O de Porto Rotondo par la SP99 et la SP73.

Ce petit village proche de Porto Cervo réserve une ambiance complètement différente. Au cœur des immenses blocs et pics de granit typiques de la Gallura, San Pantaleo cultive une authenticité un peu arty. Autrement dit, c'est le site bobo de la côte bling-bling. Des maisonnettes basses souvent fleuries, une petite place très justement nommée **piazza della Chiesa**, puisque l'église s'y trouve, quelques galeries d'art et des brocanteurs qui vendent l'artisanat local suffisent à en faire une étape de charme.

➤ Arzachena

Carte p. 32-33 – À 27 km N-O de Porto Rotondo par la SP99, puis la SP73 sur la g. À l'intersection, prenez la SS125 pour Arzachena.

Au XIXe s., Arzachena n'était qu'un petit village de bergers dont les maisons encerclaient l'**église Santa Maria**. Édifiée en 1776, cette dernière a été restaurée et trône sur ce qui est aujourd'hui la **piazza du**

Artisanat local à San Pantaleo

Le Fungo *à Arzachena*

Risorgimento, au cœur du village. Avec ses cafés aux parasols publicitaires et ses fauteuils en plastique, c'est un bon exemple de placette typiquement sarde.

La curiosité de la ville est sans conteste le **Monti Incappiddatu**, plus communément appelé le ***Fungo***, le « champignon » *(prenez la via Limbara, fléché)*. C'est vrai que la forme de cet énorme bloc de granit n'est pas sans rappeler celle d'un cèpe. Vraisemblablement utilisé comme **abri** par les populations du Néolithique, ce rocher recèle des traces d'occupation humaine remontant à 3500 av. J.-C.

On est ici proche géographiquement de la luxueuse Costa Smeralda mais à l'opposé dans l'esprit et le style. Arzachena s'est fortement développée depuis la création de la Costa dans les années 1960, attirant une population en quête de travail. Il en résulte aujourd'hui une ville entre tradition et modernité, un œil rivé sur la côte très touristique et un autre sur un passé encore très présent, comme en témoigne la présence de nombreux sites nuragiques datant de l'âge du bronze *(p. 240)*.

➤ Sites nuragiques des alentours d'Arzachena

***Carte p. 32-33** – Été : t.l.j. 9h-20h ; mi-saison : t.l.j. 9h-18h (ou 19h) ; hiver : t.l.j. 10h-16h. F. de la Toussaint à Pâques mais possibilité d'ouverture sur résa ☎ 078 983 306. Accès 4 €. Possibilité de prendre des billets couplés (7 € pour deux sites, 10 € pour trois sites, 20 € pour tous les sites). Visite guidée en anglais incluse dans le billet d'entrée.*

La civilisation nuragique est très présente dans la région d'Arzachena. Temples, tombes des géants et nuraghes témoignent de la richesse et de la diversité de cette culture.

Tempio di Malchittu★★

À 3 km S-E d'Arzachena sur la SS125 dir. Olbia, un parking avec une billetterie est le point de départ de la visite. Prévoyez 2 km de marche jusqu'au temple.

Situé en haut de la colline, au bout d'un sentier noyé dans la végétation, le temple de Malchittu est unique en son genre en Sardaigne, notamment en raison de son **bon état de conservation.** Excepté le toit qui s'est écroulé, les murs sont bien conservés et font apparaître un banc de pierre. Il semble que des rituels s'y soient tenus, ce qui confirmerait, selon les archéologues, le caractère sacré de cette construction. Datant de 1500-1200 av. J.-C., ce monument est un vestige de l'âge du bronze moyen, âge d'or de la civilisation nuragique. Le site vaut aussi pour la **vue panoramique** sur la nature de la Gallura.

Tomba dei giganti di Coddu Vecchiu★★★

Tombe des géants de Coddu Vecchiu

À 5 km S-O d'Arzachena, sortez de la ville en prenant la via Paolo Dettori (SS427) dir. Sant'Antonio. Après 2,8 km, tournez à dr. dir. Luogosanto et continuez pendant 2 km. Tournez à g. (fléché) et continuez pendant 200 m sur un chemin.

Entouré par les vignobles du Vermentino, le site de Coddu Vecchiu est l'une des tombes des géants *(p. 241)* les mieux conservées de l'île; elle a d'ailleurs servi de modèle pour la réalisation du logo de la direction culturelle régionale. Lieu de **sépulture collective**, celle-ci se caractérise par une stèle particulièrement élancée, car elle atteint près de 4,5 m de hauteur. La petite porte apparaît comme le symbole du passage entre le monde des vivants et l'au-delà.

Devant, autour du cercle, des **rituels** avaient probablement lieu car le peuple nuragique craignait tout particulièrement le monde des morts. On y déposait aussi des offrandes. Dans la chambre funéraire, des fouilles ont permis la découverte de céramiques et d'aiguilles en bronze servant probablement à coudre les linceuls.

➤ Cannigione

***Carte p. 32-33** – À 29 km N-E de Porto Rotondo par la SP99, la SS125 et la SP13.*

Sur la rive ouest du golfe d'Arzachena, Cannigione est un ancien village de pêcheurs qui s'est aujourd'hui transformé en agréable **station balnéaire**. Sa plage au sable ocre et les bateaux offrent une merveilleuse opportunité de baignade et de promenade.

Plage de Cannigione

3 L'archipel de La Maddalena, Palau et l'île des Gabbiani

Rocher de l'Ours

Né des glaciations successives de l'ère quaternaire, l'archipel de La Maddalena est un ensemble d'îles granitiques offrant l'un des paysages les plus extraordinaires de Sardaigne. Les formes étonnantes des rochers, les couleurs d'une mer limpide et les reflets de la lumière sur la végétation font de cette étroite partie de côte l'un des sites naturels incontournables de la Méditerranée. Plus naturelle, l'île Caprera, grâce à sa végétation, est davantage propice à la balade à pied ou à cheval. Un paysage de roches façonnées par la mer et le vent définit également les environs de Palau, qui recèle de jolies plages, et l'isthme de l'île des Gabbiani.

- **Plan :** p. 49.
- **Arriver, se déplacer :** voir carnet pratique p. 271.
- **Manger, dormir, s'amuser :** p. 207.
- **Balade secrète :** L'archipel de La Maddalena, une folie minérale dans la mer p. 55.

Palau

Plan p. 49 – À 42 km d'Olbia et à 14 km d'Arzachena par la SS125.

Le développement de ce petit **port** vient avant tout de son extrême proximité avec l'archipel de La Maddalena. C'est d'ailleurs de là que partent tous les bateaux assurant les liaisons entre La Maddalena et la côte. Ancien village de pêcheurs et de bergers, Palau reste une agréable localité animée avec son port et son centre aux multiples **boutiques et restaurants**.

Porto Rafael*

Plan p. 49 – À 4 km N-O de Palau.

Porto Rafael est un ravissant petit bourg balnéaire avec sa petite *piazzetta* aux faux airs andalous. En chemin, ne manquez pas le Monte Altura et sa forteresse *(☎ 329 60 41 373. mi-oct.-mars : visite sur résa ; t.l.j. en avr.-juin. 10h15, 11h15, 12h15, 15h15 et 17h15 ; juin-août 10h15, 11h15, 12h15, 17h15, 18h15 et 19h15 ; sept.-oct. 10h15, 11h15, 15h15, 16h15 et 17h15. Entrée 5 €)*, d'où la vue sur l'archipel de La Maddalena est imprenable.

Roccia dell'Orso*

Rocher de l'Ours

Plan p. 49 – À 4,5 km E de Palau dir. Capo d'Orso. T.l.j. avr.-oct. de 9h au coucher du soleil. Entrée 2 €.

C'est l'une des curiosités de l'île. L'érosion due aux effets conjugués des vents, de l'eau, du chaud et du froid a sculpté la roche et lui a fait prendre la forme étrange d'un ours. Haut de 122 m avec la tête résolument tournée vers la mer et assis sur ses pattes arrière, cet ours de granit fascine. Le photographier est un rituel, d'où les embouteillages à ses pieds.

Île des Gabbiani

Plan p. 49 – À 7 km O de Palau par la SS133 dir. Porto Pollo.

Bien connu des amateurs de planche à voile, l'isthme de sable reliant l'isola dei Gabbiani (ou île de l'Isuledda) et la Sardaigne se trouve particulièrement bien exposé aux vents, ce qui en a fait le **spot** le plus connu de la Sardaigne. Cette longue bande de sable est donc parsemée d'écoles de **planche à voile** et de **kitesurf** ainsi que de paillotes. L'ambiance est détendue, voire un zeste bohème, à l'image du camping occupant toute l'île des Gabbiani.

L'arcipelago di La Maddalena et son parc naturel***

Plan p. 49 – L'île de La Maddalena et l'île de Caprera sont les seules îles accessibles en voiture, par le bac au départ de Palau ; pour les autres, un bateau privé est nécessaire. Des croisières à la journée sont également organisées.

Des paysages naturels d'une beauté rare et un cadre environnemental d'exception ont conduit à la création du parc national de l'archipel de La Maddalena en 1996. Sept îles principales le composent : l'île de La Maddalena, la plus vaste, suivie par les plus petites Caprera, Santo Stefano, Spargi, Santa Maria, Razzoli et Budelli, et quelque 50 îlots. Représentant également une partie considérable du parc marin international des bouches de Bonifacio, inauguré en 2012, l'archipel couvre une superficie d'environ 18 000 ha (13 000 ha sous-marins et 5 000 ha terrestres), avec plus de 180 km de côtes.

Les îles de l'archipel acquirent de l'importance sous l'Empire romain en tant qu'escale pour les navires marchands en route vers le Sud, mais aussi grâce à leurs carrières de pierre. Abandonnées pendant des siècles, ce n'est qu'au XVIe s. que des bergers corses y élurent domicile et jetèrent les premières bases de la ville de La Maddalena. La Sardaigne entra en 1718 dans le giron des Savoie, et les Corses furent chassés par l'armée piémontaise en 1767. À partir de cette date, l'archipel devint un lieu

L'archipel de La Maddalena, Palau et l'Île des Gabbiani

stratégique majeur pour la Marine italienne avec l'installation de plusieurs détachements militaires. Dans les années 1970, une base de l'Otan abritant des sous-marins nucléaires de l'US Navy, prit ses quartiers entre les îles de La Maddalena et Santo Stefano. Démantelée en 2008, il ne reste aujourd'hui de ce passé militaire qu'une école de sous-officiers de la Marine nationale et un poste de commandement. Vivant auparavant presque exclusivement au rythme des militaires, La Maddalena s'est désormais tournée vers le tourisme en quête d'une nouvelle économie.

COMME À NAPLES

Giovanni, pâtissier napolitain, a adopté l'île de La Maddalena et y prépare toutes les spécialités qui font la renommée de sa ville d'origine. Babà, *sfogliatelle* et même les *delizie* au citron (des choux à la crème de citron, spécialités de la côte amalfitaine). ➤ ***Le Dolcezze Napoletane**, Largo G. Matteotti 6, ☎ 0789 73 00 65. Avr.-nov. : t.l.j. 7h-21h.*

Île de La Maddalena★★★

Plan p. 49 – À 5,5 km N-E de Palau.

Porte d'entrée de l'archipel, La Maddalena dénomme à la fois l'ensemble d'îles, l'île principale et la ville de cette dernière. D'une superficie de près de 20 km², l'île, de forme triangulaire, est parcourue par une très belle **route panoramique** qui offre de magnifiques points de vue entre terre et mer. À votre arrivée en **ville**, la vue du port, ses façades de couleur ocre typiques du Bassin méditerranéen, ses palmiers sur la promenade vous donneront une délicieuse première impression de La Maddalena. Le **centre historique** de la ville enchante avec ses petites places où se côtoient des terrasses de cafés, ses ruelles en pente, ses rues animées de boutiques et son marché couvert. Comme un concentré de *dolce vita*, La Maddalena dégage un charme fou. La **piazza Garibaldi**, dite également « place Rouge » en raison de la couleur de ses pavés, est l'épicentre de cette bourgade, d'où partent les rues principales comme la **via Garibaldi** ou la **via Regina Margherita**. Vous pourrez vous promener à l'ouest à la Cala Gavetta, le port de pêche ou en bord de mer à l'est. Mais l'île possède également de bien jolies plages qui vous accueilleront à la moindre envie de farniente…

➤ *Lire aussi le coup de cœur : L'archipel de La Maddalena, une folie minérale dans la mer p. 55.*

Chiesa Santa Maria Maddalena et son musée

Entrée par l'église ou via Baron Mano ☎ 078 973 74 00. Église : t.l.j. 7h-20h et nocturne en été (21h30-23h) ; accès libre. Musée : visite guidée en français sur résa : Cinzia Bianco ☎ 349 1534 391. Entrée 3 €.

Juste un peu au-dessus de la piazza Garibaldi, sur la piazza Santa Maria Maddalena, trône l'église du même nom, édifiée en 1770. Derrière celle-ci, un petit **musée** abrite quelques curiosités, comme un crucifix et deux candélabres en argent donnés par l'**amiral Nelson**. Celui-ci a effectivement jeté l'ancre à plusieurs reprises entre 1803 et 1805 dans l'archipel, car cette position lui permettait de surveiller la flotte française amarrée au port de Toulon. Il a alors fait cadeau de ces objets à la paroisse pour la remercier de son hospitalité.

Chiesa della Santissima Trinità

Située sur la route entre La Maddalena et Spalmatore au N, au niveau de l'embranchement avec la via Trinità. Horaires variables. Accès libre.

La petite église Santa Trinità, également appelée *Santissima Trinità*, est la plus ancienne de l'île. Elle date du début du XVIIIe s., époque où l'essentiel de la population insulaire habitait à l'intérieur des terres et non sur la côte. Cette petite église célèbre de mille

Arrivée par bateau à La Maddalena

et une manières le **culte de la Sainte Vierge**, comme le montrent les nombreuses représentations de celle-ci. Tous ces chapelets, toutes ces icônes et autres figures symboliques accrochés aux murs en font un lieu de prière à la fois singulier et vivant.

Plage Monte d'Arena

***Plan p. 49** – À 6 km N-O de La Maddalena, prenez la route Regione Guardia Vecchia et tournez à g. au niveau de l'église Santa Trinità, dir. Bassa Trinità. Continuez tout droit. Possibilité de parking.*

Cette vaste anse de sable doré est parfaite si vous aimez le farniente et vous faire bronzer. Les eaux peu profondes sont idéales pour les enfants.

Cala Spalmatore**

***Plan p. 49** – À 6 km N de La Maddalena. Prenez la route Regione Guardia Vecchia, dir. Spalmatore. Bar-restaurant.*

Cette plage au sable rosé avec une digue au milieu est très agréable. Ses eaux turquoise ont poli les blocs de granit à demi immergés et en font un lieu idéal pour la baignade.

Criques de Giardinelli**

***Plan p. 49** – À 5,5 km E de La Maddalena, prenez le bord de mer dir. Moneta et tournez à g. dir. Giardinelli.*

La presqu'île de Giardinelli avec ses roches claires et son eau transparente est sublime. Une multitude de petites criques bordent le littoral.

Île de Caprera***

***Plan p. 49** – Depuis l'île de La Maddalena, prenez la route du bord de mer à l'E de La Maddalena et traversez le bourg Moneta. Franchissez la digue du passo della Moneta, qui relie les îles.*

Si l'île de La Maddalena peut à bien des égards paraître minérale, Caprera étonne par la profusion de sa végétation. Plantée d'une immense pinède, l'île est un véritable écrin de verdure formé par les pins parasols. Elle est coiffée de deux sommets, le **Poggio Stefano** et le **Monte Teialone**, atteignant respectivement 198 et 212 m. Accessible à pied, la montée du Telaione constitue une agréable randonnée *(fléché, env. 30 min)*. Le panorama à 360° est exceptionnel du haut de ce pic de granit. Actuellement, sept sentiers ont été balisés ; à terme 16 parcours sillonneront l'île pour permettre sa découverte à pied.

Casa di Garibaldi*

En arrivant de La Maddalena par le passo della Moneta, continuez la route principale et prenez à g. (fléché) ☎ 078 972 71 62, www.compendiogaribaldino.it. Été : mar.-sam. 8h30-19h, dim.-lun. 8h-14h ; hiver : consulter le site, onglet « Info Orari », f. Noël et 1er janv. Entrée 7 €.

La maison de Giuseppe Garibaldi, musée national depuis 1978, est un véritable lieu de pèlerinage pour de nombreux Italiens.

L'artisan de l'**unité italienne** y passa les vingt dernières années de sa vie (entre 1860 et 1882). C'est de là qu'il imagina ses campagnes pour le **Risorgimento**, ce long processus politique et militaire au terme duquel l'unité italienne est née en 1861.

Au début de la visite, l'étable avec sa petite collection de vieux outils témoigne de l'attachement de Garibaldi pour la terre. Néanmoins, la maison blanche, bâtiment principal, constitue le centre d'intérêt majeur du musée. Au-delà de l'atrium où sont exposés des armes ainsi que quelques portraits et drapeaux, toutes les pièces sont ouvertes au public. De la salle à manger, où sont présentées bon nombre de reliques, aux chambres des enfants en passant par celle de Garibaldi, la maison était délibérément ouverte sur l'extérieur.

La chambre du général, avec son lit face à la fenêtre d'où il pouvait apercevoir la mer en est l'exemple le plus frappant. À noter: la **cuisine** avec son eau courante, le comble du luxe pour l'époque. Pour finir, une visite du cimetière s'impose. La **tombe** en granit brut de Garibaldi contraste étrangement avec celles, plus classiques, des membres de sa famille.

Cala Brigantina**

Située sur la côte E de l'île. En arrivant du passo della Moneta, continuez la route principale et prenez la direction des fortifications Poggio Rasu. Garez votre véhicule. Prenez le sentier à g. de la fortification supérieure et descendez pendant 700 m.

Composée de deux petites criques, l'une plus grande que l'autre, Cala Brigantina tient son nom du temps où des pirates régnaient sur cette zone et avaient débarqué dans cette anse. Abritée des vents, cette plage aux eaux limpides et au sable doré est un paradis pour les plongeurs et les fanatiques de bains de mer.

Cala Coticcio***

Située sur la côte E de l'île, Cala Coticcio est la plus difficile d'accès. En arrivant du passo della Moneta, continuez la route principale et prenez à g. pendant 5 km dir. Monte Teialone. Poursuivez la route tout droit jusqu'à une esplanade en terre battue où vous pourrez vous garer. Comptez 2 km, soit 25 min de marche, pour atteindre la plage.

Le fait qu'elle soit surnommée « plage de Tahiti » suffit à exprimer le caractère exceptionnel de cette crique. Avec ses blocs de granit polis par les vents et la mer, son sable blanc, son eau transparente et sa faible profondeur, un petit air de Polynésie semble souffler ici.

Cala Portese**

En arrivant du passo della Moneta, prenez la première à dr. dir. Stagnali. Une fois le village de Stagnali passé, continuez toujours vers le S, en suivant la dir. Isola Rossa.

Appelée aussi plage *dei due mari* (des deux mers), elle se développe des deux côtés d'un étroit lambeau de terre. Cette plage se compose d'une minuscule crique à droite et d'une très belle étendue de sable, abritée par des dunes et du maquis, à gauche.

Plage del Relitto**

En arrivant du passo della Moneta, prenez la première à dr. dir. Stagnali. Une fois le village de Stagnali passé, continuez vers le S, dir. Isola Rossa. Après la portion de terre reliant Caprera à l'isola Rossa, poursuivez tout droit. Garez la voiture et continuez à pied pendant quelques minutes.

Relitto signifiant « épave » en italien, il n'y a rien d'étonnant à ce que la plage se trouve jonchée des restes de bois fossilisé d'un bateau. Par ailleurs, le maquis tout proche se reflète dans l'eau et lui donne cette si belle couleur vert émeraude. D'autres plages somptueuses sont accessibles seulement par bateau *(p. 271)* comme **Cala Napoletana** et **Cala Caprese** situées au nord-ouest de l'île.

Îles de Razzoli, de Santa Maria et de Budelli

***Plan p. 49** – Accès en bateau.*

Situées au nord de l'archipel, ces trois îles forment un ensemble, car la profondeur des eaux qui les séparent les unes des autres est faible.

Ces eaux peu profondes ajoutent d'ailleurs à la beauté de ce site, tout comme sa côte déchiquetée qui évoque des sculptures étranges.

Île de Razzoli

Elle est la plus au nord, mais aussi la plus accidentée de toutes. L'accès par bateau est difficile, comme en témoigne **Cala Lunga**, la principale porte d'entrée de l'île. Cette petite crique de sable blanc semble se cacher derrière les blocs de granit rose.

Le **Monte Cappello**, à 65 m, est le point culminant. En haut, le **panorama** est exceptionnel, et au-delà des fonds bleus, la Corse et les îles Lavezzi et Cavallo apparaissent tout proches. Un chemin part de Cala Lunga pour atteindre le **phare Razzoli**. Une agréable façon de découvrir la végétation de l'île, que les vents violents maintiennent au ras du sol. Entre les îles Razzoli et Santa Maria, le bras de mer nommé **Passo degli Asinelli** est une véritable merveille avec ses rivages peu profonds, son sable blanc et son eau turquoise. C'est une magnifique piscine naturelle.

Île de Santa Maria**

Santa Maria est la seule île habitée, avec ses 19 maisons. Quelques habitations ont pu être construites avant que la loi ne l'interdise. **Cala Santa Maria** est l'une des plus grandes plages de l'archipel, et cette anse de sable blanc est idéale pour d'agréables baignades en famille, les enfants pouvant s'amuser sur la longue portion de sable.

De la plage part un petit chemin qui va jusqu'à la **Punta Filetto** à l'est de l'île *(20 min de marche)*. La végétation sauvage semble une fois encore accepter de se plier au bon vouloir des vents. Beaucoup d'espèces d'**oiseaux migrateurs** font escale sur un petit marais, nommé *La Padule*, au sud de l'île.

Île de Budelli***

L'île Budelli au sud de Santa Maria est surtout connue pour sa **plage rose**, dont la renommée vient du film *Le Désert rouge* d'Antonioni, réalisé en 1964. Cette couleur de sable si particulière est un mélange singulier de fragments de corail, de coquillages et de granit rose. Bien qu'elle soit fermée au public et au mouillage par une barrière de bouées depuis 1994, la plupart des circuits en bateau passent à proximité.

Île de Spargi**

Plan p. 49 – *Accès en bateau.*

Située au sud des îles Razzoli, Santa Maria et Budelli et au nord-ouest de La Maddalena, Spargi est la troisième île en superficie. Toute en rondeur, elle n'a pour seules constructions que quelques anciens bâtiments militaires, car sa nature sauvage et âpre a empêché l'installation d'habitants. Spargi doit sa notoriété à la plage **Cala Corsara**. Formée de quatre petites criques, elle abrite des blocs de granit polis par l'eau et le vent, dont les formes sont spectaculaires. Les croisières organisées ne manquent jamais d'y faire escale, d'où l'affluence en été. L'île est également connue pour la découverte d'une **épave romaine** du IIe s. à Secca Corsara *(rens. club de plongée p. 207)*.

Île de Santo Stefano

Plan p. 49 – *Accès en bateau.*

Santo Stefano est surtout connue pour son passé militaire, car elle hébergeait jusqu'à peu une **base américaine**. Depuis son démantèlement en 2008, des projets de revalorisation du site sont à l'étude.

Restée très sauvage, à l'exception de quelques résidences de vacances, cette île abrite une ancienne carrière de granit. À noter, le **fort San Giorgio** ou « fort de Napoléon » car c'est de là que le général corse bombarda La Maddalena lors de l'attaque française de 1792 *(p. 243)*.

Cala Coticcio

Cala Corsara, sur l'île de Spargi

Coup de cœur de l'auteur

L'archipel de La Maddalena, une folie minérale dans la mer

Au large de Palau, une traversée de 15 minutes vous mène à l'archipel de La Maddalena. Sept îles dont deux seulement habitées, entre la Corse et la Sardaigne : les prémices d'un séjour à La Maddalena riment avec nature.

La Maddalena en voiture

La plus étendue et la seule vraiment habitée, l'île de La Maddalena se visite en voiture (ou à scooter). Une route panoramique d'une quinzaine de kilomètres en fait le tour, en alternant des points de vue et en desservant ses principales plages. Du port, direction ouest vers la **Cala Francese** (il faudra prendre la bifurcation à droite vers Nido d'Aquila). Un peu plus au nord, une autre déviation vous amènera à la Madonnina. Cette minuscule chapelle dédiée à la Vierge, à pic sur les rochers, domine la mer et offre un splendide spectacle sur les îles Spargi et Budelli. La route panoramique se poursuit au nord : elle grimpe un peu pour dérouler des paysages grandioses sur les environs de Palau et l'île de Santo Stefano. Elle redescend vers la **Cala Trinità** (qui exhibe de magnifiques dunes) et regagne la **Cala Spalmatore**.

Caprera à pied

Reliée par un pont, Caprera se rejoint facilement depuis La Maddalena. Une fois celui-ci franchi, oubliez votre voiture et arpentez l'île par ses chemins de randonnée. Une dizaine de parcours a été fraîchement balisé : les excursions ont été pensées en suivant des thématiques panoramiques et historiques. Au nord, le Compendio Garibaldino est le point de départ de plusieurs sentiers : pour la **Cala Napoletana** et la **Cala Crocitta**, compter 1h15 aller et retour. Sur la route qui mène au Compendio se trouve le chemin abrupt qui descend à la **Cala Coticcio**, rebaptisée « Tahiti » en hommage aux tonalités bleues de sa mer. Comptez 45 minutes pour la remontée.

Budelli, Spargi, Santa Maria et Razzoli : en bateau

Ces quatre îles inhabitées composent le reste de l'archipel. Pas si loin, par temps clair, c'est la Corse qu'on aperçoit et les falaises de Bonifacio.

L'ensemble des îles fait figure de carte postale avec une mer au bleu couleur lagon et un maquis méditerranéen d'une beauté exceptionnelle. Les criques et les coins où l'eau est le plus transparente répondent à des noms de roman : on se baigne aux « piscines naturelles », avant d'accéder à la « **Cala Lunga** » de Razzoli ou de jouer aux pirates à la « **Cala Corsara** » de Spargi. Sur l'île de Budelli se trouve la mythique plage rose. Victime de son succès, elle a risqué de perdre à jamais son éclat : trop de touristes remportaient du sable en souvenir. Par conséquent, les autorités en ont interdit l'accès.

PRATIQUE

À savoir : *les bateaux d'excursion sont vite bondés en haute saison. L'accès aux îles est réglementé et se fait à des heures précises. Partager la location d'un petit zodiac reste la solution la plus confortable mais est aussi plus chère.*
Départ : *depuis Palau pour La Maddalena, Maddalena Lines et Delcomar assurent la liaison toutes les 30 min (4,20 € /pers. ; 3,70 € en hiver).*
Budget : *pour l'excursion en bateau, comptez environ 35 €/pers. avec* primo piatto. *Pour louer un zodiac pour 6 pers., comptez 300 € env. avec skipper et 150 € sans skipper.*

4 Tempio Pausania et l'arrière-pays de la Gallura

Aggius

Non loin de la très chic Costa Smeralda, l'arrière-pays de la Gallura possède toutes les qualités pour séduire les amoureux de la nature et du calme. Au cœur de ce territoire : Tempio Pausania. Ce bourg tranquille est un excellent point de départ pour explorer les flancs boisés du mont Limbara, un massif apprécié par les randonneurs. Avant le tourisme, le développement économique de la région reposait sur ses ressources naturelles, à savoir le granit et le liège. Les musées ethnographiques de Aggius et de Luras rappellent ce passé. La richesse de la faune et de la flore de la région donne à voir une Gallura authentique et préservée.

- **Carte :** p. 32-33.
- **Arriver, se déplacer :** voir carnet pratique p. 272.
- **Manger, dormir, s'amuser :** p. 208.
- **Randonnée :** La découverte du mont Limbara, p. 62.

➤ Luogosanto★

Carte p. 32-33 – À 45 km N-O d'Olbia par la SS125 et à 20 km O d'Arzachena par la SP14.

Niché au cœur du maquis à 320 m d'altitude, le village de Luogosanto, qui signifie « lieu saint », porte bien son nom compte tenu du nombre d'églises qu'il possède. Sa renommée vient d'ailleurs de cette tradition locale empreinte de religieux, avec près de **douze lieux de culte** éparpillés sur toute la commune. Situé au centre de la Gallura, Luogosanto est typique des villages de la région, dont l'architecture minérale et austère contraste avec la nature des alentours. Le centre du village, dont l'authenticité fait le charme, s'étend autour de la basilique de Nostra Signora di Luogosanto.

Basilica di Nostra Signora di Luogosanto

Piazza della Basilica.

Édifiée en 1227 par les frères franciscains, elle est, comme Saint-Pierre de Rome, dotée d'une **porte sainte**, ouverte par le pape Honorius III pour marquer le début de l'année sainte, faisant de l'église une basilique. Cette porte n'est ouverte qu'une fois tous les sept ans. À cette occasion, la basilique est le théâtre d'importantes festivités et constitue même un lieu de pèlerinage.

Selon la légende, l'église aurait été construite là où serait apparue la Vierge lorsqu'elle indiqua aux franciscains la présence des reliques de saint Nicolò et de saint Trano à quelques kilomètres *(ci-dessous)*.

Chiesa San Trano★

À 2,5 km du centre. Empruntez la SP14 dir. Arzachena pendant 300 m, et, au carrefour, prenez à dr. et montez. Accès libre.

Cette église faite de granit frappe par sa simplicité. Immergée dans la nature à 410 m d'altitude, elle rend hommage à deux ermites, Nicolò et Trano, dont les reliques ont été retrouvées sous la roche située juste derrière l'autel. Le **panorama** y est superbe, car, par temps clair, on peut apercevoir les côtes de la Corse.

➤ Castello di Baldu

Carte p. 32-33 – À 5 km N-E du village, prenez la SP14 dir. Arzachena, et après 2 km suivez le panneau indicatif à g. et continuez pendant 2,6 km.

Aux environs de Luogosanto, au cœur de la nature, se trouvent les ruines du château de Baldu, lieu d'habitation du judicat de la Gallura au Moyen Âge *(p. 82)* et dont seuls trois des quatre murs sont encore debout.

À quelques dizaines de mètres à l'ouest des vestiges, la **chapelle Santo Stefano** a été édifiée au XVIIe s. Restaurée en 1995, elle a aujourd'hui l'aspect classique des petites églises de campagne de la région.

➤ Aggius★★

Carte p. 32-33 – À 22 km S-O de Luogosanto par la SS133, puis à dr. (fléché).

Noyé dans la nature et entouré de massifs de granit, Aggius est l'un des plus anciens et des plus charmants villages de la Gallura.

En plus de ses magnifiques panoramas, la cité abrite de belles **bâtisses de granit** – pierre qui fit la prospérité de la région –, souvent très bien restaurées. Il fait bon déambuler dans les rues pavées, d'autant qu'en pleine saison de nombreuses **manifestations** tournées vers l'artisanat et les chants polyphoniques animent les rues *(rens. Pro loco, p. 272)*.

MEOC★

Museo etnografico Oliva Carta Cannas

Via Monti di Lizu, 6. ☎ 079 621 029, www.museodiaggius.it. Mai-mi-oct. : t.l.j. 10h-13h et 15h-19h ; mi-oct.-janv. et avr. : mar.-dim. 10h-13h et 15h30-17h30 ; fév.-mars : mar.-sam. 10h-13h. F. en janv. Entrée 4 € (+ 3 € vis. guid. en italien).

Situé dans l'enceinte d'une ancienne maison sarde, don d'une certaine Oliva Carta Cannas à la ville, ce **Musée ethnographique** constitue une formidable occasion de saisir l'âme d'Aggius et de la Gallura du XIXe s. Une vingtaine de salles forment un parcours original entre traditions, métiers et vie quotidienne de l'époque. Le tissage de tapis est à Aggius une vraie tradition locale, et on retrouve ici un grand espace où se côtoient différents métiers à tisser. L'été, les femmes du village viennent y montrer leur savoir-faire. Une autre salle témoigne du travail du **liège**, d'autres de la **viticulture** et des travaux agricoles propres au XIXe s.
Le musée évoque également la tradition du **chant polyphonique** *(p. 251)* d'Aggius avec des éléments visuels (photographies, journaux…), mais aussi sonores.

Valle della Luna★★★

Vallée de la Lune

***Carte p. 32-33** – À 28 km O de Luogosanto par la SS133, la SP27 puis la SP74 jusqu'à Trinità d'Agultu.*

En poursuivant la route aux portes d'Aggius, difficile de ne pas être captivé par le spectacle qui apparaît subitement après un tournant. Dans un cadre spectaculaire formé par d'immenses blocs de pierre entourés d'un maquis touffu et verdoyant, les roches granitiques modelées par l'érosion naturelle prennent les formes les plus diverses : les légendes populaires s'amusent à voir ici le profil de Platon, là un éléphant, plus loin un ours, et d'autres encore. Certains soirs, le granite blanc s'illumine au clair de lune, produisant d'étranges reflets « lunaires » desquels la vallée tire son nom.

➤ Tempio Pausania★★

***Carte p. 32-33** – À 25 km S de Luogosanto par la SS133.*

Cette ville située au pied du mont Limbara est au cœur d'un paysage unique, à la fois minéral et végétal. Entouré d'une nature composée de **chênes-lièges**, de vignobles et de reliefs granitiques, Tempio Pausania a une allure montagnarde. Mais si ce bourg aux grandes bâtisses de granit sombre a certes l'air austère, cette froideur n'est que de façade. Même si l'histoire de Tempio semble remonter

Vallée de la Lune

à l'époque romaine, c'est au Moyen Âge que la ville se développa réellement. Sous la domination aragonaise et celle de la maison de Savoie, la ville accrut encore davantage sa gloire, ce qui explique la présence des belles églises du centre-ville et de palais prestigieux. Son développement se poursuivit jusqu'au XXe s. avec l'arrivée du chemin de fer dans les années 1930.

La **piazza Gallura** est l'épicentre de la ville avec l'**hôtel de ville** qui attire les regards, tandis que la **piazza San Pietro** en est le cœur religieux, avec sa cathédrale éponyme.

Cattedrale di San Pietro*

Piazza San Pietro. ☎ 079 630 600. T.l.j. 8h30-13h et 14h30-18h30.

Dédiée à saint Pierre, cette église fut édifiée au XIIIe s. La cathédrale médiévale se transforma au fil du temps avec la construction d'un campanile au XVIe s. et des travaux d'agrandissement qui se terminèrent en 1827. Sa façade en granit, ornée de médaillons peints, date du début du XIXe s.

L'intérieur constitué d'une unique nef avec des chapelles sur les côtés comporte quelques éléments baroques. L'**oratoire de Santa Croce** uni à la cathédrale par la sacristie a été restauré, et son élégance sobre n'en est que plus saisissante. Face à la cathédrale, de l'autre côté de la place, l'**oratoire del Rosario** témoigne aussi de la richesse de l'époque médiévale. La légende dit que cette chapelle aurait été édifiée sur les ruines d'un temple romain, d'où le nom donné à la ville.

GLACES ET PÂTISSERIES

La vitrine annonce la couleur : ici se consomment les *dolci*, les pâtisseries, et les *gelati* artisanaux. Marco, le pâtissier, concocte aussi du *panettone* (en hiver). Pas de tables dans la boutique mais on s'assoit, comme les locaux, sur les bancs de la *piazza*.

*➤ **Pasticceria Da Marco**, Piazza Italia, Tempio Pausania ☎ 340 555 0707. Lun.-sam. 8h-13h et 16h30-19h30, dim. 8h-13h.*

Gare ferroviaire*

Via Stazione Vecchia, au S du centre-ville. T.l.j. 6h-20h30 (en fonction des horaires des trains et bus).

Au sud de la ville en contrebas, la gare de Tempio vaut le détour. Construite en même temps que la ligne de chemin de fer qui reliait Sassari à Tempio en 1931, cette gare est un petit bijou. Les matériaux, **briques** et **fer forgé**, mettent en valeur la symétrie de la bâtisse. À l'intérieur, le bois a la patine des années et les murs sont agrémentés de très belles toiles du peintre **Giuseppe Biasi**. L'artiste y a représenté des scènes de la vie quotidienne de Tempio Pausania au début du XXe s.

Source de Rinaggiu

20 min de marche. Empruntez la via Fonte Nuova et continuez la balade dans la nature. Fléché.

Les sources sont nombreuses dans le massif du mont Limbara et à proximité de la ville. La source de Rinaggiu, située au sud-ouest, est la plus célèbre en raison de ses vertus diurétiques. S'y rendre constitue une promenade très agréable.

➤ Nuraghe Majori**

***Carte p. 32-33** – À 2 km de Tempio Pausania, prenez la SS133 dir. Palau. Après 1,5 km tournez à dr. et continuez sur 450 m. Le nuraghe se trouve à g. 1er avr.-2 nov. : t.l.j. 9h30-19h. F. Toussaint-Pâques (sauf sur résa ☎ 347 29 95 933). Entrée 3 € + 3,50 € visite guidée (en français sur résa par tél.).*

Le territoire de Tempio Pausania compte près de vingt sites nuragiques, et le nuraghe Majori est l'un des mieux conservés. Celui-ci est mixte car il est à la fois à « tholos », c'est-à-dire avec une tour conique tronquée, et à couloir *(p. 241)*. Au cœur de la nature, sa situation stratégique avec une **vue panoramique** à 360° sur la région laisse penser qu'il était habité par les personnes les plus importantes de la région. Du fait de cette position dominante, sa fonction était de surveiller mais aussi de prévenir par le feu les autres nuraghes alentour de l'imminence d'un danger.

➤ Monte Limbara★★★

Carte p. 32-33 – À 43 km S de Luogosanto par la SS133 et la SS392 dir. Oschiri. 7 km après Tempio Pausania, tournez à g. et montez jusqu'à Vallicciola. C'est le point de départ de nombreuses excursions. La route monte jusqu'à la Punta Balistreri pendant 6 km. Pour les randonneurs, les panneaux viennent à manquer. Il est donc préférable de se renseigner auprès de gardes forestiers ou de se rapprocher d'associations qui proposent des randonnées selon les niveaux.

Le mont Limbara, l'un des plus hauts massifs montagneux de l'île avec comme sommet la **Punta Balistreri**, à 1 362 m, offre une excursion incontournable pour les randonneurs. Délimité au nord par le plateau de Tempio et au sud-ouest par un cours d'eau, le mont Limbara est constitué de cimes rocheuses qui offrent des **panoramas** exceptionnels. Par temps clair, il n'est pas rare d'apercevoir les côtes corses et Sassari à l'ouest de l'île. Le mont Limbara est aussi célèbre pour la richesse de sa nature. En plus d'être le lieu de résidence d'une colonie d'**aigles royaux**, le massif abrite des **chats sauvages** et des sangliers.

UN TOUR EN TRAIN

L'été, un tronçon du *trenino verde (p. 17)* assure la liaison Tempio-Palau. Cette façon originale de traverser la Gallura permet d'aller passer la nuit sur la côte et de revenir le matin à Tempio dans un joli petit train aux wagons vintage. ➤ *☎ 070 26 571, www.treninoverde.com. En activité de fin juin à mi-sept. Trajet : 1h45.*

La végétation est elle aussi généreuse avec quantité d'arbousiers, de houx et de bruyères ainsi que des chênes verts et pléthore de plantes aromatiques. L'eau participe à la beauté du site, car de nombreuses sources courent le long des vallons et ont creusé des piscines naturelles.

➤ *Lire aussi la randonnée : La découverte du mont Limbara, p. 62.*

➤ Calangianus

Carte p. 32-33 – À 26 km S de Luogosanto par la SS133 et la SP10.

Haut lieu de la Gallura, Calangianus est, avec sa voisine Tempio, la capitale italienne du liège (90 % de la production nationale). Ici, tout peut se fabriquer à partir de ce matériau à usage domestique et industriel. Au cœur de la ville, à l'intérieur de l'ancien couvent des franciscains et de l'église de Santa Maria degli Angeli, un **musée** *(Via San Francesco, 3 ☎ 346 36 93 859. Juin-oct. : lun.-sam. 10h-18h ; reste de l'année : lun.-sam. 10h-13h, 15h-18h, possibilité de résa le dim. Entrée 4 €)* dévoile le travail du liège à travers un parcours multimédia et l'exposition d'une série d'outils anciens. Chaque année, en septembre, l'organisation d'une **foire internationale du liège** permet aux professionnels et aux visiteurs d'admirer les nouvelles applications de ce matériau.

➤ Luras★

Carte p. 32-33 – À 22 km S de Luogosanto par la SS133 et la SP10.

Luras est un vieux village de la Gallura, il aurait fait partie des cinq colonies fondées par les Étrusques en 862 av. J.-C. Aujourd'hui, les rues du centre sont bordées de maisons de granit.

Museo Galluras★★

Via Nazionale, 35A ☎ 368 337 63 21 www.galluras.it. Pas d'horaires d'ouverture, si le musée est fermé, téléphonez : le propriétaire habite à côté. Entrée avec visite guidée 5 €.

Le plus vieil olivier d'Europe à Luras

Ce musée intitulé *Galluras*, mélange de Gallura et de Luras, illustre à merveille le riche passé du village et de sa région. Dans cette ancienne **bâtisse** du XVIIIe s. située au cœur du village, près de 4000 objets balaient six siècles d'histoire. Sur plusieurs niveaux, les différents métiers de la région sont exposés, notamment le **travail du liège** dans une pièce qui lui est intégralement consacrée au 2e étage. Au premier, les différents aspects de la vie quotidienne sont mis en valeur avec une salle à manger, une cuisine et une chambre. Dans cette dernière, ne manquez pas de découvrir l'histoire de cet étrange marteau qui servait à faire mourir les malades plus rapidement. Elle fait même l'objet d'un **roman** contemporain écrit par Sebastiano Depperu, *L'Ultima Agabbadora*.

Dolmen Ladas

Carte p. 32-33 – À 2 km N-O de Luras. Prenez la via Carana et tournez à dr. par la via Ariosto dir. Palau. ☎ 339 36 68 478. Été : à partir de 9h.

Ce dolmen de forme rectangulaire étonne par ses dimensions. Datant de l'an 3000 av. J.-C., il est long de 6 m et haut de 2,20 m, et la pierre qui couvre le dolmen ne fait pas moins de 15 m.

➤ Oliviers millénaires de San Nicola★★

Carte p. 32-33 – Après Luras, à 22 km S de Luogosanto, empruntez la SP136 pendant 6 km puis la SP137 à g. Au bout de 9 km, tournez à g. et suivez le panneau indicatif. Pâques-30 oct. : t.l.j. 10h-18h30, nov.-déc. : le week-end seulement. F. de Noël à Pâques. Entrée 2,50 €.

Cette oliveraie mérite le détour, car elle abrite le **plus vieil arbre d'Europe.** L'un des trois oliviers sauvages a entre 3800 et 4000 ans, selon une étude menée en 1991. L'arbre est devenu **monument national** et fait l'objet de soins afin de le préserver le plus longtemps possible. Les deux autres oliviers sont bien plus jeunes, puisque l'un a 500 ans et l'autre environ 2000 ! Tout près, une aire de pique-nique ombragée est des plus accueillantes avec sa petite chapelle.

Randonnée

La découverte du mont Limbara

Le mont Limbara est un massif méditerranéen typique : tapissé de maquis odorant, avec un sous-bois riche en bruyères et en pistachiers à ses pieds, il s'élève jusqu'à de jolies crêtes hérissées de granit. Son plus haut sommet, la Punta Balistreri, culmine à 1 362 m. Le mont Limbara est accessible par les versants nord et sud, assez différents l'un de l'autre. Quel que soit le versant que vous souhaitez gravir, les lieux sont renommés pour l'observation des rapaces et les fins connaisseurs pourront y voir le vol de l'aigle royal, du faucon et de l'épervier.

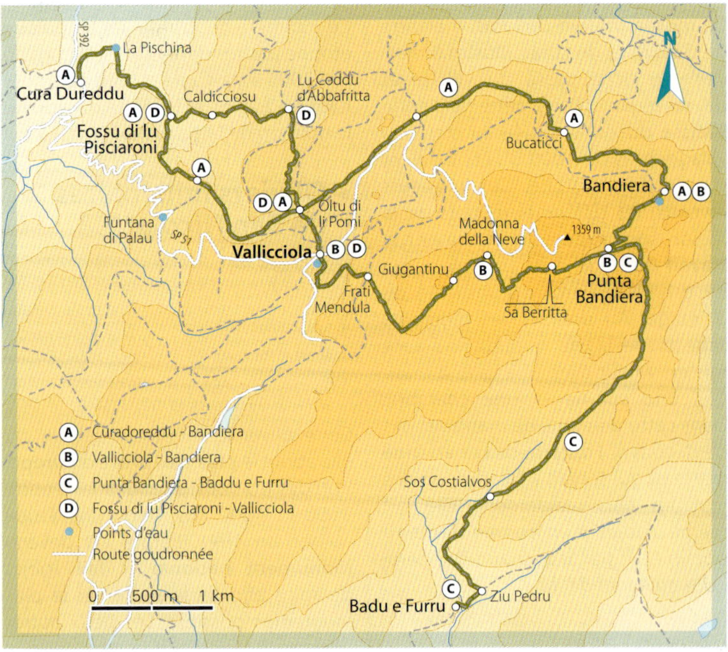

DÉPART ET ARRIVÉE LIMBARA NORD : partez de Tempio Pausania, et prenez la SS392 en direction d'Oschiri. Ensuite, bifurquez en suivant la direction de Vallicciola qui vous mène à la Punta Balistreri.

DÉPART ET ARRIVÉE LIMBARA SUD : depuis la SS729 (Sassari-Olbia), prenez la sortie pour le village de Berchidda et suivez les indications pour la localité Badde Inzas.

DURÉES A/R : A – 4h45h ; B – 3h05 ; C – 3h05 ; D – 2h10.

DÉNIVELÉS : A – 430 m ; B – 497 m ; C – 590 m ; D – 470 m.

DISTANCES A/R : A – 15,6 km ; B – 9,8 km ; C – 9,2 km ; D – 5,6 km.

DIFFICULTÉ : A : ardue ; B et C : moyenne ; D : facile.

1 Limbara Nord

C'est le versant des sources d'eau naturelles, celui qui laisse le plus apprécier le paysage boisé si caractéristique du Limbara. La zone se découvre sur le fil de ses *fonti* (sources), disséminées le long de la route. Elles se repèrent facilement grâce aux aires de stationnement qui indiquent le chemin à suivre. Une route sinueuse vous conduira jusqu'à la **Punta Balistreri**, le plus haut sommet. La localité **Vallicciola** est le meilleur point de départ pour les excursions. Trois itinéraires balisés y convergent : les chemins B, C et D. Le chemin B est, sans aucun doute, le plus panoramique : il grimpe jusqu'à la petite église de la **Madonna della Neve** et rejoint **Bandiera** en passant par la **Punta Bandiera**. Le sentier A, quant à lui, est le plus long et le plus difficile. Il part du lieu-dit **Cura Dureddu**, au pied de la vallée, pour rejoindre Punta Bandiera.

2 Limbara Sud

Le sud du Limbara présente une autre facette du massif. À son sommet, les imposants rochers calcaires ont été découpés par le vent, alors qu'une garrigue parfumée par toutes les senteurs de la Méditerranée dégringole doucement vers la vallée. Ce versant méridional du Limbara se déploie entre Su Fraile et le sommet de **Punta sa Beridda**. Le maquis méditerranéen y est roi, au point que les autorités du parc y ont installé un arboretum. Au lieu-dit Sa Dispensa, il s'étend sur environ 80 ha, avec le but d'accueillir et de préserver la flore du bassin méditerranéen. Le parcours aménagé propose de faire le tour des territoires baignés par la Grande Bleue : de la Corse à l'Italie, sans oublier la Lybie, le Moyen-Orient, l'Anatolie ou les Balkans.

5 De Santa Teresa Gallura à Castelsardo, la côte nord

Plage Li Cossi sur la Costa Paradiso

De Santa Teresa Gallura à Castelsardo s'étend une côte d'une rare beauté. Cette zone offre des paysages et des plages hors du commun, notamment grâce aux roches rouges de la bien nommée Costa Paradiso. Moins jet-set que la Costa Smeralda, c'est une destination prisée des familles italiennes, qui viennent y goûter aux joies balnéaires. Santa Teresa Gallura, avec sa tour aragonaise, son port de pêche et ses petites maisons aux couleurs parfois un peu passées, est une jolie station balnéaire, tandis que Castelsardo est l'un des plus beaux villages de Sardaigne avec sa forteresse médiévale et son centre aux ruelles alambiquées.

- **Carte :** p. 32-33.
- **Arriver, se déplacer :** voir carnet pratique p. 272.
- **Manger, dormir, s'amuser :** p. 210.

➤ Santa Teresa Gallura★★

Carte p. 32-33 – À 60 km N d'Olbia.

Bâtie à l'époque romaine sur un promontoire qui se dirige droit vers la Corse, Santa Teresa Gallura doit probablement son existence à sa situation stratégique. Les Pisans y ont exploité le granit comme matériau de construction du XIe au XVe s., lorsqu'ils partageaient avec les Génois la gestion de l'île. La période de la domination aragonaise *(p. 242)* au XVIe s. laisse à Santa Teresa Gallura la tour Longosardo (ci-dessous), à l'extrême nord de l'avancée rocheuse.

La configuration actuelle de Santa Teresa Gallura voit le jour le 12 août 1808 par décret du roi Vittorio Emanuele de Savoie. Il incombe à un officier de dessiner le plan de la ville selon les recommandations du roi, d'où ces rues droites qui se croisent perpendiculairement avec pour point central la petite **piazza San Vittorio** et son église éponyme. Malgré ce plan rectiligne, le charme des maisons colorées et du port de pêche caché dans une crique naturelle donne à Santa Teresa une atmosphère paisible où il fait bon passer des vacances. La plage Rena Bianca *(ci-dessous)* est d'ailleurs un argument de taille. De Santa Teresa, il est possible d'aller à **Bonifacio** en Corse *(1h de traversée, p. 272)*.

Plage Rena Bianca★★

Carte p. 32-33 – En centre-ville, à l'O de la piazza San Vittorio par la via Verdi.

La plage Rena Bianca est au cœur de la ville et on a presque l'impression que toutes les rues qui se dirigent vers la côte y mènent. Bondée l'été, cette plage n'en est pas moins exceptionnelle avec son sable blanc et son eau cristalline. L'ambiance y est à la fois familiale et jeune.

Torre Longosardo★

Carte p. 32-33 – De la piazza San Vittorio, empruntez la via Garibaldi, puis tournez à dr. et enfin à g. sur la via del Mare. La tour est au bout du promontoire rocheux, derrière l'église San Vittorio.

Construite sous la domination aragonaise au XVIe s., la tour Longosardo répondait aux besoins de sécurité de la population. Du fait de cette position stratégique avec vue imprenable sur les **bouches de Bonifacio** et sur le port Longone – situé à l'ouest à l'abri d'une crique –, elle devient un efficace **poste de guet**. De là, il était possible de contrôler le trafic, de se défendre contre les pirates et d'organiser la contrebande avec la Corse.

Complesso di Lu Brandali★

Site nuragique de Lu Brandali

Carte p. 32-33 – Situé à 1,5 km du centre de Santa Teresa, dir. la baie de Santa Reparata par la via Capo Testa.

Le site nuragique de Lu Brandali se compose de divers édifices caractéristiques de ces constructions. Au-delà de son nuraghe principal, le complexe comprend également un **village** de 36 cabanes et une **tombe des géants**. Le nuraghe dit « mixte » (à « tholos » et à couloir, *p. 241*) est basé sur le point le plus haut de la zone, afin de mieux surveiller et contrer les attaques. Les maisonnettes du village, en partie visibles, s'intègrent harmonieusement dans le paysage. Il n'est pas rare de voir des morceaux de roche composer une partie du mur.

Des fouilles réalisées en 1967 ont mis au jour de nombreux plats et **récipients** qui servaient à contenir les denrées alimentaires et à travailler le lait, témoignant ainsi d'une activité villageoise du XIVe s. au IXe s. av. J.-C.

➤ Capo Testa★★

Carte p. 32-33 – À 3 km O de Santa Teresa Gallura par la via Capo Testa. Carte des sentiers de randonnée disponible à l'office de tourisme (p. 272).

Cette presqu'île de granit, dont les rochers sculptés par les vents et les embruns ont des formes étonnantes, frappe par la beauté de ses paysages à la fois suggestifs et bruts.

C'est probablement la raison pour laquelle des communautés hippies y avaient élu domicile, principalement dans la zone la plus sauvage de la vallée de la Lune. Dans le mouvement du retour à la nature des années 1970, certains s'y sont installés, utilisant les sources proches comme points d'eau et les grottes comme abri.

La **zone protégée de la vallée de la Lune** (à ne pas confondre avec la vallée de la Lune située autour d'Aggius, *p. 58*) invite au rêve et à l'imagination. Les massifs rocheux de granit constituent un jeu sans fin dont le but est de reconnaître ici un animal, là un monstre ou encore une sorcière. Sur la route qui mène de Santa Teresa au Capo Testa, on peut même apercevoir, dans un virage, le « profil » du général de Gaulle.

Aujourd'hui, le Capo Testa est quadrillé de **sentiers** qui en font le tour et offrent de belles promenades. La baignade est aussi au programme : au-delà des deux plages situées de part et d'autre de l'isthme, **Rena di Ponente** et **Rena di Levante**, le Capo Testa abrite quelques criques idylliques, comme Cala Grande.

Cala Grande★★

Carte p. 32-33 – Une fois l'isthme du Capo Testa passé, prenez à g. et continuez pendant 1 km.

Cette plage est très connue car elle se trouve au cœur de la vallée de la Lune. Allongé sur le sable, on profite du spectacle offert par les massifs rocheux aux formes allégoriques.

➤ Costa Paradiso★★

Carte p. 32-33 – À 35 km S de Santa Teresa Gallura par la SP90.

Ce domaine privé de 800 ha, construit à la fin des années 1960, est entièrement voué au tourisme. Même si le village est artificiel et constitue davantage un conglomérat de maisons plus ou moins grandes et de résidences, Costa Paradiso demeure une bonne alternative pour des **vacances familiales**. Le site est splendide, son charme provenant essentiellement de cette roche rouge qui contraste élégamment avec le vert de la végétation et des eaux turquoise de la Méditerranée. Immergées dans le maquis, les constructions à flanc de colline se fondent dans la nature. La

Plage Tinnari

Castelsardo

côte de granit rose, toute dentelée, est ici vraiment magnifique.

Plage Li Cossi**

Carte p. 32-33 – Accès à pied depuis le village, départ du sentier panoramique au niveau du parking de l'hôtel Costa Paradiso (10 min à pied).

C'est la plage la plus connue de Costa Paradiso et une des plus belles de l'île. À l'abri du vent, elle se cache à l'intérieur des petites falaises de granit rose. La pente douce de l'eau est idéale pour la baignade des enfants.

Plage Tinnari*

Carte p. 32-33 – À l'O de la plage Li Cossi. (30 min à pied depuis la plage Li Cossi). En bus : une navette fait régulièrement le trajet depuis le centre nautique de Costa Paradiso. En voiture : par la SP90 dir. Castelsardo, prenez à dr. vers Cala Rossa et encore à dr. vers Tinnari. Garez la voiture à la fin de la route puis descendez 1 km de sentier.

Cette anse magnifique faite de petits galets au cœur de la nature sauvage est un bout de paradis isolé par un maquis dense. L'endroit est idéal si vous recherchez la tranquillité. De plus, les passionnés de fonds marins seront comblés. Le masque et le tuba sont ici des accessoires indispensables.

UNE PAUSE *GELATO*

Ce bar-glacier est une adresse incontournable de la ville avec sa terrasse qui empiète sur la place et ses glaces savoureuses.
➤ ***Le Gaston Bar**, Piazza La Pinedda, Castelsardo. Avr-sept. t.l.j. 7h-2h ; oct.-mars mar.-dim. 7h-23h30.*

➤ Castelsardo**

Carte p. 32-33 – À 70 km de Santa Teresa Gallura par la SP90.

Postée sur un promontoire d'origine volcanique, Castelsardo dégage un charme fou avec ses ruelles étroites, ses escaliers qui semblent ne plus finir et ses petites maisons aux pierres apparentes. La vieille ville, avec son **château médiéval**, ses remparts, sa cathédrale et ses rues pavées offre un beau voyage dans le temps, comme en témoignent les changements de nom de la ville au gré des événements historiques. De nombreuses petites boutiques animent le centre historique et vendent la spécialité locale : des objets en vannerie.
Fondé en 1102 par une famille d'aris-

tocrates génois, les Doria, le site porta le nom de Castelgenovese. Avec l'arrivée des Espagnols, il prit le nom de Castelaragonese en 1448. Puis la maison de Savoie débaptise encore une fois le château à la fin du XVIIIe s. pour lui donner son appellation définitive : Castelsardo.

La **piazza La Pianedda** marque la limite entre la vieille ville et la nouvelle. À proximité partent quelques volées de marches qui montent vers le *castello*. Cet espace abrite de nombreuses terrasses de cafés et glaciers.

Castello et museo dell'Intreccio mediterraneo***

Via Marconi ☎ 079 601 4769 ou 347 11 18 547, www.mimcastelsardo.it. T.l.j. 1er mai-30 juin et sept. 9h-21h ; juil.-août 9h-minuit, nov.-mars 10h30-16h30, oct. et avr. 9h-19h. Entrée 3 €.

Le château des Doria abrite le musée dell'Intreccio, qui signifie « tressage ». Réhabilitée, la forteresse est une formidable représentation des châteaux médiévaux, dont les terrasses offrent des **vues** magnifiques sur le golfe de l'Asinara et la Corse par temps clair.

Le lieu est très intéressant, presque plus que les salles consacrées à la **vannerie**. Le musée met pourtant en valeur ce savoir-faire ancestral réalisé à partir de matériaux locaux (jonc ou palmier). Les objets exposés vont des outils de pêche aux paniers.

Les terrasses du château de Castelsardo

➤ *Depuis le musée, prenez à g. la via Mazzini, puis encore à g. la via Garibaldi. Tournez à dr. dans la via Purgatorio et à g. dans la via Manganella.*

Cattedrale di Sant'Antonio Abate**

Via Seminario. Accès libre. Accès possible par la crypte du musée diocésain, dont l'entrée est payante (4 € pour la visite guidée en français).

La cathédrale de Sant'Antonio Abate a été construite au XVIIe s. en pleine période aragonaise, sur les ruines d'une église romane. Elle est coiffée d'un **campanile** dont la coupole est couverte de faïences colorées.

L'intérieur de l'église se caractérise par une nef unique en forme de croix latine. L'abside aux contours carrés abrite le maître-autel en marbre sur lequel trône un élément du retable intitulé *Madonna con angeli musicanti* du **Maestro di Castelsardo**, un peintre qui serait d'origine espagnole. Figure d'un mouvement à la fois sarde et ibérique, il se situe à la croisée de la peinture gothique catalo-aragonaise, des mouvements de la Renaissance italienne et de la peinture flamande. Son nom lui fut donné par l'expert en art médiéval sarde Carlo Aru, qui en 1926 lui attribua plusieurs peintures non signées des XVe et XVIe s. Si une partie du retable est visible dans l'église, les trois autres éléments sont exposés dans l'enceinte du musée diocésain situé dans la crypte de l'église. À noter également : les deux **statues** de bois du XVIe s. représentant sant'Antonio Abate et la Madone de Salasciu.

Composé de plusieurs salles creusées dans la roche, le **musée diocésain**, également appelée musée Maestro di Castelsardo, expose quelques œuvres du maître, mais aussi d'autres pièces comme cet impressionnant orgue du XVIIe s.

Rocher de l'Éléphant

➤ *Depuis la cathédrale, prenez à g. la via Al Seminario, elle devient la via Vittorio Emanuele.*

Chiesa Santa Maria★

Via Vittorio Emanuele. Horaires variables. Accès libre.

Située dans le cœur de la vieille ville, l'église Santa Maria est l'ultime étape de la procession du *Lunissanti* (Lundi saint, *p. 248)*. Cette église sans façade, dans laquelle on entre par un portail latéral, abrite un crucifix du XIVe s. représentant un **Christ noir**. Étonnant !

Roccia dell'Elefante★★

Rocher de l'Éléphant

Carte p. 32-33 *– Au S-E de Castelsardo, prenez la SS134 dir. Sedini. Site à proximité du croisement avec la SP13, bifurcation de la SS200.*

Impossible d'aller à Castelsardo sans passer voir la roche de l'Éléphant. La photo fait partie du rituel ! La nature est là assez joueuse, ayant sculpté ce bloc de trachyte en lui donnant la forme d'un pachyderme. À sa base, notez les cavités qui servaient de sépultures, les *domus de janas (p. 240)*, en français « maisons de fées ».

Plages de Castelsardo

En plein centre ou à quelques pas de la ville, Castelsardo offre de beaux lieux de baignade. Il s'agit pour la plupart de criques rocheuses et étroites qui se succèdent à l'est de la ville. Le long de la route qui longe la côte, de petits escaliers en pente permettent de rejoindre la mer. À vous de trouver le rocher idéal pour un bain de soleil.

Cala Marina

En ville, à l'O du château et de la forteresse, en direction du port par la via Lungomare Anglona. Parking.

Cette petite plage a le grand avantage de se situer au cœur de la ville. Idéale pour une pause fraîcheur après la visite de la cité médiévale.

Le Nord-Ouest entre terre et mer

Entre la nature sauvage du parc de l'Asinara et les villes de Sassari et d'Alghero, le nord-ouest de l'île est aussi varié que riche en découvertes. Si son littoral est moins prisé que celui de la côte orientale, il compte quand même une des plages les plus belles de la Sardaigne, celle de La Pelosa. La cité d'Alghero, où l'empreinte aragonaise est toujours présente, constitue une magnifique ville côtière avec son centre médiéval entouré de remparts. D'ici, une route panoramique rejoint le village de Bosa, estampillé comme l'un des plus beaux d'Italie, à voir absolument. Quant à l'arrière-pays, le Logudoro, il donne à voir une autre facette de l'île, plus ancrée dans la vie rurale et moins touchée par un tourisme de masse. Vous y découvrirez notamment de magnifiques églises romanes, parmi les plus impressionnantes de Sardaigne.

PRATIQUE

Carte et plans : Le Nord-Ouest p. 72-73 • Sassari p. 76-77 • Alghero p. 97.
Manger, dormir, s'amuser : p. 212.
Se déplacer : en voiture et en bus *(voir Carnet pratique p. 268)*. Sachez que vous ne pourrez pas aller partout en bus, la voiture reste le meilleur moyen d'accéder aux villages et aux plages les plus reculés.

- **Visites 6 et 9 :** Sassari et Alghero sont desservis par le train *(voir Carnet pratique p. 272 et 274)*.
- **Visite 8 :** Porto Torres est desservi par le train tandis que l'île de l'Asinara se rejoint en bateau *(voir Carnet pratique p. 273 et 274)*.

VISITES
6 à 11

Le Nord-Ouest

Bosa et son château

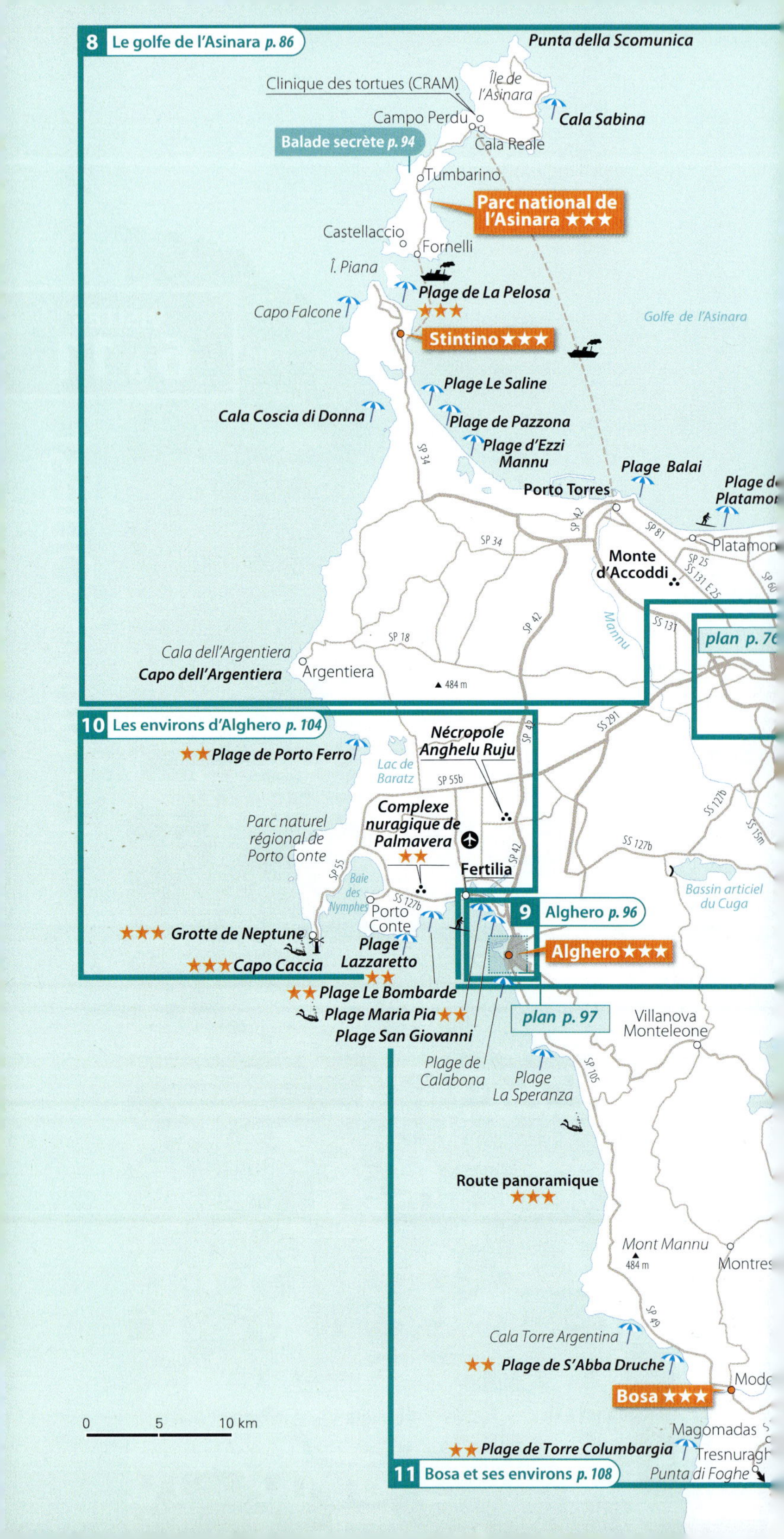
8 Le golfe de l'Asinara p. 86
Punta della Scomunica
Clinique des tortues (CRAM)
Île de l'Asinara
Cala Sabina
Campo Perdu
Cala Reale
Balade secrète p. 94
Tumbarino
Parc national de l'Asinara ★★★
Castellaccio
Fornelli
Î. Piana
Plage de La Pelosa ★★★
Capo Falcone
Golfe de l'Asinara
Stintino ★★★
Plage Le Saline
Cala Coscia di Donna
Plage de Pazzona
Plage d'Ezzi Mannu
SP 34
Plage Balai
Porto Torres
Plage de Platamona
SP 42
SP 81
Platamona
Monte d'Accoddi
SP 25
SS 131 E25
SP 60
Mannu
SS 131
plan p. 76
SP 18
Cala dell'Argentiera
Capo dell'Argentiera
Argentiera
484 m
10 Les environs d'Alghero p. 104
Nécropole Anghelu Ruju
★★ Plage de Porto Ferro
Lac de Baratz
SP 55b
SS 291
Complexe nuragique de Palmavera ★★
Parc naturel régional de Porto Conte
SS 127b
SS 15m
SP 55
Fertilia
Bassin articiel du Cuga
Baie des Nymphes
Porto Conte
9 Alghero p. 96
★★★ Grotte de Neptune
Plage Lazzaretto ★★
Alghero ★★★
★★★ Capo Caccia
★★ Plage Le Bombarde
Plage Maria Pia ★★
plan p. 97
Villanova Monteleone
Plage San Giovanni
Plage de Calabona
Plage La Speranza
SP 105
Route panoramique ★★★
Mont Mannu
484 m
Montresta
SP 49
Cala Torre Argentina
★★ Plage de S'Abba Druche
Modolo
Bosa ★★★
0 5 10 km
Magomadas
★★ Plage de Torre Columbargia
Tresnuraghes
11 Bosa et ses environs p. 108
Punta di Foghe

Le Nord-Ouest

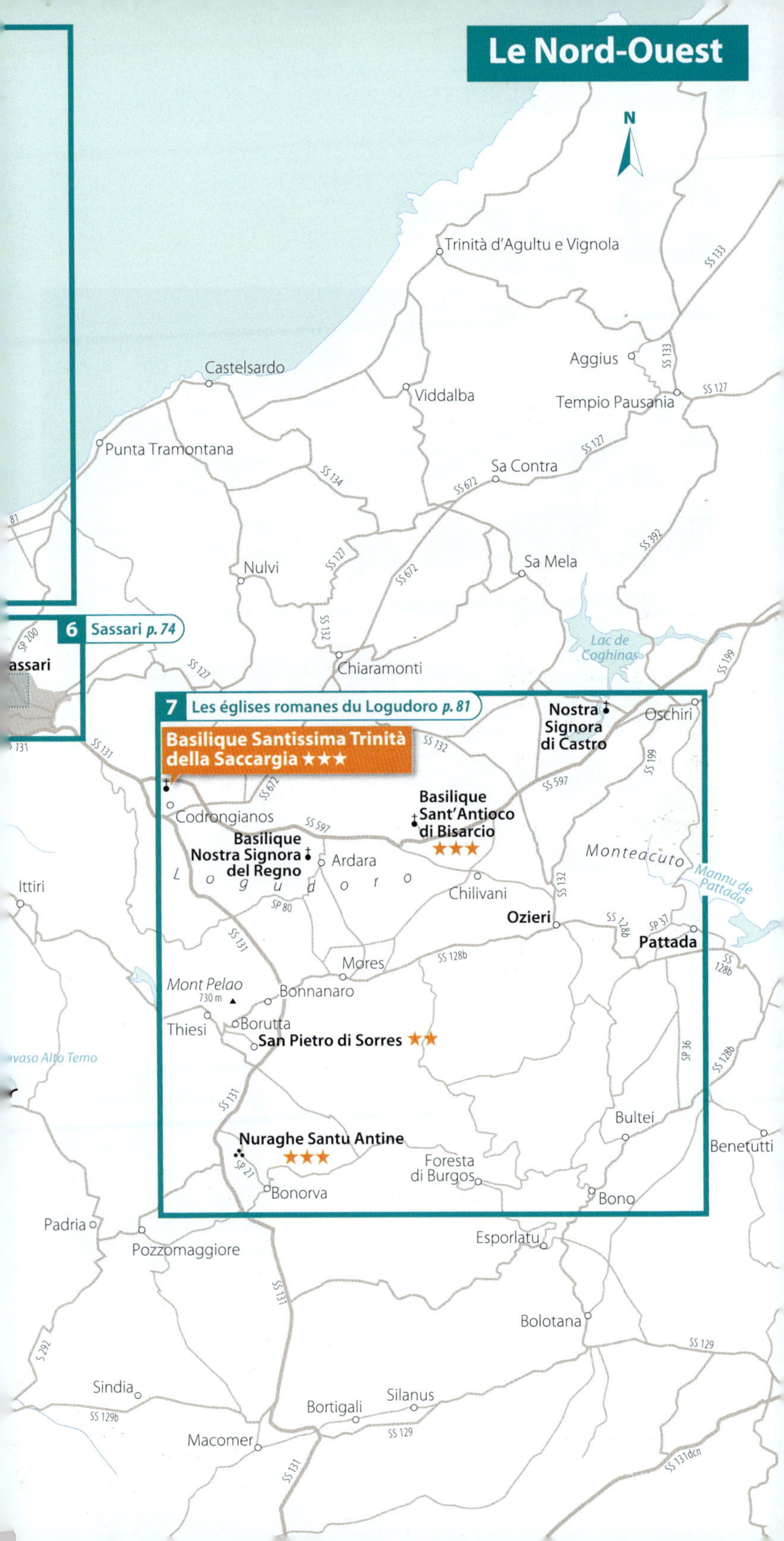

6 Sassari

Piazza Italia à Sassari

Avec plus de 130 000 habitants, Sassari est la deuxième ville de Sardaigne après Cagliari. Sans accès à la mer, elle serait l'une des villes les plus chaudes de l'île. Néanmoins, grâce à sa situation à l'intérieur des terres, Sassari est restée authentique, loin des contingences touristiques. Il n'empêche que ce bourg à l'âme provinciale peut compter sur un petit mais engageant centre historique. Un temps particulièrement dégradé, délaissé par ses habitants qui lui avaient préféré une banlieue moderne, le centre actuellement revalorisé vit une deuxième jeunesse.

- **Plan :** p. 76-77.
- **Point de départ :** fontana di Rosello
- **Arriver, se déplacer :** voir carnet pratique p. 272.
- **Manger, dormir, s'amuser :** p. 212.

Sassari

Première commune libre de Sardaigne en 1294, elle fut entourée de remparts jusqu'au XIXe s. Cette ceinture, aujourd'hui démolie, enfermait ce qu'on considère comme le centre historique de Sassari. La présence de l'université, la première en Sardaigne, depuis le XVIe s. contribua à son développement. Le poids politique, économique et culturel de Sassari s'affirma, si bien qu'à la fin du XVIIIe s. un certain esprit de révolte animait la cité, qui lutta contre les tentatives de la maison de Savoie d'inféoder la ville.

Depuis la proclamation de la République italienne en 1946, Sassari a donné au pays l'un des principaux acteurs de la vie politique italienne du XXe s., Enrico Berlinguer.

Fontana di Rosello*

Plan p. 76-77 / B1 – Corso Trinità, derrière l'église Santissima Trinita. Mer.-sam. 10h-13h et 15h-18h ; mar. et dim. 10h-13h. Accès libre, visite guidée 4 € (☎ 079 200 8072).

La fontaine de Rosello est l'un des **symboles de la ville**. Située sur l'emplacement d'une source qui existait déjà au XIIIe s., elle a été construite par des maîtres génois au tout début du XVIIe s. Ces derniers ont élaboré cette fontaine faite de deux types de marbres de couleurs différentes, un blanc et un gris, qui emprunte au style Renaissance tardif. Avec, à chaque coin, **quatre statues** représentant les saisons et, sur les côtés, 12 bouches (pour les 12 mois) d'où jaillit l'eau, la fontaine de Rosello est une allégorie du temps.

Sur la partie supérieure, l'homme allongé est dénommé *Giogli*, du nom du roi du carnaval et, plus haut, se trouve san Gavino.

Corso Vittorio Emanuele II**

Plan ci-dessus / AB1.

Cette artère principale de la vieille ville est également l'ancienne **route romaine** qui reliait Porto Torres à Cagliari. Appelée au Moyen Âge *Ruga de Cotinas* (route dans la roche), elle était alors le cœur de la vie politique et commerciale et le lieu de résidence des notables locaux.

Cette avenue constitue aujourd'hui un étonnant mélange de maisons du XIXe s. et de **palais aragonais** du XVe s. Axe au charme désuet, elle concentre une forte activité commerciale, avec principalement de grandes enseignes internationales de mode.

L'**église Sant'Andrea** *(en face de l'hôtel Vittorio Emanuele, horaires variables)*, construite au XVIIe s. par le médecin Andrea Vico Guidoni, est un petit bijou du baroque tardif, avec sa façade de style toscan agrémentée de volutes et de petits clochers latéraux. Siège de la confrérie du Saint Sacrement, Sant'Andrea abrite quelques peintures de l'école génoise. De l'autre côté de la rue, en face de la via Rosello, le **palais du marquis San Sebastiano** contraste avec sa façade néoclassique. Tout comme le **palais du marquis San Saturnino**, à l'angle de la via al Duomo qui date du XIXe s. *(sites f. au public)*.

Au n° 42, la **casa di Re Enzo** témoigne de l'étrange confusion des genres qui règne sur le corso Vittorio Emanuele II. Ce palais appartenait au roi Enzo, fils du roi Frédéric Barberousse. Doté de lourdes lanternes et de petites fenêtres à l'étage soutenues par des doubles arches joliment travaillées, ce palais gothico-catalan édifié au XIIIe s. a été transformé pendant la domination aragonaise. Une boutique y a depuis élu domicile, l'accès à l'intérieur, richement décoré, est donc libre pendant les heures d'ouverture du magasin *(Lun.-sam. 9h30-20h30, dim. 10h30-13h30 et 17h-20h)*.

En face, l'ancien hôtel de ville, aujourd'hui **théâtre communal** *(teatro civico)*, a été construit dès le XIIIe s. L'édifice actuel date de 1826 et a abrité la mairie jusqu'en 1880. Lors de la fête des Chandeliers *(p. 249)*, c'est ici que les corporations saluent le maire.

Sassari

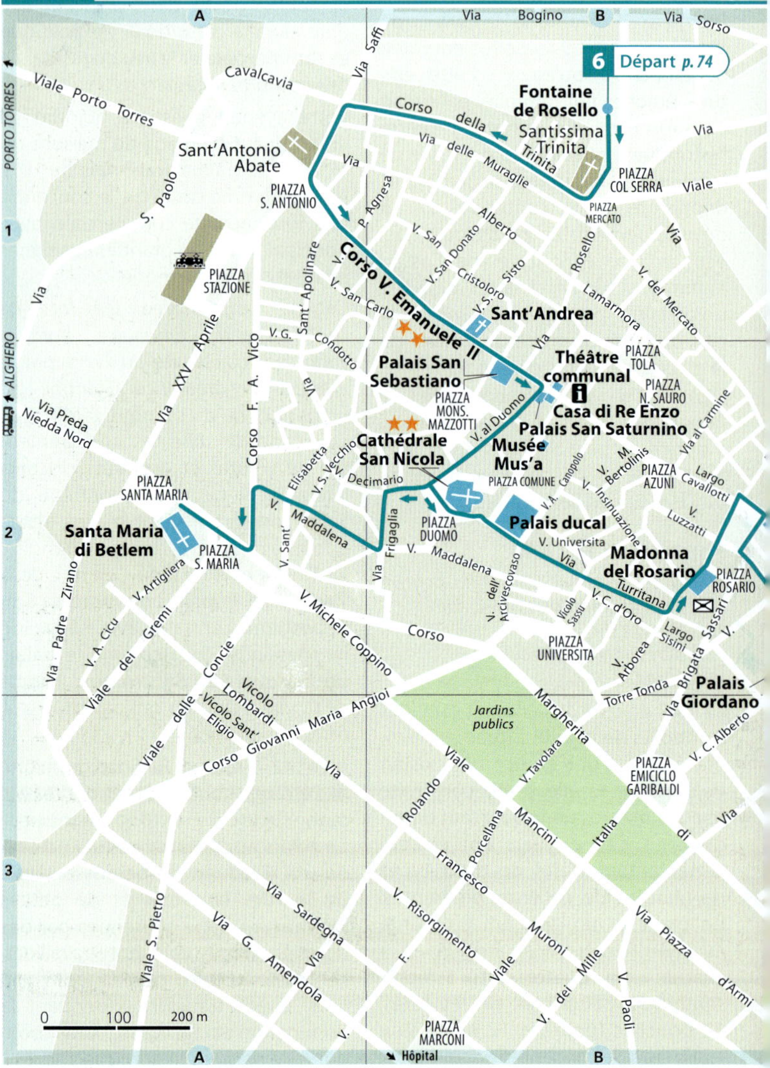

Museo Mus'a*

Museo Sassari Arte

Plan ci-dessus / B2 – *Via Santa Caterina, 4 ☎ 079 231 560. Mar.-sam. 9h-18h, 1er et 3e dim. du mois 9h-18h. Entrée 4 €.*

La pinacothèque du musée Mus'a se situe dans l'ancien complexe des jésuites du Canopoleno. Centre polyvalent, le musée accueille aussi un atelier de restauration, un centre de documentation, des archives et une bibliothèque.

La riche collection, présentée sur trois étages, regroupe environ 400 œuvres de peinture du Moyen Âge au XXe s. Le rez-de-chaussée et le 1er étage rassemblent essentiellement des toiles religieuses, des natures

mortes et des paysages réalisés par des artistes italiens (Bartolomeo Vivarini, Guercin, Giovanni Lanfranco) et européens.

Le 2e étage est le plus intéressant : vous y trouverez une riche collection de peintures de la première moitié du XXe s., réalisées par des artistes sardes de renom qui ont contribué à la formation de l'identité des arts figuratifs de la région. Une section est dédiée à **Giovanni Marghinotti,** originaire de Cagliari et parmi les peintres sardes les plus influents du XIXe s. On remarquera les représentations de vie populaire extrêmement réalistes ainsi que les portraits de personnages, dont celui du *Rigattiere di Cagliari* ou encore de la jolie *Panattara di Cagliari*.

Cattedrale San Nicola**

Plan ci-contre / B2 – Piazza Duomo ☎ 079 232 067. T.l.j. 8h45-12h et 16h30-19h. Accès libre. Possibilité de visite guidée payante du Musée diocésain sur résa ☎ 347 000 7882.

Trônant sur la modeste piazza Duomo, la cathédrale est le produit d'un heureux syncrétisme architectural et de nombreux remaniements. Si l'église originelle date du XIIIe s., la façade a été réalisée au XVIIIe s. Ainsi, l'histoire de Sassari et les différents styles qui ont marqué la ville semblent visibles sur ce bâtiment. Du style **roman** pour le clocher et les fondations au **gothico-aragonais** pour le corps de l'église, en passant par le **baroque** et le néoclassique pour la façade, la cathédrale de Sassari est singulière.

La **façade**, au style baroque, comprend un étage posé au-dessus de grandes arcades. Elle est surmontée d'un important fronton curviligne. À l'étage, notez la présence de **trois niches** avec les statues des saints martyrs de Porto Torres, et plus haut, une niche en coquille occupée par une statue de saint Nicolas de Bari.

L'intérieur aux lignes plus épurées contraste avec la richesse décorative de l'extérieur. Huit chapelles latérales couvertes par des voûtes en berceau entourent le transept.

La deuxième chapelle à droite est dédiée aux saints Côme et Damien, comme en témoigne la peinture de Maratta datant de 1700. Le peintre italien, au style rococo, nous livre ici son interprétation de leur martyre. Les **autels** richement décorés sont dans le plus pur style baroque, et le

Cathédrale San Nicola

chœur composé de stalles en bois a été réalisé au XVIIIe s. À gauche de l'autel, un présentoir conserve la statue de saint Gavino, œuvre d'argentiers locaux au XVIIe s.

Chiesa Santa Maria di Betlem*

***Plan p. 76-77 / A2** – Piazza Santa Maria. T.l.j. 7h-12h et 16h-20h. Accès libre.*

L'église Santa Maria di Betlem est l'un des plus grands édifices religieux de Sassari avec la cathédrale San Nicola. Elle est très appréciée des habitants, notamment parce qu'elle est l'écrin dans lequel sont conservés tous les ***candelieri*** une fois les festivités du 14 août terminées. Les *candelieri* sont de hautes colonnes de bois (4 m) qui pèsent jusqu'à 400 kg. En forme de cierge, ils sont décorés aux couleurs de la corporation à laquelle ils appartiennent *(p. 249)*.

L'église Santa Maria di Betlem a subi de nombreuses réhabilitations, qui donnent à voir des **styles différents**, comme c'est souvent le cas à Sassari. Construite au début du XIIe s. par les frères bénédictins, elle passe aux franciscains au XIIIe s. Les Aragonais lui font subir ses premières modifications au XVe s., et les transformations se poursuivent jusqu'au XIXe s. Il en résulte un exemple tout à fait singulier de modèle architectural. De la structure d'origine, il ne semble rester que la partie inférieure de la **façade**, la rosace datant du XVIIIe s. L'intérieur a, quant à lui, été considérablement modifié au cours des siècles, et l'ajout des décorations a altéré la perception de la structure du bâtiment.

Les **chapelles** latérales de style gothique sont restées intactes, alors que la nef unique a été restaurée au XIXe s. pour lui donner un aspect Renaissance. À voir, le **cloître** avec sa fontaine construite au XIVe s., dont l'atmosphère vous charmera.

Palazzo Ducale*

***Plan p. 76-77 / B2** – Piazza Comune. ☎ 079 200 80 72. Mer-ven. 10h-13h et 15h-18h, mar. et sam. 10h-13h. Accès :4 €.*

Le palazzo Ducale abrite la mairie depuis 1900. Construit à la fin du

XVIIIe s. sur l'ordre d'Antonio Manca, duc dell'Asinara, le palazzo Ducale a introduit des nouveautés dans l'architecture civile de Sassari.

Des éléments comme les **décorations des fenêtres**, différentes selon les étages, seront ensuite repris par d'autres bâtiments administratifs. C'est à l'architecte piémontais Valino qu'incombe la construction du bâtiment de 1775 à 1805. Malheureusement, le duc meurt en 1805 et c'est son neveu Vincenzo Manca qui habitera le palais.

Ce bâtiment rectangulaire s'élève sur trois étages, dont seul le premier est ouvert à la visite. Celui-ci, dit « **étage noble** », se compose de salles de réceptions, et la salle de fêtes a été transformée en salle du conseil. Auparavant, on trouvait également une chapelle et un jardin avec en son centre un puits, transformé depuis en cour intérieure.

Chiesa Madonna del Rosario*

Plan p. 76-77 / B2 *– Piazza Rosario. ☎ 079 231 157. T.l.j. 8h-12h et 18h-19h30. Accès libre.*

Située juste derrière la piazza Castello, l'église Madonna del Rosario a été construite en 1632 comme annexe du couvent des dominicains. À partir de 1656, des travaux permettent la reconstruction presque totale du bâtiment, achevée à la fin du siècle. La façade est réalisée en 1759 par le maître Gavino Pirinu.

Cette dernière est sobre, simplement ornée de petites colonnes encadrant le portail avec au-dessus une **statue de la Vierge** abritée dans une niche. L'intérieur est à nef unique et trois chapelles latérales contrastent avec la simplicité de la façade. Le mur du fond est entièrement occupé par un **maître-autel** en bois doré sur fond gris perle qui est sans conteste l'un des plus beaux de la ville. La richesse des colonnes, frises et motifs décoratifs qui encadrent les niches des statues est impressionnante.

Museo storico della Brigata Sassari

Musée historique de la Brigade Sassari

Plan p. 76-77 / BC2 *– Piazza Castello, 9 ☎ 079 208 511 11, vis. guidée (résa ☎ 079 208 53 08). Lun.-jeu. 8h30-16h30, ven. 8h30-12h. Accès libre.*

Pour les amateurs d'histoire contemporaine et militaire, ce musée constitue un centre d'intérêt. Situé au rez-de-chaussée de la caserne La Marmora, le musée rend hommage à la Brigade Sassari pour sa vaillance et son courage lors des **combats de tranchée** de la Première Guerre mondiale *(p. 244)*. Cette participation est considérée comme la première confrontation de la Sardaigne aux problématiques internationales. À noter : la Brigade Sassari avait un recrutement exclusivement local.

À l'intérieur, des documents, cartes, uniformes, reliques et photos témoignent de cet épisode de l'histoire sarde. Un des éléments majeurs de ce musée est la reconstitution d'une tranchée grandeur nature.

Piazza Italia**

Plan p. 76-77 / C2.

La piazza Italia est la place principale de la ville. Avec sa vaste surface (1 ha exactement), ses beaux bâtiments du XIXe s., ses hauts palmiers et ses terrasses de cafés, c'est un très bel exemple de *piazza* à l'italienne. D'ailleurs, les vieux *Sassaresi* ne s'y trompent pas et y viennent les après-midi ensoleillés s'y retrouver pour profiter de la beauté du site.

Deux constructions attirent particulièrement l'attention, le **palais de la Province** pour ses imposantes proportions et le **palais du baron Giordano** pour sa façade néogothique. Au centre, la majestueuse **statue de marbre de Vittorio Emanuele II**, sculptée par Giuseppe Sartorio en 1899, semble monter la garde.

Palazzo della Provincia

Palais de la Province

Plan p. 76-77 / C2 – ☎ 079 206 92 09. Lun. et ven. 9h-12h, mar. et jeu. 16h30-17h30. Accès libre.

Construit de 1873 à 1880, le palazzo della Provincia fait partie de ce processus de modernisation qui a fait suite à l'unité italienne *(p. 243)*. Situé sur le côté nord-est de la place, il est dans le plus pur style néoclassique. Cette œuvre de Giovanni Borgnini et Eugenio Sironi témoigne de cette période prospère.

Encore aujourd'hui siège de l'administration de la province, le 1er étage est consacré aux salles de représentation et est ouvert au public. La **salle du conseil** est la plus prestigieuse, notamment grâce aux fresques réalisées entre 1878 et 1882 par Giuseppe Sciuti, peintre d'origine sicilienne. Ayant à cœur de représenter l'histoire, il offrit aux habitants de Sassari quelques œuvres majeures évoquant les grands événements de la ville.

À l'occasion d'une visite du roi Umberto et de la reine Margherita à Sassari en 1899, des **appartements royaux** furent aménagés et demeurent encore en l'état.

Palazzo Giordano

Palais Giordano

Plan p. 76-77 / C2 – L'intérieur n'est visitable que pour certaines occasions (journées portes ouvertes). Rens. auprès du personnel de la banque.

Situé sur le côté sud-ouest de la place, le palazzo Giordano (aujourd'hui occupé par le siège de la Banca Intesa San Paolo) est reconnaissable à sa **façade néogothique** et ses rangées de petites fenêtres en ogive. Construit également au XIXe s. par Giuseppe Pasquali et Luigi Fasoli, il était la propriété du baron Giuseppe Giordano Apostoli, fondateur du journal *La Sardegna*. À l'intérieur, la décoration des pièces est somptueuse : peintures de Guglielmo Bilancioni et meubles d'époque.

Museo nazionale G. A. Sanna★★

Plan p. 76-77 / C3 – Via Roma, 64 ☎ 079 272 203, www.musei.sardegna.beniculturali.it. Mar.-sam. 9h-20h, 1er dim. du mois 9h-14h. Entrée 4 €. Fermé pour travaux.

Du nom de son créateur, Giovanni Antonio Sanna, ce musée archéologique et ethnographique est un des plus importants de l'île après celui de Cagliari. Collectionneur et également archéologue à ses heures perdues, G. A. Sanna, directeur de la mine locale, a fait don de sa collection à la ville de Sassari. Dans cette belle villa construite pour la famille en 1931, plusieurs salles d'exposition permettent d'avoir un aperçu de la préhistoire et de l'histoire sardes.

Une petite **pinacothèque**, à l'entrée, montre quelques tableaux allant du XVe s. au XIXe s., mais l'intérêt du musée G. A. Sanna réside essentiellement dans sa **collection archéologique**. À l'entrée, une **chronologie** rappelle aux visiteurs les différents âges et phases depuis le Paléolithique inférieur jusqu'au Moyen Âge.

Les civilisations prénuragique et nuragique *(p. 240)* tiennent une place importante dans le parcours, avec une salle consacrée au Monte d'Accoddi *(p. 89)* et une autre aux tombes des géants *(p. 241)* et aux *domus de janas (p. 240)*.

De nombreuses vitrines exposent des **céramiques** et de petits **bronzes** propres à cette civilisation. Une salle est dédiée à l'âge phénicien-punique et révèle des éléments étrusques et grecs trouvés sur les sites puniques de la Sardaigne. On y trouve même quelques éléments insolites comme des symboles purement phalliques. L'Empire romain y est également représenté, avec des céramiques, des lampes à huile et des bijoux.

7 Les églises romanes du Logudoro

Basilique Santissima Trinità della Saccargia

Le Logudoro concentre quelques-unes des plus belles églises romanes de l'île ainsi que quelques sites nuragiques, comme le nuraghe de Santu Antine. Les églises furent construites à partir du XIe s., lorsque la région devint l'un des quatre judicats de l'île *(p. 82)*. On y retrouve des influences pisanes du fait de la présence de religieux toscans.

La Santissima Trinità della Saccargia est certes la plus représentative et la plus prestigieuse des basiliques romanes, mais les autres églises, que les statuts diocésains ont souvent consacrées cathédrales, témoignent également de cet héritage romano-pisan et de cette prospérité.

- **Carte :** p. 72-73.
- **Arriver, se déplacer :** voir carnet pratique p. 273.
- **Manger, dormir, s'amuser :** p. 214.

➤ Basilica Santissima Trinità della Saccargia★★★

Carte p. 72-73 – À Codrongianos. À 20 km E de Sassari par la SS131. T.l.j. avr.-oct. 9h-18h. Hors saison, résa auprès de la coopérative Aretè, à Sassari (via Figari, 1) ☎ 347 000 78 82. Entrée 5 € avec visite guidée (résa ☎ 347 000 78 82). Entrée 3 € sans visite guidée.

La singularité de l'église tient d'abord à la grandeur du bâtiment, à la hauteur du campanile, mais surtout à ce porche accroché à la façade qui en fait un cas unique sur l'île (levez les yeux pour y apercevoir le motif de la vache, sculpté sur le chapiteau gauche). Les blocs de trachyte noir et de calcaire se juxtaposent pour mieux mettre en évidence ces deux rangées d'arcades sur la façade. L'intérieur de la basilique est d'une ostensible austérité que seules colorent les fresques de l'abside réalisées par des artistes pisans.

➤ Chiesa di San Pietro di Sorres★★

Carte p. 72-73 – À 40 km de Sassari par la SP63. ☎ 079 82 40 01, www.sanpietrodisorres.net. Lun.-sam. 10-12h et 15h30-18h (env.). Entrée 4 € (6 € avec le musée).

Édifiée entre le XIe et XIIe s., c'est l'une des plus importantes églises de Sardaigne. L'austère façade extérieure s'oppose à la magnifique bichromie de l'intérieur : les pierres calcaire et volcanique alternent dans ses colonnes, en produisant un saisissant jeu de clair-obscur. Un temps cathédrale, puis abandonnée, San Pietro est restaurée dans les années 1950. Des moines bénédictins s'y installent et y construisent un monastère. Une petite communauté de religieux y vit encore et restaure des livres anciens.

➤ Nuraghe Santu Antine★★★

Carte p. 72-73 – À 40 km S de Sassari par la E25 et ensuite SP21. T.l.j. 9h-20h (hiver 9h-17h), visite guidée toutes les heures. Entrée 6 €.

C'est l'un des **nuraghi** les mieux conservés de la Sardaigne. Édifié pendant l'Âge de Bronze, il s'agit d'une forteresse à bastion trilobé, entièrement composée de basalte, la pierre locale. Imposante, sa tour principale affiche un diamètre de plus de 15 m pour une hauteur de presque 18 m. Massif, de gros blocs compacts alimentent la base de l'édifice pour se réduire petit à petit vers sa sommité. De la tour principale, un escalier de presque 3 m monte vers les étages (à l'origine trois) et sa terrasse. Deux autres tours font partie de l'ensemble.

➤ Basilica Nostra Signora del Regno★

Carte p. 72-73 – À Ardara, à 34 km S de Sassari par la E25 puis la SS729. Lun.-sam. 9h-13h et 15h-19h, dim. 12h-13h

LES JUDICATS DE SARDAIGNE

Quand après l'an mille les Byzantins abandonnent la Sardaigne, l'île s'organise en quatre judicats, sorte de royaumes indépendants : celui de Cagliari, d'Arborea, de Torres ou Logudoro et celui de Gallura.
Les royaumes sont gouvernés par des juges qui reprennent des fonctions de roi, le *rex* romain. C'est une période florissante pour l'île, les juges-régnants favorisent l'arrivée de moines bénédictins (en provenance de Montecassino en Campanie mais aussi de l'abbaye de Citeaux en France) qui fondent les premiers monastères et qui contribuent à la renaissance culturelle. L'abondance d'églises romanes sur l'axe routier de Cagliari à Torres en est un témoignage direct. Cette période faste va se terminer environ deux siècles plus tard suite à l'ingérence des républiques maritimes de Pise et de Gênes, qui prendront petit à petit possession de la Sardaigne.

et 15h-19h. Si l'église est fermée pendant ces horaires, contactez le curé, Don Paolo ☎ 392 127 08 60.

Située sur les hauteurs d'un plateau volcanique au cœur du village d'Ardara, la basilique Nostra Signora del Regno fascine par sa position dominante, ses dimensions, mais aussi par sa couleur sombre due au basalte. À proximité, les ruines d'un **château** témoignent de la présence des seigneurs du judicat de Torres qui se sont succédé à Ardara pendant les xe et xie s. *(p. 242)*. La basilique Nostra Signora del Regno n'était autre que la chapelle du palais où les souverains prêtaient serment. La construction de cette chapelle palatine commence durant la seconde moitié du xie s., et elle est consacrée en 1107.

La façade est austère, non seulement à cause de la couleur sombre du bâtiment, mais aussi du fait de la quasi-absence de décoration. Au-delà du portail surmonté d'un arc outrepassé et d'une fenêtre géminée, l'originalité de la basilique réside davantage dans la présence d'un **clocher** sur son côté gauche. De forme initiale carrée, le campanile est en partie détruit. L'intérieur de l'église contraste fortement avec la sobriété de l'extérieur, en raison de l'or ornant le retable du maître-autel. Le reste de l'édifice est plus ordinaire, composé de trois nefs comme dans la basilique Sant'Antioco di Bisarcio et de quelques peintures du xviie s.

Le **retable majeur d'Ardara**, l'un des plus grands d'Europe, fait la célébrité de cette basilique. Datant de 1515, l'œuvre est signée par le peintre sarde Giovanni Muru et représente plusieurs scènes de l'Ancien et du Nouveau Testament.

➤ Basilica Sant'Antioco di Bisarcio★★★

Carte p. 72-73 – À 40 km de Sassari par la E25 puis la SS729. ☎ 079 78 51 052, www.bisarcio.comune.ozieri.ss.it. Été : mar.-dim. 10h-13h et 15h-19h ; hiver : mar.-dim. 10h-13h et 14h-18h. Entrée : 3 € avec possibilité de visite guidée en français.

Située en pleine campagne, un peu surélevée car posée sur un petit plateau, la basilique Sant'Antioco di Bisarcio offre un spectacle des plus enchanteurs, heureux mélange de nature et d'architecture romane. Pour les amateurs d'art roman, la basilique constitue un modèle. Son **campanile tronqué** fait l'objet de plusieurs interprétations. D'aucuns pensent qu'il a été détruit par la foudre et d'autres qu'il n'a jamais été terminé.

Construite entre le xie s. et la fin du xiie s., la basilique prit le nom de Bisarcio, lequel désignait le village médiéval des alentours. Elle eut même le statut de cathédrale, siège d'un des 18 diocèses de Sardaigne, du xie s. à 1503, année pendant laquelle le diocèse de Bisarcio fut supprimé pour être intégré à celui d'Alghero. Le bâtiment est réalisé en pierre volcanique, le **trachyte rouge**, provenant de la région.

L'étude des roches et de l'architecture de l'édifice démontre une **construction en trois phases**.

La première phase se situe avant 1090, date où une première église, dont il ne reste que quelques blocs à la base des murs latéraux, semble avoir été détruite par un incendie.

Plus tard, entre 1150 et 1160, l'église fut reconstruite grâce à la volonté du seigneur du judicat de Torres. Si le schéma de construction est typique des bâtiments romano-pisans de l'époque, une influence française semble présente, comme en témoignent certains éléments décoratifs de l'intérieur.

La troisième phase de construction, qui remonte à la toute fin du xiie s., voit l'édification du porche et des pièces situées au-dessus, accessibles par un petit escalier.

Le 1er étage est composé de trois pièces : la première servait à l'évêque qui y recevait les fidèles, la

Basilique Sant'Antioco di Bisarcio

deuxième était une chapelle et la troisième permettait d'offrir l'hospitalité aux pèlerins. Cette basilique a un plan à trois nefs qui sont divisées par des rangées de colonnes. Le **chœur** est lui aussi séparé du reste de l'église par deux piliers. Les éléments décoratifs sont peu nombreux : le Christ sur la croix, qui se reflète sur les parois de l'abside, et une **statue en bois** de saint Antioche du XVIe s.

➤ Chiesa Nostra Signora di Castro*

Carte p. 72-73 – À 42 km N-E de Sassari par la E25 puis la SS729 dir. Oschiri. Rens. ☎ 349 279 36 30. T.l.j. 9h-16h.

Sur les hauteurs dominant le lac de Coghinas, l'église Nostra Signora di Castro située dans la commune d'Oschiri a été construite durant la seconde moitié du XIIe s. Faite de blocs taillés de trachyte rouge, la pierre volcanique locale, cette église, à l'instar de la basilique Sant'Antioco di Bisarcio *(p. 83)*, a également fait office de **cathédrale** pour le diocèse de Castro de 1116 à 1503. Nostra Signora di Castro, par ses dimensions réduites, démontre parfaitement qu'une cathédrale n'est pas nécessairement une grande église.

L'édifice est entouré d'un mur d'enceinte et de ***cumbessias***, sortes de petites maisons de pierre servant à abriter les pèlerins. Ces dernières ainsi que le porche situé sur le côté gauche ont été construits plus tard.

Avec son unique nef et sa façade en trois parties, son portail surmonté d'un arc et d'une petite fenêtre cruciforme et son clocher, elle est assez classique par rapport aux autres églises romanes de la région.

➤ Ozieri*

Carte p. 72-73 – À 46 km E de Sassari par la SS199, à 50 km E de Sassari par la E25 et la SS729.

Petite ville accrochée au flanc des collines pelées du Monteacuto, Ozieri offre des vues imprenables sur la nature alentour. Au-dessus d'une vraie cuvette en amphithéâtre, les panoramas y sont saisissants. Les maisons, les unes au-dessus des autres, constituent un tissu urbain concentré avec des rues escarpées ponctuées de petites places et d'escaliers ici ou là. En raison de la très forte pente, les maisons sont toutes asymétriques, avec quatre étages d'un côté et un seul sur la façade opposée. C'est aux Catalans que l'on doit certains des plus beaux édifices de la ville. Il faut se garer dès que possible et se promener dans le centre pour profiter des charmes insoupçonnés d'Ozieri.

Museo archeologico

Carte p. 72-73 – Piazza Pietro Micca ☎ 079 785 10 52, www.museo.comune.ozieri.ss.it. Mar.-ven. 9h-13h et 15h-19h, sam.-dim. 10h-13h et 15h-18h. Entrée 5 €.

Situé dans l'ancien couvent des clarisses, dont l'espace a été entièrement restauré, le musée se consacre presque essentiellement à l'archéologie de la civilisation dite « d'Ozieri ». Des bronzes et des céramiques y sont exposés et témoignent de cette culture néolithique.

Cattedrale dell'Immacolata

Carte p. 72-73 – Piazza Duomo, au bout de la via Grixoni.

La cathédrale d'Ozieri offre une vue exceptionnelle sur la région. Postée au-dessus d'une volée de marches, elle fut bâtie sur les fondations d'une ancienne petite église de la première partie du XIIIe s. En 1621, elle fut choisie comme siège du vicaire de Castro et Bisarcio. L'édifice fut agrandi pendant la seconde moitié du XIXe s. par l'architecte **Gaetano Cima**, lequel lui attribua ce style néoclassique. L'église fut consacrée cathédrale au début du XXe s. Composée de trois nefs avec des chapelles latérales, elle semble s'élever dans le ciel avec son campanile et sa façade rythmée par des colonnes et un grand arc central.

À l'intérieur, l'œuvre la plus remarquable reste le **polyptyque de la Madonna di Loreto** du XVIe s., peint par un anonyme, dit le Maestro di Ozieri. La statue de l'Immaculée située au-dessus du maître-autel du XVIIIe s. a donné son nom à la cathédrale.

LA TRADITION DES COUTEAUX

Pattada, à 16 km d'Ozieri, est le berceau du couteau sarde, artisanat datant du milieu du XIXe s. Les couteaux de Pattada sont composés d'une lame en acier en forme de feuille de myrte, et d'un manche en corne de mouflon sculptée à la main.
C'est ici que se trouve le musée du Couteau sarde. Au premier étage du musée, vous pourrez admirer une large collection de couteaux en provenance de toute la Sardaigne.
➤ ***Museo Culter** (Pizzadilli coltelli) via Roma, 37 ☎ 079 755 958, www.culterpattada.com.*

Fontana Grixoni

Carte p. 72-73 – En sortant de la cathédrale, prenez à g. et suivez la via Grixoni jusqu'au bout.

Un peu décalée par rapport aux lieux et à son architecture, la fontaine Grixoni, du nom de son commanditaire, étonne par ses dimensions et son style un peu grandiloquent. Elle fut réalisée en 1882 par l'architecte Pietrasant. Au centre, vous ne pourrez pas manquer le buste du mécène surmonté d'un arc en forme d'ogive, d'où partent les balustrades. À voir !

Grotta San Michele

Carte p. 72-73 – Via Capuccini. À proximité de la SS128bis dir. Bonnanaro Coop. Ichnos ☎ 079 78 76 38. Mar.-dim. 10h-13h et 15h-18h. Entrée payante.

La grotte de San Michele, profonde de 80 m, s'articule autour de plusieurs salles et galeries tapissées de stalactites. À la fois lieu d'habitation, de culte et de sépulture, la grotte témoigne d'une culture datant de 3200 à 2800 av. J.-C., la civilisation dite « d'Ozieri », dont les éléments diffèrent assez considérablement de la précédente, dite « d'Arzachena ». Plus urbaine et plus sédentaire, elle s'exprime également de manière concrète avec des **céramiques** diverses exposées au Musée archéologique d'Ozieri.

8 Le golfe de l'Asinara

Le port de Stintino

Porto Torres est l'une des villes les plus importantes du nord de la Sardaigne du fait de sa situation géographique, de son histoire et de son développement. En retrait du bord de mer, une petite déviation conduit au sanctuaire préhistorique du Monte d'Accoddi, dont les vestiges méritent le détour. À l'extrémité nord-ouest de la Sardaigne, Stintino, village de pêcheurs renommé pour ses plages, reste la porte d'entrée vers l'Asinara, parc national à la beauté sauvage et immaculée, parmi les plus beaux sites naturels de l'île. C'est près de Stintino que se trouve une des plus belles plages de l'île, La Pelosa.

- **Carte :** p. 72-73.
- **Arriver, se déplacer :** voir carnet pratique p. 273.
- **Manger, dormir, s'amuser :** p. 214.
- **Balade secrète :** Retour à la nature : découverte du parc de l'Asinara, p. 95.

➤ Porto Torres

Carte p. 72-73 – À 18 km N de Sassari par la SS291 et la SS131.

Si la présence humaine dans la région semble dater de la Préhistoire, comme en témoignent les différents nuraghes des alentours, la ville ne se développa réellement que sous l'Empire romain. Ce sont les Romains qui la fondèrent au Ier s. av. J.-C., sous le nom de Turris Libisonis. La cité devint alors le principal port du nord de la Sardaigne. À cette époque, le dynamisme de la colonie reposait sur son activité portuaire mais aussi sur le commerce qu'elle entretenait avec Karalis, nom romain de Cagliari, grâce à la *caput viae*, principale route romaine sarde.

Au Moyen Âge, le développement de Porto Torres se confirma, car la ville devint l'un des cinq évêchés de l'île. Mais c'était sans compter les épidémies de paludisme et les incursions barbares, qui eurent raison de sa splendeur au XVe s. En devenant le port de Sassari, chef-lieu de la province et siège de l'évêché depuis 1441, Porto Torres connut un renouveau économique à partir du XIXe s. Un essor qui se confirma au XXe s. avec l'implantation d'industries locales, notamment dans le secteur pétrochimique.

Le faste d'antan n'est guère visible dans le centre de Porto Torres, hormis la splendide basilique romane de San Gavino. Avec ses constructions années 1950, la ville ne séduit pas, mais demeure un lieu de passage entre la Sardaigne et l'île de Beauté.

Basilica di San Gavino**

Carte p. 72-73 – Piazza Marconi. ☎ 079 515 184. À 1 km du port, prenez le corso Vittorio Emanuele II. T.l.j. 9h-13h et 15h-18h. Possibilité de visite guidée. Entrée avec visite guidée 4 €.

La basilique de San Gavino est la plus grande et la plus ancienne église romane de Sardaigne. C'est la raison pour laquelle elle constitue un des éléments essentiels du patrimoine artistique et culturel de l'île. Sa construction eut lieu entre 1030 et 1080 dans une zone de **sépultures païennes** et sur les ruines de **deux églises** datant des IVe et Ve s.

L'édifice doit son nom à Gavinus, un soldat romain envoyé par Re Barbaro sous le règne de Dioclétien pour exécuter deux prêtres, Proto et Gianurio. Gavinus, convaincu par les deux hommes d'Église, se convertit. Tous les trois furent décapités le 25 octobre 304. La légende et la dévotion à ces martyrs persistèrent si bien qu'au XVIIe s. leurs reliques furent recherchées… et trouvées. On construisit alors la **crypte** pour pouvoir les accueillir. Le bâtiment étonne par son **absence de façade**. Il a la particularité d'avoir une abside à chacune de ses extrémités, les portails d'entrée se trouvant sur les côtés latéraux du bâtiment. Avec près de 59 m de long, la basilique, de style pisan, impressionne également par ses dimensions et ses couleurs chaudes provenant de la pierre calcaire locale.

La sobriété du décor intérieur laisse place à plus de retenue. Le jeu des lumières, filtrées par les lucarnes et se reflétant sur les colonnes et les **chapiteaux en marbre**, semble le seul élément ornemental. En fonction de la

PROMENADE EN BORD DE MER

Chose rare en Sardaigne, la municipalité de Porto Torres a réhabilité le bord de mer dans la partie située à l'est du port, en direction de Castelsardo. Une piste cyclable de 2,5 km, plus empruntée par les marcheurs que par les cyclistes, borde la mer. Une manière comme une autre de rencontrer les habitants de la ville, qui investissent les lieux, surtout le dimanche après-midi dans le cadre de la promenade digestive. Les aménagements sont assez réussis, avec des bancs et quelques espaces verts.

➤ *Via Tramontana, dir. Castelsardo, à l'E du port.*

hauteur du soleil dans le ciel, le spectacle est de toute beauté et invite au recueillement.

Rovine romane di Turris Libisonis*

Ruines romaines de Turris Libisonis

***Carte p. 72-73** – Via Ponte Romano, 99. Prenez le corso Vittorio Emanuele II et tournez à g. par la via Ponte Romano ☎ 079 514 433. Jeu.-mar. 9h-18h, dern. entrée 17h30. Possibilité de visite guidée avec la coopérative L'Ibis (☎ 392 83 83 254, www.ibiscoop.com) mar.-dim. à 9h30, 11h, 12h, 15h45, 16h30. Audioguide en français. Entrée 4 €. Le parc est ouvert mais le musée est fermé pour travaux.*

La colonie romaine de Turris Libisonis aurait été fondée par César en 46 av. J.-C. ou par Ottaviano en 38 av. J.-C. Les vestiges de cette colonie ont été en grande partie détruits par la construction de la ville moderne, mais ils sont suffisants pour avoir une idée assez précise de la topologie de la cité. Le parc archéologique est situé à l'ouest de la ville et rassemble l'essentiel des ruines de Turris Libisonis. Le parc se compose d'un musée nommé l'Antiquarium, de thermes centraux plus connus sous le nom de palazzo Re Barbaro et plus loin d'un pont romain.

LES VOILES LATINES

Pendant des siècles, la navigation sur la Méditerranée s'est faite sur des petites embarcations aux voiles triangulaires. Également appelés « voiles latines », ces bateaux ont toujours servi aux activités de la mer, comme la pêche, et aussi de moyen de transport. Au-delà des activités classiques, ce voilier a assuré le service postal entre Porto Torres et Stintino.
Cet attachement à la voile latine est tel que certains passionnés, qui maintiennent et entretiennent ces embarcations, ont créé une course. Depuis 1983, une **régate** (la regata del Pescatore) a lieu chaque dernier week-end du mois d'août, le spectacle est impressionnant.

Antiquarium

Il rassemble une importante collection de **pièces archéologiques** provenant du site annexe. Avec ses deux étages, le musée présente, sous forme de maquettes ou à l'abri de vitrines, des objets et des reconstitutions de Turris. Des poteries, provenant de la nécropole, aux ancres et aux amphores remontées des fonds marins alentour en passant par des objets en or, cette vaste collection dresse un tableau complet de la vie locale sous l'Empire romain.

Les thermes centraux

Ils occupent un îlot délimité par quatre rues. En entrant par le portail situé au nord, le **frigidarium** (bassin d'eau froide) apparaît clairement et est entouré d'autres salles, dont le **tepidarium** (bassin d'eau tiède) qui conserve encore une partie de sa voûte en berceau et des mosaïques au sol. La rue pavée située à l'ouest, dite *cardo*, est agrémentée de **colonnes** en trachyte et calcaire. De nombreuses échoppes donnaient sur cette allée.

Pont romain

Situé à l'ouest du parc, il passe sur la rivière Mannu. Construit au début du Ier s. apr. J.-C., l'édifice est remarquable par sa taille (135 m de long).

Torre del Porto*

***Carte p. 72-73** – Piazza Cristoforo Colombo. Prenez la dir. du port. F. au public sauf lors d'expos temporaires. Rens. à l'office de tourisme ☎ 079 504 80 08.*

Comme son nom l'indique, la tour est située à proximité du port et du départ des bateaux faisant la navette entre la Corse et la Sardaigne. Elle fut construite en 1325 par l'amiral Carroz, lequel avait occupé la zone avec sa flotte aragonaise. D'ailleurs, la forme octogonale de l'édifice trahit cette origine catalane. Au départ, la fonction de la tour portait uniquement sur le **contrôle douanier** de la zone, mais à partir du XVIIe s., il s'agit davantage de surveiller les embarcations, pour éviter les épidémies entre autres.

Plages de Porto Torres

Carte p. 72-73.

Les plages de Porto Torres sont très agréables. Bien fournies en restauration et en équipement sportif, elles sont parfaites aussi bien pour se détendre que pour pratiquer toutes sortes de sports aquatiques.

Plage Balai

À quelques centaines de mètres à l'E du port.

Petite mais avec du sable, la plus belle plage de Porto Torres est idéale pour une pause rafraîchissante.

Plage de Platamona*

À 5 km de Porto Torres, prenez la SP81 et tournez à g. vers la rotonde centrale. Parking et plage surveillée.

La plage de Platamona, quis ne manque pas d'atouts, est souvent partagée entre les habitants de Porto Torres et ceux de Sassari, qui l'apprécient pour sa proximité du centre urbain. Attention ! En haute saison, elle est très fréquentée.

Longue de plusieurs kilomètres et couverte de **sable rosé**, elle ressemble à ses consœurs des Landes avec sa pinède juste derrière. Dotée d'eaux peu profondes, elle constitue un terrain de jeu parfait pour les enfants. Mais les jours de grand vent, c'est un splendide **spot de planche à voile**.

L'activité balnéaire offre ici aux touristes un échantillon assez large de services, du bar-restaurant aux loueurs de planches et d'embarcations à pédales et, surtout, de transats avec parasol. Le week-end hors saison, la plage de Platamona est parfaite pour un bain de soleil en compagnie des habitants de la région.

➤ Monte d'Accoddi*

Carte p. 72-73 *– À 10 km S de Porto Torres par la SS131 et tournez au panneau indiquant Monte d'Accoddi. ☎ 334 807 44 49. Avr.-oct. : mar.-sam.*

Monte d'Accoddi

9h-18h, dim. 9h-14h ; nov.-mars : mar.-dim. 9h-14h 9h-18h ; dim. tte l'année 9h-14h. Possibilité de visite guidée en italien et en anglais. Entrée 3 €.

Le site Monte d'Accoddi, dont les premières constructions datent du ve millénaire av. J.-C., est la seule structure du genre découverte dans le Bassin méditerranéen.

Son sanctuaire est unique et peut être comparé aux ziggourats de la Mésopotamie, fameux temples situés au sommet de terrasses. Le **site pré-nuragique** est constitué d'un village, d'une nécropole et du temple-autel. Plusieurs phases de construction ont été distinguées par les archéologues. Le site a un intérêt particulier pour les chercheurs, qui y ont mené plusieurs fouilles depuis 1950.

Village

Composé d'habitations circulaires et partiellement enterrées, il s'est développé en 4500 av. J.-C. Plus tard, entre 3200 et 2800 av. J.-C., pendant la période dite « d'Ozieri », un autre village se construit sur le même site. Cette fois, les cabanes sont de forme rectangulaire et entourent une aire sacrée, comme en témoigne la présence de mégalithes : menhir et table de sacrifice. Les deux **pierres sphériques** à proximité du temple, de nature sacrée, étonnent par leur forme ronde et leur couleur gris clair. Elles faisaient aussi l'objet d'un culte.

Temple-autel

Le **temple-autel** a également été construit en plusieurs phases. La première date du IIIe millénaire, durant laquelle une structure semi-pyramidale haute de 5 m et large d'une vingtaine de mètres fut édifiée. Une large rampe permettait d'accéder à la terrasse, où se trouvait un petit autel. Un incendie a tout détruit vers 2800 av. J.-C., et c'est à l'âge du cuivre, en 2700, qu'un autre sanctuaire fut reconstruit. Plus grand, c'est celui dont on voit les ruines aujourd'hui. De nombreux objets retrouvés dans les cabanes lors des fouilles montrent que le site a été habité jusqu'à l'âge du bronze, en 1800 av. J.-C.

Nécropole

La **nécropole**, dite *domus de janas* *(p. 240)*, située à 500 m du site, est creusée dans les parois de calcaire à proximité du cours d'eau. Elle se compose de **huit souterrains**, lesquels disposent de plusieurs salles. Une statuette *(p. 250)* représentant la *Dea Madre* y a été retrouvée.

➤ Stintino★★★

***Carte p. 72-73** – À 32 km N de Porto Torres par la SP34.*

Si Porto Torres peut sembler fade et sans réelle saveur, le village voisin, Stintino, dégage un charme certain. C'est l'un des plus beaux villages du nord de la Sardaigne, doté de la fameuse **plage de La Pelosa** *(ci-dessous)*. Des maisons basses aux couleurs pastel soigneusement entretenues et deux petits ports composent ce village à la fois pittoresque et harmonieux. Son petit centre invite à la balade, mais le charme des lieux attire de plus en plus de touristes et Stintino est victime de son succès.

L'histoire de Stintino est intimement liée à celle de l'Asinara. Le village fut fondé précisément en 1885, date à laquelle les 45 familles qui habitaient l'île furent délogées sur ordre de l'État, qui désirait en faire une colonie pénitentiaire. Les expulsés s'établirent alors à Stintino et reprirent leur activité principale, la pêche au thon *(encadré ci-contre)*.

Les **deux ports**, Mannu, le nouveau, et Minori, l'ancien, où mouillent essentiellement des bateaux de plaisance, encadrent le village.

Plage de La Pelosa★★★

***Carte p. 72-73** – À 35 km N de Porto Torres par la SP34. À Stintino, prenez dir. Capo Falcone.*

C'est incontestablement une des plages les plus célèbres de la

La plage de La Pelosa et sa tour

Sardaigne, ce qui explique la cohue qui y règne en pleine saison. Il faut dire que le site est somptueux. Avec ses fonds peu profonds tapissés de sable blanc et la mer protégée par les récifs du **Capo Falcone**, le spectacle est éblouissant.

La plage tient son nom de la tour qui lui fait face. Elle a été édifiée au XVIe s. et est postée sur un petit îlot à 3 m au-dessus du niveau de la mer. Sa fonction était d'assurer, avec la **tour della Finanza** située sur l'île Piana et la **tour Falcone** dans les terres, le contrôle du passage. Le couloir entre les côtes et l'île de l'Asinara était en effet considéré comme stratégique.

Plages Le Saline, de Pazzona et d'Ezzi Mannu

***Carte p. 72-73** – Le long de la SP 34.*

Ces trois plages se succèdent l'une après l'autre. Au cadre moins évocateur que celui de La Pelosa, mais appréciées par les familles pour leurs fonds marins peu profonds, on regrette de voir à leur extrémité la centrale de Fiume Santo. Elles restent

LE THON DANS TOUS SES ÉTATS

Particulièrement présent aux abords du Capo Falcone, la pêche au thon est devenue l'activité reine de toutes les familles de pêcheurs de Stintino. Jusqu'à la moitié du XXe s., elle constituait la principale ressource des habitants. Une ***tonnara***, usine de thon, est d'ailleurs située à quelques kilomètres du centre de Stintino. Ses bâtiments ont été restaurés dans les années 1970 et accueillent maintenant des manifestations.
Le thon est également célébré tous les ans à l'occasion d'une fête appelée ***mattanza del tonno***. Tous les premiers samedis de juin, sur la piazza dei Quarantacinque, on distribue et on fait goûter du thon cuisiné de différentes façons. Des spectacles musicaux assurent l'animation. Le thon est également l'objet d'un musée.

➤ ***Museo della tonnara,*** *Porto Nuovo, à Stintino. ☎ 345 971 86 86, www.mutstintino.com. Mai-juin et sept. : mar.-dim. 11h-13h et 15h30-19h ; juil.-août : t.l.j. 18h-23h et jeu. 11h-13h ; oct.-déc. : ven. 15h30-19h30, sam.-dim. 11h-13h et 15h30-19h ; janv.-mars sur résa. Entrée : 5 €.*

PAUSE FACE À LA MER

Face à la petite marina, cette adresse est l'un des incontournables du village. Un riche assortiment de parfums pour les glaces (à la production artisanale) accompagne les pâtisseries traditionnelles sardes.
➤ ***Da Vittorio Mulargia,*** *Lungomare Colombo, 31, Stintino.* ☎ *079 523 268. T.l.j. en été 8h-13h et 16h30-minuit.*

fort agréables : la première se développe devant des salines alors que la dernière a conservé des petites dunes de maquis.

Cala Coscia di Donna

Carte p. 72-73 *– Par la SP34, en face du rond-point des plages Le Saline, prendre à gauche. Suivre indication encore à gauche et parcourir la route en partie non goudronnée jusqu'au parking.*

C'est la partie du promontoire qui regarde la mer, à l'O de l'isthme. De minuscules criques de galets sont accessibles grâce à un petit sentier qui longe une côte morcelée. Le coin est connu des familles locales qui lui préfèrent sa tranquillité, à l'abri des foules qui en haute saison s'entassent à La Pelosa.

➤ Parco nazionale dell'Asinara★★★

Carte p. 72-73 *– 30 min de traversée depuis Stintino et 1h30 depuis Porto Torres. Accès par le débarcadère de Fornelli, à l'extrême S de l'île, ou par celui de Cala Reale, plus au N.*

L'île de l'Asinara, classée **parc naturel** par l'État italien en 1997, tient son nom de la présence sur son territoire d'une étrange race endémique d'**ânes albinos** et nains – *asinelli* en italien. Longue de 18 km, l'île se caractérise par une **biodiversité** particulièrement riche, d'où la présence de gardes forestiers soucieux de faire respecter les règles. Peuplée depuis le

Cala Sabina, dans le parc national de l'Asinara

Pozzo Podestà

Néolithique, comme en témoigne la présence des *domus de janas (p. 240)* à Campo Perdu, puis au Moyen Âge, dont il reste quelques vestiges comme le **Castellacio** qui domine la prison de Fornelli, l'île attire au XVIIe s. une communauté de pêcheurs et de bergers venus de Ligurie.

En 1885, l'État italien décide de faire de l'île un **centre pénitentiaire** et une zone de quarantaine pour les malades. Les 45 familles habitant l'île sont alors expulsées et sommées de s'installer à Stintino. Le centre pénitentiaire a fermé ses portes en 1997.

Aujourd'hui, l'accent est mis sur la protection de la nature, essentielle à la survie de l'écosystème de l'Asinara. Le seul danger semble provenir d'une **surpopulation de chèvres** qui abîment tout sur leur passage. Les autorités vont jusqu'à organiser des rapatriements de ces mammifères…

➤ *Lire aussi la balade secrète : Retour à la nature : découverte du parc de l'Asinara, p. 95.*

➤ Capo dell'Argentiera*

Carte p. 72-73 – À 37 km S de Porto Torres par la SP34, la SP42 et la SP18 jusqu'à Argentiera.

La route qui mène au Capo dell'Argentiera vaut le détour : des virages de plus en plus serrés sont entourés par un maquis qui devient de plus en plus vert. Balayée par le vent, la côte Argentiera offre la combinaison intéressante d'une nature sauvage, d'une mer souvent démontée et des ruines d'une mine abandonnée. Ancien village minier, la localité abrite deux plages, peu fréquentées, en contrebas des bâtiments abandonnés. En poursuivant la route de la *vecchia miniera*, vous rejoindrez le cœur du bourg fantôme. Dépassé le **Pozzo Podestà** (le bâtiment des mines), la route se détériore avant de devenir une piste. Elle se sépare en deux : à gauche, on poursuit jusqu'à un joli point de vue, alors qu'à droite 20 minutes de marches conduisent à la **Cala dell'Argentiera**.

Lors de votre balade, vous rencontrerez sûrement ces petits ânes albinos

Balade secrète

Retour à la nature : découverte du parc de l'Asinara

Paradis des amoureux de la nature et des animaux, l'Asinara abrite des espèces protégées et une flore luxuriante. Après une agréable navigation, l'arrivée au débarcadère de Fornelli *(depuis Stintino, 30 min)*, ou bien à celui de Cala Reale *(depuis Porto Torres, 1h15)*, promet déjà de belles surprises…

Cure de remise en forme

En arrivant par Cala Reale, partez visiter la clinique pour **tortues marines** *(Cram Asinara ☎ 340 81 61 772, www.crama.org. Mai-sept. : t.l.j. 9h-15h30, à 5 min de marche du débarcadère sur sentier balisé. Entrée 2,50 €, dons bienvenus)*. Ici, ces pensionnaires pas comme les autres bénéficient de soins appropriés. Mais les **oiseaux** ne sont pas en reste. Un centre d'étude de la faune, animé par des scientifiques et des étudiants, s'occupe des 86 espèces déjà répertoriées. Ouvert toute l'année, il est possible d'y séjourner en contribuant aux recherches du centre *(Centro studi faunistici, Tumbarino ☎ 338 39 57 611. Sur résa. Accès libre, dons bienvenus. Le centre se rejoint en 4x4 privé ou avec le service de navette de l'île)*. De quoi susciter des vocations !

Mystère mystère

Quittez le bord de mer et partez à la recherche des **ânes** de l'Asinara. Une seule route bétonnée traverse l'île sur 25 km. Que vous soyez en 4x4, à cheval, à vélo ou à pied suivant les sentiers de promenade balisés, vous aurez de fortes chances d'en apercevoir. En petits groupes ici ou là, ces petits ânes blancs non domestiqués peuplent les bords de route. Il s'agirait d'une race endémique dont le gène albinos est devenu dominant. Mais leur origine et leur couleur demeurent à ce jour une énigme… Entre fantasme et réalité, ces petites peluches fascinent toujours autant petits et grands !

Maquis et panorama

Après une pause pique-nique, montez vers la **Punta della Scomunica** au nord de l'île *(suivez la signalisation sur la route bétonnée au N de Cala Reale ; environ 20 min de promenade en montée)*, le point culminant de l'île, pour découvrir un panorama exceptionnel. Parmi les 700 espèces florales recensées, le *centaurea horrida*, ou bleuet épineux, est le plus présent sur l'île. Amusez-vous à repérer ces plantes aromatiques… mais attention à ne pas les arracher, vous vous trouvez dans un parc naturel !

Plongeon turquoise

Finissez cette journée nature par une baignade sur la superbe plage de **Cala Sabina** sur la côte nord-est de l'île. Une petite paillote pour s'abriter du soleil, du sable couleur or et une eau turquoise… une certaine idée du bonheur !

PRATIQUE

Accès : *L'accès au parc naturel est réglementé. L'idéal est de passer par des associations agréées pour organiser votre visite* (p. 273). *Vous pourrez aussi parcourir les sentiers balisés de l'île à pied, mais attention à la chaleur estivale !*

Budget : *Il sera très variable en fonction de l'option choisie. Comptez 50-70 €/pers. pour la journée en 4x4 ou en croisière ; 20-25 €/pers. pour un A/R en ferry depuis Stintino ou Porto Torres et navette sur l'île.*

Conseil : *Uniquement quelques bars au niveau des débarcadères. Pensez à emporter votre casse-croûte et votre gourde.*

9 Alghero

Les remparts d'Alghero

Avec son centre historique entouré de remparts et son front de mer où foisonnent les terrasses de café, Alghero est une ville côtière irrésistible. Dénommée la « Barcelone sarde », elle affiche encore fièrement son passé catalan, ce qui lui confère une atmosphère singulière. Ce n'est d'ailleurs que depuis 1970 que la municipalité a décidé de traduire en italien les plaques des noms de rues ! Les Sardes apprécient la ville pour son ambiance, la nuit tombée. Proche de belles plages, centre de production du corail et de la langouste, Alghero est résolument tournée vers la mer, et la vie y est particulièrement douce et agréable.

- **Plan :** p. 97.
- **Arriver, se déplacer :** voir carnet pratique p. 274.
- **Point de départ :** tour della Maddalena.
- **Manger, dormir, s'amuser :** p. 216.

Alghero

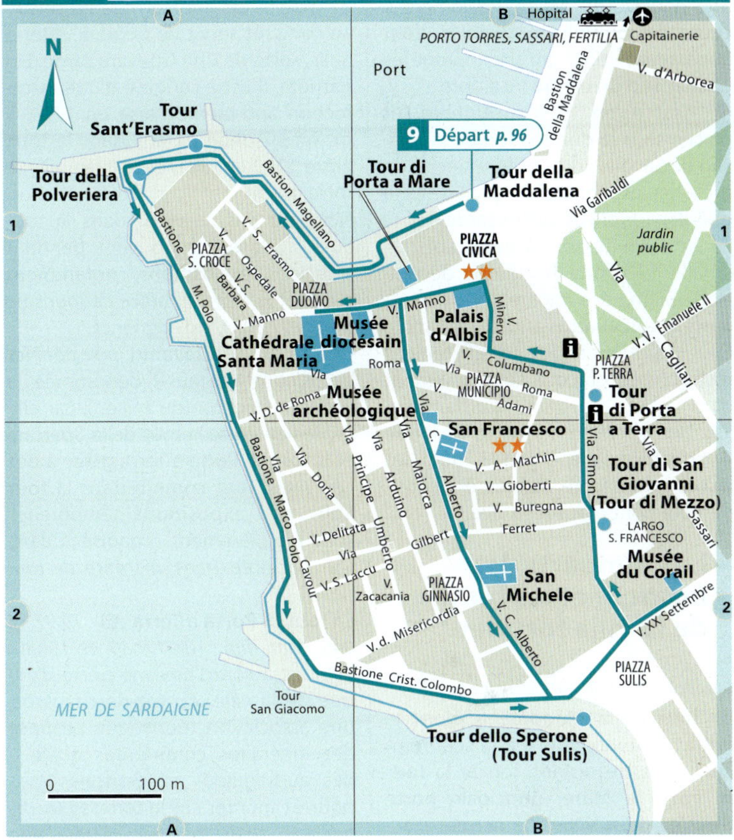

Alghero★★★

Fondé au XIIe s. par les Doria, puissante famille génoise, Alghero était alors un petit port de pêche fortifié. À l'exception d'une brève occupation pisane à la fin du XIIIe s., Alghero resta sous l'autorité génoise jusqu'en 1323 quand les Catalano-Aragonais envahirent la ville.

Une longue période de colonisation, ponctuée par de nombreuses phases de révolte, débuta. Alghero devint un foyer de résistance, et la population autochtone, d'origine sarde et génoise, se rebella contre les occupants. En 1354, le roi Pierre d'Aragon, dit « le Cérémonieux », chassa les Génois et incita les Catalans à s'installer dans la ville. De nombreux colons s'y établirent, comme des juifs espagnols qui traditionnellement investirent les fonctions marchandes de la cité. En 1372, les Sardes furent définitivement chassés de la ville pour cause de révolte, et, en 1492, ce fut au tour de la communauté juive de partir sur ordre de la Couronne espagnole par le décret dit « de l'Alhambra ». Alghero devint alors une ville catalane dont le rôle géopolitique se trouva consolidé pour le royaume d'Espagne. Promue au rang de ville royale en 1501, la cité s'honora d'accueillir Charles Quint en 1541.

Mais, avec la découverte de l'Amérique, l'intérêt de l'Espagne se focalisa sur ces nouvelles contrées, et Alghero perdit de sa superbe. La ville entama une période de déclin, également à cause de multiples épidémies, dont la peste de 1652, qui décimèrent les habitants d'un centre insalubre.

Ce n'est qu'en 1720 qu'Alghero fut placée sous la domination de la maison de Savoie, après quatre siècles de présence espagnole. Cela fait d'elle la plus espagnole des villes sardes !

Le XIXe s. vit l'essor incontestable de la ville. Le centre historique devenu trop exigu, des morceaux de remparts furent abattus afin de l'agrandir. En 1876, Alghero fut complètement restructurée grâce à l'établissement d'un nouveau plan d'urbanisme. Les bombardements de la Seconde Guerre mondiale en 1943, dont les traces sont encore visibles, ont considérablement marqué la ville.

➤ Les remparts, les *bastioni* et les tours de la ville fortifiée★★★

Plan p. 97 – Départ de la tour della Maddalena, sur le port.

La **tour della Maddalena**, dont le *bastione* homonyme est le seul rempart terrestre restant, jouxte la **tour di Porta a Mare**, principale porte d'entrée de la ville. Elle permet d'accéder à la place principale : la piazza Civica *(ci-contre)*. Quelques mètres à droite, un escalier monte sur les remparts qui surplombent le port. Plus loin, à l'extrême nord des remparts, se trouvent les **tours Sant'Erasmo** et **della Polveriera**. Vraies structures défensives, ces tours permettaient de surveiller, contrôler et défendre l'accès au port.

Le ***bastione* Marco Polo** accueille les promeneurs venus admirer la vue splendide sur le Capo Caccia *(p. 106)*. En poursuivant au sud, sur ***bastione* Cristoforo Colombo,** les nombreux cafés et restaurants sont une halte idéale pour un repas ou un apéritif.

La **tour dello Sperone**, également appelée « tour Sulis », située au bout du *bastione* Cristoforo Colombo, est la plus grande de la ville. Haute de 22 m, elle fut transformée en prison au XVIIIe s. et servit de geôle à Vittorio Sulis, sorte de Che Guevara sarde. Fin patriote, il est à l'origine d'une insurrection anti-piémontaise en 1794. Il fut emprisonné 21 ans dans la tour, entre 1799 et 1821, date à laquelle le roi le gracia.

N'hésitez pas à entrer dans la tour Sulis : elle abrite souvent pendant l'été des **expositions**, notamment de photos *(rens. à l'office de tourisme ☎ 079 979 054, via Cagliariz)*.

La **tour di San Giovanni** *(ouv. pour les expositions)* est aussi dénommée la « tour di Mezzo » (du milieu), car elle fait le lien entre la tour dello Sperone et la tour di Porta a Terra grâce à des coursives. Tout comme dans la **tour Sulis**, des **expositions** temporaires sont régulièrement organisées dans son enceinte *(rens. à l'office de tourisme)*.

La **tour di Porta a Terra** *(☎ 079 97 34 045, mar.-dim. 10h-12h30 et 16h30-19h)* est aujourd'hui une porte d'entrée de la ville. Au rez-de-chaussée, une association touristique propose des itinéraires commentés grâce à des audioguides en français. Vous pourrez monter sur la terrasse *(accès payant)* pour profiter d'une **vue panoramique** à 360° sur le centre historique d'Alghero. Vous accéderez aussi au 1er étage, où un espace multimédia est consacré à la ville et son histoire.

➤ Piazza Civica★★

Plan p. 97/B1.

La piazza Civica, véritable centre névralgique d'Alghero, est cernée de palais médiévaux et animée par des restaurants et bars en tout genre. Le **Caffè Costantino** est le plus ancien d'entre tous *(encadré ci-contre)*. La belle boutique du styliste sarde **Antonio Marras**, qui témoigne de sa richesse créative et de son caractère ultracontemporain, ravira les amateurs de shopping *(p. 100)*.

Tour Sulis

Le **palais d'Albis**, également appelé *casa de Ferrera*, est un des bâtiments les plus remarquables de la place. Construit au XVIe s. par un propriétaire terrien, Pedro de Ferrera, il fera office de résidence royale temporaire lors de la visite de Charles Quint en 1541. En transit vers l'Algérie, le souverain fut séduit par la ville et ses habitants. Si bien qu'il prononça les mots suivants à l'attention des *Algheresi*, depuis le balcon du palazzo d'Albis: « Vous êtes tous des gentilshommes. »

La **façade** de l'édifice est typique du style aragonais du XVe s. Son déploiement horizontal met en valeur la netteté des lignes et la sobriété des décorations. Vous verrez trois niveaux d'ouverture avec au 1er étage, le plus noble, de belles **fenêtres géminées** s'ouvrant sur l'extérieur.

UN CAFÉ DE LÉGENDE

Avec sa terrasse centrale, le Caffè Costantino est le salon d'Alghero. L'intérieur est des plus raffinés. Parfait pour boire l'apéritif quand le soleil décline.

➤ ***Plan p. 97/B1 – Caffè Costantino,*** *Piazza Civica, 30-31 ☎079 982 929. Juil.-août : t.l.j. 7h30-1h ; f. lun. le reste de l'année.*

➤ Museo diocesano d'Arte Sacra★

Musée diocésain d'Art sacré

Plan p. 97/A-B1 – *Piazza Duomo, 1, à l'angle de la via Maiorca ☎ 079 973 30 41. Juin-sept. : t.l.j. sf mar. et mer. soir 10h-13h et 18h-21h, sept.-déc. et avr.-juin : t.l.j. 10h30-13h et 17h-19h30, déc.-avr. : sam.-dim. (tél. avant). Entrée 4 €.*

Situé dans l'oratoire de Nostra Signora del Rosario, à proximité de la cathédrale Santa Maria, le musée diocésain d'Art sacré retrace l'histoire d'Alghero en exposant les **objets religieux** dits « sacrés » provenant de toutes les églises de la région. La collection, très riche, est répartie en différents espaces thématiques comme l'**argenterie**, l'**ébénisterie**, les **bronzes**, etc. Pour les amateurs de macabre, un reliquaire abrite le crâne d'un nouveau-né, supposé être celui d'un des Innocents, enfants assassinés par Hérode espérant tuer Jésus.

De très belles sculptures en bois sont exposées, dont la statue dorée de la ***Madonna dei Naviganti***, œuvre d'un anonyme catalan du XVIe s., ainsi qu'un Christ du XVIIe s. provenant du maître-autel de la cathédrale.

➤ Cattedrale Santa Maria*

***Plan p. 97/A1** – Piazza Duomo ☎ 079 973 30 41. T.l.j. 7h-19h30. Possibilité de visite guidée en français. Visite du campanile juin-sept. : t.l.j. 11h-13h15 et 18h-21h, sept.-oct. : t.l.j. 11h-13h15 et 16h-18h30, avr.-juin : tél. avant. Entrée 4 €.*

Trônant magistralement sur la petite piazza Duomo, la cathédrale Santa Maria semble surdimensionnée à cause de ses grandes **colonnes** d'inspiration néoclassique ajoutées au XIXe s.

La cathédrale fut construite au XVIe s., après la réorganisation de l'administration diocésaine sarde en 1503, qui conférait à Alghero un évêché plus puissant. Du style gothique catalan, il ne semble rester du bâtiment d'origine que le chœur et le **campanile** octogonal situé derrière l'église. Ce dernier est d'ailleurs devenu un des **symboles** de la ville. L'intérieur et la plupart des éléments décoratifs datent de la fin du XVIIIe s. L'édifice accueille aussi le **mausolée** de style néoclassique du duc de Monferrato, frère du roi Carlo Felice de Savoie, décédé en 1799. Il fut réalisé en 1807 par le sculpteur Felice Festa.

➤ Museo archeologico della città di Alghero

***Plan p. 97/B1-2** – Via Carlo Alberto, 72 ☎ 079 980 729. Mar.-lun. 10h30-13h et 17h-19h30. Entrée 6 €.*

Ce (petit) musée a ouvert ses portes en 2016. Ses collections s'articulent autour de trois thématiques : la mer, les habitations et la sacralité. C'est ici que sont exposés les objets des fouilles du site nuragique de Palmavera, comme des céramiques ou des ustensiles en terre cuite. Le parcours se termine au deuxième étage, dédié au thème de la sacralité et à l'importance du « culte de l'eau » dans la civilisation nuragique.

➤ Chiesa San Francesco**

***Plan p. 97/B2** – Via Carlo Alberto, 46. ☎ 079 979 258. T.l.j. 9h30-21h. Entrée 2 €.*

L'église San Francesco est sans doute l'un des monuments d'inspiration **gothico-catalane** parmi les plus emblématiques de toute la Sardaigne. Derrière sa façade assez austère, inspirée du style franciscain, se cache un bâtiment aux influences allant du gothique tardif à la Renaissance.

ANTONIO MARRAS, HISTOIRE D'UN STYLE

Antonio Marras est l'enfant du pays. Natif d'Alghero, le styliste fonde sa marque de prêt-à-porter à la fin des années 1990. De 2003 à 2011, il fut le directeur artistique de Kenzo, ce qui lui conféra une reconnaissance internationale. Mais il demeure profondément attaché à son pays et à ses origines : c'est à Alghero, dans sa maison-atelier accrochée à la colline, face à la mer, qu'il continue de créer. Fils d'un vendeur de tissus d'Alghero, il a toujours vécu au milieu des étoffes, et l'exercice de son métier ne semble pouvoir se dissocier de sa ville et de sa famille. Sa mode est pourtant ouverte sur le monde, inspirée par le folklore, les traditions et le voyage, et empreinte d'une sophistication tout italienne. L'architecture de sa boutique est un heureux mélange de baroque et de minéral.

➤ ***Plan p. 97/B1** – Piazza Civica, 9 ☎ 079 98 03 45, www.boutiquemarras.com.*

Le campanile de l'église San Francesco

Construit à la fin du XVe s., le bâtiment s'écroula en partie en 1593. Le corps central de l'église et plusieurs chapelles furent reconstruits dès 1598, ainsi est-il possible d'apercevoir les différentes phases de construction.

Le **cloître** est le plus ancien, notamment sa partie la plus basse. Datant de l'édification originale, avant l'effondrement de 1593, c'est une splendeur de style gothique tardif. Réalisé en grès, ce qui lui donne cet aspect ocre, il est doté de quelque 22 colonnes dont les bases sont cylindriques ou octogonales et surmontées de chapiteaux légèrement décorés. De cette même période date également le **campanile** à base carrée, qui se transforme en tour octogonale dans sa partie supérieure. L'été, ce cadre évocateur accueille des concerts de musique classique *(rens. à l'office de tourisme ☎ 079 979 054).*

Toute la partie centrale de l'église a été réalisée au XVIIe s. Elle témoigne du style Renaissance avec ses trois nefs, ses chapelles latérales et son abside polygonale. Ne manquez pas la **voûte en étoile** du presbytère, ainsi que l'autel en marbre du XVIIIe s.

➤ Chiesa San Michele★

***Plan p. 97/B2** – Piazza Ginnasio. Horaires d'ouverture variables selon les messes (rens. à l'office de tourisme).*

L'édifice actuel, œuvre de la communauté jésuite d'Alghero, a été construit en 1662 sur les fondations d'une ancienne église dédiée à saint Michel et établie au cœur d'un cimetière.

À son décès, le riche doyen Carrovira avait demandé que ses biens soient vendus pour construire un **collège**, dont la ville était alors dépourvue. Il avait également exigé qu'il soit géré par la **Compagnie de Jésus**.

L'évêque Baccallar leur fit alors don

L'ART DU CORAIL

Depuis des siècles, les côtes d'Alghero sont célèbres pour leurs fonds riches d'un corail d'une qualité exceptionnelle. Sa coloration intense et sa solidité en font l'un des plus beaux de la Méditerranée. Jadis pêché à l'aide de procédés dévastateurs pour l'environnement sous-marin, la pêche à l'or rouge est aujourd'hui soumise à une stricte réglementation. Seuls les pêcheurs autorisés peuvent plonger pour une moyenne de 25 immersions entre mai et octobre, à une profondeur qui ne peut dépasser les 80 mètres. Plusieurs bijouteries de renom proposent un choix exceptionnel de boucles d'oreilles, de bracelets, de colliers et d'objets décoratifs aux finitions raffinées. Vous trouverez les meilleures adresses de la ville piazza Civica *(p. 98)* et tout le long de la via Carlo Alberto. Mais attention aux faux ! Les fac-similés sont nombreux et, en général, leur prix est bien moins élevé que celui du vrai corail.

de l'église San Michele et fit déménager le cimetière à côté de la cathédrale. Les travaux du collège commencèrent en 1589, ceux de l'église en 1662 pour s'achever au début du XVIIIe s.

En 1774, le pape Clément XIV prononça la dissolution de la Compagnie de Jésus, les établissements furent abandonnés et le collège transformé en caserne. Les jésuites ne retournèrent à Alghero qu'en 1950 !

Le bâtiment est typique des églises jésuites, empreintes de baroque. La chapelle, située dans la partie gauche du transept, est dédiée à saint Ignace de Loyola. La **peinture** représentant le saint fondateur de l'ordre jésuite, est l'œuvre la plus précieuse de l'église.

La coupole a été couverte de **majolique** dans les années 1960, mais cette faïence italienne caractéristique de la Renaissance respecte le style de l'édifice. Elle est devenue un des symboles de la ville.

La coupole de l'église San Michele

Plage Maria Pia

➤ Museo del Corallo

Musée du Corail

***Plan p. 97 / B2** – Villa Costantino, via XX Settembre, 8 ☎ 079 989 75 02 ou 339 468 77 54. Mar.-dim. 10h30-13h et 17h-19h. Entrée 5 €.*

Ce petit musée se situe dans une imposante villa du début du XXe s. de style Art nouveau. Au rez-de-chaussée, plusieurs salles proposent d'en savoir un peu plus sur le corail, emblématique de la région. La muséographie y est particulièrement réussie. L'étage est réservé aux expositions temporaires.

➤ Plages d'Alghero

Carte p. 72-73.

Au-delà de son centre historique, Alghero est aussi une station balnéaire agréable. Son ***lido*** est un modèle de plage à l'italienne; il y règne une animation fascinante!

Plage San Giovanni*

À quelques centaines de mètres au N du port, prenez la via Lido.

Proche du centre-ville, cette plage est la plus accessible et donc la plus fréquentée en pleine saison. Également nommée *lido San Giovanni*, elle est idéale pour les familles: transats, pédalos, restaurants, ici on ne manque de rien!

Plage Maria Pia**

Juste après la plage San Giovanni, poursuivez en dir. de Fertilia et prenez le viale Primo Maggio. Traversez la pinède par un sentier pour accéder à la plage située à g.

Abritée de la route par une pinède, la plage permet de profiter de l'ombre et de la mer cristalline. Par jour de vent, c'est un spot parfait pour les amateurs de **planches à voile**. Les plongeurs pourront également découvrir de splendides fonds marins.

10 Les environs d'Alghero

Capo Caccia

La région d'Alghero ne manque pas d'attraits, tant sur le plan culturel, avec la présence de vestiges de la civilisation nuragique, que naturels avec ses paysages d'une beauté sauvage. Au nord, ce sont les impressionnantes falaises du Capo Caccia (et la très belle grotte de Neptune) qui dominent l'horizon. Ce parc marin protégé, aux riches fonds marins, est l'un des plus réputés pour la plongée sous-marine. À ses abords se trouvent les plus jolies plages du coin. Au sud d'Alghero, la route qui relie la ville à Bosa est considérée comme la plus panoramique de l'île, avec son alternance de plages et de criques à l'eau turquoise.

- **Carte :** p. 72-73.
- **Arriver, se déplacer :** voir carnet pratique p. 275.
- **Manger, dormir, s'amuser :** p. 218.

➤ Necropoli Anghelu Ruju

Carte p. 72-73 – À 9 km N d'Alghero par la SP42, dir. Porto Torres. À g., en bord de route, ☎ 329 438 59 47. T.l.j. avr.-oct. : 9h-18h (19h mai-sept.) ; nov.-mars : 10h-14h. Audioguide en français. Entrée 5 € + 2 € pour vis. guidée en français sur résa. Billet commun avec le complexe nuragique de Palmavera 8 €.

Ce site insolite est l'un des plus importants de Sardaigne. Avec ses 38 tombes artificielles, sortes de petites grottes funéraires, la nécropole Anghelu Ruju s'impose par son ancienneté même si elle peut se révéler beaucoup moins impressionnante que d'autres sites. Elle fut découverte en 1903, grâce à un crâne retrouvé, et les fouilles se poursuivirent jusqu'en 1967. Plusieurs civilisations prirent possession du site, car on date son utilisation de 3300 à 1800 av. J.-C.

L'architecture des tombes, dites *domus de janas* – « maisons de fées » *(p. 240)* – est souvent enrichie d'éléments décoratifs comme des **colonnes** ou des **corniches** sur les portes d'entrée. Certaines sont même ornées de la *Dea Madre* et de cornes de taureau sculptées directement dans la roche calcaire, comme symbole de fertilité (il faudra un peu d'imagination pour décerner ces bas-reliefs polis par les éléments).

➤ Fertilia et ses plages

Carte p. 72-73 – À 7 km O d'Alghero par la SS127 bis qui longe la côte.

Localité faisant partie de la commune d'Alghero, Fertilia fut fondée en 1936 par le régime mussolinien *(p. 244)*. La ville faisait partie du plan d'assainissement de 1928 de nombreux étangs du sud d'Oristano. Il s'agissait d'assécher les marécages pour éradiquer la malaria. Les premiers habitants de Fertilia venaient de la région d'Émilie-Romagne car Mussolini souhaitait désengorger la ville de Ferrara surpeuplée. La ville est dans le plus pur style fasciste, avec une architecture dite « rationnelle ». Les infrastructures datant de cette époque se trouvent de part et d'autre de la via Pola, qui conduit à la piazzetta San Marco où trône une **église** flanquée de son clocher.

À l'ouest de Fertilia, la côte très découpée abrite quelques jolies criques de sable dont certaines sont idéales pour la baignade.

Plage Lazzaretto★★

Carte p. 72-73 – D'Alghero, prenez la SS127bis et tournez à dr. au niveau des panneaux indiquant Scuola Sub et Diving Center. Possibilité de camper dans la zone prévue à cet effet.

La plage doit son nom à la tour qui domine la baie *(ne se visite pas)*. Abritée dans une charmante baie à la côte calcaire, cette plage a tout pour plaire : du sable fin, un maquis à

UNE DIVINITÉ AU FÉMININ

La *Dea madre* fait référence à une divinité féminine, probablement divinité de fertilité, qui avait le pouvoir de vie et de mort. Ce culte se retrouve dans l'ensemble des civilisations du Paléolithique et Néolithique en Europe. En Sardaigne, la présence d'un culte voué à la déesse a été confirmée par la découverte de différentes statuettes en pierre. Une des plus anciennes est la Venere di Macomer, une figurine qui remonte à 10 000-8 000 av. J-C. On peut l'admirer aujourd'hui au musée archéologique de Cagliari *(p. 160)*.

PAUSE SUR LA PLAGE

Derrière le comptoir, Gavino sert depuis toujours cafés et sandwichs (sa spécialité est le *panino* à la viande de cheval). Ses quelques chaises à l'ombre sont prisées par les habitués qui reviennent d'année en année.

***➤ Da Gavino**, Plage Lazzaretto*
Été : t.l.j. horaires variables.

l'arrière-plan et un fond peu profond qui convient bien aux familles avec des enfants en bas âge. L'envers de la médaille : pas très étendue, elle est vite bondée en haute saison.

Plage Le Bombarde**

***Carte p. 72-73** – D'Alghero, empruntez la SS127bis et dépassez la plage Lazzaretto. Au km 44, prenez à dr. et suivez les panneaux indicatifs. Accès au parking payant.*

Assez vaste, cette plage est l'une de plus connues de la zone. Du sable fin et de l'eau cristalline sont ses principaux atouts. Dommage que la construction de quelques bâtiments ait un peu dénaturé ce site en pleine garrigue. Mais elle s'avère du coup bien équipée : des jeux pour les enfants ainsi que des bars et restaurants accueillent les visiteurs venus profiter de la mer.

➤ Complesso nuragico di Palmavera**

***Carte p. 72-73** – Sur la SS127bis, à 3 km après Fertilia et avant Porto Conte ☎ 329 438 59 47. T.l.j. avr. et oct. : 9h-18h (19h mai-sept.) ; nov.-mars : 10h-14h. Possibilité de visite guidée (+ 2 €). Audioguide en français. Entrée 5 €. Billet commun avec la nécropole Anghelu Ruju 8 €.*

Dans les années 1960 et 1970, des fouilles archéologiques ont permis la mise au jour du complexe nuragique de Palmavera découvert au début du XXe s. Son nom vient de la présence de ces **petits palmiers** typiques de la région. Ce site nuragique se distingue des autres par sa proximité avec la mer et par ses teintes claires provenant des matériaux utilisés, comme le grès et le calcaire. Le site que l'on peut voir de nos jours a été édifié en plusieurs phases et se compose d'un corps central avec deux tours, d'un mur d'enceinte et d'un village.

La **première phase** de construction s'étend du XVe s. au Xe s. av. J.-C. et porte sur la **tour centrale** et certaines habitations. La tour dite à « tholos » *(p. 241)* a une base de 10 m de diamètre pour 8 m de hauteur.

C'est lors de la **deuxième phase**, dans la première moitié du IXe s. av. J.-C., que le nuraghe se développa le plus. La tour principale fut agrandie et incluse dans une zone en forme d'ellipse enfermée par un **rempart**. Une seconde tour fut réalisée en grès rose, ainsi que la salle du conseil, appelée « la cabane des réunions ». C'est là que le pouvoir politique et religieux s'exerçait.

La troisième et **dernière phase** courant du IXe s. au VIIIe s. av. J.-C. fut consacrée à la restauration partielle du mur d'enceinte et à l'expansion du **village**. Les fouilles ont mis au jour une cinquantaine d'habitations mais, selon certains historiens, le village pouvait en compter 150. Des **vases** de cette époque trouvés sur la plage laissent penser que le site nuragique allait jusqu'à la mer. De récentes études ont montré que le complexe de Palmavera a été détruit par un incendie au VIIIe s. av. J.-C.

➤ Capo Caccia***

***Carte p. 72-73** – À 23 km d'Alghero par la SS127bis et la SP55 dir. Tramariglio et Capo Caccia ; parking au bout de la route.*

Un promontoire aux falaises escarpées ferme à son extrémité occidentale la crique pittoresque de Porto Conte, dont la jolie forme dessine un U renversé. Petit village de pêcheurs, Porto Conte s'ouvre sur la baie des Nymphes, mouillage célèbre depuis l'Antiquité. En été on y voit souvent de superbes voiliers que leur gabarit empêche d'amarrer à Alghero.

Vous voici au cœur du **parc naturel régional de Porto Conte** *(www.parcodiportoconte.it)*, qui s'étend de l'étang de Calich, au-dessus de Fertilia, jusqu'à Capo Caccia. Les fonds marins sont ici parmi les plus intéressants de Sardaigne ; en 2002, la beauté des reliefs de la côte et la rareté de la faune et de la flore ont poussé les autorités à faire de Capo Caccia une **aire marine protégée**. Celle-ci est

Les escaliers menant à la grotte de Neptune

prisée par les amateurs de plongée sous-marine. C'est d'ailleurs ici que se trouve la grotte de Nereo, une des plus grandes cavités sous-marines de la Méditerranée.

Grotta di Nettuno***

Grotte de Neptune

***Carte p. 72-73** – T.l.j. avr.-sept. 9h-19h, oct. 10h-17h, nov.-mars 9h-14h. L'accès est limité et se fait toutes les heures. Résa conseillée en été. En bateau : vous pouvez accéder à la grotte depuis Alghero (temps de trajet : 3h20) ☎ 079 946 540. Entrée 13 €, visite guidée (polyglotte) obligatoire. Durée de la visite : 45 min.*

Le long de la paroi occidentale du Capo Caccia s'ouvre l'un des sites naturels les plus fascinants de la région : la grotte de Neptune. Tout commence par un escalier de 654 marches *(accès sécurisé à la portée de tous)*, le long des immenses falaises calcaires du Capo Caccia. Taillé dans la pierre, suspendu entre ciel et mer, l'escalier permet de rejoindre l'entrée de la grotte en 10 min *(15-20 min pour remonter)*. La visite guidée nous entraîne ensuite dans une succession de salles tout à fait impressionnantes. Au XIXe s., le lac souterrain de La Marmora accueillait des concerts aux chandelles. Dans la même salle, une marque sombre située à mi-hauteur de la paroi de la grotte indique le niveau qu'atteignit la mer Méditerranée au cours de la dernière période interglaciaire, une trace émouvante d'un lointain passé.

Plage de Porto Ferro**

***Carte p. 72-73** – À N de la côte de Corallo à env. 25 km d'Alghero. Depuis Alghero : prendre la SS127 bis et ensuite rejoindre la SS55bis par la SS291 (embranchement à hauteur de Fertilia). Prenez à dr. la SP Porto Ferro. La route se termine et il faudra emprunter un sentier pour rejoindre la plage (env. 15 min). Depuis le lac de Baratz : empruntez la via dei Fenicotteri qui longe le lac jusqu'au parking. De celui-ci, une piste de quelques km, parfois accidentée, vous conduira jusqu'à la plage. Parking et stationnement camping-car.*

Cette jolie plage s'étire sur 2 km dans une baie gardée par deux tours espagnoles (au N, la Torre Bianca). Naturelle, bien exposée aux vents, elle est fréquentée par les véliplanchistes et n'est jamais particulièrement bondée. Juste derrière, se tient le maquis qui entoure le lac de Baratz, le plus grand lac naturel sarde, réputé pour l'observation des oiseaux. Plusieurs sentiers de randonnées sillonnent les alentours du lac, menant jusqu'à la plage et sa garrigue.

11 Bosa et ses environs

La route panoramique entre Alghero et Bosa

La route d'Alghero à Bosa est un tracé de toute beauté. À chaque tournant, un panorama spectaculaire vous attend. Ici et là, des criques à l'eau turquoise invitent à la baignade.
Classée parmi les plus beaux bourgs d'Italie, Bosa est une ville à la fois très terrienne et très marine, et qui a plus d'un tour dans son sac pour séduire les visiteurs. Par sa situation géographique, son urbanisme et l'atmosphère caractéristique de ses ruelles pittoresques, cette cité qui longe le Temo dégage un charme hors du temps. Au départ de Bosa, le *trenino verde*, petit train d'époque, permet aux plus curieux de partir à la découverte de l'arrière-pays.

- **Carte :** p. 72-73.
- **Arriver, se déplacer :** voir carnet pratique p. 275.
- **Manger, dormir, s'amuser :** p. 218.

➤ Route panoramique entre Alghero et Bosa★★★

Carte p. 72-73.

La route entre Alghero et Bosa est l'une des plus belles de l'île. Les lacets que dessinent la SP105 puis la SP49 sur 45 km ont un caractère presque cinématographique : cadre de nombreux tournages publicitaires, les panoramas se succèdent tout au long de ce ruban gris suspendu entre mer et montagne. Les descentes à la mer sont nombreuses; isolés, ce sont des endroits magiques et préservés.

Une fois quitté Alghero, la première plage sur le chemin est celle de **Calabona**, aux rochers de calcaires roses, plate-forme idéale pour un plongeon. La route s'éloigne quelques instants de la côte pour s'en rapprocher vers la **plage de La Speranza**, vaste demi-cercle de sable; après quelques kilomètres, les falaises deviennent plus abruptes. Des aires de stationnement vous permettront de faire une pause pour la traditionnelle photo panoramique.

En se rapprochant de Bosa, la mer et les criques à l'eau verte reprennent le devant de la scène. Les roches plates de **Cala Torre Argentina**, avec les vestiges d'une tour aragonaise, vous séduiront pour une énième pause baignade. Ici, toute la zone dite « de **Tentizzos** » n'est qu'une succession de petites plages de sable et galets.

Avant de partir à l'abordage de ces coins enchanteurs, pensez à vous munir d'eau potable et d'un parasol pour vous abriter du soleil.

Plage de S'Abba Druche★★

Carte p. 72-73 – Sortez de Bosa par la via Alghero. Au premier rond-point, tournez à dr. dir. Alghero sur la SP49. Après 10 km, une route de terre sur la g., signalée par une barrière en bois, mène jusqu'à la plage à quelques mètres de là.

Sauvage, magnifique, c'est la plus belle plage de la côte de Bosa. Ses petites criques s'ouvrent sur une mer turquoise – l'eau est profonde et les collines alentour sont couvertes d'un épais maquis parfumé.

➤ Bosa★★★

Carte p. 72-73 – À 45 km S d'Alghero.

Bâtie sur les rives du *fiume* (fleuve) Temo, Bosa est à peine plus qu'un village, mais quel village! Agrippés au flanc de la colline de Serravalle, les vieux quartiers de Bosa s'étagent à l'abri de l'imposant **château** médiéval des Malaspina. Au pied des remparts, le **quartier de Sa Costa** regorge de petites maisons, de terrasses fleuries et de jardins secrets.

À mi-hauteur de la colline, le quartier de **Sant'Ignazio** représente la partie la plus ancienne de la ville: ses ruelles tortueuses et ses demeures seigneuriales remontent à l'époque catalane, dernier vestige d'un temps où Bosa se vit décerner le titre prestigieux de ville royale par les Aragonais.

Plus bas encore, courant parallèlement au Temo, le **corso Vittorio Emanuele II** est bordé d'élégants *palazzi* datant des XVIIIe et XIXe s. Finalement, les **rives du Temo**, le quartier des anciennes tanneries Sas Conzas, et le petit pont en trachyte rose qui enjambe le fleuve contribuent à créer une image extrêmement pittoresque. Au concours des premières impressions, Bosa l'emporte haut la main!

Les origines de Bosa remontent à l'Antiquité; une inscription phénicienne témoigne d'un premier habitat humain dès le XIe s. av. J.-C. La présence de vestiges datés du

UNE PAUSE EN TERRASSE

Une belle terrasse pour regarder le tout-Bosa au moment de la *passeggiata* du soir (p. 253).
➤ ***La Caffetteria***, *Corso Vittorio Emanuele, 71 ☎ 078 537 34 99. T.l.j. 9h-23h en été, sam.-dim. 9h-23h en hiver.*

IIe s. apr. J.-C. atteste que plusieurs villas romaines s'élevaient le long du fleuve Temo. Riche fief de la famille Malaspina dès le XIe s., Bosa suit le cours historique du reste de la Sardaigne et connaît une relative prospérité grâce à sa position stratégique le long du fleuve. Devenue aragonaise en 1323, la ville traverse une période de décadence jusqu'à ce que les Savoie en relancent l'économie aux XVIIIe et XIXe s. L'essor des manufactures de tannerie et d'orfèvrerie fera de Bosa une ville à l'économie prospère jusqu'à l'après-guerre.

Castello Malaspina**

***Carte p. 72-73** – Via Canonico Gavino Nino ☎ 340 39 55 048, www.castellodibosa.it. Juil.-août : t.l.j. 10h-19h30 ; avr.-juin : t.l.j. 10h-19h ; sept. : t.l.j. 10h-18h ; oct. : t.l.j. 10h-17h ; nov. : lun.-ven. 10h-13h, sam.-dim. 10h-16h ; déc.-fév. : sam.-dim. et j.f. ; mars : lun.-ven. 10h-13h et sam.-dim. 10h-16h. Entrée 4 €.*

Érigé au XIIe s. par le marquis de Malaspina, originaire de Toscane, le château de Bosa fut conçu pour défendre le village contre les incursions barbaresques. Conscient de représenter une proie trop facile, le village dut déménager, quittant la baie de Bosa, son emplacement originel, pour venir s'installer sur les rives du fleuve, 1 km en amont.

Au XVIIe s., tout Bosa était protégé par un large mur d'enceinte, dont le château était la pièce maîtresse. Aujourd'hui, on atteint le château en traversant le pittoresque quartier de Sa Costa : tous les chemins y mènent, pourvu qu'ils montent !

À l'intérieur des fortifications, entourée d'amandiers, la petite église de **Nostra Signora de sos Regnos Altos**

Bosa sur la rive du fleuve Temo

(avr.-juin : t.l.j. 10h-19h ; juil.-août : t.l.j. 10h-19h30 ; sept.-oct. : t.l.j. 10h-18h [17h oct.] ; nov. et mars : lun.-ven. 10h-13h, sam.-dim. 10h-16h ; déc.-fév. sam.-dim. et j.f. 10h-16h) contient un fort beau cycle de **fresques** du XIVe s., redécouvert au cours de travaux de restauration en 1972. Parmi les nombreux sujets traités, on y voit un *memento mori* représentant trois chevaliers confrontés à leurs propres cadavres. « Souviens-toi que tu es mortel » – sens du *memento mori* – fut en effet l'un des thèmes de prédilection des peintres du Trecento, un siècle marqué en Italie par les épidémies et les guerres civiles.

L'intérêt principal du château est cependant la **vue magnifique** qu'offre le chemin de ronde sur Bosa, le fleuve et la mer au loin.

Corso Vittorio Emanuele II et piazza del IV Novembre***

Carte p. 72-73.

Pavé de larges blocs de basalte, le corso Vittorio Emanuele II est non seulement l'artère principale de la ville, mais également l'un de ses plus beaux ornements. Bordé d'**élégants *palazzi***, dont les façades sont peintes à la manière génoise, il relie la cathédrale de l'Immaculée à la place du IV Novembre, où sont concentrés les principaux cafés de Bosa. À la tombée de la nuit, on croirait que toute la ville s'est donné rendez-vous sur la place comme dans un salon à ciel ouvert.

Casa Museo Deriu

Corso Vittorio Emanuele II, 59 ☎ 078 537 70 43. Mar.-dim. avr.-sept. : 10h30-13h et 16h-18h ; juin-août : 10h-13h et 17h-20h ; sept.-mai : 10h-13h et 15h-17h ; oct.-mars : seulement sur résa. Entrée 4,50 €.

Ce beau *palazzo* abrite deux musées très intéressants. Au *piano nobile*, comme on appelle le premier étage des vieux *palazzi*, un **appartement du XIXe s.** a été conservé dans son état d'origine. Des meubles aux papiers peints en passant par les draps et les rideaux : tout est d'époque.

La pénombre qui régnait dans ces appartements et la vivacité des couleurs sont étonnantes. Au dernier étage, une exposition permanente des œuvres de **Melkiorre Melis** – un enfant du pays – permet de découvrir le talent de ce grand graphiste de l'entre-deux-guerres, né à Bosa en 1889. La visite continue dans les locaux de l'ancienne bibliothèque municipale, qui abrite aujourd'hui la **Pinacoteca Atza**. La collection rassemble les œuvres de l'artiste sarde Antonio Atza, principal représentant de la peinture sarde de l'après-guerre.

> **PAUSE *FOOD-TRUCK***
>
> En passant le ponte della Pace, on remarque immédiatement les petites chaises bleues. Il s'agit du mobilier coloré du food-truck **Alduccio Itinerante** qui sert des *panini* garnis. Au bord du fleuve Temo, l'endroit est idéal pour siroter une bière en *aperitivo*.
>
> ➤ *Piazza Nassiriya. Jours et horaires variables.*

Cattedrale dell'Immacolata

***Carte p. 72-73** – Piazza Duomo.*
T.l.j. 8h-12h et 16h-19h. Accès libre.

Située à l'extrémité ouest du corso Vittorio Emanuele II, la cathédrale de l'Immaculée s'élève, imposante, parmi les autres immeubles bien moins hauts. La construction actuelle est le fruit de plusieurs remaniements successifs du XVe au XVIIIe s. sur une structure d'origine médiévale. Difficile d'admirer la façade dans toute son ampleur, tellement la rue entre la cathédrale et les immeubles qui lui font face est étroite. On remarquera tout de même la corniche robuste qui la partage en deux niveaux, un mariage réussi entre le baroque piémontais et le néoclassicisme. L'intérieur, qui se développe tout en longueur, est décoré de fresques et de mobilier de la seconde moitié du XIXe s. L'orgue de facture espagnole date de 1810.

➤ *Depuis la cathédrale, franchissez le pont pour rejoindre la rive g. du fleuve.*

Quartier des tanneries (Sas Conzas)**

Carte p. 72-73 – Le quartier longe la rive.

Le complexe des vieilles tanneries est un précieux témoignage du passé industriel de l'île. Les tanneries furent un temps localisées loin de l'agglomération urbaine afin d'éviter la remontée des mauvaises odeurs, inévitables lors de la production. Le choix du lieu de construction le long du fleuve dépendait également de la nécessité d'utiliser l'eau saumâtre lors de la fabrication des peaux. L'architecture des habitations sur la rive droite se reflète joliment sur les eaux du Temo avec leurs toits caractéristiques à double pente et détonne avec le caractère industriel des entrepôts sur la rive des tanneries.

Au XIXe s., le tannage était une activité typique et reconnue de Bosa, capable d'alimenter l'exportation dans toute l'île, mais surtout vers Gênes et vers la France. Semelles en cuir et vachette pour selles et harnachements étaient les objets les plus fabriqués. Un petit **musée** *(Via delle Concerie ☎ 078 537 70 43. Mar.-ven. en été 10h-13h, sam.-dim. 10h-13h et 15h-18h. Entrée : 3,50 €)*, aménagé à l'intérieur de la plus grande tannerie, permet de découvrir la structure type d'une tannerie d'autrefois, avec une pièce au rez-de-chaussée dotée d'un puits, d'une presse et de plusieurs bassins en pierre pour immerger les peaux. À l'étage, une exposition de machines et d'instruments ainsi que de quelques photos et documents d'époque illustre le cycle productif d'autrefois.

➤ *Remontez le cours du fleuve Temo côté rive gauche sur 2 km par la via Sant'Antonio (ensuite via S. Pietro).*

Chiesa San Pietro extra muros**

Carte p. 72-73 – Strada per San Pietro. ☎ 329 85 05 079. Juil.-août : t.l.j. 9h30-12h30 et 16h-18h ; sept. : t.l.j. 9h30-12h30 et 15h-17h ; oct. : t.l.j. 9h30-12h30 ; nov.-avr. : t.l.j. 10h-12h. Entrée 2 €.

Ancienne cathédrale du diocèse de Bosa, San Pietro est l'édifice religieux le plus remarquable de la ville. L'ensemble reflète les différentes influences stylistiques romanes, gothiques et byzantines. Une inscription à l'entrée rappelle que l'évêque Costantino da Castra décida de sa construction en 1062. Le corps central de style roman date de cette époque, tandis que l'abside, les nefs latérales et le clocher remontent au XIIe s. La façade attribuée à **Anselmo da Como** est décorée de trois rosaces quadrilobées et trois arcs en plein cintre. Sur l'architrave du portail sont représentés saint Pierre et saint Paul, la Vierge à l'Enfant et l'empereur Constantin. Intéressants, plusieurs blocs gravés

TRENINO VERDE BOSA-MACOMER

La ligne ferrée Bosa-Macomer reflète le désir du « voyager lent » en savourant les paysages secrets oubliés par les ennuyeuses bretelles routières modernes. Ce petit train, avec ses wagons et sa locomotive de couleur verte au charme désuet, vous fera découvrir des paysages enchanteurs en parcourant l'ancien tracé du chemin de fer. Le voyage lent et sinueux traverse les vignobles de Planargia, pour rejoindre Tresnuraghes, au sud de Bosa. En sens inverse, de Macomer à Bosa, le tracé longe la côte en offrant de merveilleux aperçus de la grande bleue. La plus belle portion reste celle entre la petite gare de Nigulosu et le virage de Nanio. La dernière partie du parcours longe la plage de galets de Turas, avant de rejoindre Bosa Marina.

➤ *Juin-sept., départs hebdomadaires selon calendrier. Trajet : 2h aller.*
☎ 070 26 576, www.treninoverde.com.

Une crique entre Alghero et Bosa

d'inscriptions païennes, provenant d'une nécropole romaine voisine, recouvrent les murs de l'abside.

➤ Les environs de Bosa

Plage de Torre Columbargia★★

Carte p. 72-73 – Depuis le parking de la grande plage de Porto Alabe (à 8 km au S de Bosa Marina), parcourez un sentier le long de la côte pendant 20 min.

En longeant le promontoire, on aperçoit la tour espagnole qui domine la petite et tranquille crique en contrebas. Quelques petites plages la précèdent.

Modolo, Magomadas et Tresnuraghes

Carte p. 72-73 – Depuis la rive g. du Temo, la route grimpe un peu pour rejoindre les villages de la Malvasia de Bosa.

Vous y trouverez très peu de vignes. En effet, la production principale se concentre autour de Modolo, mais la balade en voiture est charmante. Depuis **Tresnuraghes**, suivre les indications pour **Punta di Foghe** : la route s'avance dans les terres (env. 10 km) pour déboucher sur un spectaculaire point de vue de la côte escarpée. Ici, se dresse la Torre Foghe, du XVIe s. De la tour, un chemin abrupt descend jusqu'à une minuscule crique.

Le Sud-Ouest, art et nature

Des îles volcaniques de Sant'Antioco et San Pietro à l'isthme de Tharros, ancien comptoir phénicien, des villes médiévales d'Iglesias et Oristano aux merveilles naturelles de la Costa Verde, le sud-ouest de la Sardaigne est l'une des régions les plus authentiques et les plus riches en termes de patrimoine historique. C'est pourtant aussi la moins touristique de l'île. Longtemps tournée vers ses montagnes et l'exploitation de leurs richesses minières, la région découvre aujourd'hui le potentiel inexploré de ses côtes sauvages, vierges de toute implantation. Des immenses dunes de Piscinas à la madrague du Capo Tonara à San Pietro, en passant par les mines abandonnées du Fluminese, c'est l'occasion de faire une expérience unique aujourd'hui : celle d'une Méditerranée sans tourisme.

PRATIQUE

Cartes et plans : Le Sud-Ouest p. 115 • Sant'Antioco et San Pietro p. 143.
Manger, dormir et s'amuser : p. 220.
Se déplacer : en voiture en bus *(voir Carnet pratique p. 268 et 275)*. Sachez que vous ne pourrez pas aller partout en bus, la voiture reste le meilleur moyen d'accéder aux villages et aux plages les plus reculés.

- **Visite 12 :** Oristano est desservi par le train *(voir Carnet pratique p. 275)*.
- **Visite 15 :** Iglesias est desservi par le train *(voir Carnet pratique p. 276)*.
- **Visite 16 :** l'île de San Pietro est accessible en bateau depuis Sant'Antioco *(voir Carnet pratique p. 277)*.

VISITES 12 à 16

Le Sud-Ouest

12 Oristano et la péninsule du Sinis

Le Capo San Marco, sur la péninsule du Sinis

Moins développée touristiquement que le Nord et moins sauvage que le Sud, la région de l'ouest de la Sardaigne n'en est pas moins passionnante. Son histoire riche des influences phénicienne, punique et romaine, ses traditions populaires toujours vivaces et sa nature préservée et singulière en font un territoire qui présente de nombreux intérêts. Ne manquez pas, entre autres, le site archéologique de Tharros et la magnifique église paléochrétienne San Giovanni di Sinis.
Quant à Oristano, elle a le charme des petites villes sardes et ses plages, brillantes de quartz, sont abritées par des pins maritimes.

- **Carte :** p. 115.
- **Arriver, se déplacer :** voir carnet pratique p. 275.
- **Manger, dormir, s'amuser :** p. 220.

➤ Oristano

Carte p. 115 – À 100 km S d'Alghero par la SS132.

Oristano fut fondée en 1070, quand les habitants de Tharros *(p. 120)* abandonnèrent le site en raison des épidémies à répétition et des attaques de pirates venus d'Afrique du Nord.

Située dans les terres, la ville baptisée à l'époque Aristiani a été construite en grande partie avec les matériaux provenant de Tharros.

La ville apparaît dans une Sardaigne divisée en judicats *(p. 82)*, et Oristano devient le chef-lieu de celui d'Arborea. Cependant, et malgré cette apparente indépendance, Oristano va subir, comme les autres judicats, différentes influences venues des Génois et des Pisans.

Eleonora d'Arborea (1340-1404), épouse d'un Doria de Gênes, a marqué l'histoire de la ville, et de la Sardaigne : elle offrit à sa région son premier code de lois rédigé en sarde, la *Carta de logu (encadré ci-dessous).*

Une fois la domination espagnole imposée en 1478, la région commença une longue période de déclin. Il fallut attendre la construction de la route reliant Cagliari à Porto Torres en 1820 par les Savoie, puis les grands travaux d'assainissement de la zone initiés par Mussolini *(p. 244)*, pour qu'Oristano renoue avec le développement. Demeurée une petite ville à taille humaine, Oristano est de ces lieux où il fait bon flâner dans les rues du centre historique.

ELEONORA D'ARBOREA

Elle fut à la tête du judicat d'Arborea au XIVe s., suite à la mort de son frère. Sous le nom de *iudicissa de Arborea*, elle unifia les différents judicats sardes contre le roi Jean Ier d'Aragon. Elle est également connue en tant que femme de loi : c'est elle qui amplifia la *carta de logu* de Arborea (rédigée en dialecte du Logudoro et promulguée par son père Mariano IV d'Arborée), qui servit, en Sardaigne, de code civil et pénal jusqu'au XIXe s.

Piazza Roma et torre di Mariano★★

Cette place animée a fait l'objet d'aménagements urbains assez réussis, et la **tour di Mariano** trône majestueusement en son centre. Avec ses terrasses de café, une fontaine et des boutiques, la piazza Roma, d'où part le très commerçant corso Umberto I, se tourne vers le centre historique d'Oristano avec une forme caractéristique en U. La tour médiévale di Mariano, également appelée Torre San Cristoforo ou *Porta Manna*, conserve encore aujourd'hui sa **cloche de bronze** du XVe s. qui sonnait lors des grands événements. Postée au nord des murs d'enceinte de la ville médiévale, la tour a été construite à la fin du XIIIe s. par Mariano II d'Arborea. Elle est, avec la tour Portixedda, le seul vestige des remparts de la ville.

➤ *Descendez le corso Umberto I et prenez à dr. la via de Castro. Continuez jusqu'à la via Duomo.*

Chiesa San Francesco★

Via Duomo, 10. T.l.j. 7h-11h30 et 16h30-18h30 (juil.-août 19h30). Accès libre.

L'église San Francesco était à l'origine gothique mais a été reconstruite au XIXe s. en style néoclassique. Elle abrite deux œuvres médiévales majeures, la **statue** en marbre de saint Basilio de Nino Pisano et le **crucifix** de Nicomède, du XIVe s., réalisé par un artiste catalan anonyme. Cette grande statue en bois donne à voir un Jésus à l'expression dramatique et saisissante.

Cattedrale di Santa Maria Assunta★

Piazza Duomo. T.l.j. 8h30-18h, les horaires restent variables. Accès libre.

Exemple de syncrétisme architectural, la cathédrale di Santa Maria Assunta est à la croisée de différents styles, les uns recouvrant les autres au gré des reconstructions et des restaurations. Elle paraît très grande, postée en haut d'une volée de marches. Construite au début du XIIe s., l'église est dédiée à la Vierge Marie. Endommagé par des affrontements et des incendies, l'édifice fut reconstruit à partir de 1228.

Au XIVe s., des éléments de style gothique furent ajoutés, comme la **chapelle du Rimedio** avec sa voûte en croisée d'ogives, le transept agrandi et le campanile.

Le **dôme** en forme de bulbe fut quant à lui ajouté au XVIIIe s. et recouvert de majolique, cette faïence italienne typique de la Renaissance.

La cathédrale a été complètement reconstruite en style baroque entre 1729 et 1745, et son aspect originel a presque entièrement disparu.

Ne manquez pas, dans la chapelle située à droite, la belle et délicate **statue** en bois du XIVe s. représentant l'Annonciation, œuvre de Nino Pisano. Insolite : les quatre étendards français pris aux troupes venues assiéger la ville avant d'en être chassées.

➤ *Depuis la cathédrale, prenez en face la via V. Emanuele II, dépassez la piazza Martini et prenez à g. la via Aquila.*

Museo archeologico Antiquarium arborense★★

Piazzetta Corrias ☎ 078 379 12 62. Lun.-ven. 9h-20h, sam.-dim. 9h-14h et 15h-20h. Entrée 5 €.

L'Antiquarium arborense, dont le nom dérive de la dynastie d'Arborea, est un musée communal né en 1938 suite à l'acquisition par la ville d'Oristano d'une petite collection d'objets provenant de fouilles faites à Tharros.

Ce musée, le plus important de la ville, est divisé en deux parties. Le rez-de-chaussée est consacré aux **expositions temporaires** et l'étage propose un espace sur Tharros et un autre sur les retables. Un effort pédagogique a été fait pour le site de Tharros avec des maquettes de ce qu'a dû être la ville phénicienne au IVe s. Une véritable réussite !

La **pinacothèque** rassemble quelques retables d'Oristano à l'instar du *Retable de Saint-Martin* réalisé au XVe s., qui raconte la conversion et la consécration épiscopale de Martin. Arrêtez-vous un instant devant le *Retable Santo Cristo*, œuvre de Pietro Cavaro de Cagliari en 1533.

➤ *Depuis le musée archéologique remontez jusqu'à la piazza Roma et empruntez le corso Umberto I. L'artère commerciale de la ville relie la piazza Roma à la piazza Eleonora d'Arborea.*

Piazza Eleonora d'Arborea★★

Nommée anciennement piazza di Città, vous voici dans le cœur d'Oristano, où l'on vient pour « voir et être vu ». Au centre de la place trône, majestueux, le monument à Eleonora d'Arborea, un hommage rendu par les habitants d'Oristano en 1881 à l'un des personnages les plus influents de l'histoire sarde. La place est fermée au nord par l'élégante mairie *(Palazzo comunale)* et sur les autres côtés par plusieurs hôtels particuliers d'époques différentes, tous de belle facture.

➤ Basilica di Santa Giusta★

À 4 km S d'Oristano par la via Cagliari (SP56). Continuez tout droit. Via Manzoni ☎ 078 335 92 05. T.l.j. 8h30-19h.

C'est dans le cadre de la réforme diocésaine issue des judicats *(p. 242)* que la basilique de Santa Giusta a été construite pendant la première moitié du XIIe s. Elle demeure siège de l'épiscopat jusqu'en 1515.

La basilique, chef-d'œuvre de l'**architecture romane** en Sardaigne, a la beauté austère de cette période. Située en haut d'une volée de marches, elle devait auparavant dominer la campagne environnante, aujourd'hui assez urbanisée. Avec son portail orné d'un lion et d'une lionne et surmonté d'une croix, la façade semble, avec ses arcades, emprunter au style lombard. Le clo-

Basilique de Santa Giusta

cher, à droite de l'édifice, date de la seconde moitié du XIXe s. L'intérieur à trois nefs se caractérise par la présence de **colonnes** coiffées de différents chapiteaux. Elles proviendraient des villes romaines avoisinantes, dont Tharros. L'église dispose également d'une crypte de forme rectangulaire, voûtée et portée par des colonnes.

La **fête de Santa Giusta**, qui a lieu tous les 14 mai, donne l'occasion de participer à des fêtes traditionnelles où le folklore et la religion tiennent encore une grande place *(rens. ☎ 078 335 92 05)*.

UNE PAUSE EN TERRASSE

Donnant sur la place principale de la ville, en face de la statue d'Eleonora, ce bar élégant propose un large choix de glaces et de plats à déguster sur le pouce.

Au cœur du quartier historique et piétonnier d'Oristano, il dispose d'une belle terrasse, parfaite pour observer les allées et venues des *Oristanesi* à l'heure de la *passeggiata*.

➤ ***Antica Pasticceria Eleonora***, *Piazza E. d'Arborea ☎ 078 371 454. Lun.-ven. 7h-20h30, sam. 7h-14h et 16h-20h30 ; f. dim.*

➤ Cabras

Carte p. 115 – À 8 km N-O d'Oristano par la SP54, puis tournez à g. sur la SP1.

La petite ville de Cabras s'élève sur les berges de l'**étang** éponyme, célèbre pour sa pêche réalisée depuis toujours à bord des *fassonis*, sortes d'embarcations primitives faites en jonc. Haut lieu de production de boutargue (œufs de poisson), la localité mérite une visite en particulier, pour son **Musée municipal** *(Via Tharros, 121 ☎ 078 329 06 36. Été : lun.-sam. 9h-13h et 16h-20h, dim. 9h-13h et 15h-20h ; hiver : mar.-dim. 9h-13h et 15h-19h. F. 25 déc. et 1er janv. Entrée 6,5 € ; billet combiné avec le site archéologique de Tharros 10 €)*. Inauguré en 1997 à l'intérieur d'un bâtiment moderne d'avant-garde, il consacre une section entière aux vestiges retrouvés à Tharros. Une partie importante porte sur les pièces retrouvées dans le tophet (partie centrale des sanctuaires à l'air libre). Les urnes contenaient les restes incinérés d'enfants et d'animaux. L'autre partie est dédiée aux fouilles plus récentes ; parmi elles, l'**armée des Géants** (X[e]-VIIe s. av. J.-C.) tient du sensationnel. Découverts en 1974 mais exposés uniquement à partir de 2014 suite à une longue restauration, les statues des « géants du mont Prama », hautes chacune de plus de 2 m, sont l'un des témoignages les plus importants de la civilisation des nuraghes. Cinq archers, quatre guerriers, seize pugiles, quinze têtes, vingt-sept bustes et plus de trois cents fragments divers composaient probablement un ensemble funéraire, mais leur fonction ultime reste encore incertaine.

› Tharros et la péninsule du Sinis

Carte p. 115 – À env. 15 km O d'Oristano par la SP6.

Le site de Tharros constitue une plongée dans l'histoire de l'île. Les occupants aux visées dominatrices s'y sont succédé, laissant un héritage archéologique unique. Mais la péninsule du Sinis ravira également ceux qui aiment la nature et l'ornithologie. Les **étangs** de la région d'Oristano, surtout ceux de la péninsule du Sinis, possèdent une **abondante faune aquatique** et la pêche est toujours l'activité principale. La zone est même reconnue **aire marine protégée**.

Chiesa San Giovanni di Sinis★★★

Carte p. 115 – T.l.j. mars-août : 9h-19h ; sept.-mars : 9h-17h. Accès libre.

Postée sur l'ancien secteur de la nécropole phénico-punique de la ville de Tharros, l'église byzantine San Giovanni di Sinis, **plus ancien sanctuaire chrétien** de Sardaigne, est une véritable merveille. Il est certain que la proximité avec la mer et son architecture tout en courbes participent en grande partie à son charme.

Le bâtiment actuel résulte de la transformation au XIe s. d'une **église byzantine** datant des VIe et VIIe s., époque à laquelle la Sardaigne fut christianisée sous la houlette de Constantinople.

Il ne reste aujourd'hui de la construction originelle que la nef à coupole et le transept. Abandonnée au XVIIIe s., l'église a subi plusieurs restaurations aux XIXe et XXe s.

Site archéologique de Tharros★★★

Carte p. 115 – ☎ 078 337 00 19. Juin-juil. : t.l.j. 9h-19h ; août : t.l.j. 9h-20h, sept.-oct. : t.l.j. 9h-18h ; nov.-avr. : t.l.j. 9h-17h ; mai : t.l.j. 9h-18h. Possibilité de visite guidée en italien et en anglais.

Le site archéologique de Tharros

Entrée 6,50 €, billet combiné avec le Musée municipal 10 €.

Situé à l'extrême sud de la péninsule du Sinis, Tharros s'étend sur une sorte d'amphithéâtre naturel délimité par la colline de Su Muru Mannu, la tour de San Giovanni et l'isthme qui mène au Capo San Marco au sud. Ce site antique d'une superficie de 3 à 4 ha est l'un des plus beaux de la Méditerranée, notamment parce qu'il est bordé d'eau de part et d'autre. Les archéologues prétendent que seulement un tiers du site de Tharros a pour l'instant été découvert !

C'est probablement en raison de son accès facile par la mer et abrité des vents que Tharros a séduit d'abord les Phéniciens, puis les Carthaginois et enfin les Romains.

Histoire du site

S'il existe des vestiges de la civilisation nuragique sur le site, Tharros fut réellement fondée entre le IXe et le VIIe s. av. J.-C. par les Phéniciens. Ce port, à l'activité commerciale florissante, était alors une des villes les plus importantes de Sardaigne.

Les Phéniciens, peuple de navigateurs et de commerçants venus du Liban actuel, s'y implantèrent de manière durable et n'en furent délogés que par les Romains en 238 av. J.-C., à l'issue de la première **guerre punique**. Les Phéniciens alliés aux Carthaginois perdirent alors leur précieux comptoir, celui-ci étant rétrocédé aux Romains victorieux. Il ne reste malheureusement de cette époque phénicienne aucun vestige, mais de nombreux historiens s'accordent à dire que le tissu urbain visible aujourd'hui et hérité des Romains est quasi calqué sur l'implantation de l'époque phénico-punique. La domination romaine s'arrête en 430 apr. J.-C., peu avant la chute de l'Empire.

Le site est alors toujours habité, mais sujet à des attaques de plus en plus fréquentes des Vandales et des Byzantins. La population souffre également d'épidémies de **malaria** dévastatrices. En 1070, le site est abandonné et la décision est prise de construire une nouvelle ville, Oristano, située plus dans les terres.

S'ensuit alors une période de pillages pendant laquelle les blocs de pierre de Tharros sont utilisés pour construire la nouvelle ville.

La visite

La visite du site peut commencer par le ***cardo maximus***, du nom de la rue principale (orientée N-S) des villes romaines, qui mène au ***castellum aquae***, sorte de citerne qui servait à alimenter la ville en eau. À gauche, une rue monte vers la colline Su Muru Mannu. Cette rue surprend par la qualité de sa conservation, notamment de son système de **canalisations** construit en basalte (pierre noire) et en grès (pierre de couleur claire) comme pratiquement l'essentiel du site. Un égout au milieu de la rue reliait les habitations situées de part et d'autre. En haut de celle-ci, sur la colline, trône un **temple** dédié à **Déméter**, déesse de l'agriculture, fondé par les Phéniciens et restructuré sous l'Empire romain. Un peu plus haut, les vestiges d'un **tophet**, lieu de sépulture ou de sacrifice des enfants et des petits animaux, demeurent à proximité des fondations d'un ancien village nuragique.

En reprenant le *cardo maximus* en direction de la mer, les vestiges d'un quartier résidentiel précèdent ceux d'un **complexe thermal** situé à gauche. En tout, le site de Tharros rassemble trois thermes. Toujours vers le sud, les **colonnes** corinthiennes s'élèvent vers le ciel et tiennent lieu de symbole du site.

Restaurées entre le Ier et le IIIe s. apr. J.-C., l'une d'entre elles a gardé son petit chapiteau italo-corinthien d'origine. Plus loin, les thermes dits « du vieux couvent », qui étaient les plus prestigieux de la ville, datent de la fin du IIe s. apr. J.-C. On peut y apercevoir le ***frigidarium***, où se prenaient des bains d'eau froide.

La **tour** espagnole San Giovanni, située à l'ouest, est un vestige de l'époque aragonaise. Construite au XVIe s., cette tour de guet abrite une terrasse où la **vue panoramique** est exceptionnelle. Elle sert également d'espace pour des **expositions** temporaires *(rens. à l'accueil)*.

➤ Capo San Marco*

Carte p. 115 – À 3 km environ de San Giovanni di Sinis. Depuis San Giovanni di Sinis, prendre la SP6 en direction du site archéologique de Tharros. Continuez jusqu'au phare sur la même route.

C'est la fin de la péninsule du Sinis, là où la terre s'allonge en une étroite langue de terre, sur presque 1 km. À sa pointe, un phare regarde le golfe d'Oristano.

➤ San Salvatore di Sinis

Carte p. 115 – À 15 km O d'Oristano par la SP6.

Avec ses petites maisons blanches et pastel, San Salvatore a de faux airs de village du Far West, ce qui lui valut de servir de décor à de nombreux westerns spaghetti dans les années 1960. Au-delà de cette insolite fonction, San Salvatore est surtout connu pour son église et son fameux sanctuaire.

Chiesa San Salvatore di Sinis**

Carte p. 115 – Au centre du village. Horaires variables selon les messes.

Église typique de la campagne sarde, elle fut construite au XVIIe s., parmi des habitations de pèlerins qui se rendent à San Salvatore pour la fête du saint patron le 1er w.-e. de septembre. L'**hypogée**, telle une crypte située précisément sous l'église, date de la civilisation nuragique. On y célébrait le **culte de l'eau**, d'où la présence d'un puits. Pour les Puniques, le lieu était dédié à Sid, dieu guérisseur, et chez les Romains, on y pratiquait le culte d'Asclépios. Les chrétiens quant à eux y célébraient san Salvatore, qui donna son nom à l'église. Dans l'axe de la nef, une grille permet d'accéder à un escalier qui descend vers les salles taillées dans la pierre. Juste après le couloir, un **puits** se situe au centre d'une salle polygonale.
Six salles complètent cet étonnant hypogée dont les murs sont ornés de **représentations d'animaux** et de **dieux** de l'Antiquité.

➤ Plage Is Arutas***

Carte p. 115 – À 22 km N-O d'Oristano par la SP6, la SP7 et la SP59. Suivez les panneaux indicatifs.

La plage, dont le sable se mélange aux résidus de quartz, n'en finit pas de briller. Ses fonds marins transparents sont riches en poissons, au point de les apercevoir à l'œil nu.

➤ Plage de Putzu Idu et île de Mal di Ventre*

Carte p. 115 – À 25 km N d'Oristano par la SS292 et la SP10.

Ses eaux peu profondes rendent cette jolie plage idéale pour les familles avec enfants. La longue et belle étendue de sable blanc est bordée par un **étang** qui, comme les autres points d'eau de la péninsule, est l'habitat naturel de nombreuses espèces d'oiseaux ; il n'est pas rare en effet d'apercevoir ici des hérons et les silhouettes élégantes des flamants roses. Ceux-ci offrent mi-août un sublime ballet et quelquefois, plus de 5 000 spécimens viennent y faire escale !
En haute saison, de la plage de Putzu Idu partent les excursions en bateau pour la petite **île de Mal di Ventre**. Longue de 2 km, la limpidité et la couleur vert émeraude de ses eaux sont un émerveillement pour les habitués comme pour les touristes. C'est le royaume immaculé des oiseaux et des tortues.

13 Ghilarza et ses environs

Église de San Lussorio à Fordongianus

Au nord-est d'Oristano se déploie un haut plateau où les champs sont brulés par le soleil. Souvent délaissé par les voyageurs, ce territoire au sud du massif du Montiferru compte pourtant de très beaux sites préhistoriques et la promesse de localités en dehors des sentiers battus. Ici se cachent quelques petits villages charmants, parmi lesquels Ghilarza, où vécut jadis le célèbre homme politique italien Antonio Gramsci. Une jolie côte aux vastes plages peu fréquentées assure une agréable baignade dans une mer turquoise. Visiter cette partie de l'île permet de découvrir une Sardaigne plus authentique, où le temps semble comme suspendu.

- **Carte :** p. 115.
- **Arriver, se déplacer :** voir carnet pratique p. 275.
- **Manger, dormir, s'amuser :** p. 221.

➤ Cuglieri

Carte p. 115 – Env. 35 km au N-E d'Oristano.

Le bourg se dresse au pied du Montiferru, coupé en deux par le corso Umberto I. En remontant ses ruelles, on rejoint l'église de Santa Madonna delle Nevi. Édifice à la façade néo-gothique, il s'apprécie surtout pour sa position : de son parvis, une vue panoramique s'étend jusqu'à la mer. Seulement 13 km séparent le village des côtes aux promontoires calcaires et aux très belles plages. La plus connue est celle de **Santa Caterina di Pittinuri**, cernée par des falaises et une tour espagnole. Celle de **S'Archittu** (*suivre la SS292*) doit son nom à l'arche naturel qui s'est creusée dans les rochers.

➤ Santu Lussurgiu

Carte p. 115 –À env. 42 km de Oristano par la E25 et ensuite la SP65. Pour rejoindre Santu Lussurgiu en provenance de Cuglieri, une très belle route (via le SP19) traverse le massif du Montiferru.

À 600 m d'altitude, entouré par des oliviers et châtaigniers, le village a conservé son allure du Moyen Âge. Garez la voiture le long du viale Azuni, qui entoure le centre historique, pour poursuivre à pied dans ses ruelles. Vous y trouverez de gracieuses maisons en pierre et leurs portes battantes ainsi que plusieurs églises. Celle de Santa Maria degli Angeli fut édifiée en style gothique-aragonais en 1473.

➤ San Leonardo de Siete Fuentes*

Carte p. 115 –En venant de Cuglieri (via la SP19), à 6 km env. avant Santu Lussurgiu, un panneau vous indique la source de San Leonardo.

Un environnement boisé (des châtaigniers, des ormes et des chênes, principalement) embrasse les quelques maisonnettes qui se nichent autour de sources naturelles connues depuis le Moyen Âge. La petite église conserve (en partie) sa façade romane, construite par des moines bénédictins au XIIe s. Le coin est prisé par les habitants de Santu Lussurgiu qui viennent y trouver un peu de fraîcheur l'été.

➤ Ghilarza

Carte p. 115 – À env. 40 km N-E d'Oristano par la E25.

Situé sur le haut plateau d'**Abbasanta**, dans l'arrière-pays d'Oristano, le bourg exhibe des maisons basses, édifiées en basalte noir. Paisible, un peu endormi, Ghilarza est passé à la postérité en tant que village d'origine d'Antonio Gramsci, l'une des figures incontournables de l'histoire politique italienne du XXe s. À sa périphérie, une tour aragonaise témoigne de la période espagnole de la ville et, à ses côtés, se dresse l'église romane de San Palmerio, datant du XIIIe s.

Casa-museo Antonio Gramsci*

Corso Umberto I, 57 ☎ 078 553 075. Mer.-lun. 10h-13h et 15h30-19h30 (18h30 oct.-mars). Entrée : 4 €.

Cette maison fut le lieu où Gramsci vécut le plus longtemps (de 1898 à 1908) au cours de sa vie mouvementée. La visite guidée, réalisée par des bénévoles, vous conduit pas à pas à la découverte d'une habitation tradi-

ANTONIO GRAMSCI

Issu d'une famille modeste de petits fonctionnaires originaires de la Sardaigne centrale, Antonio vivra une enfance de grande pauvreté suite à l'emprisonnement de son père. Philosophe, journaliste, il passe à la postérité en tant que membre fondateur du Parti communiste italien ainsi qu'en sa qualité de grand théoricien dans le discours autour de la lutte des classes. Emprisonné sous le fascisme, il rédige pendant sa détention les *Carnets de prison*. Sa pensée et son œuvre sont encore aujourd'hui d'une grande actualité.

Nuraghes Losa

tionnelle sarde. Simple mais digne, la maisonnette se développe sur deux étages. Au rez-de-chaussée, la cuisine donnant sur une arrière-cour cache un puits masqué par un placard à vantaux, un vrai luxe pour l'époque. À l'étage, la chambre à coucher a conservé son mobilier d'époque. Photos, articles de presse et effets personnels de Gramsci illustrent les années de son adolescence à Ghilarza, celles de son militantisme politique, de sa condamnation par le Parti national fasciste, de son emprisonnement et de sa mort.

➤ Nuraghe Losa**

Carte p. 115– À 35 km au N-E d'Oristano par la E25. Prendre la sortie pour Nuoro par la SS131, le site est immédiatement après l'embranchement. T.l.j. 9h - au coucher du soleil. Entrée : 3,50 €.

Son vrai nom est *su nurache 'e losas*, le nuraghe « des tombes », en référence aux sépultures d'époque romaine revenues en marge du site préhistorique. Le nuraghe affiche une forme conique à plante triangulaire qui lui confère une apparence compacte et solide et qui a – probablement – aidé à sa conservation jusqu'à nos jours. Chacun des trois sommets du triangle se termine par une tour : depuis l'entrée principale, vous accédez aux trois pièces et une rampe d'escalier vous conduira vers la sommité. Aux abords d'une route, le nuraghe se dresse, solitaire, offrant de jolis points de vue sur les champs alentour.

➤ Santuario di Santa Cristina**

Carte p. 115 – À 27 km env. N-E d'Oristano par la E25. T.l.j. 8h30-au coucher du soleil. Entrée : 5 €. Visite guidée toutes les heures. Billet combiné avec le museo etnografico Palazzo Atzori de Paulilatino.

Au beau milieu d'une oliveraie, c'est l'un des sites préhistoriques les plus importants de Sardaigne. Le parcours débute sur une placette avec sa petite église et des habitations typiques, les *cumbessias*, datant du XVIIIe s av. J.-C. Vers la gauche, un chemin vous conduira au puits sacré (âge de bronze, env. XIe s. av. J.-C.), entouré par un muret en forme de clé. Protégé par cette enceinte, un escalier descend en profondeur vers une *tholos* (édifice rond) souterraine qui accueille la source. À son opposé (il faudra

DE FINS ASTRONOMES

Pendant les mois de mars et septembre, au moment des équinoxes de printemps et d'automne, le soleil s'aligne parfaitement sur les marches du puits de Santa Cristina, en illuminant son fond. Pendant cette période, ceux qui descendent ces escaliers pourront voir leur ombre renversée projetée sur la paroi qui leur fait face. La lune éclaire également de sa lumière tamisée les marches du puits pour se réfléchir complètement dans l'eau : ce phénomène, moins récurrent, peut s'admirer tous les 18 ans et 6 mois, quand le satellite terrestre est le plus distant de notre planète. Cela laisse supposer, pour certains chercheurs d'archéo-astronomie, que la civilisation nuragique pouvait déjà interpréter les cycles lunaires et que le puits aurait pu servir d'observatoire astronomique pour des rituels sacrés.

revenir sur ses pas) se tient le village nuragique. Abrité sous des vieux oliviers, un nuraghe à une seule tour a été construit en pierre de basalte. Tout autour s'admirent des vestiges d'habitations, comme la *capanna allungata*, une hutte de 14 mètres de longueur qui rappelle la structure des tombes des géants *(p. 241)*.

➤ Sedilo

***Carte p. 115** – À 12 km N-E de Ghilarza, par la SS131.*

Aux abords du lac Amodeo, qu'il domine depuis son promontoire, ce petit village tranquille, assez anonyme, est principalement connu en Sardaigne pour son sanctuaire de Saint Constantin (Santu Antine, en sarde) où se tient l'importante fête de l'Ardia *(encadré ci-contre)*.

Santuario di Santu Antine

***Carte p. 115** – À la périphérie de la ville, suivez la SP24, dépassez le cimetière, le sanctuaire est indiqué sur la gauche. Suivez le panneau « Santuario di Santu Antine » et « Santu Constanzu ».*

Sur le promontoire N qui embrasse le lac Amodeo, le sanctuaire, bien que construit au XVIe s., fut complètement rénové au XVIIe s. L'ensemble se fait remarquer par son architecture monumentale : son mur d'enceinte, son arche d'entrée et ses portiques. D'ici, des sentiers de randonnées partent vers le lac.

➤ Fordongianus

***Carte p. 115** – À 29 km E d'Oristano par la SS388.*

Le long du fleuve Tirso, ce village vit – tranquillement – au rythme de

Sanctuaire de Santu Antine

ses sources thermales et ce, depuis l'époque romaine. C'est ici que se tenait le Forum Traiani fondé par l'empereur Trajan au Ier s., un important centre dans l'Antiquité. Des bains thermaux, les bagni termali Is Bangius, conservent une eau chaude qui jaillit entre 40 et 43 °C. Ils sont encore aujourd'hui ouverts au public *(lun.-dim. 9h30-12h30 et 15h30-19h ; entrée 4 €)*. En sortant du bourg, l'église romane de San Lussorio *(sur la SS388, dir. Oristano)* est un vestige de l'époque byzantine : elle fut construite au XIIe s. Habituellement fermée, la visite est possible uniquement sur rendez-vous *(résa ☎ 078 360 157)*.

Thermes romains*

www.forumtraiani.it. T.l.j. 9h30-20h. Entrée 4 € avec audioguide en français.

De la maison aragonaise, un mini-parcours vous mène aux thermes, en arpentant les quelques pavés subsistants de l'ancienne route romaine. Sur la rive gauche du fleuve Tirso, les vestiges remontent à deux époques différentes. Dès le Ier s., on exploitait la source thermale, qui jaillit encore à 54 °C, pour ses effets thérapeutiques. En trachyte rouge, un ample bassin rectangulaire (la *natatio*) fait face à une arche. Au-delà de celui-ci s'articule le *frigidarium*, le *tepidarium* et *calidarium*, tous du IIIe s. Dans cette partie, on pouvait apprécier les *tabernae*, des pièces vouées à la détente et au repos. Vous pourrez y apercevoir les restes d'une fresque.

L'Ardia de Sedilo

Casa aragonese

Casa Madeddu

Mar.-dim. 9h30-13h et 15h30-20h (18h30 en hiver). Entrée combinée avec les thermes romains 4 €.

Cette habitation basse en trachyte rouge est un bel exemple d'architecture gothique du XVIIe s. Levez les yeux pour admirer les détails de son porche.

L'ARDIA DE SEDILO

Les 6 et 7 juillet se tient une course de chevaux dédiée à l'empereur Constantin. Plus de 100 chevaliers dévalent à toute vitesse la pente jusqu'au sanctuaire di Santu Antine. La chevauchée est menée par *sa prima pandela*, le premier chevalier, désigné par le curé du village. *Sa prima pandela* sélectionne à son tour deux autres fidèles compagnons (le deuxième et troisième *pandela*), qui en choisissent chacun trois autres. Ces derniers devront empêcher les quelque 90 chevaliers restants de dépasser le premier *pandela*. Poussés au galop, les destriers franchissent l'arche du sanctuaire (*su portale de ferru*) et font le tour de la grande cour.

14 Barumini et la Giara di Gesturi

Le site archéologique de Su Nuraxi

Parmi l'ensemble des témoignages laissés par la civilisation nuragique, s'il ne fallait en voir qu'un seul, c'est le site de Su Nuraxi qui serait l'heureux élu. Inscrit par l'Unesco au patrimoine mondial de l'humanité depuis 1997, le site est incontournable. Les ruines ont ici gardé leur pouvoir évocateur et laissent deviner la vie qui s'y déroulait. À proximité de Su Nuraxi, un autre lieu surprend également par sa singularité : la Giara di Gesturi. Ce haut plateau basaltique compte une faune et une flore riches et endémiques, à l'instar des petits chevaux sauvages de Gesturi, dont l'origine reste inconnue.

- **Carte :** p. 115.
- **Arriver, se déplacer :** voir carnet pratique p. 276.
- **Manger, dormir, s'amuser :** p. 222.

➤ Barumini*

Carte p. 115 – À 77 km E d'Oristano par la E25 jusqu'à Villasanta, puis poursuivre sur la SS197 dir. Barumini.

Village à l'architecture dépouillée et paysanne, Barumini est souvent une simple étape avant la visite de Su Nuraxi. Ses églises San Giovanni Battista et San Francesco, et une autre dédiée à l'Immaculée Conception, méritent toutefois que vous fassiez un détour.

Casa Zapata**

Carte p. 115 – Piazza Giovanni XXIII ☎ 070 936 84 76. T.l.j. 10h-jusqu'au coucher du soleil. Entrée 12 € avec le site de Su Nuraxi.

La casa Zapata avec ses belles fenêtres de style classique abrite aujourd'hui un **musée** consacré au site de Su Nuraxi. Cette bâtisse du XVIe s. est à l'origine la demeure d'une famille noble aragonaise, les Zapata. Le marquis don Azor Zapata acheta au XVIe s. le fief de Barumini, et fit construire cette demeure fin XVIe-début XVIIe s. Le bâtiment est un des plus anciens et des plus rares exemples d'architecture civile d'**origine espagnole**. L'ensemble se compose de la maison principale et de diverses dépendances ayant été érigées progressivement. L'église paroissiale della Beata Vergine dell'Immacolata, au style gothique tardif, et l'église San Giovanni Battista font partie de ce complexe, conformément à la volonté du marquis soucieux d'asseoir son pouvoir.

Les Zapata ont habité la maison pendant près de 400 ans ! En 1946, le dernier marquis, don Lorenzo Zapata, mourut sans laisser d'héritier. Sa femme continua d'y venir jusqu'à sa mort en 1980 et, quelques années plus tard, la municipalité acheta la bâtisse afin de créer un musée.

En 1990, les travaux de restauration débutèrent et quelle ne fut pas la surprise des artisans de découvrir sous la dalle des **vestiges nuragiques** ! La casa Zapata avait en fait été entièrement construite sur les bases d'un nuraghe. Un important travail archéologique a donc permis d'exhumer un nuraghe dit *Nurax'e Cresia*. Aujourd'hui, un **sol en verre** avec des passerelles permet d'en voir les fondations. Le lieu est des plus réussis ! Des **bronzes** et des **céramiques** trouvés *in situ* sont également très bien mis en valeur.

Le musée consacre également un espace à l'histoire de la famille Zapata, notamment à travers ses archives. Une petite partie « ethnographique » illustre la vie quotidienne du village au XIXe et au XXe s. avec une grande variété d'**outils agricoles**, mais également des ustensiles de cuisine et de métiers à tisser. Pour finir, une salle est dédiée aux *launeddas*, sorte de **petite flûte** à deux becs en canne typique de la région.

Site archéologique de Su Nuraxi***

Carte p. 115 – Depuis le village de Barumini, prenez dir. Tuili par la SP5 et poursuivez sur 1 km. Panneaux « Area Archeologica Su Nuraxi » *sur la SP5 ☎ 070 936 81 28, www.fondazionebarumini.it. T.l.j. 9h-jusqu'au coucher du soleil. Visite guidée obligatoire en anglais ou en italien toutes les 30 min. (départ de la dern. visite à 19h). Possibilité de visite en français, mieux vaut appeler avant. Site inaccessible pour les personnes à mobilité réduite. Entrée 12 € avec la casa Zapata.*

Inscrit en 1997 par l'Unesco au patrimoine mondial de l'humanité, le site de Su Nuraxi constitue le plus impressionnant témoignage de la civilisation nuragique *(p. 240)*. Plus grande forteresse nuragique de Sardaigne, ce site et d'autres nuraghes situés sur les pentes de la Giara di Gesturi constituaient un système stratégique et défensif fondamental pour le contrôle de l'île. Leur position dominante et la présence de ressources naturelles en faisaient l'endroit idéal pour s'installer et contrôler les lieux.

Les fouilles menées au début des années 1950 par le grand archéologue sarde **Giovanni Lilliu**, ont mis au jour une implantation proche des châteaux médiévaux avec un village à proximité. La qualité de conservation des vestiges permet de voir les fondations et de comprendre l'installation des habitations. Avec leurs escaliers tortueux et leur structure labyrinthique, difficile d'imaginer terrain de jeu mieux adapté aux enfants.

Le site de Su Nuraxi a été construit en **trois phases** successives, de la fin du XVe s. au IXe s. av. J.-C., et a été habité pendant près de 2 000 ans.

1re phase de construction

Elle date de 1500 ans av. J.-C. et est marquée essentiellement par l'édification du nuraghe principal, sorte de donjon entouré de remparts avec une tour à chaque extrémité. Ce nuraghe principal, haut de 19 m avec une base d'un diamètre de 12 m, comporte trois niveaux et une terrasse. Malgré sa construction sur le point le plus haut de la colline, la fonction défensive de la tour centrale est aujourd'hui sujette à questionnement car aucune trace de combat n'a été retrouvée. Il semblerait donc que la hauteur de cette tour ait été plutôt un symbole de la puissance de ses habitants.

2e phase de construction

Datant des XIIIe et XIIe s. av. J.-C., elle est une réponse à la fois à l'état de dégradation de l'édifice original et à la menace phénicienne. Le nuraghe principal est consolidé par un large mur de **fortifications** doté de tours reliées par un chemin de ronde. La fonction défensive de ces réalisations est alors bien affirmée.

3e phase de construction

Elle a lieu du XIIe au IXe s. av. J.-C. et voit la construction du village. Constitués de près de **200 habitations**, les vestiges du village impressionnent par leur grandeur et par leur organisation. Les habitations circulaires se distinguent des nuraghes par leur toit.

Si le nuraghe dispose d'un toit conique réalisé à partir de blocs de pierre, les habitations ont des toits faits de poutres et de branchages. De formes variées, ces dernières avaient aussi des fonctions diverses, comme en témoigne la **salle du conseil** qui, dotée d'un banc circulaire, constituait le lieu de rassemblement religieux et politique. Le village se développa jusqu'au VIIIe s. av. J.-C. et un effort fut fait en matière d'aménagement urbain, avec l'installation de **canalisations**. Des vestiges montrent que le village a également été habité sous l'Empire romain.

Sardaigne en miniature

Carte p. 115 – À 350 m de Barumini par la SP44, ou viale Umberto I, dir. Tuili, suivez les panneaux de signalisation indiquant le parc (à 1,5 km). ☎ 370 135 70 35, www.sardegnainminiatura.it. 18 mars-31 oct. : t.l.j. 9h-18h. Entrée 18 € (16 € pour les enfants). Audioguides en anglais et en italien.

Ce parc est un classique du genre. Doté d'un parcours en barque, d'une **tour panoramique**, d'un village nuragique animé par des automates et d'un petit **jardin botanique**, le parc de 50 000 m² fait la joie des enfants. Tous les sites les plus importants de l'île sont ici représentés, à l'instar de l'église de Saccargia, de Porto Cervo ou encore du site voisin de Su Nuraxi… Pas moins de 1 300 heures de travail ont été nécessaires pour reconstituer la richesse des décorations de la cathédrale San Nicola de Sassari. Sardaigne en miniature est un excellent moyen de parfaire ses connaissances sur l'île. Dans l'enceinte du parc, un **espace de jeux** est à la disposition des plus jeunes. Vous pourrez également pique-niquer sur l'aire prévue à cet effet.

Castello di Marmilla à Las Plassas*

Carte p. 115 – À 3 km S de Barumini par la SS197. Prenez le sentier à dr.

Giara di Gesturi

En arrivant des plaines du Sud, les **ruines** du château di Marmilla posées sur une étonnante colline en forme de cône constituent une **vision spectaculaire**. Relief unique dans cette étendue plane, la colline fait office de trône pour ce château situé à 270 m d'altitude. Son isolement et sa position géographique en font l'un des châteaux les plus pittoresques de l'île. Il fut édifié au XIIe s. et fut la propriété des seigneurs locaux, puis des Génois. Le château changera de maître tout au long de l'histoire au gré des dominations et des influences étrangères, notamment aragonaise et pisane.

➤ Giara di Gesturi★★★

Carte p. 115 – À 10 km N de Barumini par la SS197 jusqu'à Gesturi puis suivez les indications, ou alors dirigez-vous vers Tuili (env. 4 km par la SP44 puis suivez les indications sur 5 km). La Giara di Gesturi est accessible depuis ces deux villages.

☎ 070 93 64 277 ou 348 29 24 983, www.parcodellagiara.it. Accès libre ; plan des sentiers : 2 €. Point d'informations côté Gesturi : t.l.j. 8h-19h (8h-17h en hiver). Poss de vis. guidée en français pour un groupe de 5 pers. : 10 € par pers.

D'une superficie de près de 45 km^2, long de 12 km et large de 4 km, le plateau de la Giara di Gesturi a une altitude moyenne de 500 m au-dessus du niveau de la mer. Sauvage, c'est un lieu d'exception pour les amateurs de nature. La chasse y est interdite et un projet vise même à faire de cette zone un parc régional.

L'eau fait partie intégrante du paysage avec la présence d'**étangs** formés grâce à de légères dépressions d'origine volcanique. La pluie et les quelques sources constituent des retenues d'eau, les ***paulis***, qui alimentent tout le plateau. Au coucher du soleil, le spectacle lunaire du ciel se reflétant sur ces marais parsemés de

FRÈRE SILENCE

Tous les 8 juin, ainsi que tous les premiers dimanches d'août, **Gesturi** rend hommage à l'enfant du pays qui a fait la célébrité de la ville : frère Silence. Des manifestations religieuses animent tout le village et des pèlerinages mettent à l'honneur ce frère franciscain nommé Fra Nicola. De son vivant, il acquit une certaine renommée pour son humilité, sa sagesse et sa dévotion, notamment lors de ses 34 années passées au couvent de Cagliari. Avec pour devoir de parcourir à pied les rues de la ville et de demander la charité au nom de saint François d'Assise, il devint vite populaire. Il mourut le 8 juin 1958 et fut enterré au cimetière Bonaria de Cagliari. Sa tombe devint dès lors un lieu de pèlerinage. Il a été béatifié en 1999 par le pape Jean-Paul II.

➤ ***Carte p. 115** – Village de Gesturi, à 5 km N de Barumini par la SS197.*

pierres en basalte est des plus beaux. En cas de pluies abondantes, des cascades peuvent se former. À l'inverse, dès les fortes chaleurs estivales, ceux-ci s'assèchent complètement et offrent un tout autre spectacle. Grâce à cette présence d'eau et à un microclimat, la Giara di Gesturi abrite une **biodiversité** assez singulière. La flore est ici très riche, on ne compte pas moins de 350 espèces, dont certaines sont très rares, voire endémiques. Parmi elles, l'arbousier, l'aubépine, le morisia, le genêt corse, la romulée et le renoncule de Revelière. Plus généralement, le sol est tapissé d'un maquis méditerranéen et de chênes-lièges.

Mais c'est la faune de la Giara di Gesturi qui fait sa renommée, avec notamment les fameux **petits chevaux** *(cavallini)*. Cette race de chevaux, dont on dénombre entre 500 et 600 individus sur le plateau, existe depuis des temps lointains. Leur origine fait l'objet de diverses légendes. Pour certains, ces petits chevaux ont été importés par l'homme à la fin de l'ère nuragique, et, pour d'autres, sont des héritiers d'une faune antique. On les rencontre de préférence le matin ou le soir à la tombée de la nuit à proximité des paulis, car ils viennent s'y abreuver. Les enfants sont fascinés par ces animaux qui, sous l'effet du nanisme insulaire, semblent être descendus à leur niveau. Mais que leur aspect de grosse peluche ne fasse pas illusion; ils vivent à l'état sauvage (ils seraient les derniers chevaux sauvages d'Europe) et sont relativement farouches. Au-delà de ces équidés, la faune est riche en renards, porcs-épics, perdrix et sangliers... La Giara possède 24 nuraghes répertoriés et peut-être le double de sites pas encore localisés. Cette présence importante a amené certains historiens à qualifier la Giara de **forteresse naturelle** pour les peuples de la civilisation nuragique.

Le site s'explore aisément à pied ou, mieux encore, à bicyclette. Personnage haut en couleur, Antonio a élu domicile à l'entrée de la Giara, côté Gesturi : il propose gratuitement des vélos pour découvrir les lieux (vous pourrez, en contrepartie, lui acheter une boisson). Pour les randonneurs, la boucle la plus courte fait 5 km ; le chemin le plus long, 15 km.

15 L'Iglesiente

Cala Domestica

Dix fois plus anciennes que les Alpes, les montagnes de l'Iglesiente abritent les principales richesses minérales de la Sardaigne. Exploitées depuis la Préhistoire, convoitées par les Carthaginois, les Romains et les Pisans, puis désertées durant les cinquante dernières années, ces mines de plomb, de zinc et d'argent ont laissé leur marque dans le paysage comme dans les mentalités. Il y a plus de mines que de villages, et les vastes bâtiments en brique hérissés de tours rouillées semblent presque déplacés tant la nature de l'Iglesiente est âpre et sauvage. Préserveé, la côte sud-ouest abrite quelques belles plages, particulièrement appréciées des surfeurs.

- **Carte :** p. 115.
- **Arriver, se déplacer :** voir carnet pratique p. 276.
- **Manger, dormir, s'amuser :** p. 223.

Une ruelle d'Iglesias

➤ Iglesias★★

Carte p. 115 – À 58 km O de Cagliari par la SS130. Une fois en ville, prenez la dir. Centro *(fléché).*

Située au fond de la vallée de Cixerri, qui coupe le massif de l'Iglesiente en deux, Iglesias occupe une position stratégique, contrôlant l'accès aux régions du Fluminese et de l'Arburese au nord et du Sulcis au sud.

Bâtie à flanc de colline et cernée de puissantes murailles, cette petite cité médiévale a fière allure. Son centre historique remarquablement préservé est un labyrinthe de ruelles pavées, riche en églises et en jolies petites échoppes.

Après la victoire de santa Igia qui, en 1257, permit aux Pisans de s'approprier le sud-ouest de l'île, Villa Ecclesiarum, comme elle s'appelait alors, fut donnée en fief à la famille Della Gherardesca qui contribua largement à son épanouissement.

À cette époque, la ville fut élevée à la dignité de commune libre, avec le droit de frapper monnaie et de promulguer ses propres lois.

Ce sont les Espagnols qui, en 1324, hispanisèrent Villa di Chiesa en Iglesias. Ville royale en 1436 – un titre qui lui permettait de conserver quelques-uns de ses privilèges –, elle n'en connut pas moins un long déclin jusqu'à ce que la révolution industrielle la propulse au rang de capitale de la production minière de l'île. Sa prospérité dura cent ans. La fin de la Seconde Guerre mondiale mit un terme à cette période faste.

Si les mines sont toutes tombées en ruine, Iglesias n'a pas perdu son charme pour autant. Accueillante, animée, cette ville d'environ 28 000 habitants partage désormais avec Carbonia le titre de chef-lieu de la nouvelle province jumelle de Carbonia-Iglesias. Profondément religieuse, la population d'Iglesias célèbre la Semaine sainte et l'Ascension avec une ferveur particulière. Après Cagliari, Iglesias est sans aucun doute la plus belle ville de la Sardaigne méridionale.

➤ *En partant de la piazza Quintino Sella, remontez vers la piazza della Marmora par le corso Matteotti, l'artère principale de la vieille ville, ou par la via Cagliari.*

Piazza della Marmora

Carte p. 115.

Au milieu de la place se dresse une belle **fontaine** surmontée d'un personnage surnommé *Su Maimoni*, « le pantin ». Point d'intersection des principaux axes de la vieille ville, cette jolie petite place est dominée par l'immense façade en **trompe-l'œil** du café historique La Marmora, caractéristique de l'Art nouveau et assez rare en Sardaigne.

➤ *Depuis la piazza Marmora, rejoignez la cathédrale par la via Sarcidano.*

Cattedrale Santa Chiara**

Carte p. 115 – Piazza Municipio.

Il faut longer les murs roses de l'abside jusqu'à la piazza Municipio pour accéder à l'entrée principale. Occupant le côté ouest de l'élégante place, la cathédrale se signale par le relatif dénuement de sa **façade**, en net contraste avec les extérieurs plus fleuris du **palais épiscopal** et de l'**hôtel de ville**. Blanchie à la chaux et surmontée d'un puissant campanile, elle fut érigée à la fin du XIIIe s.

À la fois sobre et raffinée, la **façade** comporte une large rosace flanquée de deux arches aveugles, typiques de l'architecture pisane.

C'est **Andrea Pisano**, l'un des plus grands artistes toscans de son temps, qui en fondit la cloche en 1337.

L'intérieur fut aménagé dans le style gothique catalan à la fin du XVIe s. ; les **voûtes polychromes** à plan étoilé de la nef sont un bel exemple du genre.

➤ *Contournez la cathédrale par le N et prenez la via Verdi.*

Chiesa della Purissima

Carte p. 115 – Piazza Collegi. T.l.j. 8h-12h et 16h-19h30. Accès libre.

Située à deux pas de la cathédrale, cette église fut bâtie par les jésuites à la fin du XVIe s. sur les ruines de l'ancien palais des Donoratico.

C'est dans ses chapelles que le diocèse entrepose les **chandeliers géants** qui chaque année, le jour de l'Ascension, sont portés en procession aux quatre coins de la ville, une fête dont Iglesias dispute la paternité à Sassari *(p. 249)*.

➤ *Piazza San Francesco. Depuis la Purissima, prenez la via Repubblica vers l'O et tournez à g. dans la via Pullo.*

Chiesa San Francesco**

Carte p. 115 – Via Pullo. T.l.j. 8h-12h et 16h-19h30. Accès libre.

Plus dépouillée encore que celle de la cathédrale, la façade en trachyte rose de San Francesco ressemble à un immense triangle orné de trois cercles. Érigée à la même époque que Santa Chiara, sa **façade à trois rosaces** cache également un intérieur catalan. Datant du XVIe s., les chapelles latérales baignées de lumière et l'immense charpente en bois évoquent plutôt la Catalogne que la Toscane. Séparé de la nef par un arc surbaissé, le vestibule abrite un bénitier au fond duquel est venu se lover un **serpent en pierre**.

➤ *En face du cloître de San Francesco.*

Museo dell'Arte mineraria***

Musée des Arts de la mine

Carte p. 115 – Via Roma, 47. ☎ 346 752 60 03 ou 078 135 00 37, www.museoarteminerearia.it. Juin-sept. : sam.-dim. 18h30-20h30 ; sur r.-v. t.l.j. de l'année (résa 1 j. à l'avance). Visite guidée obligatoire pour les galeries. Casque de chantier fourni gratuitement. Entrée 5 €.

Le musée occupe les sous-sols de l'ancien Institut technique minier de la ville qui a conservé sa magnifique **collection de minéraux** *(au rez-de-chaussée)* et ouvert un musée consacré aux **arts de la mine** *(au sous-sol)*. C'est justement sous vos pieds que se cache la partie la plus incroyable de ce musée : des centaines de mètres de **galeries** creusées à la dynamite par les étudiants jusqu'à ce que la ville, préoccupée de la solidité de ses fondations, ne mette fin aux séances de travaux pratiques. Tout y est : l'humidité, l'odeur de salpêtre, le puits vertigineux et les éclairages glauques. Claustrophobes s'abstenir ! L'Institut, fondé en 1871 par Quintino Sella, homme d'État, capitaine d'industrie et bienfaiteur d'Iglesias, a formé des générations d'ingénieurs sardes. Reconverti dans la chimie, l'électronique et l'informatique dans les années 1970 et 1980, l'édifice a été transformé en musée où maquettes, photographies d'époque et outils de toutes sortes illustrent le quotidien des mineurs au cours des 150 dernières années.

➤ *Depuis le musée des Arts de la mine, remontez la via Roma jusqu'à la puerta Nueva et prenez la via Campidano.*

Murs d'enceinte et Nostra Signora del Buon Cammino★★

***Carte p. 115** – Via Campidano.*

Conçues par le comte Ugolino della Gherardesca, achevées par les Catalans, les fortifications d'Iglesias ont été partiellement démantelées au XIXe s. Seule demeure la portion nord-ouest. Illuminé dès la tombée de la nuit par de puissants projecteurs, le mur d'enceinte fait face à une haie de figuiers de Barbarie d'aspect tout aussi impénétrable. Après 300 m, un panneau sur la gauche indique la route à suivre pour rejoindre la ***cappella*** di Nostra Signora di Buon Cammino *(ouvert les jours de fête)*. En s'élevant à travers les champs d'oliviers, ce chemin de croix offre de belles **vues** panoramiques sur Iglesias et la vallée de Cixerri *(15 min de marche)*.

➤ *Au bout de la via Campidano, des escaliers redescendent jusqu'à la via Fontana. Traversez la rue et prenez la via Ghibellina et la via Montartai pour rejoindre le castello.*

Centre historique★

***Carte p. 115** – Rens. à l'office de tourisme pour les expositions temporaires.*

En traversant ce quartier médiéval résidentiel, pittoresque à souhait, vous atteindrez les vestiges du vieux **château pisan** perchés sur le col Altai, colline de 285 m d'altitude. Entièrement rénové, il accueille des expositions temporaires. Le quartier médiéval, qui s'agrippe aux flancs de la colline, est quant à lui remarquablement bien préservé.

Suivez la via Montartai jusqu'au bout et redescendez sur la **piazza Sella** par la via Corsica. La place est le centre névralgique d'Iglesias, son principal lieu de rendez-vous, le point de départ de la *passeggiata* quotidienne (la traditionnelle promenade du soir) et le lieu idéal pour boire un verre en fin de journée.

En remontant le **corso Matteotti**, l'artère principale de la vieille ville, bordée de boutiques de mode et d'élégants *palazzi* Liberty, on parvient à la piazza della Marmora.

➤ Grotta di San Giovanni★★

***Carte p. 115** – À 6 km E d'Iglesias en prenant la SS130 dir. Cagliari, prenez la sortie Musei-Domusnovas. Une fois dans Domusnovas, tournez à g. dans via Cagliari, et suivez un panneau sur la dr. pour San Giovanni. La grotte se trouve à 2 km, au fond de la petite vallée du rio San Giovanni. Un éclairage électrique fonctionne de 9h à 21h. Cafétéria à côté du parking (entrée S). Accès libre.*

Avec ses 850 m entièrement carrossables, la grotte constitue le plus grand tunnel naturel de Sardaigne. Fermée au trafic automobile depuis qu'elle a été classée **Monument naturel** en 1989, on peut cependant la visiter à pied. La traversée est une expérience inoubliable.

Habitée durant la Préhistoire, la grotte possède **deux entrées**, nord et sud, qui furent fortifiées à l'époque nuragique. Les murailles furent abattues au XIXe s. pour faire place à la route.

Au nord, la grotte débouche sur une merveilleuse vallée de chênes verts, lumineuse et fraîche. Les plus jeunes apprécieront ce périple souterrain.

➤ Au nord d'Iglesias

***Carte p. 115** – Sortez d'Iglesias par la via Eleonora, au N-O de la piazza Sella. Après être devenue la SS126, elle traverse l'Iglesiente et permet d'accéder à la majorité des attractions de la région.*

Temple d'Antas

Situé au nord d'Iglesias, le **Fluminese** est une région de basses montagnes recouvertes de maquis et de forêts de chênes verts qui abrite un grand nombre d'espèces végétales endémiques. La région se visite en suivant la SS126 qui relie Iglesias à Arbus.

Moins accessible, la côte réserve cependant de très belles surprises. Des plages de Buggerru aux dunes géantes de Piscinas, 50 km de littoral sans l'ombre d'une station balnéaire ! Surnommée *Costa Verde*, la côte se distingue par son caractère désertique et par la beauté des montagnes qui la surplombent. On peut également aller chercher un peu de fraîcheur dans les nombreuses **mines abandonnées** et **grottes** de la région.

ENVIE DE RANDONNÉES ?

Si vous recherchez un peu de solitude, suivez un des trois itinéraires balisés qui, partant du **temple d'Antas**, s'enfoncent dans le maquis. Le premier mène jusqu'aux carrières romaines, d'où furent extraits les blocs du temple *(durée de la marche : 20 min)*, le deuxième aux ruines d'un village nuragique *(durée de la marche : 5 min)*. Le dernier, plus long, conduit jusqu'aux grottes de Su Mannau, suivant le tracé de l'ancienne voie romaine *(durée de la marche : 1h30)*.

Tempio di Antas*

***Carte p. 115** – À 14 km N d'Iglesias par la SS126. Le temple est signalé par un panneau 2 km après le village de Sant'Angelo. Continuez encore pendant 2 km pour atteindre le site. ☎ 0781 58 09 90. T.l.j. avr.-mai : 9h30-17h30 (18h30 juin) ; juil.-oct. : 9h30-19h30 (16h30 nov.-mars). Entrée 4 €.*

Perdu au cœur de la petite vallée d'Antas, à des kilomètres du village le plus proche, ce temple est dédié à **Babai**, le père des premiers Sardes, dieu des sources et de la végétation. Vénéré depuis la période nuragique, Babai sut également se faire respecter des Carthaginois et des Romains, qui lui érigèrent, chacun à leur manière, un temple sur les ruines de celui de leurs prédécesseurs. L'architrave du temple romain a préservé la double dédicace à l'empereur Caracalla et au *Deus sardus pater bab(ai)*.

Mentionnées dès le IIe s. av. J.-C. dans la *Géographie* de Ptolémée, on a longtemps cru que ces ruines marquaient l'emplacement de la **cité mythique** de Metalla, où les Romains étaient censés avoir fondu la monnaie destinée à payer la solde des légionnaires.

La campagne de fouilles de 1967-1976, à laquelle on doit la reconstruction partielle du temple, a totalement dissipé cette croyance. Quoi qu'il en soit, c'est le plus ancien temple romain de Sardaigne et le mieux préservé. Étant donné ses dimensions modestes et le charme bucolique du cadre, il gagne à être découvert en dehors des heures d'affluence.

Grotte di Su Mannau**

Carte p. 115 – À 17 km N d'Iglesias par la SS126, un panneau indique les grottes de Su Mannau ☎ 078 158 04 11 ou 347 331 36 65, www.sumannau.it. Lundi de Pâques-juin : 9h30-17h30 ; juil.-15 sept. : 9h30-18h30 ; 16 sept.-oct. : 9h30-17h30 ; nov.-lundi de Pâques sur r.-v. Visite guidée uniquement (italien, français et anglais), départ toutes les heures. Entrée 10 €.

C'est le plus grand système de grottes karstiques de l'Iglesiente. La portion accessible aux touristes mesure 500 m. On se déplace sur des passerelles en métal qui, par endroits, s'élèvent à 30 m au-dessus du vide, traversant une succession de salles toutes plus spectaculaires les unes que les autres. Tout près de l'entrée, la salle archéologique atteste d'une présence humaine très ancienne. On y a retrouvé des **objets de culte** dédiés aux divinités des sources datant de l'âge du bronze.

Buggerru et ses plages

Carte p. 115 – À 20 km N d'Iglesias par la SS126, tournez à g. sur la SP83, puis suivez les indications jusqu'à Buggerru sur 10 km.

Fondé en 1862, le port minier de Buggerru est l'un des seuls ports de l'Iglesiente. Exploité dans des mines à ciel ouvert, le minerai de zinc était traité localement avant d'être expédié par bateau vers les fonderies du continent. C'est ici qu'en 1904 éclata la première grève de mineurs de l'île. Réprimée dans le sang, elle marqua une date importante dans l'histoire du syndicalisme insulaire. Le village a peu changé depuis. De fait, les efforts consentis pour le transformer en station balnéaire ont été plus que modestes. Cette absence d'artifice est ce qui fait le charme de Buggerru. Au-dessus de la marina – un petit port de plaisance où mouillent encore quelques minéraliers restaurés –, la piazza Santerelli abrite l'unique café du village.

Galerie Henry

Loc. Planu Sartu, à 3,5 km S de Buggerru par la SP83 ☎ 078 149 13 00 ou 078 127 45 07. Téléphonez avant de vous rendre sur place pour vous assurer que le site est ouvert. Gérées par le Parco Geominerario Storico e Ambientale della Sardegna, les visites guidées en italien et en anglais se font à heures fixes l'été et sur résa ☎ 388 932 3529 le reste du temps. Entrée 5 €.

Les enfants et les amateurs d'archéologie industrielle apprécieront cette galerie longue de 2 km, qui se visite en train miniature.

Cala Domestica**

Carte p. 115 – À 8 km S de Buggerru, on y accède par un chemin carrossable qui part de la SP83.

Logée au fond d'une crique en plein maquis, c'est l'une des plus jolies et des plus petites plages de la région. Le paysage est superbe, sauvage, un véritable écrin pour cette belle plage de sable blanc. La Cala Domestica pâtit cependant de son succès : ce coin de paradis est noir de monde tout l'été. En dépit de ses eaux profondes, on y trouve parfois quelques rares traces de **posidonies** *(p. 257)*.

Plage de San Nicolao

Carte p. 115 – En venant de Buggerru, prenez la SP83 dir. Portixeddu. 500 m plus loin, la plage s'étend parallèlement à la SP83.

Bordée de dunes et de pins parasols, la plage est assez longue pour ne jamais paraître bondée, même en haute saison.

Des eaux turquoise peu profondes viennent lécher ses 2 km de sable fin et doré, où sont parfois visibles des traces de **posidonies**.

Grottes de Su Mannau

Plage de Portixeddu*

En venant de Buggerru, prenez la SP83 dir. Portixeddu. Une route mal signalée (SP105) permet de traverser la rivière et de rejoindre l'ancien village minier de Portixeddu, 700 m plus loin. La plage est juste en face du village.

La plage s'étend sur 2 km jusqu'au Capo Pecora. Peu fréquentée, elle bénéficie par ailleurs de la proximité des cafés et des restaurants de **Portixeddu**. Avec son sable fin et ses eaux cristallines peu profondes, elle fera le bonheur des amateurs de farniente et des familles.

Plages de l'Arburese et de la Costa Verde***

***Carte p. 115** – À 53 km N d'Iglesias par la SS126 et la SP66 dir. Ingurtosu et la plage de Piscinas.*

Au passo Bidderdi (492 m d'altitude), à 5 km de Fluminmaggiore, on pénètre dans l'Arburese, région qui tire son nom de la ville de Arbus; l'horizon s'élargit, on quitte les montagnes. Sauvage, ce pan de côte présente ici des allures presque « africaines »; vous y trouverez des paysages d'une beauté rare. Balayées par les vents, les plages se démarquent profondément de l'image de la classique carte postale de Sardaigne avec une côte de sable fin et des eaux calmes et limpides. La mer est ici souvent agitée et de hautes vagues attirent les surfeurs les plus expérimentés.

Dunes et plage de Piscinas**

Continuez pendant 2 km sur la SP66 après les vestiges de la laverie Brassey à Arbus, puis bifurquez à dr. avant le passage à gué de la rivière. Parking à 1 km. Kiosque et douche gratuite.

L'étonnement est à son comble, quand on rejoint les **dunes géantes de Piscinas,** parmi les plus hautes d'Europe, elles culminent à 100 mètres d'altitude ! Tellement vastes et dépeuplées que même en été, on peut se croire au milieu du désert sur cette côte qui, en 2001, a accédé au statut de **parc naturel**. Pour éviter la foule qui bronze près du kiosque, il suffit de marcher le long de la plage, en direction du sud, ou vers les dunes. La baignade est ici inoubliable.

Mines de Ingurtosu et Montevecchio

Carte p. 115.

D'importants témoignages du passé industriel de l'île ponctuent la route entre Fluminimaggiore et Arbus (SS126). En venant d'Iglesias, c'est **Ingurtosu** que l'on croise en premier. Aujourd'hui abandonnée, la ville était l'ancien siège social de la plus grande concession minière de la région. Bâtis dans les styles Liberty (l'Art déco italien) et néogothique à la fin du XIXe s., le *palazzo* de la direction et les ruines désordonnées des autres immeubles semblent incongrus, plantés ainsi au milieu du maquis sauvage. Les ruines de l'immense laverie, 5 km plus bas, sont encore plus fantomatiques.

À 18 km par la SP65 vous parviendrez à la cité fantôme de **Montevecchio** qui abritait autrefois le siège d'une des plus importantes concessions minières de l'île. En 30 ans, Montevecchio a vu sa population passer de 3000 habitants à moins de 150. Il faut y faire une courte pause et se promener au milieu des *palazzi* Liberty déserts pour goûter à l'atmosphère irréelle des lieux. L'office de tourisme d'Arbus-Medio Campidano *(p. 276)* propose des visites guidées de la ville fantôme et des galeries des mines des environs.

➤ Au sud d'Iglesias

Autant le Fluminese au nord d'Iglesias est montagneux et désert, autant la plaine côtière du Sulcis est vaste et industrielle.

Carbonia*

Carte p. 115 – À 24 km S d'Iglesias par la SS126.

Créée de toutes pièces par Mussolini en 1938 *(p. 244)*, la ville fut baptisée Carbonia comme un défi lancé à la Société des Nations : durement frappé par les sanctions économiques imposées à l'Italie après l'invasion de l'Éthiopie, le régime fasciste se mit en tête d'atteindre l'autonomie énergétique en exploitant le filon du carbone du Sulcis. Bien que de qualité médiocre, le **charbon** de la région fut exploité jusque dans les années 1970.

Si les mines sont toutes fermées aujourd'hui, la ville de Carbonia n'a rien perdu de sa superbe. Cité moderne de 30000 habitants, elle se distingue par ses larges avenues bordées d'arbres et ses belles places ornées de palais aux façades sobres.

Piazza Roma

Centre de la vie civique de la Carbonia mussolinienne, cette place à plan orthogonal sépare le centre commercial de la ville, situé à l'est, des beaux quartiers résidentiels. Dépouillée de ses enseignes fascistes, la **Tour civique** se dresse comme un mémorial au sud de la place. Les blocs de trachyte du revêtement ont été taillés et agencés en un « appareil nuragique » qui rappelle l'architecture de l'âge du bronze, comme le campanile de l'**église San Ponziano** qui domine l'esplanade.

Bordée par le théâtre au sud et la mairie au nord, la **piazza Roma** frappe par ses vastes dimensions et l'étrange sensation de vide qui s'en dégage.

À deux pas de là, en direction de l'est, la **piazza Matteotti** constitue le parfait antidote à la piazza Roma : bruyante, animée, pleine de boutiques et de cafés, c'est l'endroit rêvé où conclure la visite de Carbonia... en prenant un sandwich et une boisson à l'ombre du **kiosque central**.

➤ *Depuis la piazza Roma, prenez la via Manno, qui longe la Tour civique, et prenez la première à dr. La Villa Sulcis se trouve au milieu du parc, à 50 m.*

Museo archeologico della Villa Sulcis

☎ 078 1867 304. Avr.-sept. : mar.-dim. 10h-13h et 14h-19h ; oct.-mars : mar.-dim. 10h-13h et 14h-16h. Entrée 6 €. Billet combiné 10 € (parc archéologique de Monte Sirai, museo Martel et parco urbano di Cannas di Sotto).

Logé dans la villa qu'occupa dans les années 1930 le directeur des mines de charbon, le musée renferme une modeste collection d'**objets archéologiques** provenant de divers sites de la région. Le Néolithique, l'âge du bronze et l'occupation phénicienne y sont tous bien représentés.

Monte Sirai**

Carte p. 115 – À 21 km S d'Iglesias sur la SS126. Tournez à g. au panneau indiquant Sirai. Le parc archéologique se trouve 2 km plus loin, au sommet de la colline ☎ 345 755 9751. Visites sur résa, avr.-sept.: mar.-dim. 10h-19h; oct.-mars: mer.-dim. 10h-15h. Entrée 6 €. Billet combiné 10 € (Musée archéologique de la Villa Sulcis, musée Martel et parc archéologique di Cannas di Sotto).

Bâtie sur un site fréquenté depuis le Néolithique, la forteresse de Monte Sirai fut érigée par les Carthaginois au VIIIe s. av. J.-C. Un coup d'œil au magnifique **panorama** suffit pour comprendre l'importance stratégique de ce promontoire: à vos pieds, **plus de 50 km de côtes**, du Monte Palma au nord au golfe de Teulada au sud, avec les îles Sulcitanes en prime. La **nécropole** et ses tombes hypogées se trouvent à 100 m du village fortifié. On descend dans ces antichambres de l'au-delà par des marches creusées dans la roche. Très bien conservées, certaines d'entre elles ont préservé leurs **sarcophages** et leurs bas-reliefs, comme celui qui représente **Tanit**, déesse de Carthage et reine du monde souterrain (tombe n° 5). Un peu plus loin, les ruines d'un petit temple marquent l'endroit où se dressait le **tophet**, lieu où étaient entreposées les urnes contenant les cendres des enfants morts en bas âge.

Costa Nebida

Carte p. 115 – À 20 km S-O d'Iglesias par la SS126 jusqu'à la Stazione Vecchia Montepone et la SP83 dir. Masua. Porto Flavia se trouve à 1 km de Masua.

La route, qui se sépare de la nationale SS126 sur environ 8 km en direction de Nebida et Masua, reprend le tracé qui menait autrefois aux différentes mines. Aujourd'hui, le paysage composé de dunes de sable doré, de falaises abruptes et de maquis parfumé confirme l'intérêt touristique de ce site où la nature a repris le dessus sur les installations humaines.

Plage de Masua

Cette petite plage a une vue magnifique sur le **Pan di Zucchero**, un piton calcaire émergeant de la mer de Sardaigne, à moins d'une centaine de mètres de la côte *(pas de liaison maritime)*. En outre, la proximité des **anciennes mines** de Masua et de Porto Flavia, qui se trouvent chacune à une quinzaine de minutes à pied, en fait un excellent point de départ d'excursions. Sable fin, eaux profondes, un cadre idéal donc, mais pas secret… il y a souvent foule en été.

Porto Flavia**

Du parking de la plage de Masua, des panneaux indiquent le chemin à suivre (15 min de marche). Visite guidée rens. ☎ 078 127 45 07. Port du casque obligatoire. Entrée 10 €. Possibilité de visite en français sur demande.

Inaugurée en 1924, cette immense galerie souterraine longue de 700 m fut créée pour soulager le port de Buggerru. Le minerai était convoyé par transporteur à bande jusqu'au **quai de chargement**, un large balcon suspendu à 20 m au-dessus du niveau de la mer, au milieu d'une falaise: l'effet est spectaculaire. De là, il était chargé sur les bateaux à l'aide d'une grue avant d'être expédié vers le continent.

Plage de Funtanamare

Sur la SP83, à mi-chemin entre Masua et la sortie de la SS125

S'il y a trop de monde sur la plage de Masua ou si vous avez envie d'une pizza et/ou d'une boisson, Funtanamare est toute désignée. Elle offre l'avantage d'être dix fois plus grande et d'être dotée de plusieurs cafés. Son sable fin et son eau peu profonde la rendent idéale pour les enfants. Quand le mistral souffle, la plage est fréquentée par des surfeurs.

16 Sant'Antioco et San Pietro

Île de Sant'Antioco

Situées à l'extrémité sud-ouest de l'île et séparées de la plaine marécageuse du Sulcis par un étroit chenal, les îles volcaniques de Sant'Antioco et San Pietro, sont appelées « îles Sulcitanes ».
Ces îles aux criques baignées d'une mer turquoise, aux plages calmes et à la nature luxuriante forment un monde à part.
C'est avec la fondation des villes de Calasetta (île de Sant'Antioco) et de Carloforte (île de San Pietro), à la fin du XVIIIe s., que les îles prirent le visage que nous leur connaissons aujourd'hui. Ayant une vocation essentiellement maritime, Sant'Antioco et San Pietro se distinguent nettement du sud-ouest minier de l'île.

- **Plan :** p. 143.
- **Arriver, se déplacer :** voir carnet pratique p. 276.
- **Manger, dormir, s'amuser :** p. 224.

Sant'Antioco et San Pietro

Sant'Antioco et San Pietro

Les îles Sulcitanes doivent leur nom au port de Sulki, le nom phénicien de Sant'Antioco. Fondé en 750 av. J.-C. et, fermée au sud par l'isthme de Santa Caterina, la grande baie de Sant'Antioco lui a permis de devenir un des plus grands ports de commerce de la Sardaigne méridionale. À l'apogée de l'industrie minière, c'est par ici que transitait la majeure partie du minerai du sud-ouest de la Sardaigne. Les îles ont une longue tradition de pêche et de construction navale. San Pietro possède une des deux seules *tonnare* encore en activité et le dernier chantier de barques à voiles latines de l'île. De nos jours, Sant'Antioco et San Pietro vivent du tourisme. La première, grâce aux nombreuses plages qu'abrite sa côte occidentale, et la seconde, grâce à l'attrait qu'exercent sa culture et sa gastronomie.

➤ Île de Sant'Antioco★★

Plan p. 143.

Aujourd'hui séparée de la Sardaigne par un étroit chenal, Sant'Antioco fut rattachée à l'île par les Phéniciens, qui, pour créer un isthme artificiel, durent bâtir une étroite bande de terre longue de 3 km. Le pont qui relie désormais la Sardaigne à Sant'Antioco surplombe les ruines de l'ancien **pont romain.**

Colonisée par les Phéniciens et les Carthaginois, l'île a conservé des vestiges de cette lointaine époque, à commencer par sa vaste nécropole.

L'île tient son nom actuel de **saint Antiochus**, qui y fut martyrisé sous le règne d'Adrien (IIe s. apr. J.-C.) pour avoir refusé de renier sa foi. Ce sont les Byzantins qui, en dédiant leur église à saint Antiochus, en firent le saint patron de l'île. La statue du martyr est portée en **procession** à travers les rues de la ville de Sant'Antioco trois fois par an: 15 jours après Pâques, le 1er août et le 13 novembre.

Le deuxième port de l'île, Calasetta, est d'origine plus récente: fondé par les Tabarquins en 1769 *(p. 243)*, son essor est étroitement lié à celui de l'île de San Pietro et au développement touristique de la côte occidentale.

Destination touristique très prisée des Sardes eux-mêmes, les 109 km² de l'île abritent plus de chambres d'hôtel que les 1 500 km² de la province voisine de Carbonia-Iglesias. Autre activité florissante de Sant'Antioco, le **vin rouge** de l'île – un vin capiteux, d'un beau rubis foncé – a été élevé à la dignité de DOC (l'équivalent italien de l'AOC française) sous l'appellation carignano del Sulcis. Ses pieds de vignes plantés dans le sable font autant partie du paysage de Sant'Antioco que les barques à voiles latines et les maisons peintes à la chaux de Calasetta.

Sant'Antioco**

***Plan p. 143** – Après avoir traversé le pont qui relie l'île à la Sardaigne, la SS126 tourne vers la dr. et mène directement au centre-ville (1 km), changeant de nom à plusieurs reprises. Pour visiter Sant'Antioco, le plus simple est de vous garer sur le port: lorsque la SS126, rebaptisée via Nazionale, arrive à la piazza della Repubblica, tournez à dr. dans la via 24-Maggio, qui débouche sur le lungomare C. Colombo. Tournez à g. en direction du port et garez-vous à la première opportunité.*

Fondée sur les ruines de l'ancienne Sulki, la ville de Sant'Antioco accéda au statut prestigieux de *municipium* sous le règne de Claude.

Du port de commerce florissant de l'époque romaine, il ne reste que la **fontaine** aujourd'hui souterraine de la **piazza Italia**, les vestiges d'un **mausolée** en pierre d'époque républicaine sur la via Eleonora d'Arborea et ceux du **pont romain** surnommé *Pontimannu*, « le grand pont », aux abords du chenal.

Passée sous contrôle byzantin à la chute de l'empire d'Occident, Sant'Antioco s'avéra beaucoup trop vulnérable pour être défendue efficacement contre les razzias des Barbaresques. C'est seulement à la fin du XVIIIe s. que la menace fut définitivement écartée, avec l'aide des troupes du nouveau royaume de Piémont-Sardaigne et grâce à la construction d'une imposante forteresse à Calasetta, à l'entrée de la baie.

Dans l'église de Sant'Antioco, la **tombe d'Efisio Melis Alagna** témoigne de cet âge héroïque. Retranché dans le *castello*, ce lieutenant d'artillerie fut tué en 1815 après avoir tenu tête à une armée de 1 000 Tunisiens pendant sept heures!

➤ *Partant du* lungomare, *la via E. d'Arborea mène jusqu'à la piazza Umberto, d'où part la via Regina Margherita.*

Museo del Byssus

Via Regina Margherita, 168 ☎ 348 433 65 21, www.chiaravigo.it. T.l.j. 10h-12h30 et 16h30-20h. Accès libre.

Ce petit musée, aménagé au rez-de-chaussée d'une maison traditionnelle du centre-ville, raconte l'histoire d'un matériau rare et précieux. Le byssus est une fibre d'origine animale fine et extrêmement délicate, produite par un mollusque de la Méditerranée. L'art de le tisser était déjà maîtrisé par les Égyptiens; dans la Bible, le byssus est mentionné comme le tissu privilégié du roi Salomon.

Chiara Vigo, personnage romanesque, est l'une des dernières femmes en Sardaigne et probablement en Méditerranée à maîtriser encore la technique du tissage du byssus. Pendant la visite, vous aurez l'occasion d'admirer ses doigts de fée à l'œuvre, ainsi que des objets tissés anciens et contemporains.

➤ *Continuez sur la via Regina Margherita jusqu'à la piazza Parrocchiale.*

Basilica minore di Sant'Antioco**

☎ 078 1830 44. Actuellement fermée pour travaux. Accès libre pour l'église et payante pour les catacombes.

Avec sa voûte en berceau, la basilique est l'une des premières manifestations du style roman en Sardaigne. Érigée par les moines victoriens de Marseille à la fin du XIe s. *(p. 242)*, l'église fut construite sur les ruines d'une église byzantine du Ve s., elle-même bâtie sur un **cimetière** paléochrétien. Autant dire que derrière sa **façade baroque**, qui date du XVIIIe s., se cachent plus de 1 000 ans d'histoire, qui se laissent découvrir par strates. Creusées dans le tuf volcanique, ses **catacombes** justifient à elles seules une visite. Reliant des tombeaux chrétiens à des tombes d'origine phénicienne, cette ville sous la ville s'étend selon toute vraisemblance bien au-delà des murs de la basilique. Certains murs portent encore les traces de fresques byzantines et c'est ici qu'en 1615 on découvrit les reliques de saint Antiochus, qui furent mises en sécurité à Iglesias.

➤ *Depuis la basilique, remontez la via Regina Margherita jusqu'à la piazza de Gasperi, d'où part la via Castello.*

Forte Sabaudo

Au fond de la via Castello. T.l.j. avr.-sept. : 9h-20h ; oct.-mars : 9h30-13h et 15h-18h. F. 1er janv., Pâques, 25 et 26 déc. Entrée 6 € (avec le Villagio Ipogeo et le Musée ethnographique). Billet combiné à 13 € avec en plus le Musée archéologique et le tophet.

Construit en 1812 sur le site d'une ancienne forteresse punique, ce château de dimensions modestes offre une **belle vue** sur la baie de Sant'Antioco et sur la nécropole punique qu'il surplombe.

➤ *Suivez le* lungomare *vers le N et suivez les panneaux* « Area Archeologica ».

Le tophet, les nécropoles et le Musée archéologique communal**

Piazza Isola Plumbea. Les billets s'achètent au Musée archéologique ☎ 078 182 105, www.archeotur.it. T.l.j. 9h-19h. F. 1er janv., Pâques, 25 et 26 déc. Entrée 7 €, la visite guidée (italien et anglais) est incluse dans le tarif. Billet combiné à 13 € avec la nécropole, le forte Sabaudo, le Musée ethnographique, le Musée archéologique et le tophet).

La zone archéologique où sont concentrés tous les vestiges de l'époque phénicienne est située au nord du centre-ville, au pied de la forteresse, sur les flancs de la colline **Is Pirixeddus**.

La visite commence par le **Musée archéologique**, dont les quatre salles offrent une vision chronologique de l'occupation du site. Puis vient le tophet, lieu sacré où étaient brûlées les dépouilles des enfants morts en bas âge. Finalement, on peut visiter les nécropoles puniques et romaines, dont certaines des **salles souterraines** furent habitées jusqu'au XIXe s.

Pour prolonger cette balade culturelle, vous pouvez vous rendre au **Musée ethnographique**. Situé en face de l'*area archeologica*, logé dans une belle demeure du XVIIIe s., ce musée regroupe une large collection d'**outils** empruntés à tous les métiers agricoles traditionnels de l'île : culture du blé, viticulture et élaboration du pain et du fromage.

Calasetta*

***Plan p. 143** – À 10 km N-O de Sant'Antioco sur la SS126.*

Le port de Calasetta a été fondé par des Tabarquins en 1769, trente ans après l'installation réussie de leurs

Calasetta

compatriotes sur l'île de San Pietro. Conçue par un ingénieur militaire, la ville suit un plan quadrangulaire extrêmement régulier. Si l'on ajoute à cela des **maisons de pêcheurs** à un étage, toutes construites sur le même modèle et uniformément peintes à la chaux, on obtient un résultat hautement original pour l'Italie.

Adossée sur les dunes de la côte ouest, la ville est littéralement envahie par le sable. Surgissant des dunes, une imposante **tour défensive** évoque une époque où ce tranquille village de pêcheurs pouvait à tout instant être pris d'assaut par des pirates tunisiens.

Plages de Sant'Antioco

***Plan p. 143** – À 12 km N-O de Sant'Antioco par la SS126 vers Spiaggia Grande, Sa Colonia et Capo Sperone.*

Les plus belles plages de Sant'Antioco se trouvent sur la côte occidentale, entre le **Capo Sperone**, à la pointe méridionale de l'île, et la **plage Grande**, adossée à Calasetta. Partant de cette dernière, une route partiellement asphaltée longe la côte sur 15 km jusqu'au village de **Cannai**.

Située à 9 km S de Calasetta, la plus belle d'entre elles est sans doute celle de **Cala Lunga** *(tournez à dr. peu après la fin de la section asphaltée)*.

De dimensions modestes, la plage est située au fond d'une belle calanque de calcaire rose. Moins accessible que les plages de Calasetta, elle est également beaucoup moins fréquentée et permettra un bain de soleil relativement préservé des foules.

➤ Île de San Pietro★★★

***Plan p. 143** – **Accès :** Depuis Calasetta, prenez un bateau pour Carloforte. En été, les* traghetti *font des allers-retours réguliers Calasetta-Carloforte de 7h à 20h env. Rens. auprès des deux sociétés assurant la liaison (p. 276).*

Deux fois plus petite que sa voisine, l'île de San Pietro se divise en une plaine orientale marécageuse, regroupant toute la population, et une côte nord-ouest rocailleuse, escarpée et peu accessible. L'île n'était guère fréquentée que par des pirates et des oiseaux de proie lorsqu'un beau jour de 1737, à l'invitation de Carlo Emanuele III, duc de Savoie nouvellement promu roi de Sardaigne, 462 Tabarquins vinrent chercher refuge sur ses côtes. En effet, les habitants de Tabarka, une île au large de la côte tunisienne, se voyait interdir les mariages à cause d'un important problème de surpopulation *(p. 243)*.

Quelques années plus tard, les nouveaux habitants de l'île lui exprimèrent leur reconnaissance en nommant la première cité de San Pietro en son honneur : Carloforte était née. Un siècle plus tard, les premières *tonnare* débutent et feront la fortune de

LE *RAÏS*, LES *SUB* ET LES *TONATORI*

Chaque année entre fin mai et début juillet, pendant deux mois, la *tonnara* du *marchese* de Villamarina héberge un groupe hétéroclite de Carlofortains. Il y a d'abord les *tonatori*, les plus nombreux, qui pratiquent la pêche au thon de père en fils et qui, il y a moins de 30 ans, ne recevaient pour tout salaire que les entrailles du poisson. À leur tête, le *raïs*, le plus expérimenté d'entre eux, dont le titre d'origine ottomane commande un respect absolu. Puis viennent les *sub*, les jeunes plongeurs de la madrague, filet fixe pour la pêche du thon. Plus intéressés par la plongée sous-marine que par la pêche, ils inspectent les filets, en font sortir les requins et les dauphins et, en bons bergers, conduisent les thons jusqu'aux pêcheurs. Le jour de la grande pêche (appelée *mattanza*), le *raïs* accompagné d'un acheteur, souvent japonais, et du représentant d'une organisation internationale pour la protection des animaux surveillent le déroulement des opérations.

Carloforte

l'île. *Tonnara* désigne le filet fixe qui permet de pêcher d'importants spécimens de thons rouge ainsi que la période de pêche de ce poisson. En assurant le transport du minerai de l'Iglesiente, Carloforte devint rapidement le troisième port de Sardaigne. Pendant ce temps, la plaine méridionale fut aménagée pour accueillir des **marais salants**.

De leur ascendance tunisienne, les Carlofortains ont conservé certaines **traditions culinaires** comme la fameuse *casca* tabarquinaise, un couscous de légumes aux artichauts, parfumé à la marjolaine.

Cette singularité historique et culturelle s'exprime dans le dialecte **ligure** (de Ligurie, région d'Italie située dans le nord-ouest de la péninsule) des Tabarquins, dont les *s* chuintés et les voyelles prononcées « à la française » distinguent les Carlofortains de leurs compatriotes sardes.

Le thon, la mascotte de l'île

Nulle part l'esprit des Tabarquins ne s'exprime avec une telle vigueur que dans la ***sagra* du thon**, qui, chaque année, le dernier dimanche de mai, galvanise la population de San Pietro tout entière. Lorsque toutes les cloches de Carloforte se mettent à sonner en même temps pour annoncer l'imminence de la *mattanza* (littéralement, la « mise à mort ») et que les tables du festin sont dressées sur le bord de mer et les places de la ville, on sait que l'on va assister à une des plus belles fêtes populaires de la Méditerranée *(programme complet disponible sur www.girotonno.it)*.

Carloforte★★★

***Plan p. 143** – Le parking principal de Carloforte se trouve à 100 m au S de la zone d'embarquement. Si vous souhaitez visiter le centre-ville, il est conseillé d'y laisser sa voiture (parking gratuit).*

Carloforte est joyeuse comme un quartier de Gênes dans un coin de la Sardaigne. Les bateaux en provenance de Calasetta et Portovesme accostent sur le **corso Battellieri**, à l'entrée du centre-ville.

À peine débarqués, les visiteurs sont accueillis par la statue monumentale qui orne la **piazza Carlo Emanuele**. On y voit le bienfaiteur de l'île prendre une famille d'esclaves reconnaissants sous sa protection. Enterrée en 1793 par des Carlofortains anxieux de lui épargner un sort encore plus humiliant si elle tombait aux mains des envahisseurs français, la **statue du**

monarque y perdit un bras, remplacé par un appendice en bois peint.

Moins rustiques que leurs voisines de Calasetta, les maisons de Carloforte sont peintes de toutes les couleurs, à la mode ligure, et ornées de beaux balcons en fer forgé, ce qui leur prête un charme « continental » qui contraste singulièrement avec tout ce que l'on aura aperçu aussi bien à Sant'Antioco que dans la province de Carbona-Iglesias.

Partant de la place Carlo Emanuele, la via del XX Settembre mène jusqu'à l'**oratoire de la Madonna dello Schiavo**. Cette chapelle baroque contient une figure de proue qu'un prêtre tabarquin capturé en 1789 trouva échouée sur une plage en Tunisie et rapporta à San Pietro après sa libération. Posée sur l'autel, elle est associée au culte de la Vierge et vénérée comme une statue miraculeuse.

Transférée de l'île de Tabarka en 1988, à l'occasion du 250e anniversaire de Carloforte, la **tombe d'un esclave anonyme** commémore les 117 Tabarquins morts en captivité.

Le plan orthogonal de la ville se prête bien à la flânerie : il est impossible de s'y perdre. Il y a l'été un **marchand de glaces** à chaque coin de rue. Située à un pâté de maisons au nord de l'oratoire, la **piazza della Repubblica** est une des plus jolies places de Carloforte.

Tonnara de La Punta*

***Plan p. 143** – Depuis le parking principal de Carloforte, longez le port en direction du N : le corso Battellieri devient la via Cavour, qui se transforme à son tour en SP126. La* tonnara *se trouve à 5,5 km N de Carloforte, tout au bout de la SP126. Pour visiter (entrée payante) ou assister à une* mattanza, *résa au Diving Center (ci-contre).*

La *tonnara* de La Punta est l'une des dernières madragues (filet fixe pour thon) en activité de la Sardaigne. Ces établissements emploient des réseaux de filets fixes pour capturer les poissons lors de leur passage au large des côtes. Chaque année, au mois de mai, les bancs de thons remontent des profondeurs de l'océan Atlantique et visitent les eaux chaudes des côtes méditerranéennes pour s'y reproduire, suivant une route qui passe par Gibraltar, la Costa Brava, le golfe du Lion, le golfe de Gênes, la Corse et la Sardaigne. Si la pêche au thon remonte à l'Antiquité (le thon salé de Sardaigne était déjà réputé sous l'Empire romain), ce sont les Espagnols qui ont introduit au XVIIe s. la technique des madragues sur l'île. Rigoureusement réglementée, la pêche au thon en Méditerranée est sujette à des quotas très stricts. Nettement moins meurtrières que les filets dérivants (désormais interdits en Méditerranée), les madragues traditionnelles opèrent en toute légalité, utilisant les méthodes ancestrales.

De nos jours, 80 % du poisson pêché à La Punta est expédié au Japon, où le thon en 2013 atteignit un prix record de 6 000 € le kg (contre 25-30 € sur le marché de San Pietro !).

Exploitée depuis le début du XIXe s., la *tonnara* du *marchese* de Villamarina *(p. 146)* comportait des ateliers de mise en boîtes, des dortoirs pour les

EXCURSIONS DANS LE NORD

Pour visiter le nord de l'île, l'idéal consiste à passer une demi-journée avec le **Diving Center** de la *tonnara* de La Punta, qui propose 5h de snorkeling accompagné, transport en Zodiac inclus.
➤ *Loc. la Punta, www.carlofortediving.org.*

DES GLACES D'EXCEPTION

Cette *gelateria artigianale* mérite la palme des meilleures glaces de l'île. Si le choix est un peu moins pléthorique qu'ailleurs, la qualité exceptionnelle des produits mérite qu'on y retourne tous les soirs.
➤ ***Napitia**, Corso Cavour, 25, Carloforte. ☎ 366 252 90 17. F. mer en hiver.*

Capo Sandalo sur l'île de San Pietro

pêcheurs, un four à pain et une chapelle. Seuls demeurent la **chapelle** et les **ateliers de conditionnement** – le reste est tombé en ruine.

Plages de San Pietro**

Plan p. 143 – Sortez de Carloforte par le S et prenez la SP103 dir. la Punta delle Colonne, qui se trouve 12 km plus loin.

Les plages de San Pietro sont concentrées dans la partie méridionale de l'île. Pour les atteindre, il faut traverser les **marais salants** de la côte orientale, au milieu desquels on aperçoit une multitude de petites maisons blanches appelées *barrache*, datant pour la plupart du XIXe s. Elles ont été converties depuis en lieux de villégiature. Les Carlofortains venaient autrefois y cultiver leurs potagers.

Cala Mezzaluna**

Bordant la SP103, prenez à g. 2 km avant d'arriver à la Punta delle Colonne.

Isolée et entourée de hautes falaises, c'est la plus jolie plage de l'île et l'une des plus accessibles.

Côte nord-ouest*

Plan p. 143 – Sortez de Carloforte par la SP103 en direction du S, tournez à dr. après 1,5 km et prenez la SP104 dir. Capo Sandalo, 12 km plus loin. La sortie pour Cala Fico se trouve sur la dr., 2 km avant d'arriver au cap.

Rocailleuse, escarpée, la majeure partie de la côte nord n'est accessible qu'en bateau. On peut néanmoins se faire une excellente idée de sa beauté sauvage en visitant **Cala Fico** et le **Capo Sandalo**, à l'extrémité occidentale de l'île. La première est une plage minuscule, logée au fond d'une calanque dans une réserve naturelle d'oiseaux de proie. Le spectacle de cette côte déchiquetée et totalement déserte est très impressionnant. Plus majestueux, le Capo Sandalo offre une vue splendide sur la côte occidentale de l'île.

Cagliari et ses environs

À la fois siège du pouvoir politique, centre de l'activité économique et cœur culturel, Cagliari rayonne sur l'ensemble de l'île, et encore plus sur le Sud.
Aux environs de la ville, dont le tissu urbain s'étend bien au-delà de son Castello, la nature sarde, belle et authentique, reprend ses droits. Le littoral abrite des plages de toute beauté.
À l'ouest, la côte sauvage, quasi-vierge de toute habitation, est le cadre idéal d'une balade apaisante. Les alentours de Villasimius, à l'est, constituent quant à eux une zone touristique aux infrastructures développées, plus abordable et familiale que la luxueuse Costa Smeralda.

PRATIQUE

Carte et plan : Cagliari et ses environs p. 152-153 • Cagliari p. 156-157.
Manger, dormir, s'amuser : p. 226.
Se déplacer : en voiture ou en bus *(voir Carnet pratique p. 268 et 277)*. Sachez que vous ne pourrez pas aller partout en bus, la voiture reste le meilleur moyen d'accéder aux villages et aux plages les plus reculés.

• **Visite 17 :** Cagliari est desservi par le train *(voir Carnet pratique p. 277)*.

VISITES
17 à 19

Cagliari et ses environs

La côte aux alentours de Villasimius

Cagliari et ses environs

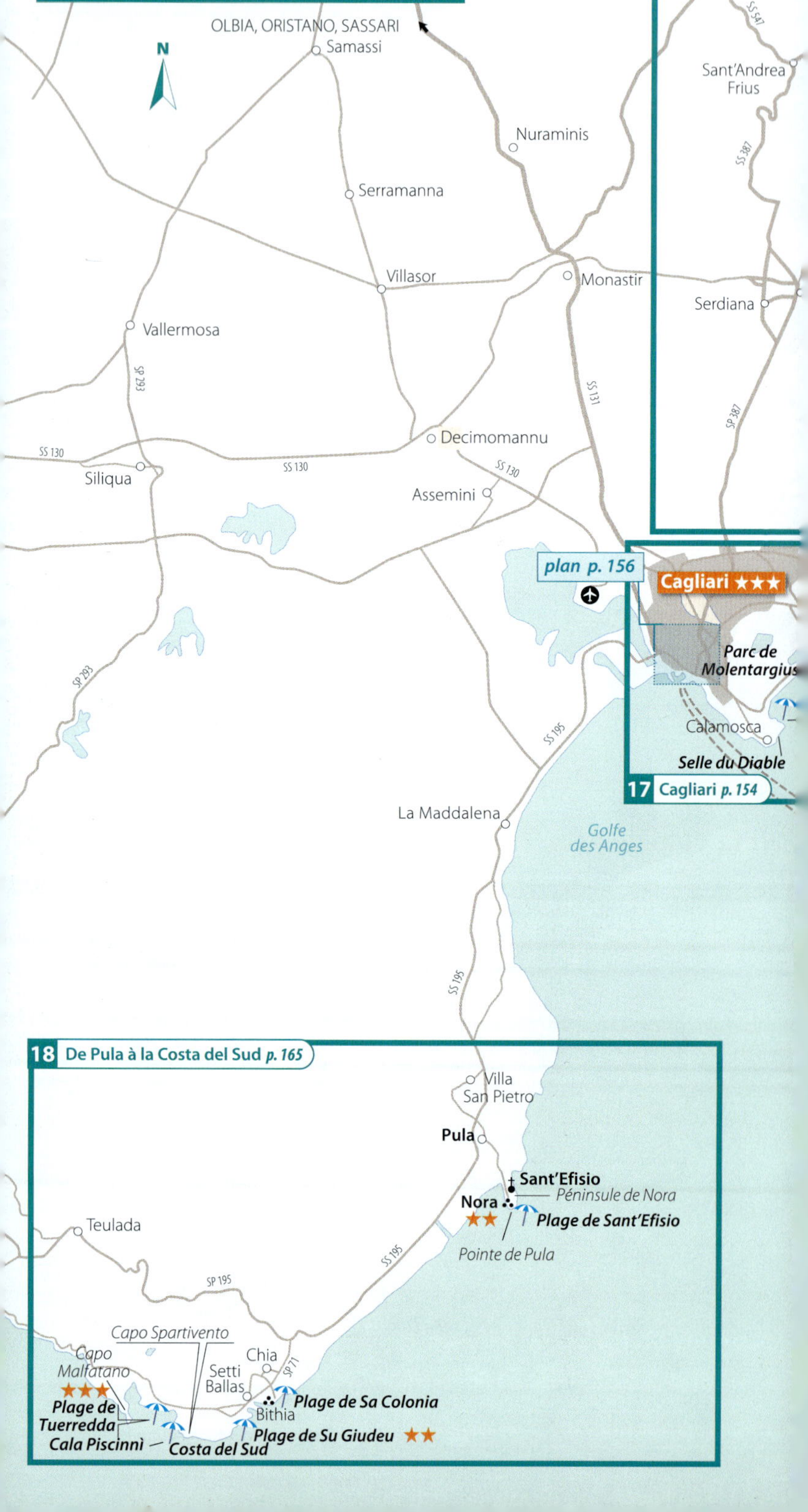

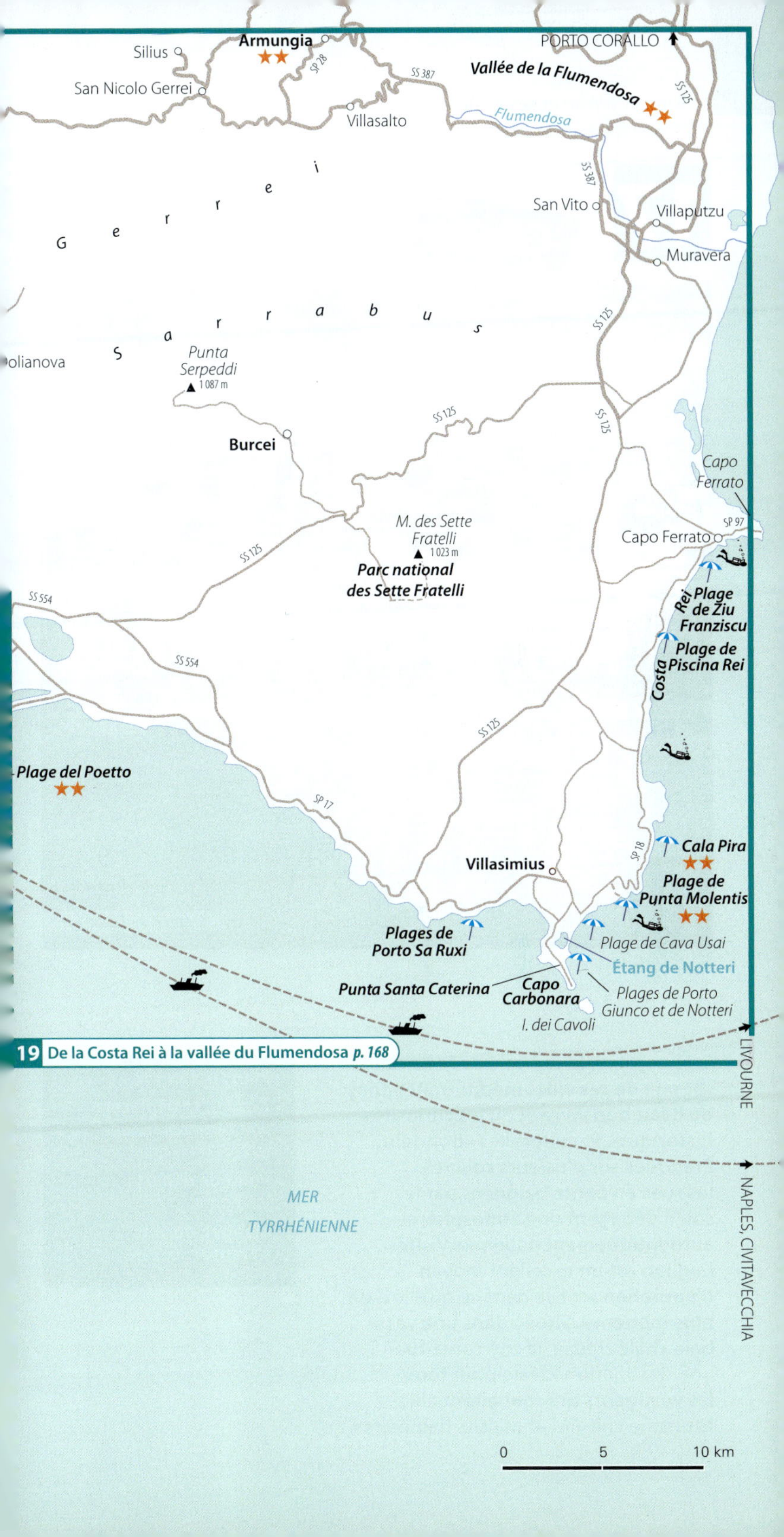

19 De la Costa Rei à la vallée du Flumendosa p. 168

17 Cagliari

Cagliari vue de la mer

De nos jours, la capitale de la Sardaigne est une de ces villes méditerranéennes où il fait bon vivre et où les curiosités historiques et culturelles abondent. Étendues sur plusieurs collines, les rues en pente baignées par le soleil dégagent une atmosphère authentiquement italienne. Visiter Cagliari est un excellent moyen d'appréhender l'île dans ce qu'elle a de plus moderne. Située dans une vaste baie chaleureuse, la cité constitue une destination idéale pour tous les voyageurs qui souhaitent allier tourisme culturel et plaisirs balnéaires.

- **Plan :** p. 156-157
- **Arriver, se déplacer :** voir carnet pratique p. 277.
- **Point de départ :** Via Roma.
- **Manger, dormir, s'amuser :** p. 226.

Cagliari★★★

Avec plus de 150 000 habitants (et près de 500 000 dans toute l'agglomération), Cagliari est de loin la ville la plus peuplée de Sardaigne. Fondée au VIIIe s. par les Phéniciens, la ville a toujours abrité les pouvoirs en place.

Le Castello, centre historique de Cagliari, s'est développé au début du XIIIe s. sous l'influence des Pisans. Un siècle plus tard, les Aragonais les chassèrent et imposèrent leur pouvoir. Leur domination dura près de cinq siècles *(p. 242)*. Cette longue période façonna de manière indéfectible la physionomie de la ville, et notamment le quartier historique avec la construction de ses remarquables fortifications.

Au XVIIIe s., la maison de Savoie s'établit sur l'île et choisit la ville comme lieu d'exil quand elle fut chassée par les troupes de Napoléon au début du XIXe s. Le sort de la ville, et de l'île, fut scellé avec celui de la famille de Savoie jusqu'à l'avènement de l'unité italienne. Son développement commença au XIXe s. et se poursuivit durant le XXe s. En 1948, Cagliari renaît de ses cendres suite aux bombardements terribles de 1943, et devient le chef-lieu de la région autonome de Sardaigne, ce qui consacra la tradition de la ville comme lieu de pouvoir.

➤ Autour des quartiers Marina et Stampace

En partant du *lungomare*, le circuit permet de découvrir le quartier Marina, qui offre une véritable immersion dans le Cagliari d'autrefois, puis le quartier Stampace, ancien quartier populaire qui longe les remparts ouest de la ville.

Via Roma

***Plan p. 156-157 / AB3** – Via Roma, à proximité du port de Cagliari, dans le S de la ville.*

La via Roma constitue souvent la première vision de Cagliari pour ceux qui arrivent de la mer et atteignent le fameux golfo degli Angeli – « golfe des Anges ». Juste derrière le port, cet alignement quasi parfait d'immeubles avec la galerie d'arcades est une des images symboliques de la ville, où il fait bon déambuler à l'ombre des arcades. En 1870, la rue n'était encore qu'une enfilade de petites maisons de pêcheurs flanquée d'un bastion, et ce jusqu'en 1881, date à laquelle la commune décida de tout démolir.

Ce sont les grands noms de l'industrie locale qui commencèrent la construction de cette enfilade d'élégants immeubles sur le front de mer, librement inspirée des plans parisiens du baron Haussmann.

Municipio
Hôtel de ville

***Plan p. 158-159 / A3** – À l'angle du largo Carlo Felice et de la via Roma côté quartier Stampace.*

La construction de cet édifice a fait l'objet de longues polémiques, concernant notamment le lieu, mais également le style. Un concours a donc encadré le projet, que remporta l'architecte turinois Crescentino Caselli. La réalisation de ce prestigieux bâtiment public dura de 1899 à 1907.

Partiellement détruit lors des bombardements de la Seconde Guerre mondiale en 1943, il a été reconstruit presque à l'identique. La façade principale de style néogothique, avec quelques incursions d'inspiration Liberty (l'Art déco italien), impressionne avec ses deux tours octogonales et ses trois étages éclairés par de grandes fenêtres.

Quartier de la Marina

***Plan p. 156-157 / AB3** – Entre la via Roma, le largo Carlo Felice et le viale Regina Margherita.*

Reliant le port au Castello, ce quartier historique fut longtemps habité par les pêcheurs et les ouvriers de Cagliari. Malfamées, ses ruelles étroites et pentues étaient, dans

Cagliari

Galerie communale d'art ★★
Jardins publics
Amphithéâtre romain ★★
Jardin botanique ★★
Citadelle des musées ★★
Porta Cristina
Palazzo Viceregio
Santa Croce
Castello ★★
Cathédral Santa Mar di Caglia ★★
Tour de l'Éléphant
Bastion San Remy ★★★
STAMPACE
LA MARINA
S. Sepolcro
Hôtel de ville
Villa Tigello
PIAZZA INDIPENDENZA
PIAZZA PALAZZO
PIAZZA YENNE
PIAZZA SAN SEPOLCRO
PIAZZA DELLA COSTITUZIONE
PIAZZA DEL CARMINE
PIAZZA MATTEOTTI
Viale
V. Giardini Publici
Via La Vega
Viale S. Vicenzo
Buon Cammino
V. Fra' Nicola da Gesturi
Via Sant' Ignazio da Laconi
Viale Luiji Merello
V. G. I. Porcell
Via Tigello
Corso Vittorio Emanuele II
Via Ospedale
V. Santa Restituta
V. Sant' Efisio
V. Fr. Fara
Via S. Margherita
V. Cammino Nuovo
V. S. Croce
V. Stretta
Via dei Genovesi
Via Alb. Lamarmora
Via Canelles
V. P. Martini
V. Portoscalas
V. D. A. Azuni
Via Caprera
Goffredo Maddalena
Viale Trieste
Mameli
Sassari
V. G. Maria Angioy
Largo Carlo Felice
Via Lodovico Baylle
V. Savoia
Via G. Manno
V. Università
Via V. Fran. Crispi
Via Roma
Via Napoli
V. Barcellona
Via Sardegna
V. Cavour
V. dei Pisani
V. Lepante
V. Torino
V. Reg. Margherita
V. Agostino
Largo G. De
Viale
17 Départ p. 154
0 200 400 m
PULA, NORA
VILLASIMIUS, Plage del Poetto ★★, Selle du Diab
N
A
B
1
2
3

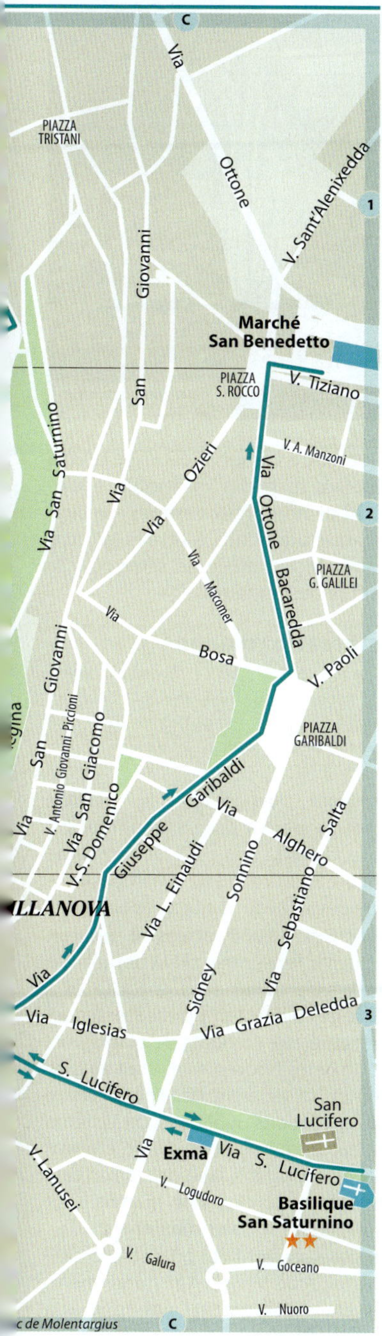

la seconde moitié du XXe s., réputées totalement infréquentables. Aujourd'hui, l'ancien quartier louche de Cagliari a fait peau neuve. Il a été entièrement réhabilité et abrite des ruelles piétonnes, des cafés, de jolies petites places, des antiquaires et des boutiques originales. Le quartier de la marina est désormais le nouveau quartier branché de Cagliari et aussi l'un des plus agréables.

Chiesa di San Sepolcro

Plan ci-contre / B3 *– Piazza di San Sepolcro.*

L'ordre de San Sepolcro fut fondé au XVIe s. par la confraternité du Santissimo Crocifisso dell'Orazione e della Morte, qui se chargeait de pourvoir aux sépultures des indigents de Cagliari jusqu'à la Seconde Guerre mondiale. L'actuelle *piazza* sur laquelle se trouve cette église correspond de fait à l'ancien cimetière, que les frères avaient consacré avec de la terre rapportée du Saint Sépulcre de Jérusalem.

Ceux qui ne pouvaient y trouver place étaient relégués dans la **crypte funéraire** *(mar.-dim. avr.-mai 9h30-18h – jeu. 9h30-16h, dim. 14h-18h – ; juin-août 9h30-19h – jeu. 9h30-16h, dim. 14h-18h – ; sept.-oct. 9h30-18h – jeu. 9h30-15h, dim. 14h-18h – ; nov.-mars 9h30-16h – dim. fermé*). Bien plus ancienne que la structure baroque qui la surmonte, on y accède par un escalier abrupt, aux degrés inégaux (soyez prudent). Datant du Ve s., la crypte se compose de trois salles voûtées dont les murs sont peints en noir, à l'imitation de tentures funéraires. Le bas-relief d'un crâne grimaçant (XVIIIe s.) donne la touche finale à cette mise en scène macabre.

Sous la voûte de la salle principale, levez les yeux pour découvrir une fresque représentant la grande faucheuse coiffée d'une couronne. Sur la lame de sa faux, on peut distinguer ces mots : *Nemini Parco* – « Je n'épargne personne. » Ambiance garantie…

Le jardin botanique

Piazza Yenne

Plan p. 156-157 / B2.

Sur cette place trône la statue du roi Carlo Felice di Savoia. Une colonne représente le départ de la première route qui traversa l'île, joignant Cagliari à Porto Torres. Cette route, appelée *Carlo Felice*, est aujourd'hui dénommée SS131.

Orto botanico**

Jardin botanique

Plan p. 156-157 / A1-2 *– Via Sant'Ignazio da Laconi, 13 ☎ 070 675 35 12.*
Juin-août : t.l.j. 9h-20h ; sept.-oct. : t.l.j. 9h-18h ; nov.-mars : t.l.j 9h-16h ; avr. -mai : t.l.j. 9h-18h. Entrée 4 €.

Réalisé pendant la seconde moitié du XIXe s. par l'architecte **Gaetano Cima**, le jardin botanique de Cagliari est un des plus connus de toute l'Italie, notamment pour la beauté du site et sa richesse végétale. Déambuler dans ses allées entre mille et une espèces végétales est très agréable.

Le jardin compte, sur plus de **5 ha**, des plantes venues des quatre coins du monde. Pas moins de 600 arbres, 500 arbustes, 800 espèces de plantes… Quatre domaines de recherche se distinguent particulièrement : les plantes méditerranéennes, les plantes tropicales, les plantes grasses et les plantes médicinales.

Situé entre l'amphithéâtre et la **villa Tigellio**, le jardin rassemble également de nombreux vestiges romains, (citerne, aqueduc…) et des grottes, dont une fait office de serre pour la culture des fougères.

Anfiteatro romano**

Plan p. 156-157 / AB1 *– Via Sant'Ignazio da Laconi. F. pour travaux.*
Un billet (2 €) permet de descendre une rampe pour voir de plus près l'amphithéâtre.

Principal vestige de la période romaine par sa taille, l'amphithéâtre date du IIe s. apr. J.-C. et témoigne encore aujourd'hui de la flamboyance que devait avoir le site à l'époque.

Avec ses 10 000 places, il pouvait accueillir l'ensemble de la population de la ville. Taillé dans la roche et à flanc de colline, l'amphithéâtre servait de cadre aux combats de gladiateurs et de bêtes féroces, mais était aussi le lieu où se tenaient des spectacles et des exécutions publiques. Un système de canalisations avait même été réalisé pour pouvoir faire des jeux d'eau. Il existait trois types de gradins pour trois classes sociales différentes.

Le site a souvent été pillé au cours de l'histoire ; au Moyen Âge notamment, les blocs des gradins ont servi à la construction du Castello. Pendant la Seconde Guerre mondiale, les souter-

rains étaient utilisés comme abri pour se protéger des bombes.
Durant l'été, l'amphithéâtre renoue avec sa fonction initiale et accueille **spectacles et concerts**. Attention, vous ne pourrez pas visiter le site en cas de représentation *(pour la programmation, renseignez-vous à l'office de tourisme, p. 277)*.

Galleria comunale d'arte**

Galerie communale d'art

***Plan p. 156-157/B1** – Largo Giuseppe Dessi, Giardini Pubblici ☎ 070 677 75 98. Juin-sept. : t.l.j. sf lun.10h-20h ; oct.-mai : t.l.j.10h-18h. Entrée 6 €.*

La galerie communale d'art abrite la plus grande collection d'œuvres réalisées par des artistes sardes. Partir à la découverte des tableaux qu'il renferme est le meilleur moyen d'appréhender les grandes tendances artistiques italienne et sarde du siècle dernier. Le bâtiment, à la façade néoclassique, fut construit en 1828 par **Carlo Boyl di Putifigari** et était alors le siège de la poudrière royale. Complètement restructurée dans les années 1920, la galerie ouvre en 1928. La collection est constituée de dons, legs et acquisitions, qui se sont enrichies en 1999 avec le fonds Ingrao, du nom d'un passionné d'art d'origine napolitaine. Une des œuvres majeures de la galerie est la sculpture réalisée par Francesco Ciusa intitulée ***La Mère de la victime*** *(La Madre dell'ucciso)*. Lors de la Biennale de Venise en 1907, l'artiste triompha avec cette composition en plâtre, considérée comme l'œuvre fondatrice de l'art contemporain sarde *(p. 250)*.

Jardins publics

Plan p. 156-157/B1.

Ils sont le prolongement naturel de la galerie, décorés par des sculptures d'art contemporain, dont les *Dormeurs (I Dormienti)* de **Mimmo Paladino**, représentant de la Trans-avant-garde, et le grand triangle du sculpteur italien **Mauro Staccioli.**

➤ Les quartiers de Castello et Villanova**

***Plan p. 156-157** – Trois ascenseurs permettent de rejoindre le Castello. Un premier depuis la piazza Yenne, les deux autres le long du viale Regina Elena, qui longe l'avenue de la Citadelle. En voiture, possibilité de parking payant viale Buon Cammino (au N du Castello). Vous entrez alors dans le quartier Castello par la Porta Cristina (quartier interdit aux véhicules motorisés).*

Le quartier Castello est le plus ancien de Cagliari. Son urbanisation a commencé en 1217 sous l'influence pisane, dont l'héritage se reconnaît à l'implantation dite « à fuseaux ». Ce bâti, autour de plusieurs axes parallèles, est en effet typique des villes toscanes. Mais c'est sous la domination des Aragonais que le développement du quartier a réellement pris toute son ampleur. Aujourd'hui, le Castello reste probablement l'un des endroits préférés des Cagliaritains, notamment pour les points de vue sur la ville que ses remparts ménagent et qui sont sublimes à la lumière du soir. Villanova est quant à lui le plus récent des quatre quartiers de Cagliari. Développé à partir du XVIIIe s. sur la pente orientale de la colline du Castello, il s'agit aujourd'hui d'une zone résidentielle assez prisée qui conserve plusieurs témoignages historiques intéressants.

Citadella dei Musei**

Citadelle des musées

***Plan p. 156-157/B1-2** – Piazza Arsenale, 1 ☎ 070 662 496. Mar.-dim. 9h-19h15. Entrée 9 € pour les 3 musées (archéologique, Pinacothèque et citadelle).*

Principal complexe culturel de Cagliari, la citadelle des Musées est établie sur un site habité depuis le XIVe s. Fortifications militaires sous la domination aragonaise, la zone abritait l'arsenal royal au XIXe s. Partiellement détruit par les bombardements de 1943, le lieu a fait l'objet, au lendemain de la Seconde Guerre mondiale, d'un projet visant à créer un centre polyvalent des arts et de la culture sardes. Le Musée archéologique et la Pinacothèque ont constitué les éléments essentiels du complexe. Le défi architectural était d'édifier un bâtiment moderne qui mettrait en valeur les vestiges des fortifications. Le projet débute en 1956 sous la coupe des architectes Pietro Gazzola et Libero Cecchini et se termine en 1979. La porte d'entrée néoclassique de l'arsenal royal construite en 1825 donne le ton de cette citadelle des Musées, alliant élégamment l'ancien et le moderne.

La citadelle regroupe d'autres musées mineurs *(payants)* comme le **musée des Cires anatomiques**. Fruit de ses travaux de recherche sur l'anatomie au début du XIXe s., le Florentin Clemente Susini exposa une vingtaine d'écorchés en cire.

Le **musée d'Art oriental** expose quant à lui la collection d'un ingénieur sarde, Stefano Cardu, qui servit le roi du Siam et fit don de sa collection à la ville en 1917. Toutes sortes d'objets venus de Thaïlande, Chine et Japon constituent l'essentiel de cette collection pleine d'exotisme.

Museo archeologico**

☎ 070 655 911.

Inauguré en 1993, le Musée archéologique national de Cagliari abrite une collection importante d'objets, témoins de l'histoire singulière de la Sardaigne. Le rez-de-chaussée est consacré à la période allant du Néolithique au début du Moyen Âge. Ce parcours didactique suit clairement la chronologie des différentes phases fondatrices de la Sardaigne. La part belle est faite aux civilisations prénuragique, avec ses **déesses de la Fertilité,** et nuragique, avec ses ***bronzetti*** *(p. 250)*. En nombre impressionnant, ces petites sculptures de bronze représentent des hommes et des femmes dans les tâches de la vie quotidienne et dans leur rapport au sacré. À la fois simples et joliment dessinés, ces *bronzetti* constituent l'attraction principale du musée et témoignent de la richesse de cette civilisation. Les époques phénicienne-punique et romaine sont aussi représentées avec nombre de **poteries**, d'amulettes et de **bijoux**. Des lampes, des cruches et des bijoux en or marquant le début du Moyen Âge terminent ce parcours. Dans les étages, le visiteur abandonne la logique chronologique pour un parti pris géographique. Les sites de Tharros et de Nora font l'objet d'études plus approfondies.

Pinacoteca nazionale*

Avec une entrée située à l'étage supérieur, les trois étages de la Pinacothèque nationale de Cagliari rassemblent un éventail assez large de la peinture sarde, même si les influences espagnoles et italiennes sont visibles. Le premier espace se consacre aux XVe et XVIe s. et notamment aux **retables**, avec par exemple celui de l'église San Francesco de Stampace, dont le style est clairement gothico-catalan *(p. 250)*. Des œuvres de Pietro Cavaro et du Maestro di Castelsardo, les deux peintres sardes majeurs de cette période entre gothique et Renaissance, sont également exposées. Dans les étages inférieurs, des **peintures** des XVIIe et XVIIIe s. sont signées d'artistes sardes mais aussi génois et catalans.

Piazza Palazzo*

Plan p. 156-157/B2.

Cœur du quartier Castello, la piazza Palazzo abrite la cathédrale de Cagliari et de nombreux palais.

Cattedrale Santa Maria di Cagliari**

☎ 070 66 38 37. T.l.j. 8h-20h.

L'église Santa Maria di Cagliari fut construite par les Pisans au début du XIIIe s. et devint cathédrale en 1258. Elle ne cessa d'être transformée au gré des époques et des dominations. Au XIVe s., époque aragonaise, la cathédrale fut agrandie, notamment

au niveau du transept, et des **chapelles latérales** furent ajoutées. Au XVIIe s., en pleine époque baroque, des travaux de restauration selon le goût d'alors transformèrent encore une fois la structure et l'intérieur.

Au début du XXe s., la municipalité décida de démanteler la **façade** dans l'espoir de retrouver des traces de l'époque médiévale. L'entreprise resta vaine ! En 1925, la façade fut reconstruite dans le style néo-roman, et le **clocher** est le seul vestige d'origine.

À l'intérieur, les décorations sont délibérément baroques. Composée d'un **transept à trois nefs** avec un large presbytère surélevé au début du XVIIe s. pour abriter une crypte, la cathédrale étonne avec ses quatre lions montant la garde. Les **chapelles** sont les seuls vestiges des styles pisan (à gauche) et aragonais (à droite). La **chaire du Maestro Guglielmo** date également de l'époque pisane, car elle fut réalisée entre 1159 et 1162 à Pise et installée entre 1310 et 1312. Elle est aujourd'hui divisée en deux parties à l'entrée de la cathédrale. À noter également la sublime **Madone noire** qui date du XIVe s.

Palazzo Viceregio*

☎ *070 409 2010. Été : t.l.j. 9h-19h, hiver : t.l.j. 10h-18h30. Entrée 2,50 € (5 € avec vis. guidée en italien ou en français). Audioguides en italien et en anglais.*

Le palais Viceregio, également appelé « palais royal » ou « palais Regio », a subi de nombreuses transformations. Au début du XIVe s., à cet emplacement, se trouvait déjà le lieu de résidence du vice-roi aragonais ainsi que son administration. Au début du XVIIIe s. d'importants travaux transformèrent l'édifice. De 1779 à 1815, le palazzo Viceregio accueillit la famille de la maison de Savoie en exil lors de l'invasion du Piémont par les troupes françaises *(p. 243)*.

Une fois le traité de fusion entre la Sardaigne et le Piémont signé en 1847, le palais changea de fonction et fut acheté par la province de Cagliari en 1885. Depuis, il abrite le siège politique de la province. La

Bastion San Remy

salle du conseil à l'étage est ouverte au public et offre une très belle décoration, riche en peintures. Le palazzo Viceregio accueille ponctuellement des **expositions** *(☎ 070 67 71)*.

Quartier du ghetto juif

***Plan p. 156-157/B2** – Longez la via Santa Croce, au bord des remparts, vers le S.*

Le territoire entre la **via Santa Croce** et la **via Stretta** était assigné par l'État à la communauté juive de Cagliari. En 1492, période où la Sardaigne faisait partie du royaume d'Espagne, Isabelle de Castille et Fernandino d'Aragon promulguèrent l'édit d'expulsion des juifs. Le ghetto juif de Cagliari fut alors vidé de ses habitants, qui fuirent vers Constantinople.

Aujourd'hui, il ne reste presque rien de l'ancien quartier juif, à l'image de l'**église Santa Croce**, construite en 1661 sur les ruines d'une ancienne synagogue. Seule une inscription sur une caserne réhabilitée en **centre culturel** *(via Santa Croce, 18 ☎ 070 666 399. Mar.-dim. 9h-13h et 16h-20h. Entrée 3 €)* témoigne de cette occupation.

Torre dell'Elefante*

***Plan p. 156-157/B2** – Via Università. ☎ 070 409 23 06. F. pour travaux.*

Les **murs d'enceinte** qui entourent le Castello furent consolidés au tout début du XIVe s. par les Pisans qui craignaient des attaques catalanes. Surtout, ils furent dotés de tours de contrôle. La tour de l'Éléphant, construite en 1307 à cet effet, tire son nom de la **sculpture** présente sur sa façade. En 1328, sa partie nord fut fermée car réquisitionnée comme logement pour fonctionnaires. Aux XVIIe et XVIIIe s., des bâtiments attenants furent construits, occultant partiellement la vue depuis la tour.

Les remparts comme les tours ont accompagné l'histoire militaire de

Cagliari et ont évolué en fonction du temps et des dangers potentiels venus de l'extérieur. Dès le XIXe s., la fonction défensive des fortifications n'avait plus lieu d'être. On transforma alors la tour de l'Éléphant en **prison**. Elle a été restaurée et remise dans son état d'origine en 1906.

Bastione di San Remy***

Plan p. 158-159/B3 *– Via Università.*

Lieu exceptionnel et préféré des habitants de Cagliari, le bastion San Remy offre un **panorama** sensationnel sur la ville et jusqu'à la mer. Lieu de promenade, de marché aux bijoux, d'**expositions** en plein air, il fait bon se balader et boire un verre sur cette immense esplanade. Quelques **bars** y ont des terrasses à la fois chic et branchées, où l'apéritif au coucher du soleil s'avère magique *(voir ci-après)*.

Réalisé entre 1896 et 1902, période à cheval entre le néoclassicisme et le Liberty (l'Art déco italien), le bastion San Remy est l'œuvre de deux ingénieurs communaux, Fulgenzio Setti et Giuseppe Costa.

Exmà*

Plan p. 156-157/C3 *– Via San Lucifero, 71 ☎ 070 666 399. Juil.-août : mar.-dim. 9h-20h ; juin et sept. : mar.-dim. 9h-13h et 17h-21h ; oct.-mai : mar.-dim. 9h-13h et 16h-20h. Entrée 5 € pour les expos.*

Situé dans les **anciens abattoirs** de la ville, Exmà est, depuis 1993, un centre culturel. À la fois lieu d'exposition, de cinéma, de concerts, de spectacles, de mode et organisateur d'ateliers créatifs, Exmà s'impose comme le centre de la **culture** urbaine et contemporaine de Cagliari. N'hésitez pas à franchir ses portes pour découvrir à l'intérieur de ses hauts murs rouges une multitude d'espaces différents aménagés autour d'une **cour intérieure** paisible, telle une oasis de tranquillité au cœur de la ville.

POUR UN *APERITIVO* BRANCHÉ

Sur l'esplanade du *bastione* di San Remy, ce bar a une terrasse immense avec des petits salons indépendants, le tout dans une ambiance assez design et musicale. Une adresse jeune et branchée qui permet de profiter d'un panorama exceptionnel.
➤ ***Plan p. 156-157/B3 – Caffè degli Spiriti****, Bastione San Remy ☎ 070 311 03 73. T.l.j. horaires variables.*

Basilica San Saturnino**

Plan p. 158-159/C3 *– Piazza San Cosimo ☎ 070 659 869. Horaires variables en fonction des messes. Messe dim. 11h.*

Érigée en l'honneur du martyr Saturnin, exécuté en 304 sous Dioclétien, l'église San Saturnino est l'un des édifices chrétiens les plus anciens de l'île. Elle fut construite entre le Ve et le VIe s. et était dotée à l'origine d'un plan cruciforme. Au XIe s. elle subit des transformations sous l'impulsion des moines de Saint-Victor de Marseille, dits les *Vittorini (p. 242)*. Elle prit alors une forme romane avec ses trois nefs voûtées en berceau. Elle fut consacrée par l'archevêque Guglielmo di Cagliari en 1119. En 1444, la basilique cessa d'appartenir aux *Vittorini* et revint à l'archevêché de Cagliari.

Des **parois vitrées** ont été installées pour protéger le bâtiment de l'humidité, et le résultat est plutôt réussi. Avec ses coupoles, ses palmiers et cette petite touche de modernité venue des fenêtres de verre, la basilique San Saturnino mérite une visite.

Mercato San Benedetto

Plan p. 156-157/C1-2 *– Via Cocco Ortu Francesco, 50. Lun.-ven. 7h-14h, sam. 7h-15h. F. dim. et j.f.*

Ce marché est le plus important de la ville. Vous y découvrirez des étals divers et variés. Le rez-de-chaussée est dédié aux délices de la mer, poissons, fruits de mer, boutargue, etc., et le 1er étage aux viandes, fromages et charcuteries. Certains marchands proposent de quoi manger sur le pouce. Un marché haut en couleur pour ressentir tout l'éclat de l'âme sarde !

➤ Escapades cagliaritaines

Les environs de Cagliari réservent de belles opportunités d'évasion : amoureux de la mer et de sports nautiques ou passionnés de randonnées et de nature, il y en a pour tous les goûts !

Parc de Molentargius

*Carte p. 152-153 – Entre le centre de Cagliari et la plage del Poetto. Depuis la piazza Matteotti (**plan p. 158-159/A3**), prenez la via Roma jusqu'à la piazza Deffenu. Empruntez le viale Diaz jusqu'au bout, puis prenez la via La Palma à g. pour rejoindre le centre d'accueil.*

Qui l'aurait cru ? Aux portes de la capitale sarde, ce parc naturel accueille l'une des plus grandes colonies de **flamants roses** de toute l'île. Situé juste derrière la plage du Poetto, il abrite deux étangs aux eaux peu profondes, reliés entre eux par des canaux. Paradis du *bird-watching*, ici vivent **plusieurs espèces d'oiseaux** que les plus patients n'auront pas de mal à apercevoir. Une piste cyclable traverse d'anciennes salines offrant aux visiteurs des paysages splendides, surtout au coucher de soleil.

Plage del Poetto**

*Carte p. 154-155 – Depuis la piazza Matteotti (**plan p. 158-159/A3**), des bus municipaux assurent la liaison. En voiture, prenez la via Roma jusqu'à la piazza Deffenu. Empruntez le viale Diaz jusqu'au bout, puis le viale Poetto jusqu'à la Marina Piccola. Comptez 10 min. Parking gratuit sur place.*

C'est la plage principale de Cagliari. C'est aussi la plus longue de Sardaigne : de la Marina Piccola à l'ouest, à son extrémité orientale, elle s'étire sur 9 km.

C'est également une des plages les plus célèbres: pour les vues qu'elle offre sur la vieille ville au loin et sur les flamants roses du *stagno* voisin, mais aussi pour le spectacle des Cagliaritains en goguette réunis dans les fameux *chioschi* (kiosques) du Poetto. C'est dans ces bicoques aux noms évocateurs que les habitants aiment à se retrouver pour l'apéritif ou pour déguster des fruits de mer arrosés de quelques verres de vermentino. Le charme des *chioschi* tient à leur décor basique, leurs couverts en plastique et un mélange unique d'authenticité et de bonne humeur. En saison, d'octobre à avril, les oursins frais y sont très prisés.

Le Poetto est surnommé la *Spiaggia dei Centomila* en référence au nombre de baigneurs les jours de grande affluence: si vous recherchez la solitude, passez votre chemin… Ce succès tient sans doute aux services proposés, dignes d'une véritable station balnéaire. Quelques plages privées disposent de parasols et de transats, et l'on peut louer toutes sortes d'embarcations. Les aménagements balnéaires des années 1940 confèrent à la plage del Poetto un petit air suranné très séduisant.

Sella del Diavolo

Selle du Diable

*Carte p. 152-153 – Depuis la piazza Matteotti (**plan p. 156-157/A3**), prenez la via Roma jusqu'à la piazza Deffenu. Empruntez le viale Diaz jusqu'au bout, puis le viale Poetto, puis à g. la via Vergine di Lluc et encore à g. le viale Calamosca.*

Le promontoire de la Sella del Diavolo sépare la plage del Poetto de Cala Mosca. Il doit son nom à une légende selon laquelle Lucifer, après avoir été précipité dans la mer à cet endroit avec sa selle, aurait marqué la roche de son empreinte… d'où son nom, la selle du Diable. Cette pointe rocheuse offre de belles **balades** avec des panoramas exceptionnels sur le littoral et sur la ville.

18 De Pula à la Costa del Sud

Plage de Nora

C'est à partir de Nora que les plages de la côte occidentale deviennent particulièrement belles. Les amateurs de nature sauvage devront pousser jusqu'à Chia et Bithia, qui marquent le commencement de la Costa del Sud. Avec ses 25 km de côte vierge de toute habitation, elle offre des plages magnifiques. Très fréquentées en été en raison de la proximité de Cagliari, ces plages deviennent des havres de paix dès la fin de la haute saison. Celle de la Tuerredda, parmi les plus séduisantes de l'île, réserve une surprise de taille avec ses couleurs qui rappellent les plages des Caraïbes.

- **Carte :** p. 152-153.
- **Arriver, se déplacer :** voir carnet pratique p. 277.
- **Manger, dormir, s'amuser :** p. 228.

Tour côtière et plages de la Costa del Sud

➤ Pula

***Carte p. 152-153** – À 32 km de Cagliari par la SS195 vers La Maddalena. Sortie 3 km après celle de Villa San Pietro.*

Pula est la seule petite ville d'importance sur cette côte où se succèdent les villages de vacances. C'est l'endroit idéal pour faire des courses et aller au restaurant lorsqu'on séjourne dans la région.

Chiesa Sant'Efisio

La plage principale de Pula porte le nom de la petite église Sant'Efisio. Parking de la plage de la baie de Sant'Efisio. T.l.j. 9h-19h. Accès libre.

Bâtie au XIe s. au bord de la plage, en face de la **tour espagnole** de la péninsule de Nora, cette petite chapelle commémore le martyre de saint Ephise à Nora sous le règne de l'empereur Dioclétien. Bâtie sur les ruines d'un sanctuaire paléochrétien, elle reprend les canons de l'architecture romane.

➤ Nora★★

***Carte p. 152-153** – À 5 km de Pula par la SS195 ☎ 070 920 91 38, www.nora.it. F. pour travaux.*

Fondée par les Phéniciens sur le site d'une implantation nuragique, la cité de Nora a été occupée tour à tour par les Carthaginois, les Romains, les Vandales et enfin les Byzantins.

D'une beauté spectaculaire, le site n'est pas sans rappeler celui de Tharros *(p. 120)*, puisqu'il se dresse lui aussi sur un isthme. La ville romaine est bâtie sur une légère pente, les **habitations** sur la partie haute, le **forum** et l'**amphithéâtre** sur les rives de l'ancien port. Pour ajouter au pittoresque, une **tour de guet** espagnole se dresse sur le Capo di Pula, à l'extrémité sud de la **plage de la baie de Sant'Efisio**. Érigée en 1580 par Filippo II, cette tour permettait de donner l'alerte en cas d'incursion barbaresque.

Mieux conservée que celle de Tharros, la ville romaine est impressionnante. Un grand amphithéâtre s'ouvrant sur la mer, les vestiges d'immenses **thermes**, dont on se demande par quel miracle les voûtes ont pu résister au passage des siècles, de belles **voies romaines** pavées, bordées de pins parasols.

➤ Plages de la Costa del Sud

Carte p. 152-153 – À 15 km de Pula par la SS195, prenez la sortie sur la g. pour Chia puis la SP71, route panoramique de la Costa del Sud.

Loin des villages de vacances qui s'étendent au sud de Pula, les plages de la Costa del Sud sont de vraies petites merveilles. En particulier la côte face au bourg de **Chia**, qui attire depuis plusieurs années la jet-set internationale pour sa mer aussi transparente que du verre. Par bonheur, les complexes immobiliers et les villas de luxe n'ont pas entaché la magie des lieux ni abimé la beauté sauvage de sa nature.

Plage de Sa Colonia*

Carte p. 152-153 – En prenant la SP71, le parking se trouve sur la dr., à 2 km de la déviation. On rejoint la plage par un sentier facile d'accès.

En plus du cadre enchanteur, Sa Colonia dispose de quelques **bars**, ce qui est suffisamment rare pour mériter d'être signalé. Cette longue étendue de sable blanc assure une baignade très agréable dans une mer peu profonde de couleur turquoise.

Plage de Su Giudeu**

Carte p. 152-153 – Après la tour de Chia, continuez sur la SP71 en direction du S. Tournez à g. après le village de Baia Chia. La plage se trouve à moins de 1 km. Parking payant en été.

Entourée de dunes, cette magnifique plage d'aspect sauvage possède des eaux peu profondes qui la rendent idéale pour les enfants et pour les mordus de snorkeling. Un bijou !

Cala Piscinnì*

Carte p. 152-153 – Reprenez la SP71 en direction de l'O. Après le cap Malfatano (6 km), la route redescend et longe le littoral.

Située 8 km plus loin, Cala Piscinnì est l'une des plages les plus sauvages de la Costa del Sud. Pour éviter la foule, suivez les sentiers qui partent de la plage vers l'est : plusieurs **criques** solitaires se trouvent au pied de la tour de guet.

Plage de Tuerredda***

Carte p. 152-153 – À 24 km environ à l'O de Pula par la SP71.

Entre **Capo Malfatano** et **Capo Spartivento**, cette plage fait partie des incontournables de la Sardaigne. Bordée par un maquis méditerranéen qui donne à l'eau des couleurs de lagon, Tuerredda est réputée pour son sable fin et ses fonds marins peu profonds. L'îlot éponyme qui lui fait face se rejoint facilement à la nage.

Plage de Sa Colonia

19 De la Costa Rei à la vallée du Flumendosa

La vallée du Flumendosa

Moins « branchée » mais plus familiale que la Costa Smeralda, la Costa Rei, ouverte au tourisme depuis peu, a su préserver son cadre naturel. En longeant la côte par la SS125, on pourrait la croire totalement dépeuplée tant les villages, qui sont presque tous au bord de l'eau, sont bien cachés par la végétation. De la Punta Carbonara à Porto Corallo, pas moins de 50 km de sable blanc et d'eau turquoise vous attendent. L'arrière-pays montagneux, jonché de blocs de granit rose sculptés par le vent (les *taffoni*), réserve quelques perles aux passionnés de randonnée comme aux amateurs de vieux villages.

- **Carte :** p. 152-153.
- **Arriver, se déplacer :** voir carnet pratique p. 278.
- **Manger, dormir, s'amuser :** p. 229.

➤ De Cagliari au Capo Carbonara

Carte p. 152-153 *– Depuis Cagliari, suivez pendant 51 km les panneaux en direction de Villasimius par la SP17.*

Sinueuse, la route côtière offre des **vues superbes** sur le golfe de Cagliari. Surplombant la mer, elle réserve également de nombreuses opportunités pour s'arrêter et se baigner : la plage n'est jamais à plus d'une centaine de mètres de la route, en contrebas.

Au fur et à mesure que l'on se rapproche de Villasimius, le relief s'adoucit : la montagne cède la place à la plaine, les villas se multiplient et les plages deviennent plus grandes.

Plages de Porto Sa Ruxi

Carte p. 152-153 *– 5 km avant d'arriver à Villasimius par la SP17, suivez le panneau sur la dr. pour le village de Sa Ruxi. Garez-vous dans le village.*

À l'ouest du village, trois petites plages relativement sauvages se partagent la côte rocailleuse, offrant un cadre de rêve : sable blanc et fin, eau turquoise peu profonde. Moins fréquentées que les plages voisines de la Costa Rei et de dimensions plus modestes, les plages de Porto Sa Ruxi jouissent d'un environnement sauvage particulièrement séduisant. Les mieux préservées se trouvent à l'ouest du port.

➤ Villasimius*

Carte p. 152-153 *– À 51 km de Cagliari par la SP17. Une fois dans Villasimius, prenez la via Roma sur la dr. pour rejoindre la piazza Giovanni XXIII.*

Avec ses 3 600 habitants, Villasimius est le plus grand centre urbain de la région. Du petit village de pêcheurs fondé au XIXe s., il ne reste presque rien. Le développement immobilier et touristique de ces trente dernières années a tout transformé. Hôtels, boutiques, bars et restaurants : tout est fait pour accueillir le mieux possible, chaque année, les dizaines de milliers de vacanciers. Et il faut reconnaître que la municipalité a bien fait les choses.

PAUSE *GELATO*

Glaces artisanales dans le centre de Villasimius, pour la *passeggiata* la plus courue de toute la Costa Rei.

➤ Il Gelato di Beppe*, Via Umberto I, 60, Villasimius. ☎ 328 008 15 63. T.l.j. horaires variables.*

On découvre une superbe **marina**, un centre-ville moderne, agréable, abritant une multitude de **commerces** et de **bars**, qui en été restent ouverts tard le soir. Ajoutons à cela une côte déclarée aire maritime protégée depuis plusieurs années, et on obtient une combinaison extrêmement efficace.

La **via Umberto I** est la principale rue commerçante. On y trouve des **boutiques** de toutes sortes vendant des produits de qualité : spécialités gastronomiques, artisanat sarde, articles de plage, librairie, tout y est. Elle débouche sur la **place Giovanni XXIII**, où se trouvent les cafés et les marchands de glaces. La marina, qui se situe à 2 km au sud du centre-ville, n'est accessible qu'en voiture. En saison, une navette municipale gratuite relie régulièrement le centre-ville aux plus belles plages.

Punta Santa Caterina*

Carte p. 152-153 *– Une fois arrivé à Villasimius par la SP17, tournez à dr. dans la via Roma et rejoignez la via del Mare. 400 m plus au S, prenez la frazione Simius sur la dr., en direction de la marina. Dépassez la marina et suivez la route jusqu'au parking, 2 km plus loin. Baignade déconseillée aux plus jeunes, en raison des eaux profondes.*

À l'inverse des environs de Villasimius, la Punta Santa Caterina est sauvage et inhabitée. Depuis le parking, on aperçoit à l'est, en contrebas, une belle **villa** abandonnée qui abritait autrefois les bureaux d'une carrière de granit. En contrebas s'étend la jolie **plage**

de la Cava Usai, peu fréquentée.
Une autre possibilité consiste à prendre un chemin sur la gauche juste avant d'arriver à la marina de Villasimius et de rejoindre les plages de **Porto Giunco** et de **Notteri** *(10 min à pied – sentier facile d'accès)*. Adossée à l'étang de Notteri, celle de Porto Giunco est pleine de charme. Au sud, on aperçoit une **ancienne tour de guet**. Un petit sentier escarpé y mène en traversant le maquis. La tour offre une vue spectaculaire sur la côte orientale.

Plage de Punta Molentis★★

Carte p. 152-153 – Sortez de Villasimius par le S: partant de la piazza Giovanni XXIII, la via del Mare devient la frazione Simius. Après 1 km, tournez à g. sur la SP18. Après 3,5 km, quittez la SP18 et prenez la route sur la dr. qui mène jusqu'à la Punta Molentis, 1,5 km plus loin.

C'est l'une des plus jolies plages de la région et l'une des plus spectaculaires: un **isthme** relie la *punta* rocailleuse au reste de l'île. On peut se baigner des deux côtés de l'étroite bande sablonneuse: l'eau est peu profonde, transparente, le sable d'un blanc immaculé... Une merveille.

➤ Plages de la Costa Rei

Carte p. 152-153 – Depuis Villasimius, suivez les indications pour la Punta Molentis et longez la côte en restant sur la SP18. Le village touristique de Costa Rei se trouve à 23 km. La Costa Rei s'étend jusqu'au Capo Ferrato, 6 km plus au N.

Les plages de la Costa Rei sont parmi les plus accueillantes de Sardaigne: faciles d'accès, elles sont aussi beaucoup plus longues que la majorité des plages de l'île, ce qui permet de toujours trouver un endroit au calme. Toutefois, la proximité de villages de vacances a encouragé la mise en place d'**infrastructures** de loisirs (locations de planches à voile, de bateaux, etc.), une offre pléthorique qui détonne singulièrement avec le caractère souvent sauvage des autres plages de l'île.

Cala Pira★★

Carte p. 152-153 – Située à 13 km, à mi-chemin entre Villasimius et Costa Rei, sur la SP18, un chemin mène au petit village de vacances de Cala Pira et à la plage du même nom (5 min).

Avec sa tour espagnole, son sable fin et ses eaux peu profondes, cette plage est à découvrir absolument.

Plage de Piscina Rei★

Carte p. 152-153 – Située au N du village de Costa Rei, le long de la SP18.

Moins fréquentée à mesure que l'on s'éloigne du village, la plage a toutes les qualités qui ont fait la réputation des plages de la Costa Rei: du sable blanc, une eau turquoise. Elle est suffisamment grande pour qu'on ne s'y sente jamais à l'étroit, même en été.

Plage de Ziu Franziscu

Carte p. 152-153 – Longez la côte vers le N jusqu'aux abords du village de Capo Ferrato. Garez-vous sur le bord de la route (SP97) à hauteur d'une grande allée d'eucalyptus. Parcourez l'allée à pied jusqu'à la plage (5 min).

C'est la pointe septentrionale des plages de la Costa Rei, et la moins fréquentée. Ziu Franziscu offre tout ce que l'on peut attendre d'une plage de la Costa Rei: un sable fin et des eaux transparentes.

➤ Parco nazionale dei Sette Fratelli★

Carte p. 152-153 – À 38 km N-E de Cagliari. En venant de Cagliari par la SS125, l'entrée du parc est indiquée par un panneau sur la dr., juste avant la sortie de Burcei (à g.). La Casa Forestale *se trouve au bout d'un court chemin. Renseignez-vous sur les itinéraires de randonnée (possibilité d'obtenir des plans des principaux circuits), www.sardegnaforeste.it.*

Visibles depuis la Costa Rei, les « Sept Frères » sont des **éperons granitiques** perchés à 1023 m au-dessus du niveau de la mer. Ils signalent le point le plus méridional du massif granitique qui, partant du Sarrabus, traverse toute l'île du sud au nord, et se prolonge jusqu'en Corse. Les 62 km² de **parc national** qui s'étendent aux pieds des « Sept Frères » sont occupés par une vaste forêt de chênes verts, de chênes-lièges et d'arbousiers. Espace naturel protégé, le parc abrite également de nombreux ruisseaux et cascades. On peut le découvrir en parcourant les **sentiers** qu'empruntaient autrefois les charbonniers, ceux-là mêmes qui donnèrent son nom à la Punta Carbonara.

➤ Burcei

Carte p. 152-153 – À 37 km N-E de Cagliari par la SS125. Au niveau du parc des Sette Fratelli, prenez la route sur la g.

Planté au milieu des vignobles et des cerisiers, à seulement 8 km de la sortie de la SS125, le village de Burcei a été fondé au XVIIe s. par des pasteurs venus de Barbagia. Traversez le village et rejoignez la **Punta Serpeddi** (1 067 m) qui se trouve 10 km plus à l'ouest : le panorama vaut le voyage. Du golfe de Cagliari à la Costa Rei, la mer est partout.

➤ Valle del Flumendosa★★

Carte p. 152-153 – Sur la SS125 en direction de l'E et de Muravera, sortez à Villaputzu (60 km). À hauteur de Muravera, la SS387 se faufile entre d'immenses falaises. Roulez sur la SS387 pendant 23 km, puis prenez la SP28 sur la g. dir. Armungia.

Le Flumendosa est le deuxième plus grand fleuve de Sardaigne après le Tirso. Creusée dans les roches calcaires du Sarrabus, la basse vallée du Flumendosa est particulièrement spectaculaire : elle combine des paysages de roches façonnés par l'eau à des paysages montagneux, particulièrement verdoyants, aux pieds du massif du Gennargentu.

Villaggio museo di Armungia★★

Carte p. 152-153 – 4 km après avoir quitté la SS387 pour s'engager sur la SP28, tournez à g. et suivez le panneau Armungia *(2 km). Le centre du musée se trouve au sommet du village, au pied du Sa Domu de is Ainas ☎ 070 958 90 11, www.armungiamusei.it. Avr.-juin. : mer. 10h-13h, jeu.-ven. 10h-13h et 16h-20h, sam.-dim. 9h30-13h et 16h-20h ; juil.-août. : mer.-dim. 10h-13h et 16h30-20h ; oct.-mars : mer.-jeu. 10h-13h, ven. 10h-13h et 15h-19h, sam.-dim. 9h30-13h et 15h-19h. Entrée 6 € avec visite guidée en italien.*

Armungia est un village traditionnel du Gerrei, la région montagneuse et aride qui s'étend entre la grande plaine du **Campidano** et la mer Tyrrhénienne. Aujourd'hui à moitié dépeuplée mais remarquablement bien entretenue, la commune d'Armungia a décidé d'ouvrir les portes de certaines des maisons les plus intéressantes du village. Au programme de ce parcours : l'atelier du maréchal-ferrant, une maison de maître, la maison d'Emilio Lussu, écrivain antifasciste, héros de la Résistance et grande figure morale de l'île, le nuraghe et le **Musée ethnographique**. Très bien conçu, ce dernier contient une pièce consacrée aux travaux des hommes et une à celui des femmes.

Situé derrière le musée, le **nuraghe d'Armungia** est un rare exemple de monument néolithique à avoir été préservé au sein d'un village. Surnommée *il salto del coraggio* (« le saut du courage »), la voûte effondrée du nuraghe a vu des générations d'enfants du pays prouver leur valeur en sautant au-dessus du vide.

La côte orientale

Le littoral oriental de la Sardaigne est une côte sauvage, relativement délaissée depuis l'Antiquité. Est-ce l'absence d'abris naturels qui a poussé les Phéniciens et les Romains à lui préférer la côte ouest ? Est-ce l'indifférence des montagnards de la Barbagia qui a condamné ce bord de mer à l'oubli ? Deux mille ans plus tard, le contraste entre l'est et l'ouest de l'île est toujours frappant. Le désenclavement de cette côte et sa récente conversion à une activité touristique discrète est principalement dû à la SS 125, une route tracée au cours du XXe siècle, qui reprend le tracé de l'historique *Orientale Sarda*. N'hésitez pas à la suivre en voiture : elle traverse un magnifique littoral préservé, en particulier le fantastique golfe d'Orosei ponctué de plages de rêve. À seulement quelques kilomètres à l'intérieur des terres, l'est de la Sardaigne présente une autre facette. Vous pénétrez dans la Barbagia, une vaste région rude et montagneuse – mais riche en villages de caractère –, où la nature intacte vous invitera à faire de superbes randonnées en profitant des panoramas et de la fraîcheur des massifs du Supramonte et du Gennargentu. Sa ville principale, Nuoro, est par ailleurs aussi considérée comme la capitale culturelle de l'île.

PRATIQUE

Carte : Côte orientale p. 174-175.
Manger, dormir, s'amuser : voir p. 231.
Se déplacer : en voiture en bus *(voir Carnet pratique p. 268 et 278)*. Sachez que vous ne pourrez pas aller partout en bus, la voiture reste le meilleur moyen d'accéder aux villages et aux plages les plus reculés.

VISITES
20 à 22

La côte orientale

Cala Goloritzè dans le golfe d'Orosei

La côte orientale

OLBIA
SS 38
SS 131
SS 72
OLBIA
Oasis de Bidderosa
Étang de Curcurica
Plage de Berchida
Étang de Bidderosa
Balade secrète p. 186
Baronie
SS 125
SS 129
Orosei ★★
SS 125
129
Balade secrète p. 198
Source Su Gologne
Grotte d'Ispinigoli
Dorgali
Vallée de Lainattu
Grotte de Sa Oche e Su Bentu
Cala Gonone
Cala Fuili
SP 26
Grotte du Bue Marino ★★
Site nuragique de Sa Seddà e Sos Carros
Village préhistorique de Tiscali ★★★
Cala Luna ★★★
Golfe d'Orosei ★★★
Canyon Gorropu
Randonnée p. 196
Supramonte ★★★
Cala Sisine ★★
SS 125
Parc national Golfe d'Orosei
1263 m
1024 m
Cala Mariolu ★★
825 m
Cala Goloritzè ★★
Urzulei
21 Le golfe d'Orosei p. 182
SS 125
L'Ogliastra p. 176
Baunei
SS 125
MER TYRRHÉNIENNE
Lotzorai
Rochers rouges ★★★
Arbatax
Cala Moresca ★★
Tortolì
Plage de Porto Frailis ★★
Arzana
SS 389
Ilbono
SS 198
Plage Lido di Orrì ★★
Parc archéologique de Selene
SS 125
Lanusei
Pardu
SS 198
Gairo
Bari Sardo
SP 11
Osini-Vecchio
Échelle de San Giorgo
Tacchi ★★★
Osini
Ulassai
Pelau
Jerzu
Plage de Museddu ★★★
SP 13
Marina di Gairo ★★★
SS 125
Plage de Coccorocci ★★★
Capo Sfera Cavallo
Marina di Tertenia ★★★
Tertenia
Plage de Foxi Manna ★★★
Tour de San Giovanni di Sarralà
Plage de Foxi Murdegu ★★★
Plage de Foxi Lioni ★★★

20 L'Ogliastra

La région est réputée pour ses tacchi

Bien qu'étant pourvue d'un superbe littoral constitué de plages de sable et de côtes rocheuses, l'Ogliastra reste une région préservée du tourisme de masse. Ses plages sont moins connues que les localités plus au nord et restent fréquentées par un tourisme local. Son arrière-pays est tout aussi superbe : la nature vierge laisse la place à des paysages de montagne en s'approchant du massif du Gennargentu. Autour de Jerzu, les vignes dominent le cadre : c'est le territoire du cannonau, célèbre vin rouge sarde. Au fil des routes et des chemins de randonnée, vous découvrirez ici une région contrastée et authentique.

- **Carte :** p. 174-175.
- **Arriver, se déplacer :** voir carnet pratique p. 278.
- **Manger, dormir, s'amuser :** p. 231.

➤ Jerzu

Carte p. 174-175– À 120 km N de Cagliari par la SS125.

Centre important de production de cannonau (vin sarde), cette ville de 3 000 habitants avec vue sur la mer constitue un bon point de chute pour quiconque souhaite randonner dans les fameux *tacchi* (formations calcaires) surtout quand le village voisin d'Ulassai affiche complet.

Avant de partir à la découverte d'un cadre naturel d'exception, une halte aux Antichi Poderi di Jerzu s'impose *(p. 232)*. Cette cave, parmi les plus réputées de la région, possède toutes les variétés des cannonau.

➤ Ulassai

Carte p. 174-175 – À 4 km N de Jerzu, par la SP11.

Depuis une dizaine d'années, ce petit village paisible est devenu la capitale sarde de l'escalade et des sports de plein air. Des nombreuses voies d'escalade, des centaines désormais, sont aménagées dans ses *tacchi*.

Grotta di Su Marmuri*

Coopérative Su Bullicciu ☎ 078 279 859. T.l.j. Visite guidée obligatoire (italien et anglais ; tél. avant pour demander une vis. en français) : avr. et oct. 11h, 14h30 et 17h ; mai-juil. et sept. 11h, 14h, 16h et 18h ; août 11h, 13h, 15h, 17h et 18h30. Entrée 12 €.

Si la perspective d'une randonnée au soleil ne vous tente pas, la température constante, à 10 °C (emportez de quoi vous couvrir), des grottes karstiques de Su Marmuri est une alternative agréable. Partant du parking, remontez 100 m jusqu'au **restaurant Su Bullicciu**. Vous ne pourrez pas manquer le portail de la grotte, qui se trouve à gauche du restaurant. Le parcours souterrain est remarquablement long : comptez presque 1 km.

La cavité de la grotte se développe au-dessous du Tacco di Ulassai, le massif calcaire qui domine le village. Parmi les nombreuses salles qu'elle contient, mentionnons celle de l'Organo, nommée ainsi à cause de la cascade de stalactites qui évoque un grand orgue suspendu à la voûte d'une cathédrale naturelle. La *Grande Sala* est la plus vaste : longue de 72 m et large de 30 m.

Stazione dell'Arte

Gare de l'art

☎ 0782 78 70 55, www.stazionedellarte.com. T.l.j. 9h30-19h30. Possibilité de visite guidée à 9h30, 11h, 13h, 15h30, 16h, 18h. Entrée 6 €.

Niché dans l'ancienne gare ferroviaire d'Ulassai, ce musée d'art contemporain est né en hommage à l'enfant du pays, Maria Lai (1919-2013). Cette artiste du début du XXe s. italien fonda son travail sur la réinterprétation des objets liés au quotidien rurale féminin : les métiers à tisser, les livres « cousus », les poteries. La collection expose plus de 150 œuvres de l'artiste.

➤ *Tacchi****

Carte p. 174-175 – Depuis Ulassai, à 4 km N de Jerzu par la SP11, prenez la via Dante sur la g. Cette dernière traverse la partie haute du village, contourne un terrain de football, puis se dirige vers l'O du village. Suivez les panneaux pour Su Marmuri et garez-vous 1 km plus loin. Parking au pied des tacchi. *Randonnées dans les* tacchi *de 45 min à 4h, à partir du parking. Informations à la billetterie de la grotte de Su Marmuri.*

ESCALADE À ULASSAI

À 1 000 m d'altitude, Ulassai s'est taillé depuis quelques années une solide réputation parmi la communauté internationale de grimpeurs : au point d'être appelée la « nouvelle Céüse », en hommage au relief montagneux près de Gap. Mur vertical, escalade en devers, escalade en dalle : les possibilités sont nombreuses. Le secteur principal pour grimper est celui du Canyon, on y compte presque 200 voies qui vont du niveau 4a jusqu'au niveau 8a.

Le **parking** de la grotte de Su Marmuri est un point de départ fort commode pour une randonnée dans les *tacchi*. L'entrée de la grotte elle-même est située au pied du **Bruncu Cococcia**, une impressionnante butte calcaire d'un blanc étincelant, qui se dresse au milieu d'une forêt de chênes verts. La beauté naturelle du lieu est inoubliable, évoquant certains coins de la Provence et de l'Ombrie, avec en sus la mer qui s'étend à l'horizon et un petit vent frais qui souffle sur les hauteurs. En été, c'est une véritable bénédiction !
À peine s'est-on éloigné du parking que l'on se rend compte à quel point la région est déserte : on ne voit aucune trace de routes ni de villages, seulement des collines recouvertes de maquis et les étranges silhouettes blanches des *tacchi*, à perte de vue.

➤ Scala di San Giorgio*

Échelle de San Giorgio

***Carte p. 174-175** – En arrivant au village d'Osini, à 5 km N de Jerzu par la SP11, prenez sur la g. via Sardegna. Longez-la jusqu'à contourner le terrain de football. Parcourez la route sur 2 km et préparez-vous à plusieurs virages en épingles. Accès aux sentiers 1 €.*

La gorge naturelle de la Scala di San Giorgio, considéré Monument naturel, fait partie du Taccu de Osini. C'est un paysage de roches escarpées qui s'étire sur presque 1 km. Du petit kiosque d'information, deux courts sentiers conduisent à plusieurs points de vue. Le plus joli est celui de S'Assa e Su Casteddu *(à dr. du guichet)*. En hauteur, on admire la gorge de San Giorgio et son point culminant **Su Casteddu**. Le lieu est également une voie d'escalade.

➤ Serbissi

En poursuivant sur 5 km la route de l'échelle de San Giorgio. T.l.j. 10h-13h et 15h-18h30. Entrée : 3 €.

Ce site nuragique se compose d'une tour centrale flanquée de trois petites tours et d'une grotte karstique qui remonte à l'érosion jurassique. Site archéologique mineur, il s'agit principalement d'un magnifique point de vue sur l'ensemble des *tacchi*.

➤ Parco archeologico bosco Selene

Parc archéologique de Selene

***Carte p. 174-175** – À 23 km N de Jerzu par la SP11 et la SS198, entre Gairo et Lanusei. ☎ 078 241 051. Mar.-dim. 9h-13h et 15h-18h (mai-juin : 19h ; juil.-sept. : 20h). Entrée 4 €, visite guidée en italien et en français sans supplément.*

La SP11 traverse les villages fantômes d'Osini Vecchio et de Gairo Sant'Elena, abandonnés après des glissements de terrain. Les vues de la **vallée du Riu Pardu** sont très belles. Après Gairo, quelques kilomètres avant d'arriver à Lanusei, un panneau indique la proximité du **bosco Selene,** un joli bois de chênes verts au sein duquel se cachent plusieurs sources et un complexe archéologique. Ses *tombe dei giganti* se cachent dans la verdure.

➤ Tortolì et Arbatax

***Carte p. 174-175** – À 30 km E de Jerzu par la SS125.*

Située à quelques kilomètres de la côte, **Tortolì** a longtemps mené une vie paisible autour de son église et de sa mairie, tirant sa subsistance de quelques mines. Petite citée ordonnée, moderne et animée, son centre

PAUSE DOUCEUR

Derrière le comptoir, une vitre s'ouvre sur le laboratoire où sont préparées artisanalement toutes les pâtisseries. Les gâteaux secs s'achètent au poids – des spécialités sardes comme les *ricottine* et *canestrelli* entre autres – alors que les pâtisseries se commandent à l'avance.
➤ ***Pasticceria Maria Vittoria**, via Porto Frailis, 8 Arbatax-Tortoli. Jours et horaires variables.*

Rocce rosse

historique conserve encore de jolies maisons de maître, construites entre les XIXe-XXe s. Ce n'est qu'avec le développement du tourisme depuis les années 1980 que la commune d'**Arbatax** est devenue une destination de vacances. En effet, située à la base du promontoire Capo Bellavista, Arbatax n'était au départ que le port de Tortolì. Les deux localités sont indissociables l'une de l'autre en termes de services et d'infrastructures, mais Arbatax a aujourd'hui quelque peu volé la vedette à Tortolì. Le port d'Arbatax est une importante escale portuaire pour les ferries en provenance de la péninsule et dirigés vers Cagliari. D'ici partent également des excursions en bateau pour les plages du golfe d'Orosei *(p. 231)*. La localité souffre aujourd'hui d'une construction un peu trop massive.

Rocce rosse***

Rochers rouges

***Carte p. 174-175** – Depuis la marina de Arbatax, longez le port jusqu'à son extrémité E. De là tournez à dr. en suivant les panneaux* « Spiaggia delle Rocce Rosse ».

Destination balnéaire prisée pour la couleur féerique de ses eaux et la

À LA DÉCOUVERTE DE L'ARRIÈRE-PAYS PAR LE *TRENINO VERDE*

Avant le développement autoroutier, **Arbatax** était un nœud ferroviaire d'une certaine importance; les trains de Cagliari vers le nord marquaient ici l'arrêt. Souvenir de cet heureux temps, le traditionnel *trenino verde* vous transporte encore à bord de ses wagons d'époque à la découverte des paysages les plus secrets de l'Ogliastra et des panoramas saisissants à travers les hauteurs du massif du Gennargentu, sur une distance de 159 km. Le trajet a été suspendu à l'été 2017 à cause des dommages causés par plusieurs incendies. Tout est mis en place pour rouvrir la ligne au plus vite.

➤ ***Carte p. 174-175** – ☎ 070 26 576, www.treninoverde.com. La gare se trouve sur la place juste en face des Rochers rouges.*

blancheur du sable de ses plages, Arbatax attire les curieux pour ses Rochers rouges. Ces falaises spectaculaires de porphyre rouge qui émergent de la mer forment un cadre théâtral évoquant presque celui des calanques marseillaises. Les plus téméraires ne résisteront pas à grimper en haut de l'une de ces roches pour plonger dans la grande bleue. Dommage que le parking tout proche dénature la beauté un temps très sauvage du site.

Plages d'Arbatax★★

Carte p. 174-175.

Bien équipées, aux eaux claires et cristallines, les plages d'Arbatax sont très fréquentées pendant l'été par les Sardes qui possèdent leurs résidences secondaires dans la région. La belle baie de **Cala Moresca**, fermée par des rochers de porphyre rouge *(depuis le port, tournez à dr. via Tirreno et prenez la rue en montée sur 200 m, tournez à g. jusqu'au petit parking qui surplombe la* cala*)* et la plage de sable blanc de **Porto Frailis** *(à l'entrée d'Arbatax, tournez à dr. via Porto Frailis, au rond-point prenez la 3e sortie et après 500 m. tournez à dr. en suivant le fléchage)* sont parmi les plus agréables. En direction du sud, le **Lido di Orrì** *(4 km S-E de Tortolì, prenez la direction S, via Garibaldi, après 600 m tournez à g. et suivez le fléchage)* avec ses 16 km de

UNE GASTRONOMIE SÉCULAIRE

Les habitants de l'Ogliastra sont très fiers de leurs spécialités. Cela fait des siècles que ce peuple de pasteurs se nourrit de charcuterie, de fromages et de viande de cochon (le traditionnel *maialetto*). Les typiques *culurgiones*, sortes de raviolis, sont également originaires de la région. Farcis de pommes de terre, de *pecorino* et de menthe, la pâte très fine à base de farine et d'eau est refermée en demi-lune et striée de petits traits pour qu'elle ressemble à un épi de blé.

Lido di Orrì

Un sentier menant aux plages de Marina di Tertenia

sable fin reste l'une des plages les plus animée en haute saison; vous trouverez ici de quoi vous garer, une aire pour camping-cars et quelques kiosques pour vous restaurer.

➤ Plages des environs★★★

Marina di Gairo

À 30 km S de Arbatax, sur la SS125 prenez la sortie Marina di Gairo.

La très belle **plage de Museddu**, accessible en voiture, s'étend sur plusieurs kilomètres. En poursuivant en direction du sud, vous arriverez à la Marina di Gairo. De là, un sentier mène à la **plage de Coccorrocci**.

Ici, le sable laisse la place aux galets. Sur 4 km, Coccorocci fait l'une des renommées de la région. Très belle position panoramique au pied du Capo Sferracavallo.

Marina di Tertenia

À 45 km S de Arbatax, par la S125. Prendre la sortie pour Tertenia et suivre les indications « Marina di Tertenia ».

La Marina di Tertenia est un ensemble de plages après le Capo Sferracavallo, dans la vallée du Rio Quirra. Protégées par le Monte Arbu, 8 km de côte cachent les plages de **Foxi Manna** et **Foxi Lioni**. C'est ici un tourisme local, constitué de Sardes qui viennent passer le week-end ou des vacances dans leurs maisons secondaires. La plage de Foxi Manna est la plus étendue ; on aperçoit dans cette baie tranquille la tour du XVIIe s. de San Giovanni Saralla. Les plages de **Foxi Murdegu** et Foxi Lioni sont plus petites mais sont également très agréables.

21 Le golfe d'Orosei

Le golfe d'Orosei est d'une beauté naturelle exceptionnelle. Au pied d'immenses falaises calcaires se nichent une dizaine de criques sablonneuses. Les plages, restées à l'abri des promoteurs immobiliers, sont toutes sauvages, à l'exception de Cala Gonone. S'étendant jusqu'à 6 km des côtes, le parc naturel du golfe d'Orosei et celui, connexe, du Gennargentu, offrent de nombreuses opportunités de randonnée. Au nord du golfe, les villes de Dorgali et Orosei abritent un joli centre-ville historique avec des terrasses de cafés animées, des restaurants de spécialités sardes et des commerces pour agrémenter les fins de journée.

- **Carte :** p. 174-175.
- **Arriver, se déplacer :** voir carnet pratique p. 278.
- **Manger, dormir, s'amuser :** p. 233.
- **Balade secrète :** Échappée belle à Bidderosa, une oasis d'exception, p. 187.

➤ Orosei★★

Carte p. 174-175 – À 90 km S d'Olbia par la SS125.

De dimensions plus modestes que Dorgali, le village d'Orosei a également beaucoup plus de charme. Bâti sur les ruines d'une ancienne garnison romaine *(Fanum Carisii)*, c'est la capitale historique de la baronnie homonyme. Témoins de son ancienne prospérité, les églises et les *palazzi* médiévaux du centre-ville confèrent à Orosei un prestige qui contraste singulièrement avec la modestie de ses prétentions actuelles.

Au centre du village, la petite **piazza del Popolo** offre l'occasion de boire un verre à l'ombre de beaux acacias. Les plus belles églises du village sont disposées autour de la place. Dominant le village, **San Giacomo Maggiore** *(☎ 078 498 760. T.l.j. 9h-12h et 16h-19h)* est reconnaissable à ses dômes en forme de petites coupoles et à ses belles couleurs pastel. Richement orné de stucs multicolores, l'intérieur abrite un beau **baptistère** en bois du XVIIIe s.

De l'autre côté de la place, l'église de **Sant'Antonio Abate** est aussi sombre et dépouillée que San Giacomo est riche et colorée. Datant du XIVe s, elle abrite une précieuse **statue** en bois représentant saint Antoine l'Ermite. C'est d'ici, tous les ans, le 17 janvier, que partent les processions qui, marquant le commencement du carnaval sarde. Elles culminent avec un grand feu de joie.

Museo Guiso★★

Carte p. 174-175 – Via Musio, 2 ☎ 078 499 70 84. Se visite uniquement sur r.-v. Entrée payante.

Installé dans l'aristocratique palazzo Guiso, dont la construction remonte au XVIIe s., ce musée contient des collections rassemblées par l'un des derniers descendants de cette illustre famille d'Orosei: une superbe collection de théâtres miniatures et de **marionnettes** qui plairont autant aux adultes qu'aux enfants, une autre de **dessins** de l'École de Rome de l'entre-deux-guerres et une dernière de **costumes féminins** du début du XXe s.

PÂTISSERIES TRADITIONNELLES

Cette pâtisserie offre une vaste gamme de douceurs traditionnelles.
➤ ***Nanni**, via Nazionale, 214, Orosei ☎ 078 491 90 28. T.l.j. horaires variables.*

➤ ***Lire aussi la balade secrète : Échappée belle à Bidderosa, une oasis d'exception, p. 187.***

➤ Plages du golfe d'Orosei★★★

Carte p. 174-175 – À 30 km S d'Orosei par la SS125 et la SP26.

L'attrait exceptionnel des plages du golfe d'Orosei tient à deux facteurs: la beauté naturelle du lieu et son caractère inaccessible. La majorité des plages du golfe ne sont desservies que par des **bateaux** partant de **Cala Gonone** ou d'**Arbatax** *(p. 278)*; il est impossible d'y accéder autrement.

Ce qui à première vue pourrait sembler une contrainte finit par faire partie de l'« expérience Orosei »: les bateaux partent à intervalles réguliers avec rarement plus d'un quart d'heure d'attente, l'atmosphère est très détendue, et il faut convenir que pour se rendre à la plage, le *traghetto* est plus agréable que la voiture.

Vous pouvez également visiter certaines plages du golfe à pied: il existe un sentier de randonnée qui longe la côte, au départ de Cala Gonone. Comptez 1h15 pour rejoindre Cala Luna et surtout, n'oubliez pas de prendre des réserves d'eau et un chapeau. Pour le retour, les moins motivés pourront prendre une navette.

Cala Gonone

Carte p. 174-175 – Quittez la SS125 2 km avant Dorgali en suivant le panneau pour Cala Gonone sur la dr.

Après un tunnel, la SP26 descend en lacets jusqu'à Cala Gonone.

Cala Gonone est un petit port de pêcheurs que la proximité des plages du golfe d'Orosei a promu au rang de base logistique pour les nombreuses **navettes** qui relient les plages du golfe d'Orosei.

On peut attendre le départ du bateau sur la terrasse d'un des nombreux **cafés** qui bordent la via Amerigo Vespucci, en face de l'embarcadère. Ces dernières se remplissent également à l'heure de l'apéritif, une fois que tout le monde est rentré de la plage, contribuant à créer une ambiance extrêmement chaleureuse.

Ceux qui ne veulent pas prendre le bateau opteront pour les **plages de Cala Gonone** *(directement au S du port)* et de **Cala Fuili** *(3 km plus au S, en longeant la côte)*.

Chaque année, Cala Gonone accueille un **festival de jazz** qui rassemble des musiciens de renommée internationale ainsi que la fine fleur des musiciens de l'île. Le festival se déroule dans le parc de la villa Ticca, à cheval entre les mois de juillet et d'août *(Rens.: Association culturelle l'Intermezzo, via Lamarmora, 2, Nuoro ☎ 078 423 25 39, www.intermezzonuoro.it)*.

Grotta del Bue Marino**

***Carte p. 174-175** – Visite guidée au départ de Cala Gonone, accessible seulement en bateau. Parking gratuit aux abords du port. T.l.j. 9h30-17h30. Départ toutes les 30 min. Visite 21 €.*

Accessibles en bateau, ces grottes marines ont constitué le dernier habitat en Sardaigne du **phoque moine** de Méditerranée, surnommé « bœuf marin », espèce menacée.

Le circuit de 800 m traverse de grandes salles souterraines à moitié immergées, un spectacle inhabituel en Sardaigne, où les grottes sont rarement envahies par la mer.

Cala Luna***

***Carte p. 174-175** – En bateau depuis Cala Gonone (10 à 15 min de Zodiac).*

C'est sans doute la plage la plus célèbre du golfe, et, à ce titre, la plus fréquentée. Son attrait tient en partie à ses dimensions – 800 m de long: c'est la plus grande de la région – et aux grottes qui occupent la partie septentrionale de la plage.

C'est aussi la plus proche de Cala Gonone, et, par conséquent, celle dont l'accès est le plus facile. Il y a un **bar-restaurant** à quelques pas de la jetée. Ses eaux émeraude peu profondes conviennent aux enfants.

Si vous préférez marcher, vous pouvez rejoindre **Cala Luna à pied** *(6 km, 1h30)*. Sortez de Cala Gonone par le viale del Bue Marino, en longeant la côte sud. 3 km plus loin, au parking, un escalier en bois mène à Cala Fuili; de là, un sentier descend vers le sud en suivant plus ou moins la côte. Après 30 min de marche, à une intersection, prenez le sentier de droite qui mène à Cala Luna. Sans réelle difficulté, cette randonnée est néanmoins réservée aux personnes en bonne condition physique. N'oubliez pas d'emporter de l'eau!

Cala Sisine, Cala Mariolu et Cala Goloritzè**

***Carte p. 174-175** – Comme pour Cala Luna, le départ s'effectue depuis Cala Gonone (20 à 40 min de Zodiac).*

Plus on s'éloigne de Cala Gonone, plus les plages sont désertes et petites. Le voyage dure un peu plus longtemps, mais vous ne le regretterez pas. Se retrouver sur une plage de sable blanc, au bord d'une mer turquoise, avec le sentiment d'être seul au monde (ou presque), est une expérience inoubliable!

LE PARADIS DES SPORTIFS

Sports et nature font bon ménage sur la côte orientale. Le golfe d'Orosei offre de magnifiques **spots de plongée**, avec ses eaux limpides protégées des vents et des courants et ses grottes.
➤ *p. 234.*

➤ Grotta d'Ispinigoli

***Carte p. 174-175** – À 15 km S d'Orosei par la SS125 dir. Dorgali, un panneau sur la dr. indique la direction à suivre pour rejoindre la grotte ☎ 078 496 243. T.l.j. avr.-oct. : 10h-17h ; juil.-août : 9h-19h ; nov.-mars : résa par tél. Entrée 8 € (visite guidée en italien et en anglais).*

Elle est surnommée « l'abîme des vierges » ! Il s'agit en fait d'une grotte au fond de laquelle ont été retrouvés des ossements humains, dont on crut longtemps qu'ils avaient appartenu à des victimes de sacrifices barbares (on penche aujourd'hui pour l'hypothèse d'une sépulture collective). Elle est occupée depuis l'âge du bronze.

➤ Dorgali

***Carte p. 174-175** – À 20 km S d'Orosei par la SS125. Une fois dans le centre-ville, garez-vous à la première opportunité.*

Cette petite ville de 8 300 habitants est le principal centre habité de la région. Traversant le centre historique, la **via Lamarmora** est la rue commerçante de Dorgali. On y trouve des boutiques d'**artisanat**, des marchands de vin et des épiceries (le miel de la région est particulièrement réputé). Au bout de 400 m, la via Lamarmora croise le **corso Umberto**, qui descend sur la gauche : c'est la rue des cafés, très animée en fin de journée à l'heure de l'*aperitivo*. Jouxtant l'école de la via Lamarmora, le **Musée civique archéologique** *(☎ 338 834 16 18, www.museoarcheologicodorgali.it ; Mar.-dim. mai-sept. : 9h30-13h et 16h-19h ; oct.-avr. : 9h30-13h et 15h30-18h ; entrée 3 €)* regroupe une collection intéressante d'objets de différentes origines : néolithique, nuragique et romaine.

LES DAUPHINS REVIENNENT !

Depuis l'interdiction des filets maillants dérivants en Méditerranée, les dauphins sont de plus en plus nombreux à s'ébattre au large de la Sardaigne. Les pêcheurs – leurs principaux détracteurs – sont obligés de se lever toujours plus tôt pour récupérer leurs filets avant le lever du soleil : c'est l'heure que les dauphins choisissent pour s'offrir un petit déjeuner à leurs dépens. Il est presque impossible de passer une semaine de vacances sur la côte sarde sans en apercevoir au moins une fois, notamment tôt le matin depuis les navettes qui desservent les plages ou en s'éloignant un peu plus au large.

Les plages de Bidderosa ont des airs de paradis

Balade secrète

Échappée belle à Bidderosa, une oasis d'exception

Fascinante, secrète et teintée d'exotisme, l'oasis de Bidderosa offre des paysages naturels d'une beauté vierge, jalousement préservés par une réglementation très stricte. Si le paradis devait ressembler à quelque chose, c'est probablement d'ici qu'il tirerait son inspiration.

Départ matinal

Pensez à partir de bonne heure pour profiter à 100 % de votre journée, mais surtout pour rejoindre l'entrée de l'oasis avant 10h si vous planifiez votre visite en été. En haute saison, une réservation préalable vous garantira l'accès.
Sur votre droite, vous apercevrez les bureaux de l'Ente Foreste di Sardegna, chargé de la gestion de Bidderosa ainsi que de la réglementation des entrées.

Farniente au paradis

Une fois franchie l'entrée du parc, voici que s'étendent devant vous **500 ha de nature vierge**. Traversez la forêt de pins maritimes, d'eucalyptus et de genévriers et, tandis que le parfum du maquis vous enivre et que les cigales entonnent leur concert, vous vous trouvez subitement face à un dilemme : laquelle parmi les cinq criques choisir pour votre journée de plage ? En effet, la longue plage de Bidderosa embrasse cinq plages d'une incroyable beauté.

Cale et calette

Peu importe votre choix, le résultat vous étonnera toujours. La beauté de ces petites criques *(calette)* au sable argenté, ornées de pierres granitiques aux reflets roses et dont les tons de la mer vont du turquoise au vert d'eau, reste toujours un spectacle. De plus, on peut se prendre pour Robinson Crusoé, car même en haute saison, l'accès limité fait qu'il n'y a jamais foule.

« Comme un oiseau »

Plusieurs étangs bordent les *calette*, le plus vaste étant celui de **Curcurica**, suivi par celui de **Bidderosa** et par celui de **Berchida**. Ici, les passionnés du *bird-watching* s'en donneront à cœur joie : les différentes étendues d'eau sont habités par une riche faune ornithologique palustre (hérons, aigrettes, poules d'eau, cormorans, mouettes) à laquelle s'ajoutent périodiquement des oiseaux migrateurs (canards, flamants roses…).

Panoramas

Chemins et sentiers à parcourir à pied, à vélo ou en voiture à travers la forêt de Bidderosa permettent de rejoindre des terrasses naturelles d'origine granitique, dont un qui s'élève à 300 m d'altitude, d'où profiter d'une belle vue sur les étangs et les cinq plages *(env. 30 min de marche en pente douce)*.

PRATIQUE

Accès : *À 13 km N d'Orosei par la SS125. Une seule entrée et sortie. Ouvert entre mai et fin octobre. Attention ! L'accès à l'oasis est strictement réglementé et limité en nombre de visiteurs (max 140 voitures et 30 motos/jour). Réservez votre entrée le jour d'avant auprès de la coopérative Le Ginestre ☎ 333 17 98 335, www.oasibiderosa.it. Mai-oct. : t.l.j. 7h30-19h.*

Budget : *Entrée payante : 12 € par véhicule et 1 € par personne, 1 € par piéton, 1 € pour les cyclistes, 6 € pour les motards.*

Conseil : *Les oasis n°2 et n°5 sont les plus équipées. Prévoyez un pique-nique et de quoi vous faire de l'ombre sur la plage.*

22 Nuoro et la Barbagia

Procession religieuse à Mamoiada

Appelé *Barbaria* par les Romains, le centre montagneux de la Sardaigne se distingue depuis la plus haute Antiquité par son farouche esprit d'indépendance.
La ville de Nuoro en est le cœur ; elle constitue le camp de base idéal pour découvrir ce territoire. Au sud, les montagnes du Supramonte et du Gennargentu abritent une multitude de petits villages de pasteurs. C'est le pays des sources, des châtaigniers et du miel ; le pays des bergers, des *ballientes* (les hommes vaillants du folklore insulaire) et des bandits, héros mythiques du peuple sarde. Au nord, de hauts plateaux granitiques, arides et semi-désertiques s'étendent jusqu'aux confins de la Gallura.

- **Carte :** p. 174-175.
- **Arriver, se déplacer :** voir carnet pratique p. 278.
- **Manger, dormir, s'amuser :** p. 235.
- **Randonnée :** Canyon Gorropu, p. 196.
- **Balade secrète :** Au pied du Supramonte : Su Gologone et Lanaittu, p. 199.

Nuoro★★

Carte p. 174-175.

Cette ville d'environ 36 000 habitants n'a accédé au statut de capitale provinciale qu'à la fin du XIXe s. Elle fut longtemps considérée comme un village de paysans et de bergers, que l'intendant piémontais De Viry qualifia en 1746 de capitale de la *mala-vita barbaricina*, regroupant tous les « mauvais éléments » de la Barbagia.

Nuoro a connu son plus grand développement à la fin du XIXe s., lorsqu'elle est devenue la **capitale administrative** de la région. Qu'on ne s'attende donc pas à y trouver des églises romanes et des quartiers médiévaux: la plupart des bâtiments datent du début du XXe s. Ils reflètent le style décoratif en vogue à cette époque, le **style Liberty** (l'Art déco italien).

Si le pittoresque **quartier de San Pietro**, le plus ancien de Nuoro, a conservé ses habitations traditionnelles, le centre-ville est résolument « moderne », au sens qu'avait ce mot en 1910. C'est une ville où il fait bon se promener. Spacieuse, aérée, de dimensions modestes mais élégante, elle est devenue la capitale intellectuelle de l'île après que l'enfant du pays, **Grazia Deledda**, s'est vu attribuer le prix Nobel de littérature en 1926 *(p. 251)*. Au cœur de la cité, le **corso Garibaldi** est le lieu de toutes les sorties : on y consomme son capuccino le matin et on se donne rendez-vous pour l'*aperitivo* le soir venu. Peu touristique, Nuoro a le charme d'une petite ville continentale, bourgeoise et cultivée, logée au sein d'une nature sauvage, sous le ciel bleu du bassin méditerranéen.

AU PARADIS DU FROMAGE

Cette *latteria* (fromagerie) officie sur le *corso* depuis 1936 sous les ordres de « zia Marianna ». Derrière le comptoir, c'est sa fille désormais qui découpe fromages et charcuterie. Depuis l'été 2017, l'ajout d'un petit bistrot permet de déguster sur place les produits vendus. Avec sa terrasse au début du *corso*, c'est un lieu prisé pour l'*aperitivo*. ➤ ***Latteria di Zia Marianna 1939,*** *Corso Garibaldi 174/176. T.l.j. horaires variables.*

Museo d'Arte della provincia di Nuoro (MAN)

Musée d'Art de la province de Nuoro

Carte p. 174-175 *– Via Sebastiano Satta, 27 ☎ 078 425 21 10, www.museoman.it. Mar.-dim. 10h-13h et 15h-19h (10h-20h en été). Entrée 5 € (gratuit 1er dim. du mois). Visite guidée gratuite (en italien).*

En descendant de la piazza Italia par la via Dante en direction du sud, on traverse le **cœur de la cité**. Une grande partie du prestige de Nuoro, capitale administrative du centre de la Sardaigne, s'exprime dans ces grands immeubles. Une fois arrivé sur le corso Garibaldi, tournez à gauche ; la via Satta bifurque sur la gauche après quelques pas. Logé dans un beau *palazzo* blanc, le musée rassemble l'une des plus intéressantes collections de **peinture sarde** de l'île. L'omniprésence du folklore dans la peinture de la première moitié du XXe s. est significative : l'identité sarde semble être le thème presque exclusif de la majorité des œuvres.

Encouragés par le régime fasciste, les artistes italiens de l'entre-deux-guerres se sont en effet consacrés à honorer la culture et les traditions populaires sous toutes leurs formes. Peints au lavis, les personnages de **Tarquinio Sini** (1891-1943) font partie de l'iconographie de la Barbagia : les *mamuthones (p. 247)*, les bergers et les femmes âgées vêtues de noir qu'il peignit n'ont pas disparu du paysage : on les rencontre à chaque coin de rue.

Museo archeologico nazionale

Carte p. 174-175 *– Via Manno, 1 ☎ 078 431 688, www.museoarcheologiconuoro.beniculturali.it. F. pour travaux.*

Pour ceux qui n'auront pas eu la chance de visiter le Musée archéologique de Cagliari, c'est l'occasion unique de voir une collection de **figurines nuragiques** *(p. 250)*, ces petites statuettes en bronze représentant des guerriers et des pasteurs. Accessibles aux visiteurs du musée, les jardins qui se trouvent derrière le palazzo Asproni accueillent régulièrement des colloques et des **conférences** *(rens. à l'accueil du musée)*.

Museo Grazia Deledda

***Carte p. 174-175** – Remontez le corso Garibaldi jusqu'à la jolie piazza San Giovanni, puis suivez la via Aspromonte. Prenez la première ruelle à g. Via Deledda, 42 ☎ 078 425 80 88 ou 078 424 29 00. Mar-dim. 10h-13h et 15h-20h (horaires réduits en hiver). Entrée 3 €.*

Peu connue en France, révérée dans son île natale, Grazia Deledda incarne à elle seule la tradition littéraire sarde *(p. 251)*. Parfois qualifiée de « vériste », en référence au courant naturaliste italien du début du XXe s., son œuvre raconte la vie tragique des habitants de la Barbagia.

La via Deledda, dans laquelle se trouve le musée, traverse le **quartier de San Pietro**, le plus ancien et le plus pittoresque de Nuoro. Vous passerez devant **Santa Maria della Neve**, la basilique de Nuoro, construite au XIXe s. Le musée occupe la maison où est née Grazia Deledda (1871-1936). Cette belle ***casa signorile*** (maison bourgeoise) du XIXe s. est merveilleusement préservée et entretenue. Des salles contiennent des archives photographiques et vidéo sur la vie de l'auteur. Dans les étages, les pièces ont conservé les meubles et les objets de l'enfance de Grazia Deledda. Plus qu'un simple lieu de pèlerinage littéraire, ce musée est une bonne opportunité de remonter le temps. Il y a un **joli jardin** derrière la maison, agrémenté de quelques bancs, où des traductions des œuvres de l'auteur sont mises à la disposition des visiteurs.

Museo della Vita e delle Tradizioni popolari sarde**

Musée de la Vie quotidienne et des Traditions populaires

***Carte p. 174-175** – Redescendez la via Deledda jusqu'à la piazza San Giovanni, traversez la via Aspromonte et prenez la via Tola qui se trouve directement en face. À 200 m, la via Tola devient la tortueuse via Antonio Mereu. Via Antonio Mereu, 56 ☎ 078 425 70 35, www.isresardegna.org. Mar-dim. : 10h-13h et 15h-20h (horaires réduits en hiver). Entrée 5 €.*

La visite de ce musée donne l'occasion d'appréhender l'âme sarde. D'une qualité exceptionnelle, tant par la richesse de ses collections que par leur présentation moderne, presque luxueuse, c'est avec le Musée archéologique de Cagliari l'un des deux plus beaux musées de Sardaigne.

Situés sur les flancs du mont Ortobene, les bâtiments du musée reproduisent les diverses formes de l'**habitat traditionnel** sarde : *casa a cortile* du Sinis, *palazzo* catalan d'Alghero, etc. Le cadre est magnifique. À l'intérieur, dans une pénombre savamment entretenue, on trouve une fantastique collection de **tissus traditionnels**, de **bijoux**, de mannequins. en costume, de masques, d'instruments de musique, de meubles, de couteaux, d'intérieurs reconstitués – parmi lesquels le merveilleux cabinet du collectionneur d'antiquités sardes Pio Colombini

L'EXIL INTÉRIEUR DES *LATITANTI*

Darsi alla macchia : « prendre le maquis ». Comme en Corse, le maquis est encore une réalité dans la chronique judiciaire de la Sardaigne contemporaine. Nombreux sont les justiciables qui optent pour cette forme d'exil que représente le maquis. Loin de vivre comme des ermites, ils bénéficient de réseaux qui leur permettent de se rencontrer, parfois même de vivre en groupe et d'entrer en contact avec leur famille.

Un refuge du Supramonte

(1865-1935), sorte de mise en abyme du musée lui-même – le tout artistiquement éclairé. Des siècles de traditions et d'artisanat sardes se mettent à revivre sous vos yeux.

➤ Le Supramonte et la Barbagia supérieure★★★

Carte p. 174-175.

Également appelée *Barbagia di Ollolai*, la partie septentrionale de la Barbagia est aussi la plus représentative de l'esprit farouchement indépendant qui souffle depuis la nuit des temps sur le centre de la Sardaigne. D'aspect pourtant paisible, ses collines abritent quelques-uns des villages les plus originaux et les plus « rebelles » de toute l'île. Le **massif du Supramonte** qui les domine veille à leur tranquillité. Ces sommets calcaires qui succèdent aux pics du Gennargentu sont un paradis pour les promeneurs (vers le site de **Tiscali**) et abritent l'un des plus grands canyons d'Europe, le **Gorropu**. La fierté des *Barbaricini* s'accompagne d'un réel sens de l'hospitalité, parfois associé à une certaine exubérance. Une grande partie du charme de ces villages de montagne tient aux rencontres que l'on ne manquera pas d'y faire, pour autant que l'on soit prêt à engager la conversation avec les *Barbaricini* que le hasard aura mis sur notre chemin.

➤ Lire aussi la randonnée : Le canyon Gorropu, p. 196.

Village préhistorique de Tiscali★★★

***Carte p. 174-175** – À 11,5 km S de Nuoro par la SP22. Garez-vous à proximité du pont qui enjambe le Riu Flumineddu. T.l.j. mai-sept. : 9h-19h ; oct.-avr. : 9h-17h (horaires réduits en hiver). Entrée 5 €. Gardien.*

C'est sans aucun doute l'un des plus beaux sites préhistoriques d'Europe… Tiscali ne se rejoint que par une splendide randonnée.

Randonnée

Comptez 4h de marche A/R pour personnes entraînées. Conseils : équipez-vous de chaussures de marche et n'oubliez pas d'emporter au moins 1 l d'eau/pers. car il n'y a pas de source d'eau sur le chemin et il peut faire très chaud. Le sentier est balisé par des marques de peinture rouge et par des cairns – tas de pierres – qui se dressent à intervalles réguliers le long de l'itinéraire.

Après avoir traversé le pont, prenez le sentier sur la droite et suivez les panneaux. Le chemin suit le cours du fleuve jusqu'à une brèche dans les falaises qui bordent la rive occidentale du Flumineddu, puis descend dans une autre vallée avant de remonter sur la gauche jusqu'au site de Tiscali.

Site

L'immense caverne dans laquelle est installé le village est une **doline karstique**, sorte de vaste cavité naturelle creusée dans la roche calcaire par l'érosion. On y accède par une ouverture dans la partie supérieure, avec la sensation de descendre dans une immense cruche naturelle.

Les **huttes** sont réparties autour de chênes séculaires et une autre ouverture, inaccessible, fait figure de fenêtre gigantesque ouverte sur les reliefs calcaires étincelants du Supramonte. Le site archéologique se compose de deux secteurs : une première agglomération d'une quarantaine d'habitations se niche dans le côté N de la cavité, en forte pente. Sur le versant S-O de la grotte, une trentaine de huttes s'accrochent à la paroi de la doline. Selon les archéologues, celles-ci étaient probablement utilisées pour conserver la nourriture ou en tant qu'étables pour les animaux. Habité dès le IIe millénaire avant notre ère, le site a été occupé à intervalles réguliers par les bergers de la région.

Oliena

Carte p. 174-175 – À 10 km S-E de Nuoro. En sortant de la ville empruntez la SS129 dir. Oliena. Bifurquez à dr. après 2 km et prenez la SP22.

Paisiblement accroché aux pieds du Supramonte, ce petit bourg s'est bâti une certaine renommée avec la manifestation des « **Cortes apertas** » qui a lieu autour du 10 septembre. L'événement permet de découvrir les patios des maisons traditionnelles dont le village est particulièrement riche. Dans les ruelles du centre, au-dessous du ***municipio***, se nichent quelques petites églises, comme celle de **S. Croce** qui remonte au XVIe s. C'est un village paisible, principalement utilisé comme point de départ pour profiter des promenades de la région.

➤ Lire aussi la balade secrète : Au pied du Supramonte : Su Gologone et Lanaittu, p. 199.

Orgosolo***

Carte p. 174-175 – À 20 km S de Nuoro. Sortez de Nuoro par le N-E (quartier de San Pietro) et prenez la SS129 dir. Oliena Bifurquez à dr. après 2 km et prenez la SP22 dir. Oliena. La SP22 traverse le grand village d'Oliena puis rejoint Orgosolo, 18 km plus loin.

Immortalisé par le film de Vittorio De Seta *Bandits à Orgosolo* (1961), ce village, au demeurant fort paisible, revendique encore fièrement son histoire tumultueuse. Aujourd'hui, Orgosolo est surtout célèbre pour ses **peintures murales** : plus de 150 œuvres réparties dans le village, célébrant la résistance sous toutes ses formes. La diversité des sujets est stupéfiante : la guerre du Vietnam, la bande de Gaza, Sarajevo, les Indiens d'Amérique, les droits de la femme… Au milieu de ce chaos d'images d'actualité provenant du monde entier, quelques rares *murales* (peintures murales figuratives réalisées principalement sur les façades) évoquent la vie quotidienne des *Barbaricini*.

Signées **Dionisio**, les premières fresques datent de 1969 ; elles sont l'œuvre d'un groupe anarchiste milanais. En 1975, un professeur de dessin siennois vint s'installer à Orgosolo et, avec l'aide de ses élèves, fit passer les *murales* du statut d'anecdote à celui

Peinture sur un rocher d'Orgosolo

de phénomène insulaire : on vend désormais des cartes postales du village dans toute l'île ! Traversant le village de bout en bout, la SP22 permet de voir une cinquantaine de *murales*, parmi les plus importants d'Orgosolo. Mais avant d'être un musée vivant de l'esprit d'insubordination et du banditisme sarde, Orgosolo est aussi et avant tout un **village traditionnel** de la Barbagia. Il faut se promener dans les ruelles qui bordent le **corso Repubblica** (le nom que prend la SP22 en traversant le village), loin des portraits de Che Guevara et de Salvador Allende, pour pouvoir goûter à l'atmosphère intemporelle qui règne dans ce village de pasteurs.

Mamoiada**

Carte p. 174-175 *– À 18 km S de Nuoro par la SS389. À l'entrée du village, garez votre voiture sur la piazza San Sebastiano. Descendez le corso Vittorio Emanuele III – la rue principale de Mamoiada – jusqu'à la piazza Europa. Le musée, un bâtiment moderne, se trouve sur la dr.*

Autant Orgosolo se complaît dans la revendication, autant Mamoiada aime le mystère. Situés à quelques kilomètres l'un de l'autre, ces deux villages s'opposent et se complètent comme le jour et la nuit. Mamoiada est avant tout la demeure des *mamuthones (p. 247)*, ces personnages masqués surgis de la nuit des temps, auxquels le village a consacré un très beau musée.

Museo delle Maschere mediterrannee***

Musée des Masques méditerranéens

Piazza Europa, 15 ☎ 078 456 90 18, www.museodellemaschere.it. Mai-oct. : t.l.j. 9h-13h et 15h-19h, le reste de l'année : mar.-dim. 9h-13h et 15h-19h. Visite guidée en français ttes les h à partir de 9h. Entrée 5 €.

Le parti pris du musée est d'intégrer les *mamuthones* dans le contexte plus vaste des masques méditerranéens. À côté des célèbres masques de Mamoiada, on trouvera donc les *boes* et les *merdules* du village voisin d'**Ottana** *(à 20 km environ)*, ainsi que de nombreux autres masques en provenance du Nord-Est de l'Italie, des Balkans et de Grèce. La ressemblance est saisissante et le rapprochement, parfaitement légitime. Géré par des membres de la très offi-

Aritzo

cielle Association des *mamuthones*, le musée contient plusieurs salles consacrées aux masques et aux costumes eux-mêmes, ainsi qu'une salle vidéo et un diaporama. La visite guidée donne un aperçu global de cette tradition plusieurs fois millénaire. Les films en particulier permettent de revivre le spectacle fascinant des hommes masqués traversant le village, une manifestation qui s'apparente plus à une transe collective qu'à un défilé traditionnel. Magique…

DU VIN ET DU FROMAGE

Juste en face du musée, Andrea a ouvert une épicerie - bar à vins. On y trouve une intéressante sélection de produits locaux : du vin cannonau, de la confiture artisanale, des pâtes, du pain carasau *(p. 258)*. Les fromages et charcuteries se paient à la coupe et on peut se faire préparer des sandwiches. Depuis 2017, l'épicerie fonctionne aussi comme une petite table d'hôtes.

➤ ***La Rossa Enoteca,*** *Corso Vittorio Emanuele, Mamoiada ☎ 349 392 16 71. Lun.-sam. 8h30-20h.*

➤ Le parc national du Gennargentu et la Basse-Barbagia

Carte p. 174-175 *– De Jerzu, prenez la SP11 puis la SS198 dir. Seui et Ulassai. Avant d'arriver à Sadali, tournez à dr. sur la SP8 dir. Seulo, 49 km plus loin. Traversez Seulo, Gadoni puis prenez la SS295 après 22 km dir. Aritzo.*

La Basse-Barbagia se divise en deux parties : la **Barbagia Belvì** et la **Barbagia Seùlo**. La Barbagia Belvì est beaucoup plus verte et moins aride que sa cousine du nord (la Barbagia supérieure). C'est une escale toute trouvée pour échapper pendant une journée à la chaleur de la côte : au frais, vous serez entourée d'aulnes, de châtaigniers et de chênes verts. Au centre de l'île, le massif du Gennargentu est le plus important de Sardaigne : le sommet de Punta La Marmora culmine à 1 834 m d'altitude. C'est donc un paysage de montagne où la nature règne et où l'on peut apercevoir mouflons, cerfs, daims et de nombreux rapaces.

Pour atteindre la Barbagia Belvì, il faut traverser les grandes étendues arides et inhospitalières de la Barbagia Seùlo, dont les magnifiques paysages contrastent singulièrement avec le caractère presque alpestre des villages d'Aritzo et Tonara.

Aritzo

Carte p. 174-175 – À 83 km de Jerzu par la SS198, la SP8 et la SS295.

Ce joli petit village de montagne a des airs de station suisse. Des hôtels aux aspects de chalets traditionnels bordent la rue principale. Son climat tempéré en a fait un lieu de vacances pour la bourgeoisie de Nuoro, Cagliari et Oristano, ce qui explique qu'il dispose d'excellentes infrastructures touristiques.

Typiques de la région, ses maisons en pierres plates sont ornées de petits balcons en bois. En contrebas de la rue principale, une ancienne **prison espagnole,** reconnaissable à son arche de style gothique catalan, se visite avec un guide. Renseignez-vous auprès du museo della Montagna sarda *(via Guglielmo Marconi ☎389 8731 853. Mar.-dim. juin-sept.: 10h-13h et 16h-19h; oct.-mai: 9h-13h et 15h-18h. Billet cumulé pour le musée et la prison avec visite guidée 2,50 €).*

Tonara

Carte p. 174-175 – Depuis Aritzo, continuez sur la SS295 dir. Belvi et Tonara sur 15 km. Torrone Pili, via Vittorio Emanuele ☎ 078 463 445, www.torronpili.it. Pour les visites guidées appelez 48h à l'avance.

Tout l'intérêt de Tonara réside dans la spécialité du village: le *torrone*, ce fabuleux **nougat** qui est vendu lors de toutes les *sagre* (fêtes traditionnelles) de l'île.

Une heure suffit pour visiter quelques ateliers de confiserie. En appelant à l'avance, il est même possible de participer à une visite organisée.

Il faut voir le miel réduire des heures durant dans une immense marmite en cuivre, les blancs d'œufs montés en neige que l'on incorpore une fois que la consistance est bonne, les amandes et les noix que l'on ajoute au dernier moment avant de répandre le nougat fumant sur de vastes plans de travail en marbre. C'est tout simplement merveilleux…

Village rustique et renommé, lieu de villégiature hivernale pour les Sardes, vous trouverez à Tonara de quoi faire de belles randonnées. Les plus connues traversent la forêt d'Uatzo et conduisent au sommet du Monte Mugianeddu (1 465 m).

AUTOMNE EN BARBAGIA

Dès les premiers jours de septembre et jusqu'au mois de décembre, la région s'anime pendant la manifestation *Autunno in Barbagia*. C'est une riche programmation d'environ 32 rendez-vous, dans 32 villages, qui met l'accent sur les traditions de l'artisanat, depuis les spécialités gastronomiques en passant par la découverte des *cortes,* les cours internes des maisons traditionnelles.

➤ *www.cuoredellasardegna.it/autunnoinbarbagia.*

Randonnée

Le canyon Gorropu

Le canyon Gorropu est l'un des plus grands d'Europe. Ce bel exemple de paysage karstique est accessible par une randonnée à portée de tous. Le cœur de la gorge est assez connu des amateurs d'escalade, car on y trouve la prestigieuse voie « Hotel Supramonte ».

DÉPART ET ARRIVÉE : boucle.
DURÉE : env. 3h (si vous faites tout à pied).
BALISAGE : oui.
DISTANCE : Genna Silana – Gorropu : 4 km ; Point 4x4 – Gorropu : 3 km.
DÉNIVELÉ : 650 m.
DIFFICULTÉ : facile.
ENTRÉE GORROPU : 5 € ; retour en 4 x 4 au passo Genna Silana : 15 €. Résa : association Chintula ☎ 328 897 65 63.

1 Avant le Gorropu

Pour arriver à l'entrée de la gorge, deux itinéraires sont possibles : du Passo Genna Silana, à pied, ou en 4 X 4 avec un départ du Campo Base (indiqué le long de la S125). La première solution est la plus panoramique et la plus sportive. En partant de Genna Silana, les marcheurs vont arpenter un dénivelé de 650 mètres pour arriver à l'entrée de la gorge (3 km). Le paysage est saisissant : à l'arrière-plan trône le massif du Supramonte. La deuxième solution est bien plus facile car le moteur du 4x4 se charge du dénivelé et laisse les randonneurs au fond du ravin. Il vous restera à marcher environ 3 km, sur un sentier en partie ombragé par un agréable maquis. Très vite, le chant de l'eau se fait entendre. En contrebas, on aperçoit le Riu Flumineddu, qui redessine la vallée après avoir traversé le Gennargentu et qui vous accompagne jusqu'à l'entrée de la gorge.

2 La gorge : un parcours trois couleurs

Sur 1,5 km, le balisage du canyon se succède avec un dégradé de trois couleurs. Le premier parcours, le vert, est très facile, accessible à tous. La randonnée se corse un peu à partir du tracé jaune, le suivant, qui demandera de sautiller sur plusieurs roches en s'y agrippant avec attention. La fin du parcours est marquée rouge et devient une véritable voie d'escalade : il est uniquement destiné aux grimpeurs expérimentés. C'est ici que se trouve l'Hotel Supramonte, une voie d'escalade 8b. Le parcours vert se termine dans la partie la plus étroite de la gorge : la paroi rocheuse s'élève sur 400 m pour une largeur de 4-5 m. Levez les yeux, un filet d'eau ruisselle le long de la roche. Dans l'aridité des lieux, l'eau crée une micro-oasis de verdure, qui s'étale sur quelques centimètres carrés. Les plus attentifs, et les plus chanceux, pourront y apercevoir une fleur endémique, l'aquileia de Gorropu. Ce spécimen fleurit en une trentaine d'exemplaires en mai.

3 Un lieu de légende

La gorge serait habitée par la *mamma de Gorropu* (la mère de Gorropu). Cette créature peu amicale sort de sa tanière uniquement pour se nourrir d'humains. Les nuits de tempêtes, les maléfiques *sos drullios* sont également à craindre. D'ailleurs, le diable lui-même connaît bien le Gorropu : on pourrait y marchander son âme en échange de grandes richesses.

La source de Su Gologone entre deux parois de roches dolomitiques

Balade secrète

Au pied du Supramonte : Su Gologone et Lanaittu

Entre montagne (le Supramonte) et mer (le golfe d'Orosei), cette région à l'est offre une diversité de paysages surprenante et promet de magnifiques balades. À quelques encablures de la très touristique Cala Gononse, la source Gologone et la vallée du Lanaittu se livrent à l'abri des foules.

La source Su Gologone

Au pied du Monte Uddé, Su Gologone se niche dans son écrin naturel. Cette source, qui jaillit du Supramonte, se trouve encastrée entre deux parois de roches dolomitiques et dévoile des couleurs vert-turquoise enchanteresses. En toute saison, ses environs dégagent une agréable fraîcheur ; rien d'étonnant quand l'on sait que son eau maintient une température constante de 12 °C. Discrète, Su Gologone garde toujours son secret : sa profondeur reste inconnue. En 2010, le spéleo-plongeur italien Alberto Cavedon y est descendu jusqu'à 135 mètres, en battant un précédent record, sans toutefois réussir à toucher le fond.

En revenant sur ses pas, un deuxième petit sentier enjambe le Cedrino et le longe pour une promenade facile d'une vingtaine de minutes. Le bosquet d'eucalyptus, les pieds dans l'eau, est le point de départ pour une sortie en kayak. L'eau et le vent ont façonné la roche de la région : c'est ce paysage que l'on surprend le long du fleuve. Compter environ 1h30 pour pagayer jusqu'au lac Cedrino et ensuite remonter.

La vallée de Lanaittu

Les 7 kilomètres de route non goudronnée qui traversent la vallée de Lanaittu se font aisément en voiture ou à vélo. Des murets en pierre délimitent la chaussée et, au-delà, le regard embrasse des oliviers à perte de vue et des chèvres au pied d'un massif. Ce sont les sommets du **Monte Corrasi**, la **Punta Sos Nidos** et la **Punta Carabidda**, avec leurs profils escarpés. Le cadre est indéniablement bucolique.

La route terminée, un chemin vous conduira au site nuragique de **Sa Sedda 'e Sos Carros** et les **grottes de Sa Oche et de Su Ventu**. Les deux cavités sont reliées par un siphon mais celui-ci peut être parcouru uniquement par des spéléologues expérimentés.

PRATIQUE

Accès : *d'Oliena suivre la SP38 en direction de Dorgali. À env. 6 km, tournez à droite : la source est indiquée par des panneaux. Peu avant le parking de Su Gologone, une bifurcation vous mènera à la vallée de Lanaittu.*

Budget : *site nuragique 5 € ; grottes 2 € ; Su Gologone : 2 €. Location de kayak (au kiosque) : 15 €/pers. pour la demi-journée.*

Infos : *www.sorgentisugologone.it.*

Manger, dormir, s'amuser…

Terrasse dans Santa Teresa di Gallura

Toutes nos bonnes adresses chapitre par chapitre

La haute saison touristique s'étend de juin à septembre, avec un pic pendant les vacances estivales. Les prix des hébergements grimpent alors et mieux vaut réserver votre logement. Côté cuisine, les plats mettent surtout en valeur les viandes et les légumes, sauf dans les îles Sulcitanes et à Alghero où les produits de la mer sont rois.
Nos auteurs ont testé et sélectionné toutes les adresses présentées dans ces pages. Le symbole ♥ que vous retrouverez devant certaines d'entre elles signale des lieux qu'ils ont particulièrement appréciés et qu'ils vous recommandent tout spécialement.

La Gallura 202

Visite 1
Olbia et ses environs 202
Visite 2
La Costa Smeralda 204
Visite 3
L'archipel de La Maddalena, Palau et l'île des Gabbiani 207
Visite 4
Tempio Pausania et l'arrière-pays de la Gallura 208
Visite 5
De Santa Teresa Gallura à Castelsardo, la côte nord 210

Le Nord-Ouest 212

Visite 6
Sassari 212
Visite 7
Les églises romanes du Logudoro 214
Visite 8
Le golfe de l'Asinara 214
Visite 9
Alghero 216
Visite 10
Les environs d'Alghero 218
Visite 11
Bosa et ses environs 218

Le Sud-Ouest 220

Visite 12
Oristano et la péninsule du Sinis 220
Visite 13
Ghilarza et ses environs 221
Visite 14
Barumini et la Giara di Gesturi 222
Visite 15
L'Iglesiente 223
Visite 16
Sant'Antioco et San Pietro 224

Cagliari et ses environs 226

Visite 17
Cagliari 226
Visite 18
De Pula à la Costa del Sud 228
Visite 19
De la Costa Rei à la vallée du Flumendosa 229

La côte orientale 231

Visite 20
L'Ogliastra 231
Visite 21
Le golfe d'Orosei 233
Visite 22
Nuoro et la Barbagia 235

TARIFS

Les prix indiqués pour **l'hébergement** sont établis sur la base d'une chambre double de catégorie standard, en haute saison, petit déjeuner inclus. Ils sont donc susceptibles de varier en fonction de la date de votre séjour et de votre moyen de réservation.
Les tarifs mentionnés pour les **restaurants** sont calculés sur la base d'un plat du jour ou d'un menu, boisson non comprise.

LA GALLURA

➤ OLBIA ET SES ENVIRONS

Visite 1, p. 34 • Carte p. 32-33 • Carnet pratique p. 270

Golfo Aranci

Visite p. 37

OÙ DORMIR ?

De 75 à 150 €

La Lampara
Via Magellano, 3 ☎ 078 961 51 40, www.albergolalampara.it. 10 ch.
Simple, joli et soigné, cet hôtel est situé près de la plage de Golfo Aranci. Les chambres ont tout le confort moderne (clim, TV…) et sont bien décorées.

Plus de 150 €

Hôtel Gabbiano Azzuro
Via dei Gabbiani ☎ 078 946 930, www.hotelgabbianoazzurro.com. 80 ch. F. oct-mai.
Magnifiquement situé sur la plage, l'hôtel dispose de chambres avec terrasse et vue sur la mer. Au-delà de la plage, bel espace piscine. Trois **restaurants**.

♥ **The Pelican Beach Resort & Spa**
Strada Panoramica Olbia ☎ 078 939 094, www.thepelicanbeachresort.it. 65 ch.
Les pieds dans l'eau, cet hôtel de standing est l'endroit rêvé pour des vacances de détente. Choisissez entre les chambres *beach* côté plage, ou les *garden*, légèrement en retrait mais tout aussi confortables. Piscine, salle de fitness et restaurant sur la plage. L'hôtel n'accueille pas les enfants.

OÙ MANGER ?

Moins de 15 €

Bar Ristorante Pappafico
Via Libertà, 41 ☎ 078 961 50 25. Service continu de 5h30 à minuit/1h (2-3h en été).
À proximité de la gare, ce bar sans prétention sert des *spianate*, sorte de sandwich dont le pain typiquement sarde est une fine crêpe sèche. Cela permettait une longue conservation, idéale pour les bergers qui partaient longtemps.

De 15 à 30 €

Manzoni
Via dei Caduti, 14 ☎ 078 946 859. T.l.j. 12h-14h et 19h-22h30.
Le long d'une rue tranquille, à deux pas du port, cette petite brasserie de quartier ne paye pas de mine, et pourtant… Les produits du terroir y sont mis en valeur de manière simple et authentique. Une belle carte aux prix plus qu'honnêtes.

Olbia

Visite p. 35

OÙ DORMIR ?

De 50 à 100 €

♥ **Agriturismo L'Aglientù**
Loc. Azzani à Loiri Porto San Paolo ☎ 328 409 01 91, www.laglientu.com. 7 ch.
En plein cœur d'une nature sauvage, ce gîte établi dans une ancienne ferme est l'endroit idéal pour profiter des terres sardes. Entre le petit déjeuner à l'ombre du patio et les ateliers de céramique sur place, vous ne verrez pas les journées passer! Et il est même possible d'acheter des paniers de fruits et légumes bio en provenance directe du potager, ainsi que du miel.

Borgo di Campagna
Loc. Trudda-La Castagna ☎ 078 941 321, www.borgodicampagna.it. 18 ch. + 1 studio.
Cet hôtel-restaurant situé au cœur de la campagne *gallurese* dispose d'une belle piscine. Les chambres, à la déco traditionnelle, sont agréables et le restaurant propose une carte *terra e mare*. Possibilité de **demi-pension**.

♥ **Hôtel Centrale**
Corso Umberto I, 85 ☎ 078 923 017, www.hotelcentraleolbia.it. 20 ch.
Sobre et discret, cet hôtel possède une

certaine classe. La décoration moderne et fonctionnelle de l'intérieur se marie bien avec l'architecture fin XVIIIe s. de l'édifice.

Plus de 200 €

Hôtel Mare Blue
Loc. Pittulongu. Via Mare Adriatico, 20
☎ 078 939 001, www.hotelmareblue.eu. 26 ch.
Le point fort de ce charmant petit hôtel est certainement sa jolie plage aux eaux transparentes, mais aussi son jardin planté d'essences méditerranéennes. Simples et sans chichis, les chambres restent confortables et fonctionnelles, et l'accueil est très courtois. Une excellente base pour partir à la découverte de la Costa Smeralda.

OÙ MANGER ?

De 15 à 30 €

Ristorante Aquamarina
Marina di Portisco ☎ 078 933 90 33, www.portiscoristorante.com.
Sur la marina, ce petit restaurant avec sa terrasse propice à l'apéritif est un régal pour regarder le spectacle des bateaux rentrant au port. La carte est classique.

De 30 à 50 €

Barbagia
Via Galvani, 93 ☎ 078 951 640, www.ristorantebarbagia.com.
Juin-sept. : t.l.j. ; f. mer. le reste de l'année. F. annuelle en janv. et fév.
Un peu excentrée, cette table traditionnelle sarde propose un menu *terra e mare* avec viande et poisson. Grand choix de pizzas également. Une excellente adresse pour découvrir les spécialités et les vins sardes dans une atmosphère conviviale et familiale.

BAR ET GLACIER

Bar Muzzetto
Corso Umberto I, 31 ☎ 078 922 176. Juin-sept. : t.l.j. ; f. lun. le reste de l'année.
Jolie petite terrasse en face de la bibliothèque municipale. Le bar propose aussi des glaces et des paninis.

♥ Gelateria Smeralda
Corso Umberto I, 124 ☎ 392 571 2100.
Petite *gelateria* artisanale dont les sorbets ont le vrai goût des fruits.

SPORTS ET LOISIRS

Location de bateaux

Marina di Portisco
Strada Panoramica Costa Smeralda, km 0,100, www.marinadiportisco
Portisco est une station balnéaire tournée vers les sports nautiques. Beaucoup de bateaux à louer, toutes catégories confondues.

Plongée

Tavolara Diving Center
Loc. Porto San Paolo, Via Molara, 4/6
☎ 078 940 360, www.tavoladiving.it.
Une adresse de référence pour les passionnés de plongée. Professionnalisme et savoir-faire de l'équipe permettent de découvrir les merveilles sous-marines de l'aire marine protégée de Tavolara et de la Punta di Coda Cavallo.

SHOPPING

Amalia Sandali
Corso Umberto I, 61 ☎ 328 422 72 25, www.sandaliamalia.it.
Des sandales, des sandales et encore des sandales, mais alors quelle ligne, quelles couleurs ! Pour aller à la plage, au marché ou danser : il y en a pour tous les goûts. Et si vous ne trouvez pas les sandales de vos rêves, on réalisera sur mesure le modèle de votre choix.

Cantina della vigne di Piero Mancini
Zona industriale settore n°1
☎ 078 950 717, www.pieromancini.it.
Un must pour les amateurs de vin.

San Teodoro

Visite p. 39

OÙ DORMIR ?

De 60 à 90 €

Budoni Beach
Loc. Porto Ainu, à 20 km S de San Teodoro ☎ 392 901 56 35, www.budonibeachhotel.com. 28 ch.
Beaucoup de charme dans cet établissement coquet situé à seulement

300 m de la plage. Les minisuites autour d'un vaste jardin disposent de tout le confort. Les tonalités claires des tissus d'ameublement dégagent une fraîcheur très appréciée lors des chaudes journées d'été.

➤ LA COSTA SMERALDA

Visite 2, p. 40 • Carte p. 32-33 • Carnet pratique p. 271

Arzachena et ses environs

Visite p. 44

OÙ DORMIR ?

Autour de 40 €

Agriturismo La MeSenda
Loc. Malchittu ☎ 078 981 950, www.lamesenda.it. 6 ch. + 1 suite.
À proximité du temple de Malchittu, La MeSenda est un *agriturismo* qui offre les services d'un B&B. Il est joliment aménagé dans une ancienne étable, dans le respect du style *gallurese*. Chaque chambre a une entrée indépendante et la climatisation. Goûtez aux confitures bio maison que vous pourrez rapporter chez vous en souvenir. Jacuzzi pour 4 pers.

De 40 à 60 €

♥ **B&B Lu Pastruccialeddu**
Prenez la SS125 dir. Palau et à dr. via Raimondo Chiodino sur 1,5 km ☎ 078 981 777, www.pastruccialeddu.com. 9ch.
Parfaitement rénové et au cœur des blocs de granit, ce B&B avec piscine est une vraie adresse de charme. Le petit déjeuner sarde est un délice avec ses confitures et pâtisseries. L'accueil des propriétaires ajoute une touche de convivialité.

Plus de 120 €

Aldiola Country Resort
SP 137 Lago di Liscia km 4,7, Sant'Antonio di Gallura. ☎ 079 668 026, www.aldiolacountry.com. 20 ch.
Relax et détente dans ce relais de charme immergé dans la nature de la Gallura. Des maisonnettes avec terrasse abritent les chambres vastes et fraîches, décorées exclusivement avec des matériaux de fabrication artisanale sarde. Coup de cœur pour la piscine aux formes sinueuses ; d'ici, la vue sur le lac de Liscia est à couper le souffle. **Restaurant** de spécialités *gallurese*.

Stazzu Lu Ciaccaru
Loc. Lu Ciaccaru ☎ 078 984 40 01, www.stazzoluciaccaru.it. 17 ch.
Un cadre aussi authentique qu'évocateur pour cette ancienne bergerie *(stazzo)* restaurée avec une attention minutieuse. Ce genre de tourisme rural frôle le grand luxe, vu le confort des chambres, la qualité des services, les deux piscines et l'excellent **restaurant**.

OÙ MANGER ?

Autour de 30 €

Agriturismo Rena
Loc. Rena ☎ 078 982 532, www.agriturismorena.net. Pâques-nov. Déj. reservé aux groupes ; dîner à partir de 20h.
Cet *agriturismo* est l'un des plus anciens et des plus connus de la région, notamment pour sa table où tout ce qui est servi est bio et provient de la ferme. Le *porchetto* est excellent ! L'atmosphère est rustique, mais conviviale. **Hébergement** *(15 ch.)* entre 50 et 90 € la nuit.

SHOPPING

Cantine Surrau
Loc. Chilvagghja ☎ 078 982 933, www.vignesurrau.it.
Cette cave aux allures ultracontemporaines est l'endroit idéal pour s'initier à l'œnologie et acheter des vins de la région, comme le fameux vermentino (blanc) et le goûtu cannonau (rouge).

Marché
Piazza Risorgimento. Tous les mer. matin.
Au-delà du marché alimentaire, en saison, la part belle est faite à l'artisanat et à la gastronomie de la Gallura.

Tenuta Capichera
Loc. Capichera ☎ 078 980 800, www.capichera.it.

Vente de crus parmi les plus prisés de Sardaigne. Les vins sont obtenus uniquement à partir de cépages locaux de vermentino et de carignano.

Porto Cervo et la Costa Smeralda

Visites p. 40 et 42

OÙ DORMIR ?

Plus de 300 €

Airone Hotel

À Lu Calcinaiu entre Baia Sardinia et Cannigione, sur la SP59 ☎ 078 993 30 21, www.aironehotel.eu. 65 ch.

C'est le moins cher des hôtels 4-étoiles de la Costa Smeralda. Avec sa piscine, ses terrains de sport et son accès à la mer (700 m), cet hôtel attire les familles. Possibilité de **demi-pension**, voire de **pension complète**.

Cala di Volpe

Porto Cervo ☎ 078 997 61 11, www.marriott.com. Mai-sept. 101 ch., 20 suites.

C'est le plus connu des hôtels initialement construits par le consortium Costa Smeralda et aujourd'hui propriété de la chaîne de luxe Marriott. Son architecture néoméditerranéenne est très réussie et invite au farniente et à la rêverie. Allez au bar, juste pour boire un verre et profiter de la beauté du site.

OÙ MANGER ?

De 15 à 30 €

Da Nico

Via Monti Corru, La Conia, Cannigione, ☎ 338 487 78 59 ou 339 712 30 13..

Ce restaurant à la fois simple et typique est la cantine des habitants de San Pantaleo. Les spécialités de poissons et fruits de mer. Nous conseillons les spaghettis au homard et leur saint-pierre, un plat très raffiné.

La Vecchia Costa

Sur la SP73 entre Arzachena et Porto Cervo ☎ 078 998 688, www.ristorantelavecchiacosta.com. T.l.j. 12h-15h et 19h-2h (jusqu'à 5h en été).

Excellent rapport qualité-prix pour cette *trattoria* qui prolonge le service jusque tard dans la nuit. On y mange bien et pour pas cher, une exception dans la région ! Il y en a pour tous les goûts.

Linus

Via Nazionale, 117, Cannigione ☎ 078 988 338. T.l.j. 8h30-23h (f. lun. en hiver).

Établissement familial spécialisé dans la cuisine de la mer. Goûtez le risotto *frutti di mare* et les spaghettis à l'encre de seiche, un régal ! Que les aficionados de pizzas se rassurent, on en sert également.

Autour de 35 €

♥ Agriturismo La Colti

Sur la route entre Arzachena et Cannigione ☎ 078 988 440, www.lacolti.it. Avr.-oct. : t.l.j. 19h30-22h30.

Cet *agriturismo* est l'endroit idéal pour découvrir la gastronomie sarde. Le menu est une suite de spécialités de la Gallura, dont la soupe *cuata* faite de couches de pain et de fromage. Une adresse pour les gourmands.

Plus de 50 €

Il Pescatore

Sur le Vecchio Porto, Porto Cervo ☎ 078 993 16 24, www.marriott.com. C'est le restaurant du Cerco Hotel. Mai-oct. : t.l.j. 19h30-22h30.

Cette terrasse sur pilotis avec vue sur le vieux port de Porto Cervo est sublime. Vous y goûterez une cuisine méditerranéenne dans un décor de rêve : une certaine idée du luxe, parfaite pour les grandes occasions.

VIE NOCTURNE

Le Billionaire

À Sottovento entre Porto Cervo et Abbiadori ☎ 078 994 192, www.billionairelife.com. 28 juin-31août.

La discothèque mythique de la Costa Smeralda est le rendez-vous de toute la jet-set venue s'encanailler dans un magnifique décor marocain.

Également, les discothèques **Sottovento** *(☎ 392 004 3072, www.sottoventoclub.com)* et **Sopravento** *(☎ 0789 94717)*, à Sottovento, entre Porto Cervo et Abbiadori. Si Sottovento est destinée à une clientèle chic et VIP, Sopravento est une institution plus populaire.

SPORTS ET LOISIRS

Golf

Pevero Golf Club
À Cala di Volpe ☎ 078 958 046, www.peverogolfclub.com.
Ce club de golf est le plus prestigieux de Sardaigne. La vue sur la côte y est exceptionnelle. C'est un terrain exigeant, avec des fairways étroits. Il est ouvert seulement aux joueurs chevronnés qui possèdent un handicap minimum de 36.

Plongée

Orso Diving Club
À Poltu Quatu ☎ 348 0641 825, www.orsodiving.com.
Ce centre, le plus réputé de la région, organise des sorties plongée et snorkeling dans l'archipel de La Maddalena. Recommandé pour les amateurs et les passionnés de fonds marins.

Voile

Yacht Club Costa Smeralda
Via della Marina, Porto Cervo ☎ 078 990 22 00.
Véritable institution très sélecte, ce club de voile, dont l'Aga Khan est toujours propriétaire, organise des régates prestigieuses.

SHOPPING

Berenice
Lungomare Andrea Doria, Cannigione ☎ 078 98 84 32. Été : t.l.j. 10h-12h et 16h-minuit ; hors saison : lun.-sam. 9h-13h et 16h-20h.
Cette boutique de déco fait la part belle aux arts de la table, aux meubles et aux bibelots. Presque tout vient de Sardaigne. L'endroit parfait si vous voulez rapporter un souvenir chic de l'île.

San Pantaleo

Visite p. 44

SHOPPING

Arte in Piazza
Piazza della Chiesa ☎ 339 890 73 23.
Promenez-vous dans ce lieu original, mi-galerie d'art, mi-boutique.

♥ **Foresta G**
Via Torres, 1 ☎ 078 959 81 89, www.foresta-g.com.
Très belle boutique contemporaine tenue par des Françaises. Collections de vêtements et de linge de maison sublimes.

GLAMOUR, GLAMOUR ET ENCORE GLAMOUR…

Cela est bien connu, la Sardaigne est, par son côté secret et exclusif, une destination qui attire une clientèle appréciant le luxe et les paillettes. Première région à recevoir les faveurs de la jet-set internationale, la Costa Smeralda n'a cessé depuis les années 1960 d'attirer du beau monde. Pourtant, les inconditionnels du luxe tournent également depuis quelque temps leur attention vers le sud de l'île et ses plages plus sauvages mais non moins huppées. Lors de votre séjour, si vous souhaitez jouer aux stars, voici les quelques adresses à ne pas manquer.
Au Nord : Le **Cala di Volpe** *(à Porto Cervo, p. 205)*.
Vous pouvez également aller danser dans les très sélectes discothèques **Billionaire**, **Sopravento** et **Sottovento** *(près de Porto Cervo, p. 205)*.
Au Sud : Le **Pullman Timi Ama** *(à Villasimius, p. 230)*. Et le 5-étoiles de luxe du **Chia Laguna Resort** *(à Chia, p. 229)*.

➤ L'ARCHIPEL DE LA MADDALENA, PALAU ET ÎLE DES GABBIANI

Visite 3, p. 47 • Plan p. 49 • Carnet pratique p. 271

Île de Caprera

Visite p. 51

SPORTS ET LOISIRS

Centre de voile de Caprera
Loc. Stagnali (au S-O)
☎ 02 864 521 91, www.centrovehicocaprera.it
École de voile renommée. Stage en pension complète. Pour les fans de voile.

Île de La Maddalena

Visite p. 49

OÙ DORMIR ?

L'offre hôtelière sur l'île de La Maddalena est assez restreinte et d'une qualité moyenne. Voici nos meilleures adresses.

Moins de 15 €

Camping Abbatoggia
Péninsule de l'Abbatoggia (N-O de l'île) ☎ 078 973 80 44, www.abbatoggiavillage.it.
Très bel emplacement pour un camping sans grand charme. Certains des mobile homes bien équipés ont vue sur la mer. Épicerie et **restaurant** à disposition.

De 50 à 90 €

B&B Via del Centro
Via Italia 8 ☎ 347 01 46 640 ou 346 14 60 841. www.viadelcentro.com. 3 ch.
Charmante adresse en plein centre historique de la Maddalena, dans un élégant immeuble fin 1800. Le salon sympathiquement meublé s'ouvre sur les trois chambres. La salle de bains est partagée, sauf pour la chambre de catégorie supérieure.

De 50 à 80 €

♥ **B&B La petite Maison**
Via Livenza ☎ 078 973 84 32, www.lapetitmaison.net. 3 ch.
Situé un peu à l'écart de la ville (500 m), ce B&B très joliment décoré est une adresse de charme. Idéal si vous désirez un peu de tranquillité. Un petit jardin abrite quelques transats et peut accueillir le petit déjeuner à la belle saison.

OÙ MANGER ?

De 15 à 40 €

La Terrazza
Via Villa Glori, 6 ☎ 078 973 53 05. Mars-juin 12h30-14h30 et 20h-22h ; juin-sept. 12h-15h et 19h30-minuit ; f. oct.-fév.
Juste au-dessus de la piazza Umberto I, ce restaurant propose une carte *terra e mare*, *mare* surtout, typiquement sarde. La terrasse ombragée est un bonheur les jours de forte chaleur.

♥ **Osteria da Lio**
Via Vittorio Emanuele, 4
☎ 078 973 75 07, www.osterialio.com. Avr.-sept. : t.l.j. 12h-14h30 et19h30-minuit ; f. oct.-mars.
À la fois restaurant, bar et œnothèque, cette adresse populaire, où il fait bon commencer par un verre de vin, est tenu par un chef francophone qui met à l'honneur les poissons, comme la raie aux câpres et aux tomates fraîches. Ici, passion du bien manger et du bien boire se transmet de père en fils et les clients sont très bien accueillis.

Plus de 40 €

La Locanda del Mirto
Loc. Punta della Gatta (route de Cala Spalmatore)
☎ 347 339 70 69, https://ristorantilamaddalenasardegna.com. Avr.-sept. : t.l.j. 12h30-15h et 19h30-minuit ; f. oct.-mars
Sur les hauteurs, ce restaurant à la décoration en bois propose une cuisine axée sur les plats de poisson (attention, celui-ci se paie au poids). Les carnivores ne sont pas oubliés et de nombreux plats de viande (porc et agneau sardes, bœuf de Kobe) figurent sur la carte. L'agréable jardin aménagé fait de cet établissement un lieu prisé au dîner.

OÙ BOIRE UN VERRE ?

I Vitelloni
Piazza S. M. Maddalena 1, https://www.ivitelloni.it
Difficile de rater sa terrasse composée de chaises colorées. L'établissement s'anime le soir à partir de l'apéro. Le matin, on peut y consommer son café accompagné de *cornetti* ou autres viennoiseries achetés dans une boulangerie.

SPORT ET LOISIRS

Diving Center La Maddalena
Loc. Punta Tegge ☎ 388 398 53 60.
Ce centre propose des cours et des baptêmes de plongée, ainsi que des sorties dans l'archipel de La Maddalena et dans les îles Lavezzi (en Corse).

Île des Gabbiani

Visite p. 48

SPORTS ET LOISIRS

Sporting Club Sardinia
Porto Pollo, au début de l'isthme sur la dr. ☎ 078 970 40 16, www.portopollo.it.
Ce club propose des cours de planche à voile (niveau débutant jusqu'au free-style) en groupe et en individuel.

Palau

Visite p. 48

OÙ DORMIR ?

De 40 à 60 €

B&B Il Campo di Farfalle
Via Gallura, 5 ☎ 078 970 89 09, www.bbilcampo.it. 6 ch.
À 8 min à pied des plages et dans le centre de Palau, ce B&B à la décoration fraîche et raffinée abrite de belles chambres.

Hôtel La Roccia
Via dei Mille, 15 ☎ 339 215 9366, www.hotellaroccia.com. Avr.-oct. 22 ch.
Situé en plein centre, ce petit établissement des années 1960 est à la fois simple et charmant. Construit autour d'un bloc de granit, l'hôtel propose des chambres grandes et confortables.

Plus de 300 €

♥ **Hôtel Capo d'Orso**
Cala Capra ☎ 0789 7903 07, www.hotelcapodorso.com. Mai-oct. 84 ch.
Une adresse de prestige avec des chambres en pleine nature dans un parc aux oliviers centenaires. Les plages donnent sur l'archipel. Un petit terrain de golf et une thalasso font également partie des prestations.

OÙ MANGER ?

Plus de 50 €

La Gritta
Loc. Porto Faro ☎ 078 970 80 45, www.ristorantelagritta.it. Avr.-oct.
Avec sa terrasse et sa vue splendide sur les îles de La Maddalena, le lieu est enchanteur. La cuisine est méditerranéenne et le poisson à l'honneur. Goûtez aux spaghettis à l'encre de poulpe accompagnés de gambas et de seiches. Les desserts sont faits maison.

SPORTS ET LOISIRS

Nautilus Diving Center
Piazza Fresi, 8 ☎ 078 970 90 58, www.divesardegna.com.
Plongées dans les plus beaux sites de la région, dont l'archipel de La Maddalena.

➤ TEMPIO PAUSANIA ET L'ARRIÈRE-PAYS DE LA GALLURA

Visite 4, p. 56 • Carte p. 32-33 • Carnet pratique p. 272

Aggius

Visite p. 57

OÙ DORMIR ?

Moins de 80 €

♥ **Agriturismo La Cerra**
SS133 au km 12,5 entre Palau et Tempio Pausania ☎ 079 67 09 72 ou 347 560 64

62, www.agriturismolacerra.it.
7 ch., 1 appart. et 6 places de camping.
La Cerra se distingue par un accueil convivial et prévenant. Cette jolie bâtisse en pierre – alimentée en électricité par des panneaux photovoltaïques – a su se fondre dans un cadre naturel époustouflant. Une salle avec des jeux et une petite cuisine sont à disposition des hôtes. D'ici partent des sentiers de promenade et de trekking. Le **restaurant** est un régal avec une viande provenant de la ferme.

Plus de 80 €

♥ Il Muto di Gallura
Loc. Fraiga, www.mutodigallura.com.
15 ch.
Il muto di Gallura, « le muet de Gallura », est le surnom donné à un tueur sarde légendaire. Derrière ce nom se cache une institution de l'*agriturismo*, située en pleine nature et qui séduit par son authenticité et l'accueil des propriétaires. Les chambres se répartissent dans le bâtiment principal et dans des maisonnettes en pierre. Petite piscine et possibilité de pratiquer des randonnées à cheval. Ne manquez pas le **restaurant** qui sert une farandole de mets savoureux, à l'image du fameux *porceddu* *(p. 259)*.

SHOPPING

Terra Sarda
Via Roma, 55/57.
Petite boutique où il est possible d'acheter les fameux tapis d'Aggius, ainsi que des onguents naturels et d'autres produits plus traditionnels comme huile d'olive, miel, etc.

Luogosanto

Visite p. 57

OÙ DORMIR ?

De 30 à 40 €

Agriturismo Sole & Terra
Loc. Funtana d'Alzi ☎ 331 584 69 91, www.soleeterra.it. 12 ch.
En pleine nature, des chambres accueillantes dans un *agriturismo* très engagé dans un retour à un mode de vie traditionnel. **Restaurant** bio à disposition de la clientèle.

Tempio Pausania

Visite p. 58

OÙ DORMIR ?

Moins de 50 €

B&B Habitat
Loc. Andrea (dir. Oschiri par la SS392)
☎ 366 247 27 45, www.bbhabitat.com.
Ouv. tte l'année. 2 ch.
Sur la route qui mène au Monte Limbara, cette adresse nichée dans la nature se compose de deux chambres simples à la décoration agréable.

De 60 à 80 €

♥ B&B Il Gallo di Gallura
Corso Matteotti, 28 ☎ 079 632 025, www.ilgallodigallura.com. 3 ch.
Ce B&B du centre-ville propose des chambres coquettes et confortables dotées de salle de bains aux couleurs acidulées. Il dispose également d'un bar où l'on peut déguster des vins locaux.

Pausania Inn
SS133 Tempio-Palau, km 1 ☎ 079 634 037, www.hotelpausaniainn.com. 60 ch.
À l'extérieur de la ville, cet hôtel dispose de beaux équipements, dont une grande piscine. Possibilité de **demi-pension**. L'hôtel organise des **randonnées** à pied ou à moto.

Plus de 150 €

♥ L'Agnata di De André
Loc. Agnata, dir. Oschiri ☎ 079 671 384, www.agnata.com. 10 ch.
Cet hôtel-boutique est un petit bijou immergé dans la nature, entouré d'un parc agrémenté d'un étang. Au cœur du jardin, la piscine est une merveille. Installé dans l'ancien manoir, le **restaurant** sert une cuisine sarde concoctée à partir de produits locaux choisis.

OÙ MANGER ?

Autour de 15 €

Living Club
Corso Matteotti, 11. Lun.-jeu. 7h-22h, ven.-dim. 7h-3h (f. dim. en août).

Ce bar fréquenté par les gens du pays dispose d'une petite terrasse et d'une carte simple et pas chère. Plat du jour, salade ou panini, c'est au choix !

De 15 à 25 €

♥ Trattoria La Gallurese
Via Novara, 2 ☎ 079 639 30 12. T.l.j. 12h-15h15 et 19h-22h15 ; f. annuelle déc.-janv.
Le restaurant ne paie pas de mine, mais il permet de découvrir d'excellentes spécialités sardes. Le plat du jour est toujours élaboré en fonction de la saison et du marché.

Rosticceria Prontocotto
Via Mannu, 4. ☎ 342 576 43 59. Mar-ven. 8h-14h30 et 18h-21h15, sam.-dim. 8h-14h30.
Sorte de traiteur à l'italienne, cette adresse propose un vaste assortiment de plats cuisinés : escalope à la milanaise, *porceddu* rôti, pâtes, soupe de poissons… Une table de bar permet de consommer sur place.

SHOPPING

Marché
Parco del Rimembranze. Sam. matin.
On y trouve de l'alimentation mais aussi de l'artisanat local et italien.

➤ DE SANTA TERESA GALLURA À CASTELSARDO

Visite 5, p. 64 • Carte p. 32-33 • Carnet pratique p. 272

Castelsardo

Visite p. 67

OÙ DORMIR ?

De 40 à 80 €

Hotel La Fattoria
Loc. Punta Vitiosa ☎ 329 224 24 37, www.hotellafattoria.it. 12 ch.
À 10 km dans l'arrière-pays de Castelsardo, cet **hôtel-restaurant** est au cœur de la nature. Des petites maisons abritent les chambres autour d'une belle piscine. Une pizzeria est également à votre disposition.

Artemisia Sardegna Guest House
Via Gramsci, 3a, loc. Tergu ☎ 347 978 90 75. 6 ch.
À 6 km de la mer, l'établissement offre une vue magnifique. Les chambres sont joliment décorées et l'accueil des propriétaires est très chaleureux. Le **restaurant** (uniquement pour la demi-pension) propose les produits de la ferme et des pâtisseries maison. Une adresse simple et conviviale.

Club Hotel Pedraladda
Via Zirulia, 50 ☎ 079 470 383, www.pedraladda.it. 116 ch.
Situé à 600 m du centre, l'hôtel Pedraladda offre tout le confort moderne. Avec sa piscine, ses terrasses et sa vue imprenable sur le château et la mer, c'est une adresse de premier choix pour les familles. Décoration raffinée. Plage.

Plus de 100 €

Hôtel-restaurant Baga Baga
Loc. La Terra Bianca ☎ 079 470 075, www.hotelbagabaga.it. 10 ch.
Situé hors de la ville, sur une colline avec une vue splendide, le Baga Baga est une adresse de qualité. Les chambres ont toutes vue sur mer. Au **restaurant**, vous pourrez déguster du *porceddu* ou un filet de saint-pierre *all'alloro*, les spécialités de la maison.

Hôtel Riviera
Via Lungomare Anglona, 1 ☎ 079 470 143, www.hotelriviera.net. 34 ch.
En direction du port et juste à côté de Cala Marina, le Riviera est un petit hôtel simple et confortable, même si la déco laisse à désirer. Demandez une chambre avec vue sur mer. Possibilité de demi-pension au **♥ ristorante Fofo** *(p. 211)* dont la qualité a fait la renommée de l'établissement.

Bajaloglia Resort
Loc. Bajaloglia ☎ 079 474 340, www.bajalogliaresort.it. 15 ch.
L'emplacement de ce petit hôtel mérite à lui seul une visite : on grimpe, on grimpe sur les hauteurs de Castelsardo, mais une fois arrivé, quel spectacle ! Les chambres sont modernes et accueillantes. Depuis le restaurant panoramique, le jardin ou la piscine, on profite

d'une vue superbe sur le bourg, la mer et les environs.

OÙ MANGER ?

Moins de 20 €

Aragona
Via Manganella, 2 ☎ 079 470 081, www.ristorantearagona.com. T.l.j. 11h30-15h et 18h30-23h30 ; f. nov.-mars.
Une adresse bon marché avec terrasse et vue sur mer. Les spaghettis au myrte sont la spécialité de la maison depuis plus de 20 ans. À tester.

De 30 à 50 €

♥ Il Cormorano
Via Cristoforo Colombo, 5 ☎ 079 470 628, www.ristoranteilcormorano.net. Juin-sept. : t.l.j. ; mai et oct. : mar.-dim. ; déc.-avr. : sam.-dim. ; f. annuelle. nov.
Au pied de la montée qui mène à la forteresse de Castelsardo, ce restaurant jouit d'une solide réputation. Une clientèle d'habitués s'attable régulièrement en terrasse ou dans l'une des jolies salles intérieures décorées de pièces de vanneries traditionnelles locales. Au menu, le meilleur de la mer et un mélange de saveurs toujours réussi.

♥ Ristorante Fofo
Via Lungomare Anglona, 1 ☎ 079 470 143. F. mer. oct.-mai, f. déc.
Une institution de Castelsardo. Ici, on mange quasi exclusivement du poisson et des fruits de mer, dont la fraîcheur est garantie : en cuisine, d'énormes aquariums sont remplis de poissons, langoustes, etc. Décoration raffinée.

SPORTS ET LOISIRS

Balades en bateau

Wind Sardinya Sail
Via Torino, 1, loc. Lu Bagnu ☎ 340 6315 008.
Excursions dans le parc de l'Asinara en voilier (départ de Stintino) et sorties pour pêcher. Pour les amoureux de la mer.

Plongée

Batrakos Diving
Corso Italia, 6 ☎ 333 297 13 96 ou 338 218 45 19, www.batrakosdiving.it.
Centre de plongée avec cours et sorties en mer. Possibilité de stage d'apprentissage et de perfectionnement.

Costa Paradiso

Visite p. 66

LOCATION D'APPARTEMENTS

Ce domaine privé abrite des agences immobilières pour l'hébergement locatif car on y trouve peu d'hôtels. Comptez env. 550 €/sem. pour un appartement 2 pièces pour 4 pers. en juillet.

Immobiliare Li Cossi
☎ 079 688 031, www.costaparadiso.info. Juin-sept. : t.l.j. 9h-13h et 14h-18h ; oct.-mai : lun.-ven. 9h-13h et 14h-18h.

Societa immobiliare turistica
☎ 348 692 54000. Voir aussi sur www.booking.com

OÙ DORMIR ?

De 30 à 40 €

Agriturismo Lu Colbu
Loc. Lu Colbu ☎ 079 689 449, www.agriturismolucolbu.com. 12 ch.
Spécialisé dans l'élevage de brebis, cet *agriturismo* se distingue par une boutique où l'on peut acheter d'excellents fromages, de la charcuterie et des pâtisseries, en provenance de la ferme. Les chambres restaurées sont équipées d'une mezzanine. Belle piscine au bord de laquelle on peut lézarder.

SPORTS ET LOISIRS

Club nautique
☎ 078 968 95 80. Facebook : @Club Nautico Costa Paradiso. Juin-sept.
Voile, bateau et aussi plongée, toutes les activités nautiques dans ce club au bord de l'eau.

Santa Teresa Gallura

Visite p. 65

OÙ DORMIR ?

De 70 à 140 €

♥ Agriturismo La Valletta
Loc. Li Puzzi ☎ 339 522 92 83, www.lavalletta.it. 4 appart.
Cet *agriturismo* propose 4 appartements joliment décorés (du studio au 2 pièces) dans une très belle propriété disposant d'un jardin impeccable et d'une vue sur la mer. Possibilité d'acheter des paniers de fruits et légumes de saison bio venus directement du potager et du verger des propriétaires.

Agriturismo Saltara
Loc. Saltara ☎ 078 975 55 97, www.agriturismosaltara.it. 5 bungalows, 4 suites.
En pleine nature, les bungalows en bois invitent au farniente avec leur petite terrasse. Possibilité de prendre ses repas au **restaurant** qui propose des menus *gallurese light* en limitant le nombre de plats à chaque service. Presque tous les produits servis viennent de l'*agriturismo* et sont bio.

De 110 à 180 €

♥ Tancamelis
Loc. la Marmorata ☎ 347 230 39 69, www.tancamelis.it. 3 ch.
Baptisée à juste titre « petite maison de charme » par ses propriétaires, Tancamelis est un B&B haut de gamme. La décoration des chambres est raffinée et d'un goût sûr. Le jardin et la véranda où l'on prend le petit déjeuner bio sont tout aussi charmants. La plage est à 10 min à pied. Pour goûter au luxe, au calme et à la volupté.

OÙ MANGER ?

De 15 à 30 €

Il Grottino
Via del Mare, 14 ☎ 078 975 42 32. Juil.-sept. : t.l.j. ; f. le mer. oct.-juin.
Une carte *terra e mare* traditionnelle et de qualité ainsi que de délicieuses pizzas. L'accueil est chaleureux.

De 30 à 50 €

Locanda dei Mori
Strada provinciale entre S. Teresa et Sassari ☎ 078 975 51 68, www.locandadeimori.com. Juin-sept. t.l.j. ; f. oct.-mai.
Spécialisé dans le poisson, l'accueil de ce restaurant est excellent et l'esprit bon enfant. 7 antipasti, 2 *primi* et un poisson grillé auront raison de votre appétit.

SHOPPING

La Bottega
Via XX Settembre, 3 ☎ 078 975 42 16. T.l.j. 9h-13h et 14h 30-minuit.
Les classiques de la gastronomie sarde, de quoi remplir ses valises avant de quitter l'île !

LE NORD-OUEST

➤ SASSARI

Visite 6, p. 74 • Carte p. 72-73 • Plan p. 76-77 • Carnet pratique p. 272

OÙ DORMIR ?

De 30 à 50 €

B&B La Serra sui tetti
***Plan p. 76-77 / B2** – Via al Carmine, 18 ☎ 335 615 15 81, www.laserrasuitetti.it. 3 ch.*
Au cœur du centre historique de Sassari, avec comme son nom l'indique une vue incroyable sur les toits, cette maison d'hôtes chaleureuse possède des chambres élégantes et bien meublées. Les parties communes sont très agréables.

De 50 à 75 €

♥ Hôtel Vittorio Emanuele
***Plan p. 76-77 / B1** – Corso Vittorio Emanuele II, 100-102 ☎ 079 235 538, www.hotelvittorioemanuele.ss.it. 45 ch.*
Au cœur du centre historique, dans un édifice du XIXe s. restauré, cet hôtel est idéal pour profiter de la ville. Les prestations sont de qualité et la décoration est sobre et soignée.

De 80 à 100 €

Hôtel Libyssonis
Via del Lentischio ☎ 079 501 613, www.hotellibyssonis.it. 36 ch.
Situé un peu à l'extérieur de la ville, c'est le plus bel hôtel de Porto Torres. Ses grandes chambres, à la décoration raffinée, sont très confortables. Une piscine est accessible aux clients et au public. De plus, l'accueil est charmant.

OÙ MANGER ?

De 15 à 25 €

Pizzeria Piazza Garibaldi
Piazza Garibaldi ☎ 079 501 570. T.l.j. 12h-15h et 18h30-23h.
Des pizzas à déguster sur la terrasse qui empiète sur la piazza Garibaldi. Une adresse branchée et bon marché.

De 30 à 50 €

San Gavino
Piazza Marconi ☎ 079 510 300. Juin-sept. : t.l.j. ; f. lun. le reste de l'année. F. annuelle en nov.
Près de la basilique San Gavino, ce restaurant à la déco traditionnelle propose une cuisine du pays avec une préférence pour les produits de la mer et de la terre.

Li Lioni
Loc. Li Lioni, à 4 km de Porto Torres le long de la SS131 (au km 224, 400) ☎ 079 50 22 86. T.l.j. sf mer.
Ce restaurant familial met à l'honneur les recettes traditionnelles sardes, principalement ses spécialités de viande. Le *porceddu* et l'agneau sont en vedettes sur la carte ; ils sont cuits à la braise dans la cheminée. Les pâtes fraîches (comme les *culingiones* de pomme de terre) et la *zuppa gallurese* figurent aussi au menu.

SPORTS ET LOISIRS

Randonnées

Scoprisardegna
Via Giotto 9, Porto Torres ☎ 079 481 66 04.
Depuis Stintino, découvrez l'Asinara à pied (trekking) ou en 4 x 4. Plusieurs parcours selon votre niveau.

Stintino

Visite p. 90

OÙ DORMIR ?

De 25 à 50 €

Agriturismo Ezzi Mannu
Région Ezzi Mannu, 52 ☎ 328 203 99 95, www.agriturismoezzimannu.it. 5 ch. (4 ch. disposent d'un coin cuisine).
Situé à 500 m de la plage d'Ezzi Mannu, cet *agriturismo* est idéal pour les familles et les petits budgets. Au cœur de la nature.

De 70 à 90 €

Agriturismo Cala Scoglietti
Loc. Pedru Nieddu ☎ 079 535 003 ou 388 743 87 89, www.calascoglietti.it. 9 ch.
Résidence simple composée d'appartements dotés chacun de 2 chambres avec petite terrasse privative. Possibilité de louer juste une chambre. Simple mais confortable et propre.

Cala Rosa Club Hotel
Via dei Ginepri ☎ 079 520 005, www.hotelcalarosa.it. 125 ch.
Doté d'une grande piscine et d'un restaurant, cet hôtel familial ne manque pas de charme. Les chambres sont grandes et très joliment décorées. Un service de navette durant l'été vous conduira à la plage de l'hôtel. Des vélos sont également à la disposition de la clientèle. Possibilité de demi-pension.

De 100 à 150 €

B&B Il Porto Vecchio
Via Tonnara, 69 ☎ 079 523 212 ou 339 435 35 82.
Au cœur de la ville, ce B&B propose certaines chambres avec vue sur le vieux port, dit *porto Minori*. Meublées de manière traditionnelle, les chambres jouissent d'un certain cachet. Jolie terrasse où il est possible de prendre le petit déjeuner.

OÙ MANGER ?

De 30 à 50 €

Il Gabbiano Beach
Plage de La Pelosa ☎ 079 527 089. T.l.j. 8h30-minuit.

Une carte *terra e mare* classique et des pizzas. La grande terrasse ombragée est sublime et donne sur la fameuse plage de La Pelosa.

Silvestrino
Via Sassari, 14 ☎ 079 523 007, www.hotelsilvestrino.it. T.l.j. 12h30-14h30 et 19h30-22h30. F. jeu. de fév. à mai ; nov.-janv.
Au cœur de la ville, Silvestrino est une institution. Soupe à la langouste, risotto aux fruits de mer et gambas, tout est savoureux ! L'établissement fait également **hôtel** (11 chambres). Il est conseillé de réserver.

Ristorante Lina
Via Lepanto, 30 ☎ 079 523 505. T.l.j. midi et soir.
Ce restaurant familial sert depuis 1967 de goûteuses spécialités sardes. Il donne l'occasion de découvrir le *sardo*, avec sa riche sélection de fromages, et l'*antipasto di mare*, qui change en fonction des poissons pêchés : poulpes aux pommes de terre, encornets aux courgettes et parmesan, etc. Divins !

BAR, CAFÉ ET GLACIER

Bar La Piazzetta
Via Amerigo Vespucci, 11.
Ce petit bar tout blanc et bleu se trouve sur une charmante placette. Dans cette ambiance marine, vous pourrez déguster un apéritif ou un digestif…

♥ Di Bolina
Via Lungomare, 55.
Avec sa terrasse sur pilotis, c'est l'adresse idéale pour profiter du coucher du soleil en sirotant un vermentino. Possibilité de manger sur place.

SPORTS ET LOISIRS

Windsurfing Center Stintino
Loc. L'Approdo ☎ 079 527 006, www.windsurfingcenter.it.
Ce centre propose plusieurs activités : excursions vers l'Asinara, locations (Zodiac, catamarans, voiliers, planches à voile, vélos, etc.). Cours possibles. Le centre est également présent sur les plages de l'Approdo, de Roccaruja et des Salines.

SHOPPING

Enoteca Benenatti
Via Sassari, 32 ☎ 079 523 072. T.l.j. 9h-13h et 17h-20h.
Grand choix de vins, fromages, miel, huile d'olive et confitures sardes. Parfait pour découvrir la gastronomie locale.

➤ ALGHERO

Visite 9, p. 96 • Carte p. 72-73 • Plan p. 97 • Carnet pratique p. 274

OÙ DORMIR ?

Moins de 20 €

♥ Camping La Mariposa
Plan p. 97 / hors plan par B1 *– Via Lido, 22 ☎ 079 950 480, www.lamariposa.it/fr.*
Avec sa plage privée et ses immenses pins, La Mariposa est le camping rêvé pour les vacanciers ! Il y a aussi des bungalows (*80 € en haute saison pour 4 pers.*). Il y a tout le confort. Centre nautique pour les amateurs.

De 40 à 75 €

♥ B&B La Terrazza sul Porto
Plan p. 97 / B1 *– Piazza Civica, 19 ☎ 079 933 76 37, www.bblaterrazzasulportoalghero.it. 4 ch.*
Avec sa position centrale et sa terrasse avec vue sur le port, ce B&B constitue une adresse de charme. Les chambres sont claires et design.

Hôtel La Playa
Plan p. 97 / hors plan par B1 *– Via Pantelleria, 14 ☎ 079 950 369, www.laplayahotelalghero.it. 33 ch.*
Sa piscine, son jardin fleuri et la plage à 100 m font de cet hôtel un endroit idéal pour les familles. L'intérieur cosy et les chambres dotées d'un petit balcon sont très accueillants.

À partir de 100 €

Hotel Domomea
Plan p. 97 / hors plan par B1 *– Via Vittorio Veneto, 47 ☎ 079 973 20 11, www.hoteldomomea.it. 21 ch. Wifi gratuit.*
Un hôtel de qualité avec de grandes chambres, des parties communes

conviviales et une piscine sur le toit-terrasse. Petit déjeuner et accueil exquis.

OÙ MANGER ?

Moins de 15 €

♥ Bar Focacceria Milese

Plan p. 97/B1 – Via Garibaldi, 11
☎ 079 952 419, www.barmilese.it.
Juil.-août : t.l.j. 7h-1h ; f. mar. le reste de l'année et Noël-mi-fév.

Près du port et du centre-ville, ce bar a la particularité de vendre depuis 1971 des *focaccie*. La Focaccia del Milese avec thon, anchois, roquette est la spécialité.

De 15 à 35 €

Al Refettorio

Plan p. 97/B1 – Vicolo Adami, 47
☎ 079 973 11 26. T.l.j. 12h30-15h et 19h-23h. F. en nov.

Ici vous pourrez commencer par un apéritif et terminer par un dîner à la fois original et typiquement sarde.

Osteria Macchiavello

Plan p. 97/A1 – Bastioni Marco Polo, 57 (Via Cavour, 7) ☎ 079 980 628, www.osteriamacchiavello.it. Mars-oct. : t.l.j. 12h-14h30 et 19h-23h30.

L'adresse n'est pas facile à dénicher, mais sa position est idéale, tout droit sur les remparts de la ville avec une vue imprenable. Vous mangerez ici les spécialités de poissons cuisinés « à la catalane » selon les recettes traditionnelles d'Alghero. Le défilé des promeneurs est ininterrompu : un vrai spectacle !

Ristorante Rafel

Plan p. 97/hors plan par B1 – Via Lido, 20 ☎ 079 950 385.
T.l.j. en été ; f. jeu. en hiver et janv.-fév.

Une saine cuisine du terroir avec des plats où les produits de la mer sont rois. Directement sur la plage, Rafel vous tentera pour un déjeuner de poisson juste après une baignade, ou bien pour un plat de pâtes aux langoustines et un risotto à l'encre de seiche en regardant le soleil se coucher sur les remparts d'Alghero.

Autour de 50 €

♥ Restaurant Angedras

Plan p. 97/A2 – Via Cavour, 31 ☎ 079 973 50 78, www.angedrasrestaurant.it. T.l.j. 12h-14h45 et 19h-23h.

Doté d'une très belle terrasse avec une vue sur la mer, l'Angedras est un restaurant qui respire l'air marin... Un menu aux plats méditerranéens qui tient compte des saisons et de la pêche. La formule déjeuner est plus abordable.

VIE NOCTURNE

Caffè Latino

Plan p. 97/A1 – Bastioni Magellano, 10
☎ 079 976 541. T.l.j. 9h-23h.

Bar à cocktails.

El Tro

Plan p. 97/hors plan par B2 – Via Lungomare Valencia, 3 ☎ 339 208 64 84.

Bar de plage et club le w.-e.

Poco Loco

Plan p. 97/hors plan par B2 – Via Gramsci, 8 ☎ 0799 836 04, www.pocolocoalghero.com. T.l.j. 19h30-minuit.

Salle de concerts et bars.

SHOPPING

♥ Antonio Marras

Plan p. 97/B1 – Piazza Civica, 9.

La boutique du styliste Antonio Marras *(encadré p. 100)*. Entre matières brutes et raffinement. Une mode originale et colorée.

Collezione privata

Plan p. 97/B – Via Garibaldi, 17.

Une bijouterie bien approvisionnée en turquoises et en corail.

Marché municipal

Plan p. 97/B1-B2 – Via Cagliari et via Sassari. T.l.j. 7h-13h.

Haut en couleur, le marché traditionnel d'Alghero mérite une visite : les étalages de poissons via Cagliari et la profusion de fruits via Sassari méritent au moins une belle photo !

♥ Marogna Coralli

Plan p. 97/B1 – Piazza Civica, 34, www.marognacoralli.it.

De précieuses pièces d'orfèvrerie et le choix des plus beaux coraux caractérisent les créations raffinées du meilleur bijoutier d'Alghero. Le maître est une référence depuis 1962. À défaut de pouvoir y faire des achats, rentrez tout de même pour admirer les objets exposés, certains sont de véritables œuvres d'art.

BIEN-ÊTRE

Villa Las Tronas Hôtel & Spa
Plan p. 97 / hors plan par B2 *– Lungomare Valencia, 1 ☎ 079 981 818, www.hotelvillalastronas.it.*
L'un des plus beaux hôtels de l'île a la bonne idée d'ouvrir son Spa aux non-résidents. Offrez-vous un moment de calme dans ce petit paradis aux allures de thermes romains. Une multitude de soins vous sont proposés.

➤ LES ENVIRONS D'ALGHERO

Visite 10, p. 104 • Carte p. 72-73 • Carnet pratique p. 274

OÙ DORMIR ?

Moins de 40 €

Agriturismo et B&B Graziano e Barbara
Zona parco di Porto Conte-Mugoni, loc. Guardia Grande 89 ☎ 079 919 177 ou 348 699 64 53, www.grazianoebarbara.it.
Cet édifice entouré de vignobles, dans un écrin de nature, est parfait pour un petit séjour en mode « terroir ». Le petit déjeuner se compose de produits faits maison. L'établissement est très bien placé, vous serez tout proche du Capo Caccia et de belles plages – plage de Porto Ferro, plage de Mugoni et plage de Porticciolo.

Plus de 150 €

♥ **Wine Resort Ledà d'Ittiri**
Loc. Arenosu, 23 ☎ 079 999 263 ou 329 252 88 91, www.margallo.it. 9 ch.
Au nord d'Alghero, cette ancienne propriété agricole entourée de vignobles et très bien restaurée est aujourd'hui transformée en *agriturismo* aux prestations luxueuses. Une décoration soignée reflète le bon goût des propriétaires dans toutes les pièces. Le jardin qui regorge de fleurs odorantes et sa belle piscine promettent de vrais moments de détente dans une atmosphère paisible.

SHOPPING

Sella & Mosca
Loc. I Piani, à 9 km N d'Alghero par la SP42 ☎ 079 997 700, www.sellaemosca.com.
L'une des caves les plus prestigieuses de Sardaigne, productrice depuis 1899 de grands vins AOC tels le cannonau Riserva di Sardegna. Plus de 650 ha de vignobles et une production de 5 millions de bouteilles par an. À visiter : les caves d'époque et un petit musée évoquant le passé du domaine et présentant la reconstruction d'une nécropole.

➤ BOSA ET SES ENVIRONS

Visite 11, p. 108 • Carte p. 72-73 • Carnet pratique p. 275

Bosa

Visite p. 109

OÙ DORMIR ?

De 75 à 100 €

B&B La Torre di Alice
Via del Carmine, 7 ☎ 078 585 04 04, www.latorredialice.it. 5 ch.
Les propriétaires, Alice et Marco, vous accueilleront dans leur charmant B&B situé au centre de Bosa. Goûtez aux tartes et muffins faits maison par Alice, pâtissière de métier.

Hotel Palazzo Sa Pischedda
Via Roma, 8 ☎ 078 537 30 65, www.hotelsapischedda.com. 18 ch.
Superbement situé, en bordure du fleuve, cet hôtel classique propose des chambres confortables pleines de charme. Possibilité d'organiser des sorties en bateau. Possède également un **restaurant** *(p. 219)*.

De 85 à 145 €

♥ **Corte Fiorita**
Via Lungo Temo De Gasperi, 45 ☎ 078 537 70 58, www.albergo-diffuso.it.

L'idée est géniale : cet hôtel est composé de chambres disséminées dans plusieurs maisons du centre historique. Chacune de ces demeures présente beaucoup de charme, avec des chambres très confortables. Un petit véhicule électrique vous mènera à travers les ruelles du vieux Bosa jusqu'à votre chambre.

OÙ MANGER ?

Moins de 15 €

Da Giovanni
Via Ginnasio, 6 ☎ 0785 373 858. Jeu.-mar. 12h-14h et 18h-22h (f. dim. matin et mer.).
L'avis des habitants de Bosa est unanime : voici la meilleure pizza *al taglio* (à la coupe) de la ville. Parmi un très vaste choix, la pizza au saucisson piquant est excellente. Pour déguster une part, faites comme les locaux, asseyez-vous aux tables des bars à côté mais il vous faudra prendre au moins une consommation.

De 25 à 35 €

Sa Pischedda
Via Roma, 8 ☎ 078 537 30 65, www.hotelsapischedda.com. Juil.-août : lun.-sam. le soir, dim. midi et soir ; le reste de l'année, f. mar.
Avec sa terrasse et ses salles voûtées, ce restaurant d'hôtel (voir ci-avant) est l'un des plus charmants de Bosa. Des délicieux *gattucio alla Bosana* aux *fregole* en passant par les pizzas, il y en a pour tous les goûts.

De 35 à 50 €

Borgo Sant'Ignazio
Via Sant'Ignazio ☎ 078 537 41 29. Avr.-oct. : t.l.j.12h-14h30 et 19h-23h ; f. lun. le reste de l'année.
Situé au cœur du vieux quartier de Bosa, à l'intersection de plusieurs ruelles tortueuses, ce restaurant plein de caractère propose ses spécialités de fruits de mer accompagnées d'une excellente sélection de vins régionaux. Jolie terrasse en été.

SPORTS ET LOISIRS

Bosa Diving Center
Loc. Bosa Marina, Piazza Paul Harris ☎ 335 81 89 748, www.bosadiving.com.
Le centre de plongée organise de belles excursions en bateau le long de la côte entre Bosa et Alghero. Location de matériel, de canoës et de Zodiac.

SHOPPING

Antonio Sotgiu
Viale Repubblica, 14 ☎ 078 537 36 43.
Comme tous les orfèvres de la région, Antonio Sotgiu est spécialisé dans le filigrane d'or et le corail, avec lesquels il fabrique de merveilleux bijoux.

Magomadas

Visite p. 113

OÙ MANGER ?

Autour de 20 €

♥ **Da Riccardo**
Via Vittorio Emanuele ☎ 078 535 631. Mer.-lun. 12h-14h30 et 19h30-22h.
Riccardo orchestre en cuisine depuis plus de 20 ans. La carte change tous les jours en fonction des saisons et de ce que les pêcheurs rapportent dans leurs filets, et Riccardo s'amuse à varier les plaisirs. Enfant du pays, il adore cuisiner les produits locaux, mais aime également s'inspirer de ses nombreux voyages. Le résultat dans l'assiette est délicieux. Agréable cour ombragée en été.

LE SUD-OUEST

➤ ORISTANO ET LA PÉNINSULE DU SINIS

Visite 12, p. 116 • Carte p. 115 • Carnet pratique p. 275

Oristano

Visite p. 117

OÙ DORMIR ?

De 65 à 80 €

Guesthouse Iride
Via Vincenzo Bellini, 29 ☎ 0783 70 435 ou 347 481 7976, www.guesthouseiride.com. 6 studios.
Place aux couleurs dans cette jolie *guesthouse* du centre-ville. Les trois petits appartements sont équipés d'une kitchenette, de la climatisation et d'une télévision. Ménage, changement de serviettes, laverie et petit déjeuner sont proposés (environ 5 €/jour/service).

Hotel Duomo
Via Vittorio Emanuele, 34 ☎ 0783 778 061, www.hotelduomo.org. 13 ch.
Cet hôtel-restaurant accueillant abrite des chambres meublées avec goût. Le **restaurant** Somu, dans une salle au design épuré, propose une cuisine gastronomique sophistiquée. Découvrez notamment le menu « dégustation ».

À partir de 130 €

♥ **Residenza d'epoca Regina d'Arborea**
Piazza Eleonora, 4 ☎ 0783 30 21 01, www.hotelreginadarborea.com. 7 ch.
Préparez-vous pour un voyage dans le temps : au cœur d'Oristano, cet élégant hôtel particulier vous fera revivre les fastes d'une demeure bourgeoise sarde au XIXe s. Mobilier, tissus et décor sont d'époque pour un résultat très réussi.

♥ **Hôtel Lucrezia**
Via Roma, 14A, Riola Sardo ☎ 0783 412 078, www.hotellucrezia.it. 8 ch.
C'est l'adresse coup de cœur de la région. Dans cette vieille maison de village d'époque, le charme est ici décliné à l'envie. Autour d'un jardin intérieur, les huit chambres à la décoration raffinée promettent un séjour savoureux. Matériaux locaux et techniques ancestrales ont été utilisés : le meilleur de l'âme sarde.

OÙ MANGER ?

Moins de 25 €

Rosticceria Giò & Giò
Via de Castro, 50 ☎ 0783 78 599.
Viandes grillées, en-cas gastronomiques et *foccacie* à emporter pour tous ceux qui, en fin de soirée, ont besoin de reprendre des forces.

De 30 à 50 €

♥ **Da Banana Ristorante Craf**
Via de Castro, 34 ☎ 0783 70 669. T.l.j. midi et soir ; f. dim. soir en hiver.
Un drôle de nom, mais ne vous y trompez pas : avec sa carte *terra e mare*, le Craf est l'adresse idéale pour découvrir la gastronomie sarde. Sous ses voûtes, la décoration est rustique mais chaleureuse, et le service impeccable.

♥ **Trattoria Da Gino**
Via Tirso, 13 ☎ 0783 71 428. Lun.-sam. Rés. conseillée.
À deux pas de la piazza Roma, Da Gino est sans doute la meilleure trattoria de la ville. Malgré son service aléatoire, l'adresse est recommandée pour son superbe *carello di antipasti* (assortiment de 10 hors-d'œuvre), ses spécialités à base de poissons, d'une fraîcheur irréprochable, et son décor élégant. Le restaurant est pris d'assaut dès 21h : pensez à réserver.

BAR

Bar Café Siño
Via de Castro, 53-55.
C'est le lieu de sortie favori des jeunes *Oristanesi*. Avec son décor ultramoderne, ses expositions de photo branchées, ses clips vidéo et sa grande terrasse, il est très fréquenté dès la tombée de la nuit.

SPORTS ET LOISIRS

L'office de tourisme fournit un **guide de randonnées** dans la région, *La Carta del trekking*. Avec cartes, temps de parcours et niveaux de difficulté, le document est complet et satisfaira tous les niveaux et tous les goûts.

SHOPPING

Dispensas
Via De Castro, 38 ☎ 0783 296 478, www.dispensas.it.
À deux pas des meilleurs bars de la ville, ce marchand de vin offre un beau choix de vins sardes et des produits locaux.

Giovanni Rocca
Via Figoli, 37 ☎ 0783 302 733.
Un savoir-faire minutieux se transmet dans cette famille d'orfèvres depuis les années 1800. Le travail des perles, du corail, de l'or, de l'argent et du filigrane permet de réaliser des bijoux élaborés.

Isola
Via del Porto ☎ 0783 358 103. T.l.j. 9h-13h et 16h30-20h.
Centre de promotion de l'artisanat sarde, cet espace rassemble des spécialités locales, notamment les céramiques. Vous pourrez découvrir des *brocche della sposa*, d'énormes vases donnés à la mariée par son beau-père, dont le façonnage constitue l'épreuve reine pour obtenir le titre de céramiste.

Environs d'Oristano

Visite p. 118

OÙ DORMIR ?

De 80 à 130 €

Hôtel Villa Canu
Via Firenze, 9, Cabras ☎ 078 329 01 55, www.hotelvillacanu.com. 22 ch.
Occupant une belle *casa a cortile* traditionnelle de Cabras, ce petit hôtel familial offre un excellent rapport qualité-prix. L'accueil est chaleureux, les chambres sont agréables, spacieuses et impeccablement tenues. La plupart des chambres donnent sur la piscine, aménagée au cœur d'un joli patio.

➤ GHILARZA ET SES ENVIRONS

Visite 13, p. 123 • Carte p. 115 • Carnet pratique p. 275

Abbasanta

Visite p. 124

OÙ DORMIR ?

De 40 à 60 €

Albergo Su Baione
Loc. Nuraghe Losa ☎ 078 55 64 107, www.subaione.it. 31 ch.
À deux pas du Nuraghe Losa, cet hôtel a été construit à l'image d'une maison espagnole. Les chambres sont ordinaires mais spacieuses; demandez celles qui donnent sur la cour des oliviers. La belle piscine avec vue sur les arbres est un atout majeur.

Santu Lussurgiu

Visite p. 124

OÙ DORMIR ?

De 50 à 100 €

Albergo Diffuso Antica Dimora del Gruccione
Via Michele Obinu 31 ☎ 0783 552 035. info@anticadimora.com. F. annuelle du 7 janv. au carnaval (env.). 20 ch.
Au cœur du village, cet hôtel se déploie sur quatre bâtisses différentes. Le portail s'ouvre sur une cour abritée par une délicieuse pergola fleurie. Gabriella, la propriétaire, s'est occupé de la décoration de chaque chambre, agrémentée par du mobilier de famille et par des pièces dénichées dans des brocantes.

OÙ MANGER ?

De 15 à 30 €

Da Francesco
Loc. San Leonardo de Siente Fuente, via degli Olmi, 1. ☎ 0783 551 105. T.l.j. ; f. mar. en hiver.

Le restaurant cache un four à bois traditionnel où sont préparées les viandes, cuites sur la braise. La *grigliata mista* déploie un abondant assortiment : saucisses, veau, lard, bifteck… Du même four sortent les pizzas, mais uniquement pour le dîner. Terrasse agréable à l'ombre des châtaigniers.

De 30 à 50 €

Ristorante Antica Dimora del Gruccone

Via Michele Obinu, 31 ☎ 078 355 20 35. T.l.j. le soir seulement.

Le restaurant de l'hôtel du même nom *(p. 221)* s'inspire des mouvements *slow food* et « kilomètre zéro » *(p. 280)* qui privilégient les produits locaux et de saison. Toutes les recettes de la tradition sarde, comme le *porceddu*, sont savamment réinterprétées. Menu fixe à 35 €. Réservation possible pour des cours de cuisine.

Sedilo

Visite p. 126

OÙ DORMIR ?

De 40 à 60 €

B&B Catedda

Via S. Pietro, 46. ☎ 339 603 44 22. 2 ch.

Sergio a restructuré l'ancienne maison de sa grand-mère Catedda. Une agréable pièce centrale à la déco contemporaine s'ouvre sur un jardin d'arrière-cour planté de citronniers et d'un agrumier. Le petit déjeuner peut se consommer à l'ombre, dans la cour d'entrée. Depuis celle-ci on accède aux deux chambres, simples mais confortables.

OÙ MANGER ?

Moins de 15 €

Birreria & Restaurant Horo

Via santa Croce, 10. ☎ 078 559 015. T.l.j. sf jeu. 11h-15h et 18h-minuit.

Juste à côté de sa micro-brasserie de bières, Sergio – du B&B Catedda *(voir ci-avant)* – a restructuré l'auberge qui appartenait à son arrière-grand-père. Il en a fait un restaurant spécialisé dans la viande (issue de production locale, principalement de mouton), cuite sur la braise. Dans une déco aux airs rétro (sa femme, Alessia, est architecte), on profite de l'ambiance décontractée, en sirotant les bières artisanales.

SPORTS ET LOISIRS

Centre équestre Rionazza

À la périphérie du village, près du croisement SP90 et SP24. ☎ 329 492 28 67, www.centroippicorionazza.it.

Le centre propose des excursions à cheval tous niveaux confondus. Les balades prévoient des itinéraires le long du lac Omodeo et du fleuve Tirso.

➤ BARUMINI ET LA GIARA DI GESTURI

Visite 14, p. 128 • Carte p. 115 • Carnet pratique p. 276

Barumini

Visite p. 129

OÙ DORMIR ?

De 40 à 60 €

Hotel Su Nuraxi

Viale Su Nuraxi, 6, sur la route entre Barumini et Tuili ☎ 070 936 85 19, www.hotelsunuraxi.it. 11 ch.

Près de Su Nuraxi, en pleine nature, le bâtiment dispose de chambres modernes et d'un **restaurant** de spécialités locales. Aire de jeux pour enfants.

OÙ MANGER ?

De 15 à 30 €

♥ **Sa Lolla**

Via Cavour, 49 ☎ 070 936 84 19. F. lun (sf rés.).

Restaurant incontournable de la région, on mange ici les spécialités du pays au rythme des saisons et de la nature. Un décor typique et rustique pour une assiette plus raffinée. Également hôtel (env. 35 €/pers.) : 7 chambres entourent une ravissante cour ombragée.

SPORTS ET LOISIRS

Centro Servizio Jara
Via Tuveri, 16, Tuili ☎ 070 936 42 77.
Organisation de visites guidées à pied. Accessible à tous, découverte de la Giara. Résa obligatoire (entrée payante variable en fonction du groupe).

➤ L'IGLESIENTE

Visite 15, p. 133 • Carte p. 115 • Carnet pratique p. 276

Carbonia et ses environs

Visite p. 140

OÙ DORMIR ?

De 50 à 75 €

Agriturismo San Giorgio
À 3 km de Monte Sirai, Flumentepido ☎ 349 539 5933. 11 ch. (3 nuits min.).
Cette confortable ferme du XIXe s. offre une vue sur la mer et le mont Sirai. Possibilité de demi-pension. Le **restaurant** (25-30 €), ouvert aux hôtes, propose des spécialités de viande, fromages et charcuterie, le tout produit sur place.

OÙ MANGER ?

De 25 à 45 €

♥ **Gran Bar Europa**
Via Gramsci, 31 ☎ 078 161 508.
À deux pas de la piazza Roma, au beau milieu de la grande rue commerçante, ce café-pâtisserie offre un choix étourdissant de douceurs faites maison, à consommer à l'intérieur ou en terrasse.

Sa Musciara
Lungomare Colombo, Portoscuso (18 km de Carbonia) ☎ 338 379 15 99, www.ristorantesamusciara.it. T.l.j. ; seulement le soir en hiver (sur rés.), fermetiure annuelle à Noël.
Spécialités de poisson, et notamment les emblématiques *spaghetti alla Musciara* (thon et *bottarga*). La qualité des matières premières est à la hauteur de celle des vins proposés.

Costa Verde : Arbus, Buggerru et Piscinas

Visite p. 138

OÙ DORMIR ?

De 50 à 75 €

♥ **Agriturismo Gragonti**
Gragonti (au km 76 de la SS126, entre Fluminimaggiore et Arbus) ☎ 349 843 49 09, www.agriturismogragonti.it. 10 ch.
Situé à quelques kilomètres des plages sauvages de la Costa Verde, l'Agriturismo Gragonti propose de belles et spacieuses chambres rustiques dans un environnement naturel. Le potager et la basse-cour fournissent le menu. Possibilité de **demi-pension**.

Plus de 150 €

♥ **Le Dune**
Piscinas ☎ 070 977 130, www.ledunepiscinas.it. F. mi sept.-mi avr. 27 ch.
dans les bâtiments d'une mine abandonnée, cet hôtel exceptionnel a été classé monument historique. Chambres donnant directement sur la plage.

OÙ MANGER ?

De 25 à 35 €

L'Ancora
Portixeddu ☎ 078 154 903. F. mer. sf en juil.-août. Oct.-avr. déj. seulement sur rés.
Il ne paye pas de mine, mais cest l'un des meilleurs restaurants de fruits de mer de la région. Une dizaine de tables en salle, autant en terrasse, avec vue sur la plage. Accueil chaleureux.

Iglesias

Visite p. 134

OÙ DORMIR ?

De 75 à 100 €

Hotel Artu
Piazza Quintino Sella, 15 ☎ 0781 224 92, www.hotelartuiglesias.it. 18 ch.
Accueillant, propre, kitsch à souhait, c'est la meilleure adresse d'Iglesias, et le seul hôtel à l'entrée de la vieille ville.

OÙ MANGER ?

De 15 à 20 €

Oasis
Angle via Baudi di Vesme et via Don Minzoni ☎ 0781 315 32. Lun.-sam.
Pizzeria-trattoria familiale de quartier. Service rapide, bonne ambiance.

De 35 à 50 €

♥ **Gazebo Medioevale**
Via Musio, 21 ☎ 0781 30 871, www.gazebomedioevale.it. Lun.-sam. (dim. également en juil.-août). F. oct.-nov.
Au rez-de-chaussée d'un imposant *palazzo* du centre historique, le Gazebo se démarque par son décor néo-médiéval : totalement original, parfaitement réussi. Le menu est à la hauteur : moitié fruits de mer, moitié recettes du terroir.

➤ SANT'ANTIOCO ET SAN PIETRO

Visite 16, p. 142 • Carte p. 115 • Plan p. 143 • Carnet pratique p. 276

Île de San Pietro

Visite p. 146

OÙ DORMIR ?

De 40 à 75 €

À Cà du Paise
Via XX Settembre, 151, Carloforte ☎ 349 75 69 633, www.carlofortevacanze.org.
Au cœur de la ville, cette jolie maisonnette à l'architecture typique de Carloforte, compte quatre chambres d'hôtes coquettes et soignées, chacune bien meublée, avec salle de bains privative. Petit déjeuner à base de pâtisseries maison traditionnelles sardes, préparées par Silvia, la chaleureuse hôtesse.

Albergo Paola
Sur la SP reliant Carloforte à la Tonnara della Punta, au km 2,3 ☎ 0781 850 098 www.hotelpaolacarloforte.it. 21 ch.
Au milieu du maquis, cet hôtel moderne a repris le style des anciennes « baraques » de Carloforte, avec leurs charpentes en bois de genévrier et leurs murs épais. Le petit déjeuner est pris en terrasse, avec vue sur la mer.

De 75 à 150 €

Hieracon
Corso Cavour, 62, Carloforte ☎ 0781 854 028, www.hotelhieracon.com. 23 ch.
L'adresse la plus élégante de Carloforte – ce *palazzo* Liberty (Art déco italien) installé sur le *lungomare* a tout d'un monument historique. Le petit déjeuner est servi dans le jardin, au sein d'une végétation luxuriante.

Hôtel Villa Pimpina
Via Genova 106/108, Carloforte ☎ 0781 854 180, www.villapimpina.it. 10 ch.
Dans une petite rue tranquille du centre-ville de Carloforte, voici une adresse de qualité qui séduira les plus exigeants. On apprécie notamment les carreaux peints du hall d'entrée, le mobilier d'époque dans les chambres, ainsi que le joli jardin où l'on sert un savoureux petit déjeuner.

OÙ MANGER ?

À Carloforte, préférez les trattorie *du centre du village aux grands restaurants en terrasses du* lungomare, *bien plus chers et surtout moins authentiques.*

De 15 à 30 €

Ristorante a Galaia
Via Don Nicolo Segni, 36, Carloforte ☎ 03311 572 571. T.l.j. midi et soir.
Décoré tout de jaune et de blanc, fréquenté par les *signori* de Carloforte, une excellente adresse pour goûter aux spécialités de l'île dans une atmosphère détendue et sereine.

De 30 à 50 €

♥ **Al Tonno di Corsa**
Via Marconi, 47, Carloforte ☎ 0781 855 106, www.tonnodicorsa.it. Mar-dim.
Ici, on sert le thon sous toutes ses formes : pâtés, queue braisée et filets de première fraîcheur préparés *alla griglia*. (c'est-à-dire grillés). Les palais les plus délicats optent pour la *ventresca*, la partie la plus tendre du thon, servie avec l'*unto* (une « onction », rien de moins !) à base d'huile, de persil et de citron. D'autres poissons figurent sur la carte. Le service est rapide et attentif.

BAR-GLACIER

Bar Cipollina
Piazza Repubblica, 22, Carloforte ☎ 0781 854 134. T.l.j. 6h30-minuit.
Situé à mi-chemin entre la statue de Carlo Emanuele III et la piazza della Repubblica, c'est le bar le plus couru de l'île. Depuis 1835, cette *pasticceria-gelateria* fait le plein de Carlofortains à toute heure du jour et de la nuit.

SHOPPING

Antico Pastificio Luxoro
Via XX Settembre 30, Carloforte ☎ 0781 856 161 ou 338 681 71 74, www.pastificioartigianoluxoro.com.
Vaste assortiment de pâtes artisanales sardes ainsi que de conserves au thon, au ragoût et aux légumes; de quoi tenir tout l'hiver de retour dans vos contrées. On trouve toutes les formes de pâtes, des plus courantes aux plus originales.

Enoteca Nasarca
Corso Battallieri, 3, Carloforte ☎ 0781 854 919.
Ce marchand de vins propose un excellent choix de vins locaux. En plus du carignano (rouge) de Sant'Antioco, les îles Sulcitanes offrent un vin blanc sec appelé ramungio, à la robe dorée, ainsi qu'un muscat *(moscato)* délicieux.

Pescheria Fratelli Sandono
Corso Battallieri, 28, Carloforte ☎ 0781 854 093.
Situé sur le *lungomare*, à une centaine de mètres de l'embarcadère, c'est l'adresse toute désignée pour faire provision de *bottarga*, de saucisses et de jambon de thon avant de repartir.

Île de Sant'Antioco

Visite p. 143

OÙ DORMIR ?

De 30 à 75 €

Agriturismo Tupei
Calasetta ☎ 339 475 2458, www.agriturismotupei.com. 5 ch.
Située en plein maquis, à 1,2 km de la mer, cette exploitation doublée d'un centre hippique propose, en plus des chambres, des activités en manège et des randonnées. Les chambres, dotées d'une salle de bains, sont simples mais joliment meublées.

De 90 à 200 €

♥ **Hotel Luci del Faro**
Loc. Mangiabarche, Calasetta ☎ 0781 810 089, www.hotelucidelfaro.com. 41 ch.
Sur la côte ouest, à quelques kilomètres de Calasetta par la route des plages, ce bel hôtel aux airs de villa jouit d'un cadre grandiose: une lande sauvage, à 2 min de la mer. Les chambres sont spacieuses, confortables, dotées de petites terrasses privées. Service très prévenant et grande piscine.

OÙ MANGER ?

De 30 à 50 €

Da Pasqualino
Via Regina Margherita, 85, Calasetta ☎ 0781 88 473. F. mar., 15 j. en nov.
Fregola à la langouste et couscous tabarquin sont servis dans cette *trattoria* au bord de l'eau. Pour le dessert, commandez les fameux *piedi di porco*, des beignets caramélisés typiques.

U Palacca
Via Marconi, 51-57, Calasetta ☎ 0781 887 016. F. mer. pour le déj.
Servi dans un joli petit jardin, régalez-vous de quelques anémones de mer frites en entrée, suivies d'un *pilau (fregola* au poisson et aux crustacés).

SHOPPING

Cantina Sociale
Via Roma, 134, Calasetta ☎ 078 188 413.
Une bonne adresse pour faire le plein de carignano rouge et rosé.

Fratelli Salis
Lungomare C. Colombo, 61, Sant'Antioco ☎ 078 182 766.
Une poissonnerie célèbre pour sa *bottarga* de thon.

Il Ginepro
Via Regina Margherita, 121, Sant'Antioco ☎ 078 180 05 00.

On ne s'attend pas à trouver ici une boutique aussi originale. Il Ginepro vend des vieux objets, des meubles de différentes époques et des tableaux. Fournisseur exclusif des villas de la côte ouest, Il Ginepro est sans doute la plus jolie adresse shopping de l'île. Il y a des chances que vous ne ressortiez pas de la boutique les mains vides !

Pasticceria di Dolci Sardi

Via Cavour, 1, Sant'Antioco ☎ 0781 84 08 39.

Une pâtisserie à l'ancienne qui propose des gâteaux traditionnels aux noms imprononçables, si jolis qu'ils seraient dignes d'un conte de fées. Les meilleurs sont à base de pâte d'amande, de fruits secs, de ricotta et de liqueur de myrte.

CAGLIARI ET SES ENVIRONS

➤ CAGLIARI

Visite 17, p. 154 • Carte p. 152-153 • Plan p. 156-157 • Carnet pratique p. 277

OÙ DORMIR ?

De 60 à 80 €

B&B Belvedere sul Mare

Plan p. 156-157 / hors plan par C1 *– Via Gerolamo Araolla, 23, Quartu Sant'Elena ☎ 070 811 928 ou 347 516 48 10, www.belvederesulmare.com. 3 ch.*

Aux portes de Cagliari, dans le hameau de Quartu Sant'Elena, ce B&B est suffisamment loin de l'agitation de la ville pour que vous profitiez d'un vrai séjour détente. Gianna, la maîtresse de maison, est aux petits soins. Les chambres simples mais confortables profitent de la vue qui va jusqu'à la mer. Joli jardin.

♥ B&B Il Melograno

Plan p. 156-157 / hors plan par C2 *– Via Donizetti, 38 ☎ 070 498 592, www.bbilmelograno.eu. 2 ch.*

Au nord-est du quartier historique du Castello, ce B&B situé dans un immeuble des années 1930 offre un confort raffiné. Avec sa cour où il est possible de prendre le petit déjeuner, c'est un havre de tranquillité au cœur de la ville.

Plus de 80 €

B&B The Place

Plan p. 156-157 / B2 *– Via Sant'Efisio, 59/61 ☎ 070 680 165, www.theplacecagliari.com. 6 ch. dont 2 suites.*

Le long d'une ruelle tranquille et pittoresque à deux pas de la piazza Yenne, un palais du XIXe s. bien restauré vous accueille dans de jolies chambres au confort moderne. La décoration surprend par son originalité : peintures, luminaires et finitions modernes font la paire avec les plafonds à poutres apparentes.

♥ BluLassù

Plan p. 156-157 / C3 *– Via Pola, 16 ☎ 380 181 75 06, www.blulassu.com.*

À 10 min de la place principale, ce B&B est l'une des adresses les plus agréables de Cagliari. Décoré avec goût, cet appartement confortable des années 1930 permet de découvrir Cagliari de l'intérieur, comme si on y avait de la famille. Ayant fait ses études en France, la charmante Alessandra Carta saura vous indiquer en français les bonnes adresses de la ville.

Plus de 100 €

♥ T Hotel

Plan p. 156-157 / hors plan par C1 *– Via dei Giudicati, 66 ☎ 070 47 400, www.thotel.it. 207 ch.*

Cet hôtel moderne – l'un des plus prisés de la ville – attire aussi bien une clientèle d'affaires que les touristes. Le design est roi, qu'il s'agisse du hall à la décoration presque futuriste ou des chambres. Celles du dernier étage profitent d'une vue à 180° sur la ville.

Hôtel Miramare

Plan p. 156-157 / hors plan par A1 *– Via Roma, 59 ☎ 070 664 021, www.hotelmiramarecagliari.it. 18 ch.*

Au cœur de la ville, ce boutique-hôtel est un petit bijou avec sa décoration pointue et chaleureuse. Les chambres sont colorées et décorées de meubles datant du début du XXe s. Adresse idéale pour profiter de la ville. Pour plus de calme, demandez une chambre qui donne sur la cour.

OÙ MANGER ?

Moins de 20 €

Mamma Mia Gastronomic
Plan p. 156-157/B3 – Via Lanusei, 2 ☎ 070 680 661. Lun.-sam. 11h30-15h30 et 18h30-23h30.
Ce bistrot/*take away* prépare chaque jour des plats choisis à base de légumes grillés, des pâtes, du riz ou des raviolis, de la charcuterie et de belles portions de viande. On commande au comptoir et l'on retire son plateau pour aller déguster les mets sur des tables de bar très tendance. Également vente à emporter. Sur les étagères une sélection d'excellents produits italiens (huiles, sauces, conserves), de quoi remplir votre panier de spécialités gastronomiques.

De 20 à 30 €

Antica Cagliari
Plan p. 156-157/A3 – Via Sardegna, 49 ☎ 070 734 01 98. Résa conseillée.
Au cœur du quartier Marina, un joli petit restaurant qui propose une cuisine aux saveurs de la Méditerranée à base de produits très frais. Et si vous trouvez la terrasse trop bruyante, le charme désuet de la petite salle intérieure vous plongera dans l'ambiance du Cagliari d'autrefois.

Luigi Pomata
*Plan p. 156-157/B3 – Viale Regina Margherita, 18 ☎ 070 672 058, www.luigipomata.com.
F. le dim. et lun. midi.*
Du nom du célèbre chef italien, ce restaurant présente un décor au design dernier cri. Avec son comptoir où des cuisiniers préparent le poisson, sa salle et son agréable terrasse, la carte mêle sushis japonais et cuisine méditerranéenne. Goûtez le thon, leur spécialité.

De 30 à 50 €

Trattoria Lillicu
Plan p. 156-157/B3 – Via Sardegna, 78 ☎ 070 652 970. T.l.j. midi et soir.
Le service est parfois un peu brusque, mais l'expérience culinaire le compense amplement. C'est l'une des meilleures adresses du vieux Cagliari, avec des spécialités sardes servies dans une grande salle bruyante. Comme elle fait salle comble tous les soirs, il est impératif de réserver, à moins d'arriver dès l'ouverture, à 20h.

Dal Corsaro
*Plan p. 156-157/B3 – Viale Regina Margherita, 28 ☎ 070 664 318.
F. lun.*
C'est l'institution gastronomique de Cagliari. Dans une salle un peu désuète, le plaisir vient de l'assiette. Vrais ambassadeurs du terroir, le chef (4e génération) joue avec les produits sardes entre tradition et modernité depuis 1962. Rés. conseillée.

BARS, CAFÉS ET GLACIER

♥ Antico Caffé
*Plan p. 156-157/B3 –Piazza della Costituzione, 10/11 ☎ 070 658 206, www.anticocaffe1855.it.
T.l.j. 7h-2h.*
Depuis 1855, l'Antico Caffé est une valeur sûre à Cagliari. Le décor d'origine de style Liberty a été conservé. Le café a vu défiler Grazia Deledda, Gabriele D'Annunzio, Salvatore Quasimodo et d'autres intellectuels et hommes politiques italiens. Très bon cocktails et glaces artisanales.

Caffè Barcellona
Plan p. 156-157/B3 – Via Barcellona, 84 ☎ 070 732 10 35. Été : lun.-jeu. 7h-2h et ven.-sam. 7h-3h ; hiver : lun.-jeu. 7h-1h et ven.-sam. 7h-2h.
Niché au cœur du quartier branché de la Marina, près de la jolie piazza Santo Sepolcro, voici un lieu très agréable où boire un verre en fin de journée, confortablement installé en terrasse.

Dulcis Pasticceria
*Plan p. 156-157/A3 – Via Lodovico Baylle, 25 ☎ 338 505 4276, www.dulcispasticceria.it.
T.l.j. 8h-23h.*
Pour une pause gourmande, cette jolie pâtisserie et ses plateaux de douceurs sardes vont vous contraindre à laisser tomber toute idée de régime. Une salle aux tons clairs, de grandes vitres qui permettent d'observer la vie de la rue et des petites tables en bois composent le décor. Vente à emporter.

Gelateria Isola del Gelato
Plan p. 156-157/B2 – Piazza Yenne, 35 ☎ 070 650 201. T.l.j. 6h-1h.
Si on mesure la qualité des glaces au nombre de personnes qui font la queue devant la boutique, l'Isola del Gelato fait les meilleures de la ville. Il y a 195 parfums dont de la glace aux cèpes !

VIE NOCTURNE

♥ **Caffè Libarium Nostrum**
Plan p. 156-157/B2 – Via Santa Croce, 33 ☎ 346 522 02 12, Page Facebook Libairum Nostrum. T.l.j. 7h30-2h.
Ce célèbre bar à cocktails est une institution. Si le cadre y est pour beaucoup avec sa vue panoramique sur la ville, l'ambiance intello-branchée n'est pas non plus dénuée de charme. On peut y aller le matin pour boire un café ou le soir pour l'apéritif, c'est selon les goûts.

SPORTS ET LOISIRS

Culture

Box Office
Plan p. 156-157/B3 – Viale Regina Margherita, 43 ☎ 070 657 428. www.boxofficesardegna.it. Lun.-ven. 10h-13h et 17h-20h.
Billetterie et service d'information sur les événements culturels et sportifs.

Surf

Windsurf Club Cagliari
Plan p. 156-157/hors plan par B3 –Viale Marina Piccola, Plage del Poetto ☎ 070 372 694, www.windsurfing clubcagliari.org
Situé à l'extrémité ouest de la plage del Poetto, le meilleur club de voile de la région propose un vaste choix de cours et de stages pour tous les niveaux et tous les âges: windsurf, optimiste, Laser et Hobbycat, à des prix intéressants. Assez rare sur l'île.

SHOPPING

♥ **Chapellerie Martello**
Plan p. 156-157/A3 – Via Sassari, 92 ☎ 070 653 732.
Installé dans une rue commerçante parallèle au largo Carlo Felice, il s'agit du plus beau magasin de chapeaux de Sardaigne, et l'un des plus anciens d'Italie. Le décor, qui évoque une comédie musicale américaine, n'a pas changé depuis 1913 et le choix de bérets, casquettes et chapeaux en tout genre est tout simplement époustouflant. Pour se protéger des rayons du soleil sarde, rien de tel qu'un beau chapeau !

Cortis Caccia Pesca Sport
Plan p. 156-157/A3 – Via Angloj, 38. Lun.-ven. 9h-13h et 16h30-20h, sam. 16h30-20h.
La plus vieille armurerie de Cagliari possède également une très belle sélection d'articles de pêche et de plongée, de couteaux et de matériel de randonnée. C'est l'adresse idéale pour s'équiper en début de séjour.

➤ À L'OUEST DE CAGLIARI : DE PULA À LA COSTA DEL SUD

Visite 18, p. 165 • Carte p. 152-153 • Carnet pratique p. 277

Pula

Visite p. 166

Entre les villages de vacances et les complexes hôteliers luxueux, la Costa del Sud n'offre pratiquement aucune adresse de charme. Le plus simple est de séjourner à Cagliari, qui se trouve à 50 km de là, et de faire le voyage chaque jour par la SS195. Sinon, voici quelques adresses très convenables.

OÙ DORMIR ?

De 55 à 80 €

Agriturismo Le Margherite
Via Tirso, 32, Santa Margherita de Pula ☎ 070 921 308 ou 348 774 5232, www.agrimargherite.it. 7 ch.
Cette belle villa située à seulement quelques mètres de la plage propose des chambres avec tout le confort moderne (TV, clim.). Le domaine de 16 ha est occupé par une oliveraie et des arbres fruitiers. Les hôtes ont aussi accès à un grand jardin méditerranéen.

À partir de 80 €

Chia Laguna Resort
Loc. Chia ☎ 070 92 391, www.chialagunaresort.com.
Dans un cadre naturel unique, entre les étangs où nidifient les flamants roses et les plages de sable fin, voici l'une des adresses les plus prisées de l'île. Le complexe se compose de trois hôtels de catégories différentes, du 3 au 5-étoiles luxe. Toutes les chambres sont lumineuses et meublées en style traditionnel sarde. Tailles et prestations varient en fonction de la catégorie.

OÙ MANGER ?

Moins de 30 €

Su Furriadroxu
Via XXIV Maggio, 11 ☎ 070 924 61 48, www.sufurriadroxu.it.
Été : t.l.j. sf mer. ; hiver : ven.-sam. et dim. soir.
Cette ancienne maison traditionnelle, construite autour d'une cour, dans le centre de Pula renferme de jolies salles. Les repas sont servis, aux beaux jours, dans le patio central planté d'orangers et de citroniers et, quand le temps est moins clément, dans une salle à la belle charpente. La cuisine sarde authentique relève les saveurs de produits frais du terroir. Pour vous mettre en apétit, vous verrez les cochonnets rôtir à la broche.

Plus de 30 €

Ristorante pizzeria bisteccheria Eleonora
Via Nora, 35-37 ☎ 070 924 56 38.
Juin.-sept. : t.l.j. ; hors saison : tous les soirs (sf jeu.).
Les pizzas les plus gigantesques de l'île, cuites à la perfection, réalisées à base de produits locaux, à des prix très raisonnables.

GLACIER

Su Nuraghe
Piazza del Popolo, 57 ☎ 070 920 91 44.
Glaces faites maison, d'une qualité exceptionnelle, avec des parfums tout à fait inédits. L'établissement fait également restaurant. Spécialités sardes et salades élaborées à partir de produits locaux et frais.

➤ DE LA COSTA REI À LA VALLÉE DU FLUMENDOSA

Visite 19, p. 168 • Carte p. 152-153 • Carnet pratique p. 278

Villaputzu et la vallée du Flumendosa

Visite p. 171

OÙ DORMIR ?

Moins de 25 €

Porto Corallo Camping Village
Porto Corallo, à 3 km O de Villaputzu ☎ 070 997 017, www.portocorallocamping.it. Avr.-sept.
Situé à 100 m de la mer, ce camping agréable loue également des bungalows (env. 55€).

OÙ MANGER ?

De 30 à 50 €

♥ Su Talleri
Bivio Porto Corallo ☎ 070 997 574.
T.l.j. sf dim. midi ; f. en oct. et à Noël.
Spécialités de fruits de mer et de poissons. On y retournera pour goûter à ce que l'on a vu dans l'assiette du voisin !

PÂTISSERIE

Dolci Sardi
Via Sardegna, Muravera (3 km S de Villaputzu) ☎ 070 993 01 48.
Cet établissement propose un grand choix de douceurs et de pâtisseries locales.

Villasimius et la Costa Rei

Visite p. 169

OÙ DORMIR ?

Moins de 35 €

Camping Spiaggia del Riso

Campu Longu, Villasimius ☎ 070 791 052, www.villaggiospiaggiadelriso.it. 15 juin-15 sept.
Un camping situé dans une pinède de 6 ha, en bordure de mer. Possibilité de louer des bungalows (entre 80 et 60 € selon la saison).

De 60 à 130 €

La Stella d'Oro
Via Vittorio Emanuele, 25, Villasimius ☎ 070 791 255, www.hotelastelladoro.com. 26 ch.
Au cœur du village, La Stella d'Oro est l'adresse la plus authentique de Villasimius. Le grand écrivain et naturaliste allemand Ernst Jünger y séjourna à plusieurs reprises dans les années 1950. Avec son grand patio bleu piscine, où est servi le petit déjeuner, sa salle à manger carrelée et son décor folklorique, La Stella d'Oro est l'antithèse des complexes hôteliers modernes qui abondent dans la région.

Plus de 150 €

♥ Cruccuris Resort
Strada Provinciale 17, Villasimius ☎ 070 798 90 20, www.cruccurisresort.com. 49 ch. F. nov-mi-avr.
À 2 km de Villasimius en venant de Cagliari, une route de terre mène à cet hôtel de rêve, logé au cœur du maquis, aux pieds des Sette Fratelli. Proche de la plage Campulongu, ce 4-étoiles propose des chambres avec climatisation et terrasse privée, disposées autour de deux grandes piscines. Le resort est un mélange très réussi d'architecture traditionnelle, de confort moderne et de service attentionné. Pratiquant de nombreuses promotions hors-saison, l'hôtel est nettement plus abordable à Pâques et à la Toussaint.

Pullman Timi Ama
Viale dei Ginepri, 3 ☎ 070 79 791, www.pullmanhotels.com. 275 ch.
À 2 km du centre de Villasiumius, au cœur d'un parc naturel protégé, le Timi Ama est l'une des plus belles adresses de Sardaigne. Tout ici est luxe, calme et volupté avec un service irréprochable. Plages et restaurants fantastiques.

Simius Playa
Via Matteotti, 91, Villasimius ☎ 070 79 311, www.simiusplaya.com. 47 ch. et suites.
Depuis les années 1970, une adresse de référence dans le panorama hôtelier de Villasimius. Hôtel élégant dans un jardin méditerranéen qui donne directement sur la plage, à seulement 900 m du centre-ville.

OÙ MANGER ?

De 25 à 30 €

Agriturismo La Sorgente
Loc. L'Annunziata, Castiadas, à 11 km O de Costa Rei ☎ 070 994 91 08 ou 347 740 8593, www.lasorgentecastiadas.it. 8 ch.
La ferme de Sandro Murru réserve un accueil chaleureux aux habitués comme aux nouveaux clients. Côté table, chaque soir, la formule à menu fixe voit défiler en abondance les plats traditionnels sardes. Viande, poisson ou pizza, le thème du dîner change selon la soirée ; côté logement, quelques maisonnettes spartiates mais à la propreté irréprochable.

De 30 à 50 €

♥ Carbonara
Corso Umberto I, 60, Villasimius ☎ 070 791 270. Jeu.-mar. midi et soir ; f. 24 déc.-mi fév.
C'est un des plus vieux restaurants de la Costa Rei. On y déguste une cuisine traditionnelle de fruits de mer. À la crème, aux tomates et à l'ail, les *linguine* à l'espadon sont une spécialité.

SPORTS ET LOISIRS

Bateau et plongée

Centro Immersione Costa Rei
Via delle Agavi, Costa Rei ☎ 338 979 79 79, www.sardiniadiving.com.
Du Capo Ferrato au Capo Carbonara, toute la Costa Rei à portée de Zodiac.

Randonnée

Piccola Societa Cooperativa Monte dei Sette Fratelli
Via Centrale, Castiadas ☎ 070 994 72 00 ou 320 118 48 83, www.montesettefratelli.com.
Des randonnées dans toute la région, pour tous les niveaux : de la colonie pénitentiaire désaffectée aux chemins secrets des anciens *carbonari* en

passant par les cascades des Sette Fratelli, l'occasion de découvrir la face cachée de la Costa Rei.

Randonnées équestres

Centro Turismo Equestre Tanka

Via del Mare, Villasimius ☎ 336 815 797, www.villasimius.info. T.l.j. tte l'année. F. 25 déc.

À l'entrée sud de Villasimius, sur la route qui mène à la Marina, le Tanka Village propose des activités en manège et des randonnées aux débutants comme aux cavaliers confirmés. Les enfants sont pris en charge à partir de 6 ans. Excursions au clair de lune, itinéraires sur la plage ou dans l'arrière-pays, tour du Cap Carbonara et lever de soleil sur la Punta Molentis sont quelques-unes des activités proposées.

Sorties en mer

♥ Pescaturismo Sanpei

Cooperativa Sampey Mare Blu, Marina de Villasimius, Molo Pescatori ☎ 340 053 82 33 ou 340 851 52 45. Excursion 9h-17h, 80 €/adulte, 60 €/ enfant (- de 6 ans).

Nommé en l'honneur du personnage de dessin animé japonais Sanpei, le bateau de Gemiliano et Ignazia permet des excursions à la journée, mêlant pêche à la ligne et levée des filets, baignade et repas. Le *Sanpei* est une des très rares embarcations autorisées à pêcher dans les eaux poissonneuses de l'aire marine protégée. Raison de plus pour découvrir les abords de la Punta Carbonara en compagnie du sympathique capitaine et de sa compagne : une sortie riche et originale !

LA CÔTE ORIENTALE

➤ L'OGLIASTRA

Visite 20, p. 176 • Carte p. 174-175 • Carnet pratique p. 278

Arbatax

Visite p. 178

OÙ MANGER ?

De 35 à 50 €

Marina di Arbatax

Porto Turistico, Marina di Arbatax, Via Porto Frailis ☎ 0782 667 418. www.marinadiarbatax.it.

Face au port, la gracieuse véranda toute bleue et blanche invite à s'asseoir le temps d'un agréable *aperitivo* ou d'un excellent repas de poisson. Alors que les voiliers défilent devant vous, vous dégusterez une cuisine aux saveurs de la mer. Parmi les spécialités, raviolis de fèves, sensations de chocolat et poisson fumé avec *bottarga* (poutargue).

SPORTS ET LOISIRS

Velamare Arbatax

Porto Turistico, Marina di Arbatax, ☎ 338 422 87 88, www.velamarearbatax.it.

Une adresse de confiance pour la location de canoës et kayaks, ainsi que de Zodiac et de dériveurs pour partir à la découverte du golfe d'Orosei. Les locations peuvent se faire à l'heure ou à la demi-journée. Une façon très agréable de découvrir la baie.

Jerzu

Visite p. 177

OÙ DORMIR ?

Autour de 60 €

♥ Hotel Rifugio d'Ogliastra

À 7 km de Jerzu sur la SP13 ☎ 320 606 37 28, www.hotelrifugiodogliastra.it.

Situé dans les *tacchi*, au cœur d'un paysage désert et splendide, cet hôtel très bien tenu propose une dizaine de bungalows à des prix défiant toute concurrence. Le **restaurant** sert des plats de pays tout à fait corrects.

OÙ MANGER ?

De 20 à 30 €

♥ **Da Concetta**
Corso Umberto I, 111 ☎ 078 270 224. T.l.j. midi et soir.
C'est la meilleure adresse de la côte est pour goûter les *culurgiones*, raviolis faits à la main avec du *pecorino* et de la menthe. Le ragoût de sanglier et la charcuterie locale vous changeront des fruits de mer. L'endroit a un charme fou.

SHOPPING

Antichi Poderi di Jerzu
Via Umberto I, 1 ☎ 078 270 028, www.jerzuantichipoderi.it.
Jerzu possède l'une des coopératives viticoles les plus actives de la région. La Réserve supérieure et le Pardu dry obtiennent les meilleures notes aux dégustations.

Marina di Tertenia

Visite p. 181

OÙ MANGER ?

Moins de 15 €

Chiosco La Duna,
Loc. Foxi Manna ☎ 0782 901 12. Mai-sept. t.l.j.
Directement sur la plage, ce petit bar-restaurant assure presque tous les services pendant votre journée à la plage. Dès le matin, il propose des *cornetti* et des brioches ; la journée, il prépare des sandwichs et des salades fraîches.

De 15 à 30€

La Gorotta
Loc. Foxi Manna. ☎ 0782 90002 Mar.-dim. 19h-22h30.
Ce restaurant-bar familial prépare une cuisine sarde sans prétention. *Fregola* (pâtes fraîches que l'on assaisonne avec une sauce à la tomate et viande) et pizzas. Un patio d'arrière-cour permet de manger à l'extérieur l'été. Il est possible de commander à emporter.

Tortolì

Visite p. 178

OÙ DORMIR ?

Autour de 80 €

♥ **Le Stanze di Patika**
Via Monsignor Virgilio, 51 ☎ 333 84 333 17, www.stanzedipatika.com. 3 ch.
Ne vous laissez pas impressionner par la façade de l'immeuble anonyme le long du grand boulevard qui relie Tortolí à Arbatax. Vous trouverez au 2e étage l'une des meilleures adresses de toute la région. Les trois vastes chambres avec de belles salles de bains modernes, bien équipées, ont une décoration gaie qui met de bonne humeur.

OÙ MANGER ?

De 35 à 50 €

♥ **Da Lenin**
Via San Gemiliano, 24 ☎ 348 544 55 55. Mai-oct. : lun.-sam. dîner. F. dim.
Si le nom de ce restaurant est équivoque (sans raison d'ailleurs), la cuisine ne l'est pas du tout. La fraîcheur des produits et l'harmonie des saveurs sont ici une valeur sûre; les meilleurs produits de la région sont choisis avec attention. Résultat : une cuisine méditerranéenne qui marie tradition et créativité. Le poisson frais du jour est à l'honneur, et les habitués viennent de loin pour déguster l'*antipasto di mare*. Terrasse estivale. Très bon service.

SHOPPING

La Terra di Patika
Via Monsignor Virgilio, 51 ☎ 333 843 33 17.
L'engouement pour les traditions et le savoir-faire des artisans de son pays a poussé Patrizia à ouvrir cette jolie boutique qui rassemble tissus, bijoux, céramiques, vêtements et accessoires.

Ulassai

Visite p. 177

OÙ DORMIR ?

Moins de 60 €

B&B Beatrice

Via plebiscito, 22 ☎ 334 187 22 40 ou 328 098 04 58. 3 ch.

Dans la partie haute du village, près de la grotte Su Marmuri, cette maison de 1830 a été soigneusement restaurée. La propriétaire a souhaité conserver des éléments traditionnels de l'architecture de la région : le sol *stassu* de l'Ogliastra, les poutres en châtaignier ou la voûte en pierre de la salle à manger.

Nannai climbing Home

Via Mons de Pau, 2 ☎ 391 739 22 76 ou 391 739 22 16.
www.climbingulassai.com.

Six amis, passionnés d'escalade, ont ouvert cette maison d'hôtes dans le cœur des *tacchi*. L'esprit est celui du jeune nomade sportif : terrasse panoramique où faire du yoga, cuisine en commun et plein de conseils escalade à demander à l'équipe. Les prix varient selon le choix du logement : du lit en dortoir (12 €) jusqu'à la chambre double avec salle de bains privée (50 €). Décoration en bois fonctionnelle mais soignée.

OÙ MANGER ?

Moins de 15 €

Pizzeria Da Battista

Corso Vittorio Emanuele II ☎ 078 279 319. Mar.-dim. 18h-23h.

Les pizzas se déclinent en trois formats : grand, moyen ou petit. Elles sont à choisir parmi une carte de plus de 30 variétés. Également une sélection de pizzas *al taglio* (à la coupe). Le service est rapide et attentif.

SHOPPING

Cooperativa Tessile Su Marmuri

Via Funtana Seri, Ulassai ☎ 0782 790 76, www.sumarmuri.it.

Cette coopérative locale réalise les tissus sardes selon d'anciennes techniques artisanales. Dans l'atelier, vous apercevrez encore de vieux métiers à tisser et les fibres naturelles, matière première de production locale. Une visite passionnante !

SPORTS ET LOISIRS

Culture

Fondazione Stazione dell'Arte

Sortie N d'Ulassai ☎ 078 278 70 55, www.stazionedellarte.com.
T.l.j. mai-sept. : 9h30-19h30.
Vis. guid. obligatoire en italien : 9h30, 11h, 13h, 14h30, 18h et 19h30.
Entrée 6 €.

Installé dans une ancienne gare, ce musée expose les œuvres d'une enfant du village, Maria Lai, une artiste dont la réputation s'est étendue loin de son île natale.

➤ LE GOLFE D'OROSEI

Visite 21, p. 182 • Carte p. 174-175 • Carnet pratique p. 278

Cala Gonone

Visite p. 183

OÙ DORMIR ?

Moins de 70 €

♥ Agriturismo Nuraghe Mannu

À 5 min de Cala Gonone, sur la route de Dorgali ☎ 328 8685 824, www.nuraghemannu.com. 5 ch.

Énormément de charme pour cet hébergement en pleine nature. Mention spéciale pour la grande terrasse couverte qui donne sur le golfe. Très propre. Rés. longtemps à l'avance.

De 80 à 230 €

♥ Hôtel Bue Marino

Via Amerigo Vespucci, 8
☎ 078 492 00 78,
www.hotelbuemarino.it.
31 ch. Clim.

L'un des plus beaux hôtels de Cala Gonone et le mieux situé, puisqu'il donne directement sur le port. Moderne, joliment décoré en bleu et blanc, doté d'un superbe bar en terrasse. Clientèle jeune. Bon rapport qualité-prix.

OÙ MANGER ?

De 30 à 50 €

Il Pescatore
Via Acqua Dolce, 7 ☎ 078 493 174, www.ristoranteilpescatorecalagonone.com. F. nov.-mars.
Tenu par trois femmes, ce charmant petit restaurant propose des fruits de mer d'une fraîcheur irréprochable. C'est le produit de la pêche du frère des propirétaires qui est pêcheur qui est servi aux clients !

SPORTS ET LOISIRS

Excursions

Prima Sardegna
Viale Lungomare Palmasera, 32 ☎ 078 493 367.
Offre pléthorique : excursions en kayak (guidées ou en autonomie), excursions en 4 x 4, en minibus. Mais aussi trekkings, visites gastronomiques et archéologiques. Location de transats, kayaks, VTT, scooters et voitures.

Plongée

♥ **Argonauta**
Via Flumendosa 4, angle via del Bue Marino ☎ 347 530 40 97, www.argonauta.it.
Snorkeling et plongée pour enfants à partir de 8 ans. Brevets en 4 jours avec série de plongées à thème (épaves, grottes sous-marines, faune et nuit).

Dorgali

Visite p. 185

OÙ MANGER ?

Environ 20 €

♥ **Da Angelo**
Sur le chemin du village préhistorique de Tiscali (p. 191) ☎ 347 549 18 68. Seulement sur rés. (24h à l'avance).
L'adresse la plus rustique de Sardaigne offre une expérience inoubliable

SPORTS ET LOISIRS

Spéléologie

Gruppo Ricerche Ambientali Dorgali
Via La Marmora, 4 (4e maison) ☎ 078 494 385.
Cette association propose des parcours spéléologiques, mais aussi des visites archéologiques et des randonnées.

Randonnées équestres

Angelo Mula
☎ 347 549 18 68. Départ t.l.j. à 8h ; 4h de randonnée puis déj. : 85 €/pers.
Des randonnées à cheval qui sont l'occasion idéale de découvrir la région, aride et sauvage, sans l'inconvénient des cloques aux pieds ! Avec en prime un déjeuner bien arrosé dans la bergerie **Da Angelo** *(voir ci-avant)*.

SHOPPING

Caterina Fancello Pinna
Via Colombo ☎ 078 493 094.
Cette boutique artisanale présente un choix intéressant de bijoux en filigrane traditionnels, typiques de la région.

♥ **Su Telarzu**
Via La Marmora, 164 (à l'angle du Corso Umberto) ☎ 347 563 73 90, www.sutelarzu.com. Lun.-sam. 9h30-13h et 16h30-20h.
Maddalena Mula est, à plus de 70 ans, la doyenne des tisserandes de Dorgali. Ses *pipiones* sont parmi les plus beaux de toute la Sardaigne. Le magasin lui-même se visite comme un musée miniature. Les prix sont relativement élevés mais entièrement justifiés par la qualité exceptionnelle des ouvrages.

Orosei

Visite p. 183

OÙ DORMIR ?

De 30 à 75 €

Casa Porcu
Via Nazionale, 78 ☎ 333 971 89 71. 2 ch.
Quand une maison traditionnelle d'époque avec beaucoup de cachet se transforme en maison d'hôtes, cela donne Casa Porcu. Murs épais en pierre, élégants lits en fer forgé, bel

emplacement au centre du joli bourg d'Orosei et petit déjeuner sarde servi au café de la place.

De 75 à 100 €

♥ Albergo Mannois

Via La Marmora 4 ☎ 0784 991 040, www.mannois.it. 14+12+8 ch.

Cet *albergo diffuso* regroupe 4 maisons traditionnelles du centre d'Orosei : Sa Corte, Sa Dommo et Sa Turre. De dimensions modestes, blanchies à la chaux et restaurées avec goût, ces habitations très pittoresques constituent une alternative authentique et pleine de charme aux hôtels modernes de la côte.

Plus de 140 €

Club Hotel Marina Beach

Marina d'Orosei ☎ 0784 999 900, www.marinabeach.it.

Installé sur la plage Su Barone (7 km de sable blanc), entouré de 23 ha de jardins bien entretenus, ce complexe hôtelier 4-étoiles est l'adresse la plus prestigieuse du golfe d'Orosei. Ils ont pensé à tout : il y a des piscines, un restaurant et une discothèque… Parmi les nombreuses animations conçues pour les enfants : tournois sportifs, spectacles et un miniclub qui, matin et après-midi, prend en charge les enfants entre 5 et 10 ans. Vous pourrez bénéficier de promotions hors saison.

OÙ MANGER ?

De 20 à 40 €

Belhorizonte

Via Dessi, 27 ☎ 0784 991 122. T.l.j. le soir.

le restaurant le plus apprécié des amoureux en raison de sa terrasse au merveilleux panorama sur tout le golfe d'Orosei. La cuisine propose des plats de viande et de poisson avec un clin d'œil aux saveurs d'Emilie-Romagne d'où sont originaires les propriétaires.

♥ Pizzeria da Filippo

Via Nazionale, 195 ☎ 078 499 81 59. Été : t.l.j. ; hiver : f. lun.

Un choix exceptionnel de pizzas (plus de 95 recettes à la carte !), cuites au feu de bois, à base d'ingrédients locaux comme le *pecorino*, la *bottarga* et le saucisson de sanglier.

SPORTS ET LOISIRS

Imperatrice

Marina di Orosei (Sa Marina) ☎ 078 493 305, www.calagononecrociere.it.

Vaste bateau à moteur à bord duquel découvrir les criques du golfe d'Orosei le temps d'une excursion d'une journée. Arrêt baignade à Cala Luna, Cala Mariolu et Cala Sisine. Cafétéria à bord.

➤ NUORO ET LA BARBAGIA

Visite 22, p. 188 • Carte p. 174-175 • Carnet pratique p. 278

Canyon Gorropu

Visite p. 197

SPORTS ET LOISIRS

Trekking et escalade

Chìntula

Campo Base Gorropu (SS125 km 190,50) ☎ 389 420 85 95, www.gorropu.info.

La société qui s'occupe de l'entrée au canyon Gorropu organise également des trekkings avec guide pour découvrir le Supramonte. Plusieurs parcours sont envisageables, à choisir en fonction de son propre niveau d'entraînement.

Climbing Sardinia

www.climbingsardinia.com.

Cette association sportive propose des cours d'escalade, même pour débutants, et organise des trekkings dans la région. Elle met l'accent sur la découverte des canyons du territoire, au travers d'excursions qui alternent la promenade à quelques rappels en cordes (pour débutants également).

La Basse-Barbagia : Aritzo et Tonara

Visite p. 194

OÙ DORMIR ?

Plus de 100 €

Hôtel Sa Muvara
Viale Kennedy, Aritzo ☎ 078 462 93 36, www.hotelsamuvara.com.
Ce luxueux hôtel d'Aritzo est doté d'une piscine, d'un parc et d'un centre de remise en forme.

OÙ MANGER ?

De 20 à 35 €

Agriturismo Mattalè
Tonara ☎ 339 127 48 19.
Cet *agriturismo* produit son propre nougat et propose des plats de la région. Possibilité d'**hébergement** *(6 ch., 35 €/pers.).*

♥ S'Iscriscione
Piazza Bau Ponte, Aritzo ☎ 333 287 98 24. Juin-sept. : t.l.j. ; hiver : f. lun.
Des plats à base de champignons et de châtaignes, deux spécialités locales. Le tiramisu est délicieux.

SHOPPING

Carlo Sulis
Via Giovanni XXIII, Tonara ☎ 329 6955883 ou 0784 63845, www.campanacci.net
Cet artisan crée des cloches de toutes les tailles.

Mamoiada

Visite p. 193

OÙ DORMIR ?

De 50 à 75 €

♥ Albergo Locanda Sa Rosada
Piazza Europa, 2 ☎ 078 456 713, www.locandasarosada.it. 8 ch.
En face du musée des Masques méditerranéens *(p. 193)*, cet hôtel propose de jolies chambres à des prix modestes. Une adresse de charme dans une région où celles-ci sont plutôt rares. Le **restaurant** (env. 40 €) est bon.

SHOPPING

Mameli Ruggero – Maschere originali
Via Antonio Crisponi, 21 ☎ 078 456 222, www.mascheremameli.com
Production artisanale de masques de *mamuthones* et d'*issohadores* – difficile de trouver un souvenir plus évocateur de la région.

Nuoro

Visite p. 189

OÙ DORMIR ?

De 50 à 75 €

Il Bandito Re
Via XX Settembre, 7 ☎ 340 513 31 05. 2 ch.
Parfaitement situé pour profiter de l'effervescence du centre mais bénéficiant de la tranquillité d'une ruelle, ce B&B compte deux chambres bien décorées, avec une grande salle de bains. Le petit déjeuner se consomme dans l'un des bars du *corso*. Accueil attentionné.

De 75 à 90 €

♥ Testone Agriturismo
Via Verdi, Sa Serra (prenez la S389 de Nuoro à Bitti, après 10 km tournez à g. dir. Benetutti et, après 3 km, tournez à dr. et suivez les panneaux) ☎ 078 423 05 39 ou 328 315 05 92, www.agriturismotestone.com. 7 ch.
Cette ferme de 350 ha se consacre à l'horticulture, la pisciculture (truites) et l'élevage. Produisant son propre pain, ses charcuteries et ses produits laitiers, elle est aussi réputée pour sa **table** que pour son accueil et son confort.

OÙ MANGER ?

Moins de 15 €

Bun Club
Corso Garibaldi 75/A ☎ 345 696 9427, www.bunclub.it.
Avec ses quelques tables installées sur la partie haute du corso Garibaldi, ce restaurant sert des burgers faits maison, à la sarde. Goûtez celui qui est garni aux légumes grillés. Une adresse que les enfants vont adorer.

De 15 à 30 €

♥ Grillo
Via Monsignor Melas, 14 ☎ 078 438 668,

www.grillohotel.it. T.l.j. midi et soir.
Au rez-de-chaussée d'un vieux *palazzo* restauré avec beaucoup de goût, cette *trattoria* à succès propose une grande variété de spécialités de la région : pâtes fraiches maison aux champignons, *porceddu* et *culurgiones* farcis aux pommes de terre et au fromage.

SHOPPING

Macelleria Piredda
Via Trieste ☎ 380 420 7727.
La meilleure adresse de la région pour faire le plein de fromages et de charcuteries de la région.

Oliena

Visite p. 192

OÙ DORMIR ?

De 40 à 55 €

♥ **Cooperativa turistica Enis**
Monte Maccione ☎ 078 428 83 63, www.coopenis.it.
Très bien tenue, cette structure en pleine nature offre des vues splendides sur la vallée et sur Nuoro et un excellent rapport qualité-prix. Le **restaurant** propose des plats traditionnels à des prix plus que raisonnables.

De 150 à 220 €

♥ **Guthiddai**
Loc. Guthiddai ☎ 078 428 60 17, www.agriturismoguthiddai.com. Mars-nov. 10 ch.
En plein cœur du Supramonte, à 17 km de Cala Gonone, cette exploitation se dresse en plein vignoble et champs d'oliviers. Les intérieurs sont rustiques et bien tenus et chaque chambre dispose d'une véranda. Le **restaurant** propose des plats du cru avec des produits du domaine ou de producteurs locaux.

♥ **Su Gologone**
Loc. Su Gologone ☎ 078 428 75 12, www.sugologone.it. 72 ch.
Un établissement de qualité en pleine nature. Les chambres à poutres apparentes sont décorées de pièces d'artisanat sardes raffinées. Un vrai plus : son centre bien-être très réputé. Le **restaurant** propose une cuisine fidèle à la tradition de la Barbagia, à base de viande et de légumes.

OÙ MANGER ?

Autour de 30 €

Gicappa
Via M. L. King, 4 ☎ 078 428 80 24, www.cikappa.it.
Les sympathiques propriétaires de cette *trattoria* proposent d'excellentes charcuteries locales, la *frughe* (lait caillé servi froid) et le fameux *pratu de cassa* (un ragoût de gibier à se damner). Un excellent repas à déguster accompagné de cannonau. La trattoria sert aussi de savoureuses pizzas.

SPORTS ET LOISIRS

Guthiddai
Loc. Guthiddai ☎ 078 428 60 17.
Cet *agriturismo (ci-avant)* organise pour ses clients des randonnées dans les collines du Supramonte et vend des produits de la ferme. N'hésitez pas à lui rendre une visite.

SHOPPING

Cantina Oliena
Via Nuoro, 112 ☎ 078 428 75 09.
Cette sympathique cave commercialise le cannonau produit dans les vignobles des environs.

Orgosolo

Visite p. 192

OÙ MANGER ?

Autour de 35 €

Ai Monti del Gennargentu
Settiles ☎ 078 440 23 74. T.l.j.
Les plats sont élaborés à base de produits locaux, suivant les recettes traditionnelles des pasteurs de la Barbagia. Le vin du propriétaire est inclus dans le prix.

Tout savoir sur…

L'histoire, la gastronomie, la religion, la culture…

Plongez dans l'histoire de la Sardaigne en parcourant sa campagne parsemée de nuraghes, vestiges préhistoriques de la première civilisation de la région. Découvrez également ses paysages à couper le souffle, faits de plages de rêve, d'îlots isolés et de hauts plateaux montagneux. Mais la Sardaigne, c'est aussi et surtout une terre de traditions, ce dont témoignent les innombrables festivités du calendrier.

Histoire
Les dates qui ont fait la Sardaigne p. 240
Fêtes et religion
Une ferveure religieuse aux allures de fête p. 246
Calendrier des festivités sardes p. 247
Culture
Art et culture : entre tradition et modernité p. 250
Société
Une identité régionale puissante p. 252
Économie
Une économie contrastée p. 254
Nature
La Sardaigne par monts et par vaux p. 256
Gastronomie
La Sardaigne à table p. 258

Les nuraghes de Su Nuraxi

Histoire

➤ Les dates qui ont fait la Sardaigne

Plus encore que de sa géographie, ce sont des vicissitudes de l'histoire que la Sardaigne tient les traits essentiels de son identité. Très ancienne, l'histoire sarde est faite de nuraghes, de dominations étrangères, de bandits et de personnages héroïques. Curieuse et complexe, elle ne ressemble à celle d'aucune autre région d'Italie.

De l'ère prénuragique aux judicats, en passant par les nuraghes

La présence de l'homme sur les terres sardes date du Paléolithique inférieur, soit la première période de la Préhistoire. Des objets produits par l'*homo erectus,* qui peuplait l'île à l'époque, ont été retrouvés en Gallura *(p. 30)*. Entre le Paléolithique et la fin du Néolithique, l'île voit éclore plusieurs civilisations dites « pré nuragiques ». Le Néolithique est d'ailleurs une période charnière pour la Sardaigne avec le développement du commerce de l'obsidienne, prélevée principalement autour du mont Arci, dans la région d'Oristano, et utilisée pour la fabrication des armes et autres outils. Les chercheurs s'accordent pour parler de la naissance de routes maritimes vers le continent (le commerce touchera son apogée à la fin du Néolithique quand les routes maritimes vont s'allonger jusqu'aux côtes de la Ligurie, en Italie, mais aussi celles du Sud de la France). La fin du Néolithique voit l'émergence d'une civilisation qui prend le nom de « la culture de Ozieri » ou de « San Michele » : les principaux témoignages sont la grotte de San Michele à Ozieri *(p. 85)* et le Monte d'Accoddi.

Les « maisons de fées » : unique témoignage de l'ère prénuragique

Caractéristiques de l'ère prénuragique, les *domus de janas*, ou « maisons de fées », sont des **tombes creusées dans la roche**, comme celles du site de Monte d'Accoddi *(p. 89)*. Les premières datent du Néolithique récent (3 400 à 3 200 av. J.-C.) et évoluent au fil du temps.
Ces petites grottes artificielles ont suscité mille et une légendes et continuent d'alimenter l'imaginaire insulaire à travers de véritables contes de fées.

La civilisation nuragique (1 800-500 av. J.-C.)

Ce n'est qu'au début de l'âge du bronze que l'île voit apparaître une civilisation qui marquera profondément son histoire : la civilisation des nuraghes. Plus de 8 000 édifices en pierre ont déjà été mis au jour et presque autant attendent encore d'être découverts selon les archéologues.
La civilisation nuragique s'étend de l'âge du bronze à l'âge du fer. À cette époque, les ressources minières de l'île commencent à attirer les peuples du Bassin méditerranéen comme les Mycéniens et les Chypriotes. L'île s'ouvre alors aux échanges commerciaux.
Trois formes d'architecture sont typiques de cette époque : les nuraghes, les puits sacrés et les tombes des géants. Le nuraghe est une **tour en pierres**

d'aspect conique, généralement haute de 20 m et large de 35 m, avec un sommet qui abrite une terrasse accessible par un escalier extérieur. Sa fonction serait à la fois défensive et communautaire, en tant que centre de la vie sociale. La forme la plus ancienne est le nuraghe dit **à couloir** *(corridoio)*, également appelé « proto-nuraghe ». Avec une base large et irrégulière, il est constitué de plusieurs couloirs. Le nuraghe dit **à « tholos »** est le plus simple et le plus diffusé sur l'île. Il date de l'âge du bronze moyen et récent. Son toit à fausse coupole abrite des chambres, quelquefois agrémentées de niches.
Les tombes des géants, à l'instar de celle de Coddu Vecchiu *(p. 46)* sont des **sépultures collectives** qui se caractérisent par une chambre avec une entrée faite d'une pierre posée en hauteur, telle une porte symbolisant le passage entre la vie et la mort. Une exèdre (salle circulaire), avec un banc semi-circulaire, accueillait les villageois venus veiller les morts et apporter des offrandes.
À l'image du puits sacré de Sa Testa *(p. 36)*, près d'Olbia, ces **temples**, voués au culte de l'eau et de la déesse mère, se composent principalement d'un escalier s'enfonçant vers la source. Aujourd'hui, leur visite offre une des expériences les plus étonnantes – pour ne pas dire les plus mystiques – de l'île.

La naissance des premières villes (1 000-500 av. J.-C.)

Les Phéniciens, peuple de marchands du Moyen-Orient, s'établissent en Sardaigne. À l'époque, seuls quelques ports abritaient cette petite communauté de navigateurs et de commerçants.
L'implantation phénicienne se développe avec la création de nombreuses villes disséminées sur tout le littoral. Au-delà de l'activité portuaire, de vrais centres urbains avec des maisons et des édifices publics fleurissent. L'expansion n'est pas sans causer des mouvements de rebellion de la part des Sardes.
Face aux troubles, les Phéniciens demandent de l'aide en 509 av. J.-C. à leurs voisins carthaginois, installés sur l'île dès 550 av. J.-C.

L'empreinte de Rome et de Byzance (IIIe s. av. J.-C.-Ve s. apr. J.-C.)

La Sardaigne est sous domination phénico-punique quand débute la première guerre punique (264-241 av. J.-C.) pour le contrôle de la Sicile, île stratégique entre Rome et Carthage. L'Empire romain, vainqueur, demande en dommage de guerre la Sardaigne, qui devient une province de l'Empire en 227 av. J.-C.
La période romaine assure à la Sardaigne de profonds changements économiques, dont le développement des infrastructures dans les villes, l'améliora-

Les ruines de l'ancienne cité de Tharros fondée par les Phéniciens

tion du réseau routier et de l'agriculture. Ses ressources en blé en font un des greniers de Rome. Au-delà des vestiges visibles, notamment à Cagliari *(p. 158)*, l'époque romaine a laissé comme empreinte la fameuse route Cagliari-Porto Torres, devenue la via Carlo Felice puis la SS131.
Avec la décadence de l'Empire romain et sa désaffection de l'île, la Sardaigne se retrouve dans une situation fragile. Les Vandales venus d'Afrique du Nord débarquent en 456 apr. J.-C. et resteront jusqu'en 530.
Quelques années plus tard, Justinien, à la tête de l'Empire romain d'Orient et animé par une soif de reconquête, entreprend, aidé par les troupes du général Bélisaire, l'annexion de la Sardaigne. L'île devient alors la septième province africaine de Byzance.

L'ère des judicats (IVe-XIIIe s.)

Les différentes attaques sur les fronts de l'Empire byzantin vont favoriser la création des judicats *(p. 82)*, sorte de petits royaumes indépendants du joug byzantin. Les judicats de Cagliari, d'Arborea, deTorres et Gallura sont alors gérés par les Sardes eux-mêmes.
Le christianisme s'est particulièrement développé sous la domination byzantine. Il est complètement réorganisé par le Saint-Siège avec des diocèses gérés par des évêques et des archevêques. Au XIe s., bon nombre de bénédictins arrivent alors en Sardaigne, leur installation étant encouragée par des donations du pape aux quatre judicats. C'est le cas des moines victoriens de l'abbaye Saint-Victor, à Marseille, envoyés sur l'île de Sant'Antioco pour l'arracher à l'influence byzantine. Ils introduisirent l'architecture romane en Sardaigne, bâtissant une cinquantaine d'églises, dont seulement dix-neuf ont résisté au passage du temps.
L'île n'en finit cependant pas avec les attaques pirates et celles d'Afrique du Nord. Les judicats demandent l'aide du pape, qui envoie des armées venues de Gênes et de Pise. Les deux Républiques, conscientes du potentiel de l'île, profitent de leur présence pour s'installer en Sardaigne et y faire du commerce. Des conflits entre les judicats sardes et les deux cités italiennes éclatent au début du XIIIe s., jusqu'à aboutir à l'effondrement de trois des judicats au profit des seigneurs pisans et génois. Seul celui d'Arborea résiste.

Entre Aragon et Savoie

La domination espagnole (1297-1717)

Par traité pontifical, la Sardaigne est cédée aux Aragons en 1323. En 1326, les forces aragonaises chassent les Pisans et prennent possession du Castello de Cagliari *(p. 159)*.
En 1479, le mariage de Ferdinand d'Aragon avec Isabelle Ire de Castille renforce la domination espagnole sur l'île, mettant en place un système féodal où la population sarde vit dans la pauvreté et l'asservissement aux familles de la noblesse espagnole. Une situation qui perdurera jusqu'au XVIIIe s.
En 1718, après une brève parenthèse de domination autrichienne, le traité de Londres confie définitivement la Sardaigne à la maison de Savoie. Vittorio Amedeo II de Savoie devient roi de Sardaigne.

La Sardaigne piémontaise (XVIIIe-XIXe s.)

L'ambition de la maison de Savoie est de mettre fin à la misère dans laquelle a été maintenu le peuple sarde, surexploité et délaissé par plus de trois siècles de domination espagnole. La restauration d'édifices et la construction d'infrastructures sont au cœur des projets. Les universités de Cagliari et de Sassari sont rouvertes. Des initiatives sont prises pour moderniser l'accès à la propriété

L'ÉPOPÉE DES CORAILLEURS DE TABARKA

Tabarka est une petite île située non loin de la côte tunisienne. En 1542, une famille génoise obtint du pacha une concession de 200 ans pour exploiter les récifs coralliens de l'île, tâche qui fut confiée à des corailleurs ligures.
À la fin de la concession, la surpopulation de Tabarka contraignit les autorités à interdire les mariages.
C'est alors que le duc de Savoie Carlo Emanuele III proposa aux habitants de s'installer sur l'île déserte de San Pietro, en Sardaigne. En 1737, 462 Tabarquins répondirent à son invitation. Quatre ans plus tard, le souverain racheta au bey de Tunis leurs 800 compatriotes, qui entre-temps étaient tombés en esclavage. Mais les Tabarquins n'étaient pas au bout de leurs peines…
En 1789, des pirates tunisiens emportèrent des habitants de l'île. Quatre ans plus tard, le petit-fils de Carlo Emanuele paya la rançon exigée. Dans les années qui suivirent, les habitants bâtirent une muraille de 2 km autour de leur ville et n'eurent plus jamais à craindre les pirates.

foncière qui, empreint de féodalité, a considérablement limité le développement agricole de l'île.
En 1792, la France, enflammée par la Révolution de 1789, tente d'occuper la Sardaigne et se heurte à la résistance des Sardes. Cet événement ranime la flamme révolutionnaire sarde et, en 1794, une « révolution sarde » dirigée par Giovanni Maria Angioy éclate à Cagliari. L'insurrection prend fin en 1796. La même année, les troupes de Napoléon envahissent tous les territoires de la maison de Savoie et, en 1799, la famille royale se réfugie à Cagliari, qu'elle ne quittera qu'en 1815.
La modernisation de l'île est en route : si 1835 marque enfin l'arrêt des privilèges féodaux, la Sardaigne n'est cependant pas encore sortie du marasme économique dans lequel elle est plongée.
En 1847, sous la pression populaire, la maison de Savoie établit l'« unité parfaite », mettant la Sardaigne au même rang que le Piémont. L'administration, menée par le roi Carlo Alberto, est alors plus équitable.
Après plus de 30 ans de guerres pour l'indépendance, pendant la période du Risorgimento, le royaume d'Italie voit le jour en 1861. Construit sur le même modèle que le royaume de Sardaigne, le royaume d'Italie rassemble tous les territoires de la péninsule italienne et a pour premier souverain Vittorio Emanuele II.
Les dernières années du XIXe s. sont marquées en Sardaigne par la fin de l'unification italienne en 1870, mais surtout par une avancée de l'île vers le progrès et la modernité. De grands programmes sont mis en place par le souverain italien, conscient des retards et de la pauvreté de la région. La réalisation de routes ferroviaires débute à cette période, et la ligne Cagliari-Sassari est inaugurée en 1881. Des progrès basiques tels que l'accès à l'école pour les enfants ou l'ouverture de banques, qui permettent dorénavant aux Sardes de bénéficier de prêts, constituent de réelles avancées sociales. Malgré tout, la vie quotidienne en Sardaigne reste difficile en cette fin de siècle. La pauvreté induit des formes diverses de banditisme, qui entraînent régulièrement l'intervention de l'armée italienne.

Du XXe s. à nos jours

La Grande Guerre et l'époque fasciste

C'est tardivement, le 26 avril 1915, avec la signature du pacte de Londres, que l'Italie prend part à la Première Guerre mondiale. La Sardaigne y paie un lourd

Ancien site minier dans les environs d'Arbus

tribut en vies humaines. La Brigade Sassari *(p. 79)* s'est particulièrement illustrée dans les tranchées, ce qui avive le sentiment national sarde. La conscience politique sarde, véhiculée par des soldats éveillés et éduqués rentrés du front, renaît au lendemain de la guerre.

En 1921, le Parti sarde d'action (PSA) en faveur de l'autonomie de l'île est fondé par Emilio Lussu de la brigade Sassari et connaît un véritable succès. Plus généralement, la politique en Sardaigne se range dès le départ à gauche avec des influences socialiste et communiste fortes, incarnées tout particulièrement par Antonio Gramsci *(p. 124)*.

Benito Mussolini marche sur Rome en 1922 et, en 1924, des élections législatives portent au pouvoir le parti fasciste. Comme ailleurs en Italie, l'ère fasciste constitue pour la Sardaigne une période singulière pendant laquelle le régime, conscient de la pauvreté de l'île, met en place un vaste programme de travaux, tant pour rendre l'Italie plus indépendante d'un point de vue énergétique (valorisation des mines, notamment dans le sud-ouest de la Sardaigne), que pour désengorger les villes en bâtissant de nouvelles cités sur des territoires vierges *(encadré ci-dessous)*. L'alliance militaire de l'Italie avec l'Allemagne nazie en 1940, qui constitue l'Axe, entraîne son entrée en guerre.

ARBOREA, FERTILIA ET CARBONIA

En 1928, un programme de bonification d'une zone marécageuse permet d'assécher de nombreux étangs au sud d'Oristano. La ville d'**Aborea** naît des terres nouvellement cultivables. Baptisée en 1930 Mussolinia, la ville est habitée par une population venue de Vénétie. En 1936, **Fertilia** est créée suite à l'assèchement des marais de la région de Nurra. En 1938, **Carbonia** est inaugurée par le Duce. Conçue pour l'exploitation du charbon, elle répond à tous les critères architecturaux fascistes. Les trois villes sardes ont en commun cette architecture, dite aussi « rationaliste », avec ses larges avenues qui mènent à la mairie, à l'église ou à la *casa del fascio* (la maison du fascisme).

En 1943, les Alliés débarquent en Sicile et dans le Sud de l'Italie. Même si la Sardaigne n'est pas envahie, elle subit des bombardements, à l'instar de ceux de Cagliari qui détruisent les trois quarts de la ville. La même année, Mussolini est destitué et tente une ultime action dans le nord de la péninsule avec sa République de Salò. La guerre partage alors le pays en deux, entre le Sud acquis aux Alliés et le Nord fasciste.
Alors qu'il tente de fuir, Mussolini est capturé et exécuté en 1945. En 1946, un référendum populaire met fin à la monarchie et la république parlementaire est proclamée.

La modernisation des années 1950 et les Trente Glorieuses

La Sardaigne devient Région autonome à statut spécial grâce à la loi constitutionnelle du 26 février 1948. Comme quatre autres régions d'Italie, dont la Sicile, la Sardaigne se voit accorder des pouvoirs législatifs plus importants dans certains domaines (organisation de l'administration locale, agriculture, forêts, etc.), ainsi qu'une plus grande autonomie financière. Le pouvoir législatif appartient au conseil régional de Sardaigne, dont le président assure le pouvoir exécutif. La Sardaigne est divisée en quatre provinces administratives et a pour chef-lieu Cagliari.
En 1985, Francesco Cossiga, originaire de Sassari, ancien Premier ministre et ministre de l'Intérieur, devient président de la République italienne.

La Sardaigne actuelle entre crise et développement (1980-aujourd'hui)

Après 8 000 ans d'activité quasi ininterrompue, les mines historiques du Sulcis et de l'Iglesiente ferment les unes après les autres, par manque de compétitivité, pour leur incompatibilité avec la législation européenne et le protocole de Kyoto ou tout simplement à cause de l'épuisement des ressources. En 1997, les mines désaffectées sont classées au patrimoine mondial de l'humanité par l'Unesco afin de préserver leur valeur technique, environnementale et culturelle unique.
Les conséquences sociales de ces fermetures sont dramatiques, de nombreuses protestations s'en suivent et la montée du chômage est inévitable. En août 2012, 200 ouvriers se retranchent à 370 m de profondeur à l'intérieur de la mine de Nuraxi Figus à Gonnesu, dans l'Iglesiente, pour empêcher sa fermeture définitive.
La même année un référendum régional concernant le sort des provinces (les divisions territoriales italiennes, en Sardaigne au nombre de huit), marque le début d'un processus de réorganisation administrative de ces institutions. Ce long processus s'est achevé en 2016 et a vu le nombre de provinces diminué de huit à quatre.

Actualité politique

Après la parenthèse de 2009 à 2014 où la droite était au pouvoir avec le président de région Ugo Cappellacci *(Popolo della Libertà)*, la région, en particulier la capitale Cagliari, rongée par la corruption, le chômage et la précarité penche définitivement à gauche. Francesco Pigliaru, enfant du pays, est le président de la région (qui bénéficie d'un statut spécial) depuis 2014. Membre du parti démocrate (la gauche italienne), il est à l'origine du *Patto con la Sardegna* (le pacte avec la Sardaigne), signé avec l'ex-premier ministre Matteo Renzi en 2016. Ce pacte a pour vocation d'aider l'île à combler ses carences d'infrastructures en lui apportant 2,9 milliards d'euros à reverser dans les principaux secteurs défaillants (les réseaux routiers et ferrés, la santé, l'éducation, etc.). Parmi les travaux prévus figure l'achèvement de la route à quatre voies qui relie Sassari à Olbia.

Fêtes et religion

➤ Une ferveure religieuse aux allures de fête

Malgré une modernisation certaine, la Sardaigne a su maintenir très vivante la mémoire de ses festivités religieuses. Devenus presque une attraction touristique, les processions et les pèlerinages aux abords des paroisses et des nombreux sanctuaires restent aujourd'hui des manifestations qui n'ont rien perdu de leur pouvoir de mobilisation. En général, une riche panoplie d'événements folkloriques et de kermesses gastronomiques (sagre) *se déroulent en marge des célébrations religieuses, pendant les journées qui précédent et qui suivent les festivités.*

Une procession près de Nuoro

Les pèlerinages

Les Sardes sont des milliers, chaque printemps et chaque automne, à quitter **Cagliari** et **Oristano**, pieds nus, pour célébrer le saint patron de leurs villes respectives. Pour les Sardes, ces fêtes sont un gage de continuité.
Pour les voyageurs que nous sommes, c'est l'occasion de renouer avec un passé commun que nos sociétés modernes ont presque totalement éclipsé.

Les processions

Il est impossible de visiter une ville ou une région de Sardaigne sans tomber un jour nez à nez avec une procession : un curé à la tête d'un groupe d'hommes et de femmes de tous les âges, quelques enfants de chœur, souvent une statue montée sur un char et des jeunes filles qui vident des paniers de fleurs sur son passage. À l'arrivée du cortège au coin de la rue, il n'est pas rare de voir les commerçants inviter leurs clients à sortir du magasin et à se poster sur le trottoir, en signe de respect. C'est quand elle est en mouvement que l'on voit le mieux la cohésion de la société sarde.

Les sanctuaires

Les sanctuaires de campagne incarnent merveilleusement bien ce sentiment de continuité qui caractérise le monde traditionnel. Continuité avec la nature : ils sont généralement **bâtis en plein maquis,** dans des lieux isolés. Continuité du sentiment religieux : ils occupent souvent d'**anciens lieux de culte païens**. Continuité du sens de la communauté : les abords des sanctuaires sont parfois occupés par des *muristenes*, des habitations temporaires faites pour accueillir les pèlerins une fois par an, et ainsi transposer le village au sein de la nature.
Chaque année, le sanctuaire attire les villageois hors de leur maison pour des célébrations qui durent plusieurs jours et au cours desquelles ils partagent leur temps entre prières, festins et danses traditionnelles.
Parmi tant d'autres, citons celui qui voit les habitants de **Jerzu** parcourir 10 km à pied pour aller célébrer saint Antoine de Padoue, le 13 juin.

Les *sagre*

Les *sagre* sont des fêtes qui célèbrent les spécialités œno-gastronomiques du territoire. En Sardaigne, comme en Italie, elles sont nombreuses : de simples foires particulièrement locales, des fêtes de village en somme, jusqu'à celles devenues des rendez-vous incontournables de l'île. Impossible de toutes les nommer, quasiment chaque village organise sa propre *sagra*. Leur calendrier suit une saisonnalité appréciable : en mars on fête l'artichaut, en avril les asperges alors qu'on rend hommage aux moutons et aux pâtes fraîches (comme les *ravioli* ou les *culurgiones*) pendant les mois d'été. Pour les châtaignes et les cèpes, il faudra attendre novembre. En juillet, vous pourrez déguster la friture de poissons à Santa Teresa di Gallura ou à Cabras, alors que Barrali célèbre la *sagra* du pain.

➤ Calendrier des festivités sardes

On voudrait pouvoir fournir au voyageur un calendrier exhaustif de toutes les fêtes de l'île afin de l'aider à planifier son séjour. Le fait est qu'il y en a presque tous les jours… Nous citons ici les principales.

Janvier et février

Carnaval de Bosa

Il s'agit du plus célèbre carnaval de l'île. Tous les habitants de la ville défilent masqués pendant une semaine. Tout commence par un grand feu de joie le soir de la Saint-Antoine Anachorète pour se terminer avec les *gioldzi*, des petites poupées que l'on fait brûler sur un bûcher le soir du Mardi gras dans un concert de lamentations tragi-comiques (S'Attidu).

➤ *17-23 janvier.*

Sant´Antonio Abate à Mamoiada

Défilé d'impressionnants personnages masqués (les *mamuthones, encadré ci-dessous*) recouverts de pelisses de brebis et de masques sombres, ainsi que de 30 kg de cloches. Cet événement marque le début du carnaval.

➤ *17 janvier.*

Sartiglia à Oristano

L'une des plus belles fêtes traditionnelles de l'île à la renommée internationale. Le point d'orgue de cette fête est la course de chevaux. Le nom *sartiglia* dérive du castillan *sortija* qui signifie « sortilège ». Su Componidori est le personnage principal de cette étonnante course. Vêtu par les jeunes filles du pays d'une chemise blanche, masqué de blanc et coiffé d'un voile de mariée et

QU'EST-CE QU'UN *MAMUTHONE* ?

Avec leurs pelisses de brebis, leurs masques noircis, leur expression tragique et les 30 kg de cloches qu'ils portent sur le dos, les *mamuthones* défilent tous les ans dans Mamoiada à l'occasion de la **fête de Sant'Antonio Abate** (17 janv.), signalant ainsi le début du carnaval sarde. Regroupés en société secrète, ces derniers se réunissent plusieurs fois par an pour évoquer leurs origines, initier les nouvelles recrues et planifier leurs manifestations. Accompagnés des *issohadores*, des personnages colorés munis de lassos, ils sont invités à défiler dans le monde entier. Leur réputation est telle que les *mamuthones* ont reçu la visite d'une délégation de sorciers dogons de Bamako ! Depuis quelques années, les *mamuthones* défilent chaque été à la fin du mois de juillet.

➤ *Rens. auprès de l'office de tourisme de Mamoiada* *(p. 278).*

d'un chapeau noir, il est béni et couvert de fleurs. Après le défilé en costumes traditionnels, la course commence. Sur des chevaux au galop, les participants doivent enfiler une lance dans des étoiles suspendues… Plus il y a d'étoiles embrochées, meilleures seront les récoltes.

➤ *Derniers dimanche et mardi de la semaine du Carnaval.*

Mars et avril

S'Incontru à Orosei

Portées en procession par les habitants du village, les statues du Christ et de la Vierge convergent sur la place principale par des chemins différents. Ce jour-là, le visage de la Madone est recouvert de plusieurs voiles. Rythmée par des chants rituels, la cérémonie consiste à retirer un à un les voiles jusqu'au moment où, ayant surmonté son désespoir, elle reconnaît enfin son fils ressuscité dans un concert d'acclamations. Suivie avec une ferveur particulière à Orosei, cette procession a également lieu à Cagliari et Oliena, le même jour.

➤ *Dimanche de Pâques.*

Il Lunissanti à Castelsardo

Cette procession est la plus ancienne célébration de la Passion du Christ de l'île. Avant l'aube, les membres de la confraternité de l'Oratoire de la Santa Croce, vêtus de capes blanches et de cagoules, se rendent à l'église Santa Maria. Douze d'entre eux représentent les apôtres et entonnent des chants religieux autour de l'autel. Au lever du soleil commence la procession, solennelle et recueillie, dans les rues du bourg jusqu'à 9h du matin. Les festivités reprennent dans une ambiance plus joyeuse et réjouie à midi. Après un déjeuner dans les champs, la procession se termine par un défilé aux flambeaux jusqu'à l'église Santa Maria.

➤ *Lundi saint.*

Mai

Sant'Efisio à Cagliari

Sant'Efisio sauva la capitale sarde d'une épidémie de peste au XVIIe s. Des processions et des défilés animent le trajet de Cagliari jusqu'à Nora en passant par Pula *(p. 166)*. Des chars décorés, des groupes folkloriques et des cavaliers défilent depuis l'église Sant'Efisio et accompagnent le reliquaire doré. Le parcours va jusqu'à la via Roma, dont le sol est tapissé de pétales de roses, accompagné par les sirènes des bateaux amarrés au port.

➤ *4 jours à partir du 1er mai.*

San Simplicio à Olbia et dans toute la Gallura

Le 15 mai, des milliers de personnes en procession accompagnent san Simplicio, le saint patron de la Gallura, dans toute la ville. C'est l'occasion pour chaque village de sortir ses costumes traditionnels. D'autres événements viennent ponctuer les différents jours de fête. Un *palio* (course de chevaux) est organisé par la municipalité d'Olbia, ainsi qu'une Fête des moules, des concerts de musique sarde et des manifestations sportives.

➤ *5 à 6 jours à partir du15 mai.*

Cavalcade sarde à Sassari

Spectacle haut en couleur à travers les rues de la ville avec la traditionnelle cavalcade, une remarquable démonstration d'art équestre. Le cavalier est le Su Componidori, le même personnage de la Sartiglia d'Oristano *(p. 247)*.

➤ *Avant-dernier dimanche du mois.*

Juillet

La Madonna del Naufrago à Villasimius

Une procession de bateaux de pêche fait cap sur la petite île des Cavoli, située à moins d'un mille à l'ouest de Villasimius, pour bénir la statue de la Madonna del Naufrago (également surnommée Madonna dei Fondali), gisant par 10 m de fond. Une fois arrivés à proximité des esquifs, qui furent la cause de nombreux naufrages, le curé de la paroisse plonge pour aller donner sa bénédiction sous-marine, accompagné d'une foule de plongeurs. Le sacrement s'accompagne de lancers de couronnes de fleurs. Pour y assister, il est conseillé de réserver longtemps à l'avance auprès du Pescaturismo Sanpei *(p. 231)*.

➤ *3e samedi de juillet.*

Août

Sagra del vino à Jerzu

Le territoire de Jerzu rend hommage à son vin cannonau. On y organise des dégustations dans les caves de la région (dont certaines sont exceptionnellement ouvertes au public). La kermesse s'achève sur la soirée-événement « Calici di Stelle », pendant laquelle un parcours à la découverte des principales caves à vins du village est organisé.

➤ *1re semaine d'août.*

Santa Maria del Mare à Bosa

Procession de barques le long du fleuve Temo entre la marina et la vieille ville de Bosa tout illuminée.

➤ *1er août.*

Fête des Chandeliers à Sassari et Iglesias

À l'origine, cette fête viendrait de l'époque où la Sardaigne était sous domination pisane, et une pratique voulait que l'on offre à la Vierge un cierge le jour de l'Assomption. Cet usage devint une fête votive en 1652 à la suite d'une épidémie de peste qui fit des centaines de morts. Les corporations des arts et métiers du pays, les *gremi*, s'en remirent alors à la Vierge pour demander la fin de la maladie. Quelques jours plus tard, le miracle eut lieu, et cet événement frappa tellement les habitants de la ville que la fête perdure encore aujourd'hui.

➤ *14 août.*

Assomption à Orgosolo

Pour voir les costumes traditionnels de la Barbagia, rien ne vaut la visite d'Orgosolo pendant les 9 jours des fêtes de l'Assomption, durant lesquels se déroulent de nombreuses processions. La plus spectaculaire d'entre elles a lieu le 15 août : 150 chevaliers ouvrent la voie à la Madone endormie, portée à dos d'homme. Le 23, rebelote, et cette fois-ci, le cortège défile de nuit.

➤ *14-23 août.*

Septembre

Course des nu-pieds à Cabras

Procession entre San Salvatore di Sinis et Cabras qui évoque l'attaque manquée des Sarrasins en 1619, quand les habitants partirent en courant pour mettre la statue de San Salvatore à l'abri. La poussière soulevée par leur course fit croire aux envahisseurs qu'une armée importante les attendait.

➤ *1er septembre.*

Culture

➤ Art et culture : entre tradition et modernité

Si l'on ne peut pas réellement parler d'avant-garde pour les formes artistiques développées au fil des siècles en Sardaigne, il faut cependant reconnaître à l'île un patrimoine culturel d'une richesse considérable.
Un profond attachement aux expressions culturelles les plus traditionnelles n'a pas empêché le développement de courants picturaux et architecturaux d'un modernisme surprenant. Du début du XXe s. à nos jours, les dernières réalisations d'artistes et intellectuels sardes en peinture et en littérature montrent une orientation résolument contemporaine.

L'art, reflet de l'identité régionale

Tout au long de son histoire, la Sardaigne a été marquée par de nombreuses influences extérieures. Pour autant, certaines périodes ont vu l'avènement de formes artistiques locales. Parmi les plus remarquables, les ***bronzetti***, figures représentatives de la population nuragique (900-500 av. J.-C.), symboles sacrés ou simples reproductions des objets de la vie quotidienne, donnent à voir un tableau fascinant de la vie pendant la civilisation nuragique. Les soldats et les chasseurs sont souvent représentés, tout comme la déesse mère, symbole de l'eau et de la fertilité. Les reproductions d'instruments pour la pêche et la chasse témoignent des pratiques de l'époque.
Au XVe s., l'art sarde à la croisée des influences culturelles s'exprime par un curieux syncrétisme esthétique dont la manifestation la plus courante est le **retable**. Le retable sarde se fait connaître grâce aux œuvres des artistes catalans comme Joan Mates, auteur du *Retable de l'Annonciation* pour une chapelle de l'église San Francesco à Stampace.
Le XVIe s. voit l'apparition d'un courant artistique insulaire dénommé **École de Stampace**, véritable âge d'or de la peinture sarde dans laquelle le religieux reste omniprésent.
Bien plus tard, le XXe s. a vu l'avènement d'un **art moderne sarde**, qu'il soit pictural, sculptural ou architectural. C'est dans ce contexte que **Francesco Ciusa** remporte le prix de la Biennale de Venise en 1907 avec sa sculpture en plâtre intitulée *La Madre dell'ucciso*. Parallèlement, Antonio Ballero et Giuseppe Biasi présentent leurs œuvres dans des expositions nationales.

LA *LIMBA SARDA*

À la source de la culture sarde, la *limba sarda* (langue sarde) est une langue latine parmi les plus pures qui, bien que parlée par la grande majorité des habitants de l'île, est l'enjeu d'un débat sur l'avenir et l'identité de la Sardaigne. À l'ombre de cette langue insulaire, une littérature sarde de langue italienne s'est développée au cours du XXe s. ; elle a révélé au reste du monde la nature cachée de la société sarde.

Les voix de l'île

Élevé à la dignité de patrimoine immatériel de l'humanité par l'Unesco, le ***cante a tenor*** est une des formes musicales les plus originales et les plus envoûtantes du Bassin méditerranéen. Les quatre voix qui composent l'**ensemble vocal** empruntent leur nom et leurs registres respectifs au monde pastoral. Ces chœurs du Nuorese septentrional *(p. 188)* se produisent pendant les fêtes.

La Sardaigne de Faber

Difficile de parler de la musique sarde sans mentionner **Fabrizio De André**, qui, bien que gênois d'origine, est devenu sarde par adoption dans les années 1970 en s'installant sur l'île. Grand admirateur de Brassens, il a passé toute la seconde partie de sa carrière à chanter les beautés de l'île, ce qui fait de lui le chanteur favori des insulaires. Son enlèvement en 1979 dans des circonstances troubles, sa libération et le pardon qu'il accorda à ses ravisseurs à l'issue d'un procès médiatisé en ont fait un héros du folklore sarde.

La littérature sarde

Les romans pastoraux de Grazia Deledda

La littérature sarde ne se conçoit pas sans une référence permanente au monde pastoral. La première à en faire la matière de nombreux romans fut **Grazia Deledda** (1871-1936), le grand écrivain sarde de l'entre-deux-guerres, prix Nobel de littérature en 1926. Ce prix ne fit que renforcer son statut : plus de 70 ans après sa mort, elle est encore considérée comme la référence incontournable par de nombreux auteurs sardes contemporains. Publié en 1913, *Roseaux au vent (Canne al vento)* est son roman le plus célèbre.

Nuova letteratura sarda : la nouvelle littérature sarde

À partir des années 1980, avec Salvatore Mannuzzu (né en 1930), Giulio Angioni (né en 1939) et Sergio Atzeni (né en 1952), débute la nouvelle vague de la littérature sarde. Tous les romans de cette période sont localisés en Sardaigne, une île dont les coutumes et les traditions suscitent de l'intérêt auprès des lecteurs. Parmi les auteurs les plus connus, les polars de Marcello Fois (né en 1960) et Salvatore Niffoi (né en 1950) qui se déroulent en Barbagia *(p. 188)*, le plus souvent au XIXe s., ou encore les romans de Michela Murgia (né en 1972) et de Milena Agus (né en 1955), qui décrivent la Sardaigne contemporaine mais également celle du siècle passé.

Un set cinématographique d'exception

Une page importante du cinéma italien du siècle dernier s'est tournée vers la réalité sociale sarde, marquée par le banditisme et la vie pastorale. Primé au Festival de Venise, le film *Bandits à Orgosolo* de Vittorio De Seta (1961) décrit la lente et inéluctable chute d'un berger dans la clandestinité. Entre néoréalisme et cinéma engagé, c'est un magnifique portrait de la nature sarde.

LA VENDETTA ROMANCÉE

Aggius *(p. 57)* a été le théâtre au XIXe s. de plusieurs vendettas, dont la plus célèbre a fait près de 70 morts. Ce sordide fait divers a été raconté par Enrico Costa en 1884 dans un roman intitulé *Il Muto di Gallura* (*Le muet de Gallura*), régulièrement réédité. À l'origine de ces événements, qui se sont déroulés entre 1849 et 1856, la haine entre deux familles, les Mamia et les Vasa, et, au milieu, un sourd-muet : Bastiano Tansu.

Société

➤ Une identité régionale puissante

L'une des particularités les plus remarquables de la Sardaigne tient à la façon dont elle a su préserver jusqu'à ce jour ses traditions séculaires parfaitement intactes. Mais si l'esprit communautaire et la ferveur religieuse sont ici plus forts qu'ailleurs, la société sarde a subi de profonds bouleversements au cours des cinquante dernières années. Fiers de leur identité légendaire, les Sardes se tournent aujourd'hui vers le reste de l'Italie et vers l'international.

La statue d'Eleonora Arborea

Le berger et le bandit

Si la Sardaigne devait désigner un personnage pour la représenter, ce serait certainement un berger. Le berger est le Sarde par excellence. On pourrait presque dire que la Sardaigne a été faite à son image. C'est son activité qui a modelé le paysage, son caractère qui a déteint sur celui de ses compatriotes, son quotidien qui a laissé la plus forte empreinte sur les traditions de l'île. Il suffit de regarder les petites figurines de bronze de l'ère nuragique, les *bronzetti* *(p. 250)*, pour s'en convaincre : aux côtés du guerrier, c'est le pasteur que l'on retrouve en protagoniste de la préhistoire de l'île.
Le bandit est l'alter ego du berger, sa part d'ombre. Autant le berger est bénéfique et généralement représenté comme une victime – de l'inégalité sociale, de l'injustice, des éléments –, autant le bandit cherche à retourner la situation à son avantage.
Aussi paradoxal que cela puisse paraître dans une région entourée par la mer, la pêche fut pendant longtemps reléguée au second plan, et le personnage du pêcheur est assez inexistant dans l'imaginaire insulaire. Seuls les habitants des îles Sulcitanes Sant'Antioco et San Pietro cultivent depuis des siècles un lien étroit avec la mer, qui est encore de nos jours bien plus marqué que dans le reste de la région. La traditionnelle pêche au thon à la madrague *(p. 146)* qui s'y perpétue de nos jours en est le témoignage le plus parlant.

Et les femmes ?

De Grazia Deledda à Salvatore Niffoi, la littérature sarde fait la part belle aux femmes. Du *Pays sous le vent* (1913) à *La Veuve aux pieds nus* (2006), les femmes n'ont jamais cessé d'être au cœur de l'intrigue. Si dans les affaires d'honneur, les hommes sont généralement les agents principaux de l'offense comme de la vengeance, les femmes sont souvent à l'origine de tout.

LE CODE DES LOIS D'ELEONORA D'ARBOREA

Considéré comme l'une des formes les plus évoluées de la science juridique médiévale, le code d'Eleonora d'Arborea *(p. 117)* était à l'origine destiné au judicat d'Arborea. Mais la qualité et l'étendue des sujets abordés sont telles qu'en 1421, Alfonso V décida de l'étendre à tout le territoire sarde. Il resta en vigueur jusqu'en 1817. Sa conception d'un État sarde explique sans doute sa longévité et son rayonnement.

De nombreux historiens ont mis en valeur son caractère moderne. Le souci apporté à la condition féminine témoigne de cet aspect novateur avec le principe de la communauté des biens acquis dans le mariage. Autre signe de sa modernité : le statut juridique accordé aux serfs, pour la première fois mentionnés dans un traité de lois.

L'avenir des Sardes

Dès les années 1950, le processus de modernisation, accompagné de profondes modifications sociales, économiques et culturelles, a été en Sardaigne bien plus important et plus accéléré que dans le reste de la péninsule.

Un exode rural massif a amené la population des grands centres urbains comme Cagliari, Sassari et Nuoro à quasiment doubler en quelques décennies. De même, le succès du développement du tourisme, conséquence de l'éradication définitive de la malaria, a permis d'en faire l'une des principales ressources économiques de l'île et de mobiliser une grande partie de la masse salariale insulaire vers les régions côtières. Enfin, l'émigration intense vers le reste de l'Italie a profondément modifié la géographie humaine de la Sardaigne.

De nos jours, en valorisant et en soutenant financièrement le patrimoine culturel de l'île, l'Europe joue un rôle essentiel dans la préservation des repères communautaires insulaires. Il suffit pour s'en convaincre de traverser les villages d'Oliena *(p. 192)* ou de Jerzu *(p. 177)* en fin de journée et d'y voir une foule de tous âges se presser dans les rues à l'heure de la *passeggiata* (promenade du soir) pour comprendre à quel point l'esprit des vieilles communautés est encore vivace.

Même si le taux de chômage est encore relativement élevé et si seulement 38 % de la population a un emploi fixe, l'organisation traditionnelle de la société sarde permet à chacun de trouver sa place et à l'ensemble de garder une certaine cohésion, en dépit des difficultés économiques. Reste à savoir si une économie principalement fondée sur le tourisme, fortement atteinte par la crise économique et financière de la dernière décennie, pourra permettre à ces communautés de se maintenir encore longtemps.

L'heure de la passeggiata

Économie

➤ Une économie contrastée

Depuis toujours, l'île tire l'essentiel de ses revenus de l'agriculture et de l'élevage. Les années 1960 ont assisté à la naissance et au développement éclair du tourisme, qui constitue le deuxième moteur de l'économie régionale. Quant à l'industrie, il s'agit du maillon faible du système économique de la région. Seule l'exploitation minière a longtemps été une source essentielle dans la balance économique de l'île. Un secteur qui pourtant traverse aujourd'hui la plus grave crise de son histoire.

Labourage et pâturage, les deux mamelles de la Sardaigne

La Sardaigne possède une tradition agricole ancestrale. La région produit essentiellement du blé dur, du riz et des pommes de terre, mais aussi des artichauts, des fèves, des endives, des radis et des betteraves.
L'élevage a une grande importance économique en Sardaigne avec près d'1 million de chèvres et 4 millions de moutons. L'île contribue à plus de 60 % à la production nationale de laitages ovins ; une activité qui perçoit de nombreuses subventions au niveau national et européen. Les statistiques vont jusqu'à donner le rapport de trois brebis par habitant ! Pour comprendre le poids émotionnel que l'élevage revêt dans l'imaginaire collectif de l'île, il suffit de penser à l'importance du personnage du berger, devenu un véritable héros dans la culture sarde.
Contrairement aux Siciliens, les Sardes n'ont jamais été de grands pêcheurs, à l'exception des habitants des îles Sulcitanes. La pêche se pratique principalement dans les étangs et dans les embouchures des fleuves. En mer, elle rapporte essentiellement thons, calamars, poulpes et crustacés.

Un tourisme contrasté

Par le caractère unique de son environnement naturel et par la qualité de ses infrastructures, la Sardaigne a fait du tourisme l'un de ses principaux gagne-pain. Depuis que l'Aga Khan tomba amoureux de l'actuelle Costa Smeralda dans les années 1960, les investissements n'ont fait qu'augmenter, au point de contraindre les autorités à réglementer par décret les constructions immobilières le long des côtes (décret *Salva coste*, 2004).
La Sardaigne accueille plus de 12 millions de visiteurs par an. Pourtant malgré les efforts des autorités pour promouvoir le patrimoine artistique, environnemental et culturel insulaire, le contexte de crise et la forte augmentation des prix du trajet en ferry ont beaucoup freiné le tourisme sur l'île. Ces dernières années, on a constaté une augmentation de la clientèle des établissements de luxe contre une forte diminution de celle des établissements plus économiques.

Une industrie fière de son passé et tournée vers l'avenir

La Sardaigne était jusqu'à il n'y a pas longtemps la région d'Italie avec le sous-sol le plus riche en minéraux. L'industrie lourde sarde s'est longtemps appuyée sur la chimie, la pétrochimie et les extractions minières (aluminium, plomb, zinc, granit et marbre) des mines de l'ouest et du sud-ouest de l'île, notamment vers la péninsule du Sulcis et vers la région d'Iglesias.

Aujourd'hui, l'activité d'extraction traverse une période de crise grave et nombre de mines ont fermé leurs battants par manque de compétitivité ou à cause de l'épuisement des ressources *(voir aussi p. 245)*. Les nombreux licenciements ont engendré de sérieux mouvements de protestation qui ont suscité jusqu'à l'intervention du président de la République.

Pourtant, malgré un contexte économique international des plus complexes, l'activité industrielle sarde a su se déplacer vers d'autres secteurs, faisant preuve de dynamisme et d'innovation. En 1985, naît à Pula le Parc technologique et scientifique de Sardaigne, un pôle d'infrastructures très évoluées dédié à la recherche et au développement dans les secteurs des technologies de l'information et de la communication, des biotechnologies et des énergies renouvelables. De même, en 1998 le Sarde Renato Soru fonde à Cagliari la société Tiscali (le nom est un clin d'œil au célèbre village nuragique), aujourd'hui l'un des principaux fournisseurs d'accès Internet et de téléphonie sur les plateformes européennes. Et si l'économie de l'Iglesiente se tourne désormais vers le tourisme avec la promotion des vestiges de son industrie, l'activité minière se déplace quant à elle vers l'exploitation de minéraux comme l'argile, le kaolin et le feldspath, employés dans l'industrie céramique.

Enjeux actuels

Comme le reste des régions italiennes, en Sardaigne l'ensemble de secteurs de production a fortement souffert de la crise économique et financière qui a commencé en 2008. Cependant l'île annonce quelques signaux de reprise : selon l'Istat (Commission européenne chargée de l'information statistique), pour le premier trimestre 2019, le taux de chômage est redescendu à 15 %. Selon Eurostat, toutefois, la situation reste dramatique en ce qui concerne le chômage parmi les jeunes (les moins de 24 ans).

Les hôtels de la Costa Smeralda accueillent une clientèle aisée

Nature

➤ La Sardaigne par monts et par vaux

Avec environ 69 habitants au km², la Sardaigne est l'une des deux régions les moins peuplées d'Italie. C'est aussi la plus sauvage. D'une beauté naturelle exceptionnelle, l'île a été presque entièrement épargnée par l'industrialisation et par l'urbanisation. En parcourant de courtes distances, vous passerez de plages de sable fin à des massifs montagneux escarpés, de vastes forêts vertes à des landes sablonneuses jonchées de dunes, de hauts plateaux granitiques à des criques rocheuses mouillées par une mer turquoise.

Le canyon Gorropu

Le cœur montagneux de l'île

Les montagnes du centre et de la côte est de la Sardaigne offrent les vues les plus spectaculaires de l'île. La région, très vaste, s'étend entre la Barbagia au sud de Nuoro et l'Ogliastra dans l'arrière-pays de Dorgali et de Tortolí.

Ici se trouvent les parcs nationaux du golfe d'Orosei et du Gennargentu : recouvert de **forêts de châtaigniers et de chênes verts**, c'est le pays du miel et des sources d'eau vive. Il n'est pas rare en effet d'apercevoir les Sardes faire leur provision d'eau aux nombreuses fontaines au bord de la route.

Creusés par de profondes vallées, les massifs culminent ici à 1 800 m. La progression est lente sur ces routes tortueuses ; chaque nouvelle vallée est comme un nouveau monde, replié sur lui-même.

Que l'on soit vers Jerzu avec ses *tacchi* rocheux, vers les gorges de Gorropu ou encore autour de la source Su Gologone, les parois rocheuses escarpées sont omniprésentes, leur blancheur seulement ponctuée de quelques touffes de maquis. Rocailleux, éblouissants de lumière, merveilleusement parfumés, les parcs nationaux du Gennargentu et du golfe d'Orosei sont les destinations favorites des amateurs de randonnées et d'escalade.

À plus petite échelle, on retrouve des montagnes recouvertes de forêts de chênes verts et du maquis dans l'Iglesiente *(p. 133)*, dans le sud-ouest de la Sardaigne.

LES PARCS NATIONAUX

À bien des endroits, la nature de cette île est encore sauvage, et les Sardes entendent bien protéger ce patrimoine exceptionnel. C'est le rôle dévolu notamment aux parcs naturels, à l'instar du plateau de la Giara *(p. 131)* ou du parc de l'Asinara *(p. 92)*, qui abritent des espèces endémiques comme le cheval nain de Gesturi ou l'âne albinos.

De hauts plateaux envahis par le maquis

La Sardaigne abrite dans sa partie occidentale des vallées et des hauts plateaux où l'influence maritime est moins sensible qu'ailleurs.

Au nord et au sud-ouest de la Barbagia s'étendent les hauts plateaux désertiques du Nuorese septentrional *(p. 188)* et du Haut-

Flumendosa *(p. 168)*. Avec ses **vastes horizons**, celui qui se trouve au nord de Nuoro a des airs de **savane**. Plantés à intervalles réguliers, trapus, les chênes-lièges exposent leurs silhouettes torturées au soleil. D'un rouge sanguinolent après la récolte, ils s'obscurcissent au fur et à mesure que leur écorce se reforme, jusqu'à retrouver une belle couleur cendrée.
Les plateaux basaltiques du Haut-Flumendosa ne sont guère plus accueillants. Entourée de **majestueuses falaises noires**, la région fait partie des lieux les plus arides et les plus sauvages de l'île.

LE MONDE SOUTERRAIN

Les merveilles naturelles de Sardaigne n'en finissent pas d'étonner le visiteur, tant sur terre que sous terre. Plusieurs grottes fascinantes sont ouvertes à la visite, qu'elles se trouvent dans les montagnes (grotte de San Giovanni, *p. 136*), au pied des falaises (grotte de Neptune, *p. 107*) ou au bord de la mer (grotte del Bue Marino, *p. 184*).

De côtes en plages

Les côtes de la Sardaigne offrent autant de diversité que l'arrière-pays. Des **vastes lagunes** du Sinis *(p. 120)* aux **dunes géantes** de la Costa Verde *(p. 139)*, la côte sud-ouest est la moins fréquentée de l'île – plus venteuse, escarpée, elle est néanmoins spectaculairement belle. En se rapprochant de Cagliari, on longe la Costa del Sud *(p. 165)* : aux alentours de Chia, une succession de **petites plages** entourées de maquis constitue l'une des principales destinations touristiques de l'île. Après la parenthèse de la plage del Poetto, quartier général des Cagliaritains, la route panoramique de Villasimius, à l'est de Cagliari, mène aux **vastes plages** de la Costa Rei *(p. 168)*. Moins luxueuses que la Costa Smeralda, elles sont plus grandes et plus facilement accessibles.
Plus au nord, le parc naturel du golfe d'Orosei *(p. 182)* offre quelques-uns des plus beaux paysages de l'île. Bordé de **falaises calcaires,** ce vaste amphithéâtre naturel abrite une douzaine de plages accessibles seulement en bateau ou au terme de longues randonnées.
À l'extrémité nord-est de l'île, la Costa Smeralda *(p. 40)* est célèbre plus que n'importe quelle autre destination de l'île : ce sont ses **criques sauvages**, taillées dans le granit rose, qui ont fait connaître la Sardaigne au monde entier.
Les plages du nord-ouest, vers Stintino *(p. 90)* et Alghero *(p. 96)* offrent de **longues étendues de sable fin** et des fonds relativement peu profonds. La couleur verte des pinèdes et du maquis se reflète dans l'eau transparente, faisant ressortir une impressionnante palette de couleurs entre le vert et l'azur.
À la diversité des côtes répond une mer uniformément bleu émeraude. Exceptionnellement claire, elle doit sa limpidité fabuleuse à la rareté des cours d'eau et à l'absence de bassins alluviaux.

QUI A PEUR DES POSIDONIES ?

Propre à la Méditerranée, cette plante sous-marine aime les eaux limpides et peu profondes. Chose rare pour une espèce aquatique, elle fleurit à l'automne et produit même des fruits appelés « olives de mer ». Elle a aussi tendance, après un coup de vent, à recouvrir les plages d'un épais matelas de longues feuilles rubanées. Assimilée à tort à une pollution, la présence de ces bancs végétaux signale au contraire une eau exceptionnellement pure et limpide. Et pour cause : la posidonie ne peut pas vivre en eaux troubles. Protégés par la législation européenne, ces vastes herbiers forment par ailleurs un habitat idéal pour les poissons. Autant de raisons de ne pas rebrousser chemin la prochaine fois que vous apercevrez une banquette de posidonies échouée sur une plage.

Gastronomie

➤ La Sardaigne à table

La cuisine sarde se caractérise par des saveurs authentiques. Du porcelet rôti à la broche (le fameux* porceddu*), qu'on retrouve sur presque toutes les tables de la Barbagia, aux steaks de thon grillés, consommés dans les îles Sulcitanes, en passant par les brochettes de chevreau rôti et le homard à la catalane d'Alghero, tout est affaire de qualité. La préparation privilégie la simplicité et ne vise rien de moins que la perfection !

Stand de fromages sardes

Les nourritures terrestres

Le monde pastoral est à l'origine de la majorité des références culinaires de la Sardaigne. Il en fournit la matière première sous forme de viandes et de fromages, ainsi que les arômes les plus caractéristiques : le myrte, le thym et le lentisque.

Pecorino & co.

Le *pecorino* est une référence absolue de la cuisine sarde. Ce fromage de brebis est à la base de nombreuses préparations culinaires comme les fameux *culurgiones*, spécialité de l'Ogliastra, des raviolis ronds comme des noix confectionnés à la main avec une farce à base de *pecorino*, de menthe et de pommes de terre *(p. 180)*. À la suite de ce prince des fromages sardes viennent toutes sortes de fromages de brebis que l'on peut classer en fonction de leur plus ou moins grand degré de fermentation : du *fiore sardo*, proche du *pecorino* bien qu'un peu plus jeune, jusqu'à la ricotta, fromage frais, qui gagne à être consommée le jour même de son élaboration.

La multiplication des pains

Les Sardes accompagnent leurs repas du traditionnel pain *carasau*, en forme de crêpe et si fin qu'on le surnomme « papier à musique ». Du *carasau* au *pistoccu*, étymologiquement (et techniquement) proche de la biscotte, en passant par la *spianata* du Nord, un cousin du pain *pitta*, et le *civraxu* du Sud, le plus pansu

LE FROMAGE *MARCIO*

Dès qu'on s'aventure dans l'arrière-pays sarde, il n'est pas rare de se voir offrir un pot de fromage *marcio*. On l'aura deviné : c'est le fromage avec les vers ! Interdit à la vente (sa consommation n'est pas sans risque), il est pourtant très apprécié en Sardaigne, où on le consomme en été. Le restaurateur vous expliquera qu'à la différence de la mouche commune et de la mouche à viande, la mouche à fromage est bénéfique. C'est au début de l'été, quand le lait n'est plus assez parfumé pour produire un bon *pecorino*, qu'on la laisse y pondre ses œufs. Après, tout est affaire de température…

et le plus élastique des pains sardes, ces pains se distinguent d'abord par leur excellente conservation. L'une des méthodes traditionnelles employées pour rendre le pain plus mou est de le tremper dans du bouillon. Cette astuce a donné naissance au *pane frattau*, l'équivalent sarde de la pizza : un pain *carasau* mouillé avec un bouillon de chèvre, garni de sauce tomate, de *pecorino* râpé et d'un œuf au plat. Variante gourmande du pain *carasau*, le pain « guttiau » est servi chaud et aspergé d'huile d'olive, de sel et de romarin. Un régal !

Un vrai festin !

Parmi les plats de fête, la place d'honneur revient sans aucun doute au *porceddu*, le cochon de lait rôti à la braise. Viennent ensuite toutes les viandes rôties, l'agneau *(agnello)* et le chevreau *(capretto)* en tête. Elles sont généralement préparées autour d'un grand feu de bois, simplement avec un peu de sel.

La marée sarde

Les Sardes sont des insulaires avec une mentalité de montagnards. Ainsi, le poisson est arrivé assez récemment sur les tables sardes. Toutefois, les cartes des restaurants proposent désormais de nombreuses spécialités, principalement grâce au **tourisme**.

L'épopée du poisson

Si l'on exclut les quelques ports où la pêche est une activité traditionnelle comme Alghero *(p. 96)* et San Pietro *(p. 146)*, le poisson n'était consommé que sous la forme de *bottarga (ci-dessous)*. Célèbre dans tout le Bassin méditerranéen, le thon des *tonnare* (madragues) sardes était exporté vers le continent, mais la chaleur du climat ne permettait pas que le poisson soit conservé plus de quelques heures. D'où ce procédé de conservation.

Dans l'assiette…

Appelée « boutargue » ou « poutargue » dans le sud de la France, la *bottarga* est confectionnée en faisant sécher et en salant la poche à œufs du mulet (parfois du thon). Elle est servie soit au naturel – de fines tranches dorées avec un filet d'huile d'olive consommées en *antipasto* –, soit en condiment, râpée sur un plat de pâtes. Le thon *(tonno)* est principalement consommé dans les îles Sulcitanes : préparé au grill ou en sauce, c'est sans doute le meilleur plat de poisson de la Sardaigne. Viennent ensuite les poissons grillés et leurs versions macérées, comme la délicieuse *burrida* à base d'ail, de persil, de vinaigre et de noisettes. Sans oublier le célèbre « homard à la catalane » d'Alghero, qui a hérité cette recette de la domination espagnole.

C'est dans le domaine des fruits de mer que les pâtes font une entrée remarquée dans la cuisine sarde : agrémentés d'oursins au printemps, de coquillages et de crustacés en été, les spaghettis et la *fregola* (petite *pasta* de blé dur séchée au four, à l'arrière-goût de noix, et de forme arrondie) remplacent les raviolis.

Rouge contre blanc

Originaire de la Barbagia (les vignobles les plus célèbres sont ceux d'Alghero, *p. 96*, d'Oliena, *p. 192* et de Jerzu, *p. 177*), le **cannonau** est le vin de toutes les viandes. Peu tannique, légèrement mentholé, il se boit frais ou chambré.

À l'opposé du spectre des couleurs et des arômes, le **vermentino** est un vin blanc minéral, légèrement acide et merveilleusement rafraîchissant. La robe vert pâle de ce cousin du malvoisie rappelle le *vinho verde* portugais. Si le meilleur vermentino est cultivé en Gallura *(p. 30)*, ce cépage est désormais présent sur toute l'île.

Carnet pratique

Bateau pour la Sardaigne

Avant de partir et sur place, tout pour réussir vos vacances

Vous trouverez rassemblées dans les rubriques « Avant de partir » et « Sur place » toutes les informations pratiques, les adresses et les suggestions pouvant se révéler utiles pour préparer votre séjour. Le classement par ordre alphabétique permet une navigation rapide et facile.

DÉMARCHES

Formalités. Carte d'identité ou passeport en cours de validité pour les ressortissants de l'Union européenne.
Permis de conduire. Si vous avez l'intention de venir en voiture ou de louer une voiture sur place, ne vous faites aucun souci, les permis français, belge, suisse ou canadien sont valables. Carte grise et carte verte d'assurance doivent être fournies par votre compagnie.

RÉSERVATIONS

Hébergement. En été, la Sardaigne attire de nombreux touristes. Pensez à réserver votre logement bien à l'avance, vous pourriez avoir du mal à trouver si vous vous y prenez à la dernière minute.

LA MEILLEURE SAISON

Climat. La Sardaigne jouit d'un climat méditerranéen qui vous permettra de visiter la région en toutes saisons. La **meilleure période** est sans conteste le **printemps**. Le climat y est doux et agréable, la nature exulte et de nombreuses fêtes populaires battent leur plein. Vous pourrez apercevoir de multiples processions très émouvantes *(p. 247)*. L'automne a aussi ses charmes, loin des foules estivales. Vous pourrez encore profiter de la plage et vous promener en toute tranquilité dans l'arrière-pays.
Mais c'est bien évidemment l'été qui attire le plus de monde. En juillet-août, la **fréquentation** de l'île est à son maximum et les tarifs d'hébergement atteignent des sommets.
Notez que les compagnies low-cost desservent principalement l'île pendant cette période estivale. Les vols low-cost hivernaux sont limités aux trajets Beauvais-Cagliari et Charleroi-Cagliari (compagnie Ryanair).

BON À SAVOIR

Hébergement. En dehors des périodes de grandes vacances scolaires, les hôtels pratiquent des prix honnêtes, surtout si l'on considère la qualité de l'accueil et le cadre paradisiaque. Les *agriturismi* proposent des tarifs à partir de 30 € par personne.
Voltage. Le courant éléctrique fonctionne en 220 V. Prévoyez un adaptateur pour les appareils éléctriques à grosses fiches, les prises de courant italiennes admettant des fiches mâles à deux ou trois broches plates.
Jours fériés. Attention, dans les petites villes, lors des jours fériés, les magasins et les restaurants peuvent être fermés.

Avant de partir

ADRESSES UTILES

➤ Ambassades et consulats

En France

Ambassade d'Italie
51, rue de Varenne, 75007 Paris ☎ 01 49 54 03 00, www.ambparigi.esteri.it.

Consulat général d'Italie
5, bd Émile-Augier, 75016 Paris ☎ 01 44 30 47 00.

En Belgique

Ambassade d'Italie
Rue Émile-Claus 28, 1050 Bruxelles ☎ 32 02 643 38 50, www.ambbruxelles.esteri.it.

Consulat d'Italie
38, rue de Livourne, 1000 Bruxelles ☎ 32 02 543 15 50.

En Suisse

Ambassade d'Italie
Elfenstrasse 14, 3006 Berne ☎ 41 (0)31 350 07 77 ou 41 (0)31 390 10 23, www.ambberna.esteri.it.

Consulat d'Italie
14, rue Charles-Galland, 1206 Genève ☎ 022 839 67 44.

Au Canada

Consulat d'Italie
3489 Drummond St., Montréal, H3G-1X6 ☎ 514 849 83 51.

➤ Offices de tourisme et instituts culturels

En France

Office national italien de tourisme (ENIT)
23, rue de la Paix, 75002 Paris ☎ 01 42 66 03 96. Lun.-ven. 11h-16h45, www.enit.it/fr

Institut culturel italien
73, rue de Grenelle, 75007 Paris ☎ 01 44 39 49 39, www.iicparigi.esteri.it. Lun.-ven. 10h-13h et 15h-18h. Brochures et documentation touristique.

Centre culturel italien
4, rue des Prêtres-Saint-Séverin, 75005 Paris ☎ 01 46 34 27 00, www.centreculturelitalien.com.
Association de promotion de la langue et de la culture italiennes, conférences, spectacles, cours de langue.

En Belgique

Office de tourisme (ENIT)
176, av. Louise, 1050 Bruxelles ☎ 02 647 11 54. Lun.-ven. 11h-16h, www.enit.it/fr.

En Suisse

Office de tourisme (ENIT)
Todistrasse 65, 8002 Zürich ☎ 41 44 544 0797. Lun.-ven. 9h-17h, www.enit.it/fr.

Au Canada

Institut culturel italien
1200 Dr. Penfield, Montréal, Qc, H3A-1A9 ☎ 514 849 34 73, www.iicmontreal.esteri.it. Lun.-ven. 9h-13h et 14h-17h30 (ven. jusqu'à 14h).

COMMENT Y ALLER ?

➤ En avion

La Sardaigne compte trois aéroports internationaux : Elmas (Cagliari, au sud de l'île), Olbia Costa Smeralda (nord-est) et Fertilia (Alghero, au nord-ouest). Il n'existe pas de vols directs pour la Sardaigne avec Air France. Vous devrez faire escale à Milan ou Rome. Cependant, des compagnies étrangères ou low cost proposent des vols directs à destination de plusieurs villes sardes, mais il y en a peu durant l'hiver.

Air France
☎ 3654, www.airfrance.fr.

À LIRE SUR LE WEB

Le blog du guide Évasion
www.guide-evasion.fr : retrouvez sur le blog du guide Évasion toute l'actu Sicile, ainsi que les conseils et idées de nos experts du voyage.
Le Facebook GuideEvasion
Suivez-nous sur Facebook, découvrez nos nouveautés, participez à nos jeux concours et partagez vos coups de cœur.

Au départ de Roissy-CDG, une quinzaine de vols quotidiens pour Rome ou Milan. Depuis ces villes, vous aurez la possibilité de vous envoler pour l'un des trois aéroports principaux de l'île : au départ de Milan, vols pour Cagliari ; au départ de Rome, vols pour Olbia et Alghero.

Alitalia
☎ *0892 655 655, www.alitalia.com.*
La compagnie italienne ne propose pas de vols directs entre la France et la Sardaigne. Il faudra transiter par Rome, Milan, Turin ou Venise *(une vingtaine de départs par jour)* puis rejoindre ensuite Cagliari et Alghero.

Easy Jet
☎ *080 61 411 41, www.easyjet.com.*
Cette compagnie propose un vol direct Paris-Olbia et Genève-Cagliari deux fois par semaine à partir du mois d'avril et tous les jours de juin à septembre.
En été, elle assure aussi les liaisons Lyon-Olbia, Paris-Cagliari, Nice-Olbia et Genève-Alghero.

Ryanair
☎ *01 80 14 44 53, www.ryanair.com.*
Beauvais-Cagliari *(toute l'année)*. Depuis la Belgique, Charleroi-Cagliari *(toute l'année)* et Alghero *(avr.-oct.)*.

➤ En bateau

Il est simple de se rendre en Sardaigne par bateau. Depuis la France, des départs ont lieu depuis Marseille, Toulon et Nice ; depuis l'Italie, embarquez à Gênes, Naples, Livourne et Civitavecchia. Pour se rendre sur la côte est de l'île, le plus commode est d'embarquer à Gênes et de faire la traversée de nuit *(départ le soir, arrivée le matin à Olbia, env. 10h de traversée)*. Pour rejoindre la côte ouest, embarquez plutôt de Toulon pour arriver à Porto Torres *(départ le soir, arrivée le matin à Porto Torres, env. 7h de traversée)*. Vous pourrez réserver vos billets sur Internet auprès des différentes compagnies. Les prix et la durée de la traversée étant très variables, renseignez-vous auprès des compagnies.

Corsica Ferries / Sardinia Ferries
☎ *0825 095 095, www.corsica-ferries.fr.*
Départs de Livourne ou Nice pour Golfo Aranci. Départ de Toulon pour Porto Torres.

Grandi Navi Veloci (GNV)
☎ *010 209 45 91 www.gnv.it.*
Départs de Gênes pour Porto Torres *(juin-sept.)*.

Moby Lines
☎ *800 804 020, www.moby.it.*
Départs de Gênes, Livourne et Civitavecchia pour Olbia *(toute l'année)* ; départ de Gênes à Porto Torres *(toute l'année)* ; départs de Gênes à Arbatax *(juil.-sept.)* ; départs de Civitavecchia pour Arbatax et Cagliari *(toute l'année)* ; départs de Piombino pour Olbia *(mai-sept.)* ; départs de Bonifacio (Corse) pour Santa Teresa Gallura.

Tirrenia
☎ *800 804 020, www.tirrenia.it.*
Départs de Gênes, Civitavecchia et Naples pour Olbia, Cagliari ou Porto Torres *(toute l'année)*.

➤ En voiture

Vous pourrez tout à fait emmener en Sardaigne votre voiture personnelle.

LE COIN DES INTERNAUTES

www.sardaigne.fr Site en français très pratique et complet pour préparer son voyage. Références de différents voyagistes, informations diverses, cartes routières… Propositions d'hébergement et de formules de résidence.
www.regione.sardegna.it Site officiel de la Sardaigne. Nombreuses informations pratiques et liens avec les différents sites des offices de tourisme sardes.
www.sardegnaturismo.it Site d'informations culturelles et touristiques sur la Sardaigne. Coordonnées des B&B et *agriturismi* de l'île.
www.isolasarda.com Référencement des sites touristiques à visiter en Sardaigne, indexés par région.
www.sardiniapoint.it Site d'informations très fouillées sur les différents aspects de la culture sarde (histoire, géographie, cuisine, art, etc.). On y trouve depuis peu une liste des séjours proposés par les différents voyagistes.

Il vous suffit d'embarquer votre véhicule à bord d'un ferry assurant la traversée, moyennant un tarif particulier. Notez que si vous passez par la Suisse, vous devrez vous acquitter d'une vignette de droit de passage, valable 1 an pour le réseau autoroutier.

FORMALITÉS

➤ Passeport et carte d'identité

Pas de visa pour les ressortissants de pays de l'UE, Monaco, la Suisse et le Canada pour des séjours ne dépassant pas trois mois. Passeport ou carte d'identité valide exigés pour les citoyens suisses et canadiens. Il est recommandé de conserver une photocopie de ses papiers d'identité, ou bien de les scanner et de se les envoyer à sa propre adresse e-mail.

➤ Enfants mineurs

Les mineurs doivent posséder leur propre carte d'identité ou passeport. S'ils ne sont pas accompagnés de leurs parents, une autorisation de sortie du territoire est nécessaire.
Formulaire à télécharger sur www.service-public.fr/particuliers/vosdroits/N358.

➤ Assurance et assistance

Pour éviter de souscrire une assurance dont les risques sont déjà couverts par vos contrats en cours, vérifiez auprès de vos agences quels sont les points pour lesquels il ne vous est pas utile d'engager de nouvelles souscriptions. La plupart des cartes bancaires incluent déjà des assurances.

Europ Assistance
1, promenade de la Bonnette, 92633 Gennevilliers Cedex ☎ 01 41 85 93 65, www.europ-assistance.fr.

CARTES ROUTIÈRES

Si vous comptez vous déplacer en voiture ou sortir des sentiers battus, pensez à vous munir d'une bonne carte routière et touristique. La carte Sardaigne de l'**IGN** (1/250 000) est fiable et très complète.

Mondial Assistance
2, rue Fragonard, 75017 Paris ☎ 01 40 25 52 04, www.allianz-voyage.fr.
Votre carte bancaire peut aussi vous donner droit à des offres d'assurance.

➤ Permis de conduire

Permis français, belge, suisse ou canadien valables. Carte grise et carte verte d'assurance fournies par votre compagnie.

➤ Douanes

Il n'y a plus de franchise douanière entre les pays membres de l'Union européenne. En attendant que les taux de TVA soient uniformisés entre tous les pays, certains biens sont encore réglementés.

Centre de renseignements des douanes
☎ 01 72 40 78 50, www.douane.gouv.fr.

➤ Animaux

Munissez-vous des certificats de santé de vos animaux, ainsi que du certificat de vaccination antirabique et du passeport d'identification européen.

ARGENT

➤ Cartes bancaires

Elles sont acceptées dans la plupart des hôtels, restaurants et magasins. Par précaution, si vous voyagez dans les zones les plus reculées de l'île, munissez-vous d'espèces. Vous trouverez facilement des distributeurs de billets dans la plupart des villes ou des lieux touristiques, qui acceptent les cartes Eurocard/Mastercard et Visa. Tous vos paiements par carte sont gratuits et vos retraits sont soumis aux mêmes conditions tarifaires qu'en France (ils sont donc gratuits pour la plupart des cartes bancaires). Renseignez-vous auprès de votre banque avant de partir pour vous assurer que **vos plafonds de retrait et de paiement à l'étranger** sont activés et connaitres les montants hebdomadaires autorisés.

Perte ou vol de votre carte

Avant de partir, pensez à noter les 16 chiffres de votre carte bancaire qui vous seront demandés en cas d'opposition.

Visa
☎ *0 800 90 11 79, www.visa.com.*

Eurocard/Mastercard
☎ *800 870 666, www.mastercard.com.*

American Express
☎ *01 47 77 72 00, www.americanexpress.fr.*

Diners Club
www.dinersclub.com.

BUDGET

➤ À chacun son budget

La vie en Italie est plutôt bon marché, hormis l'hébergement, presque toujours aussi onéreux qu'en France. Voici quelques budgets indicatifs.

Petit budget

Entre 60 et 80 €/j. vous pourrez dormir dans des *agriturismi*, pique-niquer en vous régalant de spécialités locales et dîner dans un bon petit restaurant un soir sur deux.

Budget moyen

Entre 100 € et 150/j. vous pourrez vous permettre de prendre vos repas au restaurant et, en cherchant bien, de trouver un bon hôtel tout près de la plage. Sans oublier la location d'un véhicule pour découvrir l'arrière-pays.

Budget plaisir

À partir de 170 €/j., vous aurez accès aux meilleurs hôtels et restaurants de l'île. Et votre lieu de vacances sera tellement idyllique que vous n'aurez plus envie d'en bouger !

➤ Combien ça coûte ?

Y aller

Si le billet d'avion A/R coûte environ entre 200 et 300 €/pers., il est possible de trouver des vols charters à partir de 100 €. L'alternative consiste à prendre un bateau au départ de Gênes ou de Livourne (A/R env. 100 € par personne ; véhicule à partir de 60 €), ce qui est certes plus long (entre 7 et 10h de traversée, de nuit ou de jour), mais très économique si vous voyagez à plusieurs et si vous souhaitez sillonner l'île.

Hébergement

En dehors des périodes de grandes vacances scolaires, les hôtels pratiquent des prix honnêtes, surtout si l'on considère la qualité de l'accueil et le cadre paradisiaque. Les *agriturismi* proposent des tarifs à partir de 30 €/pers.

Restauration

Si l'on excepte les adresses à la mode de la Costa Smeralda et de Cagliari, les restaurants sardes restent bon marché. Un bon dîner (entrée, plat, dessert, boisson comprise) vous coûtera environ 30 €/pers.

DÉCALAGE HORAIRE

L'heure locale est la même qu'en France (GMT + 1), et les dates de passage à l'heure d'été et d'hiver sont identiques.

QUAND PARTIR ?

La Sardaigne est une île qui bénéficie d'un climat exceptionnel, avec un ensoleillement presque assuré durant les trois quarts de l'année. Cependant, il y pleut fréquemment en **automne** et en **hiver**. Le **mistral** y souffle régulièrement et puissamment, en particulier sur la partie de la côte ouest comprise entre Oristano et Teulada. Les mois de **juillet** et **août** peuvent être très chauds, mais la chaleur ne frôle presque jamais la canicule en raison de la situation géographique de l'île. La **meilleure période** pour profiter de la Sardaigne est sans conteste le **printemps**. Il est également très plaisant d'y voyager en **hiver**. Toutefois,

TEMPÉRATURES À CAGLIARI (EN °C)

Mois	Max.	Moy.
Janv.	20	12
Fév.	23,5	12
Mars	26,5	13
Avr.	28	14,5
Mai	35	16,5
Juin	34	20
Juil.	40	22
Août	40	24
Sept.	39	22
Oct.	33	19,5
Nov.	29	16,5
Déc.	24	13

il peut pleuvoir et les températures baissent sensiblement, surtout dans les régions montagneuses et dans le centre de l'île.

SANTÉ

➤ Médicaments

Si vous suivez un traitement, pensez à emmener en quantités suffisantes vos médicaments car vous n'aurez pas l'assurance de pouvoir vous les faire prescrire en Sardaigne.

➤ Carte européenne

Avant de partir, demandez à votre Caisse primaire d'assurance maladie la carte européenne d'assurance maladie (CEAM ; délai de 15 j., délivrance d'une attestation en urgence).

Caisse Primaire d'Assurance Maladie
7, rue Broca, 75005 Paris ☎ 0 811 70 36 46, www.ameli.fr.

Centre des liaisons européennes et internationales de sécurité sociale,
☎ 01 45 26 33 41, www.cleiss.fr.

VOYAGES ORGANISÉS

Vous aurez le choix entre différents types de services : les voyages guidés par un spécialiste de la région, suivant un itinéraire déterminé ou des forfaits individuels aux formules variées.

Agritourisme & Far Voyages
8, rue Saint-Marc, 75002 Paris
☎ 06 60 95 32 44, www.locatissimo.com.
Propose à la location gîtes ruraux et maisons par le biais de l'association italienne Agritourist, ainsi que des appartements en bord de mer.

Sardaigne.fr
☎ 347 046 8270, www.sardaigne.fr.
Agence de voyages et tour-opérateur francophone spécialiste de la Sardaigne et basé sur l'île. Propose des séjours thématiques (« Gastronomie et saveurs », « À moto à travers l'île », etc.) et des séjours en hôtel et des locations.

Voyageurs du monde
La Cité des voyageurs, 55, rue Sainte-Anne, 75002 Paris
☎ 01 42 86 16 00, www.voyageursdumonde.fr.
Suggestions de séjours personnalisés, de circuits à travers l'île et de voyages itinérants *(plusieurs régions en une semaine)*. Devis à la demande sur le site. Propositions de vols réguliers, location d'appartements et villas.

➤ Circuits culturels

Arts et vie
251, rue de Vaugirard, 75015 Paris
☎ 01 40 43 20 21, www.artsetvie.com.
Circuit programmé de 8 jours avec découverte du patrimoine naturel et historique.

Intermèdes
60, rue La Boétie, 75008 Paris
☎ 01 45 61 90 90, www.intermedes.com.
Propositions de circuits accompagnés d'un conférencier et de circuits individuels en compagnie d'un guide privé. Devis adapté à votre choix.

Tapis rouge
☎ 01 42 56 55 00, www.tapis-rouge.fr.
Organisation de voyages à la carte, croisières.

➤ Croisières

Croisières Costa
☎ 0800 73 7737, www.costacroisieres.fr.
Pour une croisière à destination de la Sardaigne.

Star Clippers
☎ 01 39 21 10 98, www.starclippers.com.
Organisation de croisière à la carte.

Sur place

ARRIVER EN SARDAIGNE

➤ Rejoindre la Sardaigne en avion

Aéroport de Cagliari-Elmas
☎ 070 211 211, www.cagliari-airport.com.
Nombreux loueurs de voitures sur place.

Rejoindre Cagliari en voiture
Empruntez la SS130 pour le centre-ville.

Rejoindre Cagliari en train
www.trenitalia.it
Un train du réseau national relie Cagliari en 6 min pour 1,30 €.

Rejoindre Cagliari en taxi
☎ 070 7055 (radio-taxi Cagliari)
☎ 070 400 101 (coop. Quattro Mori)
Service 24h/24. Comptez environ 15-20 € pour le centre-ville (20 min).

Rejoindre Cagliari en bus
☎ 800865 042, www.arst.sardegna.it
Prendre le bus 160 de la compagnie ARST. Dernier départ à 23h45.

Aéroport d'Olbia Costa Smeralda
☎ 0789 563 444,
www.geasar.it.
Nombreux loueurs de voitures sur place.

Rejoindre Olbia en voiture
Empruntez la S125 et la S127 pour le centre-ville.

Rejoindre Olbia en bus
Les lignes 2 et 10 rejoignent le centre-ville toutes les 30 min.
Tarifs : 1 € ou 1,50 € à bord.

Rejoindre Olbia en taxi
☎ 0789 22 718 ou 0789 69 150.
Comptez au moins 15 € pour rejoindre le centre-ville.

Aéroport d'Alghero-Fertilia
☎ 079 935 011,
www.aeroportodialghero.it.
Nombreux loueurs de voitures sur place.

Rejoindre Alghero en voiture
Empruntez la SP44 et la SS127 pour le centre-ville.

Rejoindre Sassari en voiture
Empruntez la SP44 et la SS291pour rejoindre le centre-ville.

Rejoindre Alghero par le bus
Un bus ARST relie l'aéroport au centre-ville toutes les heures. Trajet : 30 min pour 1,50 €.

Rejoindre Sassari par le bus
Un bus ARST relie l'aéroport au centre-ville toutes les 1h40 (9h30-0h15)
Trajet : env. 30 min pour 2,50 €.

Rejoindre Alghero en taxi
☎ 079 97 39 795 (Consorzio taxi)
☎ 079 98 92 028 (Radio taxi)
Service 24h/24h. 20-25 € pour rejoindre le centre-ville en 15 min.

Rejoindre Sassari en taxi
Sassari est à 32 km de l'aéroport d'Alghero. Il n'existe pas un tarif fixe, comptez minimum 50 € en journée.

➤ Rejoindre la Sardaigne en bateau

Pour vous rendre en Sardaigne avec votre propre véhicule depuis Toulon, Nice et de nombreuses villes italiennes.
Pour connaître les liaisons, voir p. 263.

À Cagliari

Capitainerie
Via dei Calafati, 23 ☎ 070 605 171.

Agence Tirrenia
Billetterie sur le port ☎ 070 666 065, www.tirrenia.it.

À Porto Torres

Capitainerie
Via Mare, 1 ☎ 0789 563 670.

Stazione Marittima (Porto Civico)
Via Antonietta Bassu ☎ 079 51 81 015

Agence Tirrenia
☎ 079 51 81 015, www.tirrenia.it.

Agence Corsica Ferries
☎ 079 512 760, www.corsica-ferries.fr.

Agence GNV
☎ 079 516 034, www.gnv.it.

À Olbia

Stazione Marittima
Isola Bianca ☎ 078 920 41 79.
Il s'agit d'une île reliée au centre-ville par une une chaussée longue d'1 km.

Agence Moby Lines
☎ 0789 204 013.

Agence Tirrenia
☎ 0789 207 101.

Agence GNV
☎ 0789 20 126.

À Golfo Aranci

Agence Corsica Ferries
Nuova Stazione Marittima ☎ 0789 46 952.

À Arbatax

Capitainerie
Via Tirrena, 1 ☎ 0782 667 093.

Agence Tirrenia
Via Venezia, 10 Tortolì ☎ 0782 667 067, www.tirrenia.it.

SE DÉPLACER

➤ En voiture

La voiture est le moyen de transport le plus facile et le plus utilisé. Vous pourrez en louer une sur place ou embarquer la vôtre sur un ferry. Le réseau routier est très bien développé avec des autoroutes et des routes côtières en excellent état. Au centre de l'île, la qualité des routes est plus variable. En été, le trafic est dense sur le littoral, avec des embouteillages fréquents à proximité des stations balnéaires. Hormis ces zones à cette période, le trafic est plutôt fluide. Seule ombre au tableau, la rareté des panneaux de signalisation pour les plages et sites touristiques. Les feux de croisement sont obligatoires de jour.

➤ À moto

Parcourir l'île à moto en haute saison est vraiment très agréable. Certaines routes sont particulièrement spectaculaires, notamment celle entre Alghero et Bosa. Vous pourrez embarquer votre deux-roues sur un ferry, ou en louer un facilement sur place.

➤ En train

Bien qu'il ne soit pas très onéreux, ce moyen de transport est loin d'être le plus pratique pour visiter la Sardaigne. Le réseau ferroviaire n'est pas très développé et les horaires ne sont pas toujours fiables. De plus, les gares sont souvent situées à l'extérieur des centres-villes, et il faut donc fréquemment reprendre un bus à la sortie du train.
☎ 89 20 21 (depuis l'Italie) ou ☎ +39 06 68 475 475 (depuis l'étranger), www.trenitalia.com

➤ En bus

Si vous n'avez pas votre propre moyen de transport, le bus reste la solution la plus facile pour visiter la Sardaigne. Assuré en grande partie par la compagnie de bus **ARST** *(☎ 800 865 042, www.arst.sardegna.it)*, le transport en bus et autocar est bien développé sur l'île. Toutes les grandes villes et les stations balnéaires sont reliées par ce réseau routier. D'autres compagnies privées assurent des liaisons particulières ; renseignez-vous auprès des offices de tourisme et/ou des Pro Loco.
Pour l'achat des billets, les grandes villes disposent souvent de guichets dans les gares routières. Autrement, les bureaux de tabac et les kiosques à journaux en délivrent également. Ces derniers sont par ailleurs d'excellentes sources d'informations sur les horaires et les trajets, dont les données sont rarement affichées.

➤ En bateau

Seule la compagnie **Tirrenia** assure des liaisons régulières entre les principaux ports de la côte orientale, Olbia, Arbatax et Cagliari. Pour plus d'informations : *☎ 800 804 020, www.tirrenia.it.* Des liaisons régulières pour d'autres sites sont assurées par des compagnies maritimes locales.

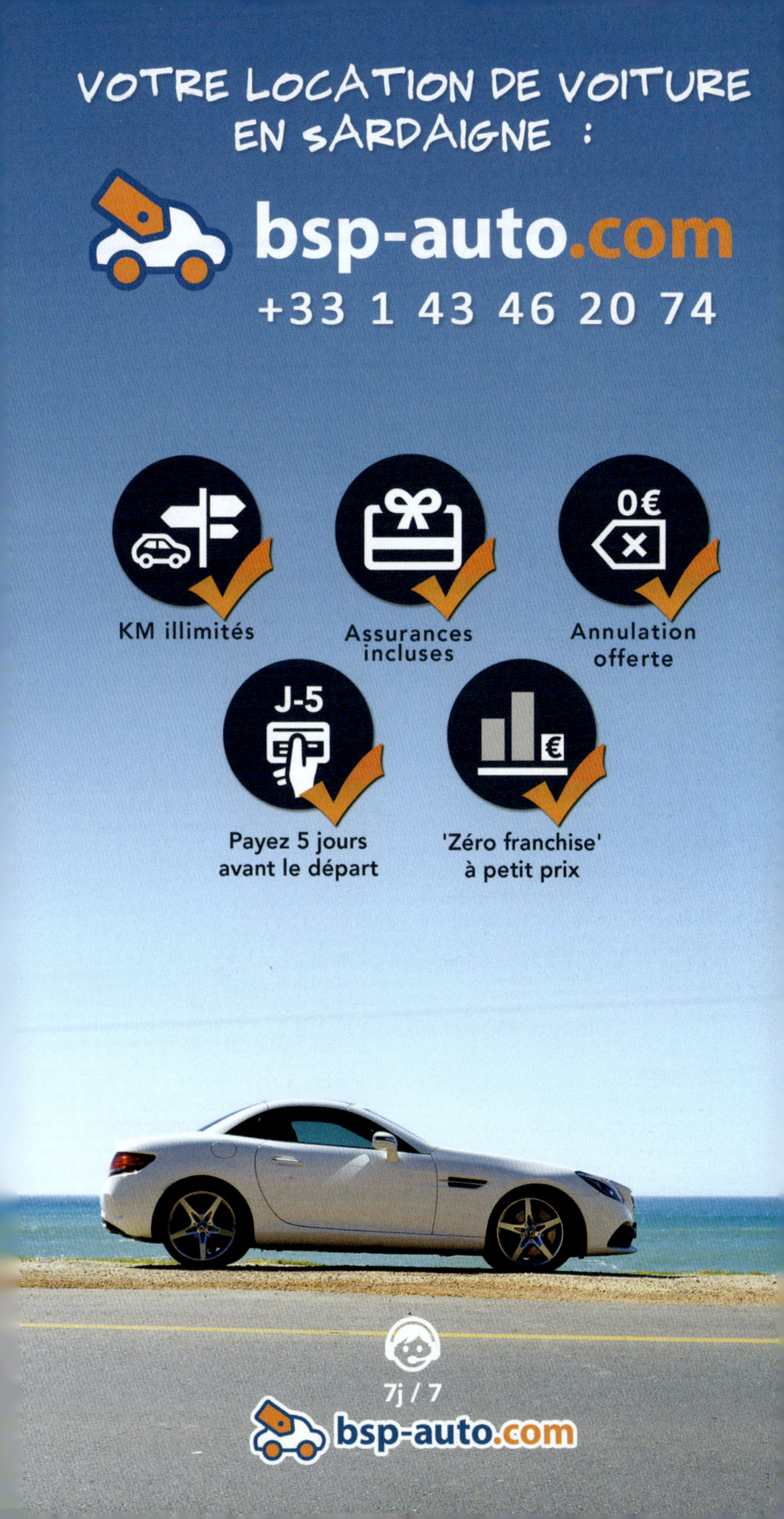

VOTRE LOCATION DE VOITURE EN SARDAIGNE :
bsp-auto.com
+33 1 43 46 20 74
KM illimités
Assurances incluses
0€
Annulation offerte
J-5
Payez 5 jours avant le départ
€
'Zéro franchise' à petit prix
7j / 7
bsp-auto.com

VISITE PAR VISITE, TOUTES LES INFOS ET ADRESSES UTILES

OLBIA ET SES ENVIRONS

Visite 1, p. 34
Carte p. 32-33

Golfo Aranci, p. 37

➤ Accès

En train

Gare ferroviaire
Viale Stazione, 10 ☎ 0789 616 135, www.trenitalia.it.
Liaisons quotidiennes avec Olbia.

➤ Adresses utiles

Office de tourisme
☎ 0789 612 901, www.golfoaranciturismo.it.

Île de Tavolara, p. 38

➤ Accès

En bateau

Tavolara Traghetti Gite
En saison : t.l.j. au départ de Porto San Paolo (mai-oct. 9h-13h, ttes les 30 min sur résa), ☎ 0784 86 52 88. Départs depuis San Teodoro, sur résa : costa.travel@tiscali.it.

Olbia, p. 35

➤ Accès

En avion
Voir p. 267 pour l'accès depuis l'aéroport.

En bateau
Voir ci-contre pour l'accès en bateau.

En bus

A.R.S.T
Corso Umberto, 168 ☎ 0789 553 000, www.arst.sardegna.it.
Liaisons avec la plupart des localités de la Sardaigne.

Deplano
☎ 0784 295 030, www.deplanobus.it.
Liaisons avec Cala Gonone et Nuoro.

Sun Lines
Via Pozzo Andrea, 9 ☎ 0789 50 885 ou 348 26 09 881, www.sunlines.it.
Liaisons avec Porto Torres, Cannigione et Alghero.

Turmo Travel
Via Tavolara 4-8, www.gruppoturmotravel.com.
Liaisons avec Arzachena, Palau, Cagliari et Santa Teresa di Gallura.

En train

Gare ferroviaire
Via Giacomo Pala, 10 ☎ 0789 203 515, www.trenitalia.com.
Liaisons avec Golfo Aranci, Cagliari et Sassari.

En voiture
Depuis Olbia vous pourrez parcourir la route européenne E25 qui passe par Sassari et rejoint Cagliari.

➤ Circuler dans Olbia

En voiture
Le stationnement en centre-ville est assez cher (jusqu'à 3 €/h). Mieux vaut utiliser les parkings payants couverts ou se garer près du port où se trouvent des places de stationnement gratuites.

En bus

ASPO
www.aspo.it.
Les 12 lignes de bus circulent de 7h à 21h ou 23h, selon les trajets. Le ticket coûte 1 € et dure 90 minutes si vous l'achetez chez les revendeurs autorisés ; dans le bus il vous coûtera 1,50 €. Il existe aussi un ticket de 12 trajets à 10 €.

À vélo
Olbia a son service de vélo en libre-service, BICInCittà avec trois points d'attaches dans la ville (Corso Umberto I – à la mairie ; Via Gabriele d'Annunzio – parc Fausto Noce ; Aéroport Costa Smeralda). Abonnement à la journée : 5 € avec 3 € de crédit inclus ; la première demi-heure est gratuite et il faut compter 0,50 € à partir de la deuxième demi-heure.

➤ Adresses utiles

Office de tourisme
Piazza Terranova ☎ 0789 522 06, www.olbiaturismo.it. 1er avr.-30 sept. : lun.-ven. 9h-20h, sam.-dim. 9h-13h et 16h-20h ;

1er oct.-31 mars : lun.-ven. 9h-13h et 14h-18h.

Office de tourisme
Mairie – Corso Umberto angle Via Dante ☎ 0789 52 206, www.olbiaturismo.it. Mai-oct. : lun.-sam. 9h-20h ; nov.-avr. : lun.-ven. 8h-13h et 14h-18h.

Taxi
Corso Umberto I ☎ 0789 22 718.

Compagnies aériennes
Alitalia *(☎ 892 010, www.alitalia.com)* et **Easyjet** *(☎ 199 201 840, www.easyjet.com).*

Locations de voitures à l'aéroport
Les principaux loueurs internationaux sont présents comme **Avis** *(☎ 0789 69 540, www.avisautonoleggio.it)*, **Europcar** *(☎ 0789 69 548, www.europcar.it)*, **Hertz** *(☎ 0789 69 389, www.hertz.it), mais également des loueurs italiens comme* **Maggiore** *(☎ 0789 69 457, www.maggiore.it),* **onlysardinia** *(☎ 0789 68 947, www.only-sardinia.com,) ou* **Ruvioli** *(☎ 0789 69733, www.ruvioli.it).*

San Teodoro, p. 39

➤ Adresse utile

Informations touristiques
Piazza Mediterraneo, 1 ☎ 0784 865 767, www.santeodoroturismo.it. Été : t.l.j. 9h-minuit ; hiver : lun.-sam. 9h-13h et 16h-19h.

LA COSTA SMERALDA

Visite 2, p. 40 – Carte, p. 32-33

Arzachena, p. 44

➤ Adresses utiles

Agence de voyages
***Aventure Viaggi**, Viale Costa Smeralda, 33 ☎ 0789 83 405.*

Office de tourisme
Piazza Risorgimento ☎ 078 984 40 55, www.comunearzachena.gov.it (onglet aree turistiche*) et www.arzachenaturismo.com. Lun.-ven. 9h-14h et 15h-18h30, sam. 9h-13h.*

Taxi
☎ 0789 82 900.

Cannigione, p. 46

➤ Adresse utile

Informations touristiques
Via Giacomo Orechione ☎ 078 988 229. Juin-sept. t.l.j. 9h-13h et 16h30-20h30.

Porto Cervo, p. 42

➤ Adresse utile

Taxi
☎ 333 40 04 631 ou 347 78 90 431.

L'ARCHIPEL DE LA MADDALENA, PALAU ET L'ÎLE DES GABBIANI

Visite 3, p. 47
Plan p. 49

Archipel de La Maddalena, p. 47

➤ Accès

En voiture
L'île de La Maddalena est accessible en voiture par un bac.

Enermar *(☎ 0789 731 103) et* **Saremar** *(☎ 892 123)* assurent les transferts en journée par le bac. Départs ttes les 15 min de 6h15-23h45 depuis Palau.

Delcomar
☎ 800 195 344, www.delcomar.it.
Cette compagnie assure les transferts la nuit. Un départ s'effectue toutes les heures de Palau.

En bateau
De nombreuses compagnies privées organisent des croisières à la journée avec des escales sur les îles de l'archipel.

Consorzio del Golfo
☎ 0789 88 418, www.consorziodelgolfo.it
Plusieurs départs depuis La Conia (9h) Cannigione (9h15), Baja Sardinia (9h30). Les bateaux font escale à La Maddalena afin de visiter la ville et sur les îles de Santa Maria et Spargi le temps d'une baignade. Un plat de pâtes est offert à tous les passagers.

➤ Adresse utile

Office de tourisme de La Maddalena
Piazza Barone de Geneis, cala Gavetta ☎ 078 973 63 21. Été : t.l.j. 9h-22h, hiver : lun.-ven. 8h30-13h (et 15h30-17h30 lun. et mer.).

Palau, p. 48

➤ Adresses utiles

Office de tourisme
Piazza Fresi ☎ 078 970 70 25, www.palauturismo.com. Juin-sept. : t.l.j. 9h-13h et 16h-20h ; oct-mai : lun.-sam. 9h-13h et 15h30-17h30 ; nov.-avr. : f. lun., mer. et ven. apr.-m.

Location de bateaux

Petag
Piazza del Molo, 4 ☎ 339 213 94 76 ou 339 696 99 22, www.petag.it.

Location de voitures et vélos

Sardinyarentacar
www.autonoleggiosardinya.com ☎ 079 299 931.

TEMPIO PAUSANIA ET L'ARRIÈRE-PAYS DE LA GALLURA

Visite 4, p. 56 – Carte p. 32-33

Aggius, p. 57

➤ Adresse utile

Pro Loco (informations)
Largo Andrea Vasa ☎ 079 620 417, Facebook : Pro Loco Aggius.

Luogosanto, p. 57

➤ Adresse utile

Pro Loco (informations)
Piazza Duomo ☎ 333 71 08 258. Facebook : proloco.luogosanto. T.l.j. 9h-13h, mar. et jeu. 15h-17h30.

VOGUER VERS BONIFACIO

Au départ de Santa Teresa Gallura, deux compagnies maritimes assurent les transferts en journée.
Il s'agit de Saremar et Mobylines, avec une fréquence de 7 départs quotidiens, de 7h à 18h30 depuis Santa Teresa et de 8h30 à 20h depuis Bonifacio *(avr.-sept.)*.
Saremar ☎ 078 892 123
Mobylines ☎ 199 303 040

Tempio Pausania, p. 58

➤ Adresse utile

Pro loco (informations)
Piazza Gallura, 2 ☎ 079 41 12 045, Facebook : Pro Loco Tempio Pausania. Lun.-ven. 10h-13h et 16h-19h, sam. 10h-13h.

DE SANTA TERESA GALLURA À CASTELSARDO, LA CÔTE NORD

Visite 5, p. 64
Carte p. 32-33

Santa Teresa Gallura, p. 65

➤ Adresses utiles

Office de tourisme
Piazza Vittorio Emanuele I, 24 ☎ 0789 754 127, www.comunesantateresagallura.it. Lun.-sam. 9h-13h et 17h-20h.

Sardabus
Du 1er juil.-31 août de Santa Teresa au complesso di Lu Brandali *(p. 65)*.

SASSARI

Visite 6, p. 74
Plan p. 76-77

➤ Accès

En avion
Voir p. 267 pour l'accès direct depuis l'aéroport d'Alghero-Fertilia.

En train

Gare ferroviaire
Plan p. 76-77 / A1 – *Piazza Stazione, ☎ 079 236 983, www.trenitalia.com.* Liaisons quotidiennes avec Cagliari, Olbia et Oristano.

En bus

Gare routière
Plan p. 76-77 / A2 – *Via Padre Zirano.* De nombreuses liaisons extraurbaines assurées par la compagnie **ARST** *(p. 268)*.

➤ Circuler dans Sassari

En bus

ATP Sassari
Plan p. 76-77 / HP par A2 – *Via Caniga, 5 ☎ 0792 638 000.*

Le centre-ville n'est pas très étendu, vous pourrez donc le parcourir à pied. Cependant, le réseau de bus pourrait vous être utile l'été car il dessert les plages aux alentours de Sassari. Tarif : 1,30 €.

En tramway

Le « metrosassari » n'est pas un métro comme son nom l'indique mais une ligne de tramway qui traverse Sassari en partant de la gare ferroviaire jusqu'à l'emiciclo Garibaldi. Tarif : 1,30 € et 13 € les 12 tickets.

En voiture

Le centre-ville de Sassari est presque entièrement piéton, à l'exception de quelques rues où la circulation est autorisée aux résidents. Il est conseillé de garer votre véhicule dans un parkings souterrain au sud de la ville.

Parkings

Plan p. 76-77 / C3 *– piazza Fiume.*
Plan p. 76-77 / B3 *– piazza Emiciclo Garibaldi.*
Plan p. 76-77 / HP par C3 *– via Duca degli Abruzzi.*

À vélo

Sassari a son service de vélo en libre-service à assistance éléctrique, **Ciclacittà**, avec trois points d'attache. Abonnement 24h : 8 € avec 4 € d'utilisation incluses (première heure gratuite, 1 €/heure suivante).

Points d'attache

Emiciclo Garibaldi ***(Plan p. 76-77 / B3).***
Viale Italia ***(Plan p. 76-77 / Hp par B3).***
Piazza Conte di Moriana ***(Plan p. 76-77 / HP par C3).***

➤ Adresses utiles

Informations touristiques

Plan p. 76-77 / A1 *– Palazzo di Città, via Sebastiano Satta, 13 ☎ 079 20 08 072, www.comune.sassari.it. Mar.-ven. 9h-13h30 et 15h-18h, sam. 9h-13h30.*

Taxi

☎ 079 260 060.

LES ÉGLISES ROMANES DU LOGUDORO

Visite 7, p. 81
Carte p. 72-73

Ozieri, p. 84

➤ Adresse utile

Pro Loco (Informations)

Piazza Carlo Alberto, 35 ☎ 335 759 75 06, Facebook : Pro Loco Ozieri. Horaires variables.

LE GOLFE DE L'ASINARA

Visite 8, p. 86
Carte p. 72-73

Asinara, parc national p. 92

➤ Accès

En bateau

Delcomar

☎ 0781 857 123 ou 0789 737 631, www.delcomar.it.
Départs de Porto Torres : 21 juil.-août : t.l.j. 8h15, 11h30 et 16h de Porto Torres ; mai-20 juil. : t.l.j. et sept. 8h30 et 16h30 ; oct.-avr. : mar, ven. et dim. 8h30 et 16h30. Comptez 1h30 de trajet.

➤ Circuler sur l'île

Pour visiter l'île plusieurs solutions s'offrent à vous : location de VTT, de petites voitures électriques ou de 4x4, balade à cheval ou croisière en voilier. vous trouverez la liste de ces loueurs aux offices de tourisme de Porto Torres *(p. 274)* ou encore sur *www.parcoasinara.org*. En été, un service de navette dessert les principaux sites et les plages du parc, au départ des débarcadères de Fornelli et de Cala Reale.

➤ Adresse utile

Informations

Via Josto, 7 Porto Torres ☎ 079 503 388, www.parcoasinara.org.
Vous trouverez ici toutes les infos pour préparer votre journée dans le parc. Il n'y a ni hôtel, ni restaurant sur l'île. Vous trouverez un bar à Cala Real qui propose panier pique-nique ou table pour manger sur place *☎ 346 17 37 043* (ou dormir sur *www.sognasinara.it*).

Porto Torres, p. 87

➤ Accès

En bateau

Gare Marittime
Porto industriale.
Tirrenia et GNV proposent des liaisons avec Gênes, et Corsica-Sardinia Ferries *(www.corsica-ferries.it)* une liaison avec Porto Torres.

Tirrenia
Via Antonietta Bassu, 6 (dans le port) ☎ 079 51 81 015, www.tirrenia.it.

GNV
Billetterie sur le port ☎ 079 516 034, www.gnv.it.

En train

Gare ferroviaire
Via Fontana Vecchia ☎ 892.021, www.trenitalia.com.
Liaisons directes pour Sassari et Cagliari.

En bus

Gare routière
Via Mare.
Plusieurs bus de la compagnie **ARST** (*☎ 800 865 042, www.arst.sardegna.it)* desservent l'aéroport d'Alghero-Fertilia, Alghero et Stintino.
Digitur *(☎ 079 262 039, www.digitur.it.)* dessert Sassari alors que **Sun Lines** *(☎ 0789 50 885, www.sunlines.it)* dessert Castelsardo et Olbia en été.

➤ Adresses utiles

Informations touristiques
Piazza Garibaldi, 17 ☎ 079 515 000. Lun.-sam. 9h-13h et 16h30-19h30.

Office de tourisme
Coopérative L'Ibis *– Stazione Marittima, Via Bassu ☎ 392 838 3254, www.ibiscoop.com. Juil.-sept. : lun.-sam. 9h-13h et 15h-19h (18h hiver).*

Location de voitures
Via Lungomare Balai ☎ 079 291 113.

Stintino, p. 90

➤ Adresses utiles

Agence de voyages
Mare & Natura, *via Sassari, 77 ☎ 079 520 097, www.marenatura.it.*

ALGHERO

Visite 9, p. 96 – Plan p. 97

➤ Accès

En avion
Voir p. 267 pour l'accès depuis Fertilia.

En train

Gare ferroviaire
Plan p. 97 / HP par B1 *– Via Don Minzoni, La Petraia ☎ 892 021, www.trenitalia.com.*
Plusieurs trains/j. entre Alghero et Sassari de mai à septembre.

En bus

Terminal de bus
Plan p. 97 / A2 *– Via Catalogna, près des Giardini Pubblici ☎ 800 865 042, www.arst.sardegna.it.*
Bus **ARST** vers Sassari et Porto Torres.

➤ Circuler dans Alghero

En bus
Les bus **ARST** *(☎ 800 865 042, www.arst.sardegna.it)* longent le front de mer et desservent les plages aux alentours. Tarif : 1 €.

En voiture
Mieux vaut garer sa voiture sur le *lungomare* d'Alghero (via Garibaldi) car le stationnement y est gratuit et la ville se parcourt très bien à pied.

➤ Adresses utiles

Cicloexpress
Plan p. 97/ B1 *– Via Garibaldi, 49 ☎ 079 986 950 www.cycloexpress.com. Lun.-sam. 9h30-13h et 16h30-20h, dim. 10h30-12h30.*
Vous pourrez louer une voiture, un scooter ou un vélo.

Informations touristiques
Plan p. 97/ A1 *– Largo Lo Quarter ☎ 079 97 90 54, https://www.algheroturismo.eu. Lun.-sam. 8h-20h, dim. 8h-14h.*

Compagnies aériennes
Alitalia *(☎ 892 010, www.alitalia.com)* et **Easyjet** *(☎ 199 201 840, www.easyjet.com)*, **Ryanair** *(☎ 895 569 8769, www.ryanair.com).*

Location de voitures à l'aéroport
Vous trouverez tous les loueurs internationaux comme **Avis** *(☎ 079*

935 064, www.avisautonoleggio.it), **Hertz** *(☎ 079 935 054, www.hertz.com)* ou **Europcar** *(☎ 079 935 032, www.europcar.it)* mais également des loueurs italiens comme **Maggiore** *(☎ 079 935 045, www.maggiore.it)* et **Ruvioli** *(☎ 079 935 125, www.ruvioli.it)*.

LES ENVIRONS D'ALGHERO

Visite 10, p. 104 – Carte p. 72-73

➤ Accès

En bus

Des bus de la compagnie **ARST** *(p. 268)* relient Alghero aux différentes villes alentour.

BOSA ET SES ENVIRONS

Visite 11, p. 108
Carte p. 72-73

Bosa, p. 109

➤ Accès

En bus

Terminal de bus
Piazza Zanetti.
Des bus de la compagnie **ARST** *(p. 268)* relient Bosa à Sassari, Nuoro et Oristano.

➤ Adresse utile

Office de tourisme
Corso Vittorio Emanuele, 59 ☎ 078 537 70 43, www.bosaonline.com. T.l.j. : juil. 10h-13h et 17h30-20h30 ; août 21h30-minuit ; sept.-juin : 10h-13h et 15h-17h.

ORISTANO ET LA PÉNINSULE DU SINIS

Visite 12, p. 116
Carte p. 115

Oristano, p. 116

➤ Accès

En train

Gare ferroviaire
Piazza Ungheria ☎ 892 021, www.trenitalia.com.
Plusieurs liaisons quotidiennes avec Cagliari, Sassari, Olbia et Porto Torres.

En bus

Terminal de bus
Via Cagliari, 102.
Des bus **ARST** *(p. 268)* relient Oristano à Bosa, Sassari et Cagliari.

➤ Circuler dans Oristano

En voiture
La ville se parcourt à pied, garez votre voiture aux emplacements indiqués par un marquage bleu (tarif : 1 €/h : lun.-sam. 9h-13h et 16h-19h).

En bus

ARST
Via Copenaghen ☎ 0783 355 800, www.arst.sardegna.it.
Douze lignes de bus parcourent la ville.

➤ Adresses utiles

Office de tourisme
Piazza Eleonora d'Arborea, 19 ☎ 078 336 831. Lun.-jeu. 8h30-13h et 15h-18h, ven. 8h30-13h.

Pro Loco
Via Ciutadella de Menorca, 14 ☎ 078 370 621, Facebook : Pro Loco Oristano.

Location de voiture

Avis
Via Liguria, 17 ☎ 078 33 10 638.

GHILARZA ET SES ENVIRONS

Visite 13, p. 123 – Carte p. 115

Ghilarza, p. 124

➤ Adresses utiles

Pro Loco (informations)
☎ 333 62 15 050. Facebook : Pro Loco Ghilarza.

Santu Lussurgiu, p. 124

➤ Adresses utiles

Pro Loco (informations)
Via Santa Croce, 9 ☎ 0783 551 034, Facebook : Pro Loco Santu Lussurgiu.

Sedilo, p. 126

➤ Adresses utiles

Pro Loco (informations)
Via Carlo Alberto, 7 ☎ 0785 59 743, Facebook : Pro Loco Sedilo.

BARUMINI ET LA GIARA DI GESTURI

Visite 14, p. 128 – Carte p. 115

Barumini, p. 129

➤ Adresse utile

Informations touristiques

Centro Giovanni Lilliun
Juste avant Su Nuraxi ☎ 0709 361 041. T.l.j. : juin-sept. 10h-20h ; oct.-mai : 15h-17h.

Pro Loco Tuili (informations)
Via Amsicora, 3 ☎ 0709 363 023, Facebook : Pro Loco Tuili. T.l.j. 9h-13h et 14h-20h.

L'IGLESIENTE

Visite 15, p. 133 – Carte p. 115

Costa Verde : Arbus, Buggerru et Piscinas p. 138

➤ Adresses utiles

Pro Loco (informations)
Via Repubblica, 40 ☎ 328 708 09 34, www.prolocoarbus.it.

Iglesias, p. 134

➤ Accès

En bus

Terminal de bus
Piazza Mercato ou gare ferroviaire
De ces deux arrêts partent des bus pour Cagliari, Carbonia et Oristano.

En train

Gare ferroviaire
Via Garibaldi ☎ 892 021, www.trenitalia.com.
Plusieurs liaisons par jour pour Cagliari.

➤ Adresse utile

Pro Loco (informations)
Via Crispi, 13 ☎ 0781 31 170, www.prolocoiglesias.it. T.l.j. 10h-12h et 17h-20h, j.f. 18h-20h.

➤ Circuler dans Iglesias

En voiture
La ville se parcourt aisément à pied, garez-vous à l'entrée de la vieille ville, autour de la place Quintino Sella. Achetez des *buoni parcheggio* (tickets de parking) auprès des agents, repérables à leurs tee-shirts jaunes.

En bus

ARST
Via Crocifisso, 92 ☎ 0781 39 80 901, www.arst.sardegna.it
Trois lignes de bus **ARST** parcourent la ville.

Carbonia, p. 140

➤ Accès

En bus

Terminal de bus
Via Manno.
Plusieurs bus **ARST** depuis Iglesias.

En train

Gare ferroviaire
Via Stazione ☎ 892 021, www.trenitalia.com.
Plusieurs liaisons par jour pour Cagliari.

➤ Adresse utile

Pro Loco (informations)
Piazza Roma, Torre Civica ☎ 329 41 39 439. Facebook : Pro Loco Carbonia.

SANT'ANTIOCO ET SAN PIETRO

Visite 16, p. 142 – Plan, p. 143

San Pietro, p. 146

➤ Accès

En bateau
C'est du port de Calasetta que partent les bateaux pour Carloforte, sur l'île de San Pietro. En été, les *traghetti* partent presque toutes les heures de 8h à 4h du matin. Le voyage dure moins d'1h. Deux compagnies assurent la liaison : **Saremar** *(☎ 199 118 877)* et **Delcomar** *(☎ 0781 857 123, www.delcomar.it).* Tarifs : 5 €/pers. et 12 €/voiture (résa pour les véhicules).

➤ Adresse utile

Pro Loco (informations)
Corso Taglifico, 2 Carloforte ☎ 0781 854 009, Facebook : Pro Loco Carloforte.

Sant'Antioco, p. 143

➤ Adresse utile

Pro Loco (informations)
Piazza Repubblica, 41 ☎ 0781 840 592, Facebook : ProLoco Sant'Antioco. Lungomare Colombo, Calasetta ☎ 0781 88 534.

CAGLIARI

Visite 17, p. 154 – Plan p. 156-157

➤ Accès

En avion
Voir p. 267 pour l'accès depuis l'aéroport Cagliari Elmas.

En bateau
Voir p. 268 pour l'accès en bateau.

En train

Gare ferroviaire
Plan p. 156-157/A3 *– Piazza Matteotti ☎ 892 021, www.trenitalia.com.*
Plusieurs liaisons par jour pour Sassari, Olbia, Oristano, Iglesias et Porto Torres.

En bus

Gare routière
Plan p. 156-157/A3 *– Piazza Matteotti.*
De très nombreuses lignes de bus extraurbaines **ARST** *(www.arst.sardegna.it, ☎ 800 865 042)* desservent une grande partie de l'île. **Turmo Travel** *(☎ 078 921 487, www.gruppoturmotravel.com)* a mis en place une ligne Cagliari-Santa Teresa Gallura qui passe par Olbia.

➤ Circuler dans Cagliari

En tramway
ARST
Plan p. 156-157/A3 *– Piazza Matteotti, 9 ☎ 070 66 71 824.*
La « metrocagliari » est une ligne de tramway entre piazza della Repubblica et Monserrato.

En bus
CTM Point
Plan p. 156-157/A3 *– Piazza Matteotti ☎ 070 209 1200, www.ctmcagliari.it. Lun.-sam. 7h30-13h30.*
Plusieurs lignes de bus parcourent la ville, certaines se rendent jusqu'à la plage del Poetto *(p. 164)*.

En voiture
Se garer en centre-ville sur les emplacements au marquage bleu vous coûtera 1 €/h (lun.-sam. 9h-13h et 16h-20h). Il existe de nombreux parkings surveillés dont un très grand près de la gare *(**Plan p. 156-157/A3** – piazza matteotti, www.metropark.it)*.

➤ Adresses utiles

Office de tourisme
Plan p. 156-157/A3 *– Via Roma, 145 ☎ 338 649 84 98, www.cagliariturismo.it. T.l.j. été 10h-20h ; hiver 10h-13h et 14h-17h.*

Taxi
Plan p. 156-157/B2 – Rossoblu*, via del Duomo, 19 ☎ 070 66 55.*

Compagnies aériennes
Alitalia *(☎ 892 010, www.alitalia.com)* et **Ryanair** *(☎ 895 569 8769, www.ryanair.com).*

Location de voitures à l'aéroport
Vous trouverez tous les loueurs internationaux comme :
Avis : ☎ *070 240 081, www.avisautonoleggio.it.*
Hertz : ☎ *070 240 037, www.hertz.com.*
Europcar : ☎ *070 240 126, www.europcar.it.*
Vous trouverez également des loueurs locaux, dont les tarifs peuvent parfois s'avérer plus compétitifs :
OnlySardinia : ☎ *070 240 276, www.only-sardinia.com.*
Maggiore : ☎ *070 240 818, www.maggiore.it.*
Ruvioli : ☎ *070 240 323, www.ruvioli.it.*

À L'OUEST DE CAGLIARI : DE PULA À LA COSTA DEL SUD

Visite 18, p. 165
Carte p. 152-153

Pula, p. 166

➤ Adresse utile

Pro Loco (informations)
Corso Vittorio Emanuele, 28 ☎ 0709 209 333, Facebook : Pro Loco Pula. Été : jours et horaires variables

DE LA COSTA REI À LA VALLÉE DU FLUMENDOSA

Visite 19, p. 169
Carte p. 152-153

Villasimius, p. 169

➤ **Adresse utile**
Office de tourisme
Piazza Giovanni XXIII ☎ 0707 930 271, Facebook : Ufficio Turistico Villasimius.

L'OGLIASTRA

Visite 20, p. 176
Carte p. 174-175

Arbatax, p. 178

➤ **Adresse utile**
Latitude - Real Sea Lovers
☎ 0782 696 306 ou 327 09 91 978.
Départs de la marina de Arbatax à 9h30, retour à 18h. Minicroisière dans le golfe de Orosei et dans la Grotta del Bue Marino en supplément.

Tortolì, p. 178

➤ **Adresse utile**
Pro Loco (informations)
Corso Umberto, 34 ☎ 349 39 75 110 Facebook : Nuova Pro Loco Tortolì Arbatax.

Ulassai, p. 177

➤ **Adresse utile**
Pro Loco (informations)
Coros Vittorio Emanuele II ☎ 320 027 47 94, Facebook : Pro Loco Ulassai

LE GOLFE D'OROSEI

Visite 21, p. 176 – Carte p. 174-175

Cala Gonone, p. 183

➤ **Adresse utile**
Nuovo Consorzio Trasporti Marittimi
☎ 0784 93 305 ou 348 41 60 163, ww.calagononecrociere.it.
Départs à 9h, 10h, 11h et 12h du port de Cala Gonone pour le golfe d'Orosei et Grotta del Bue Marino en supplément.

Orosei, p. 183

➤ **Adresse utile**
Pro Loco (informations)
Piazza del Popolo, 12 ☎ 0784 998 367, Facebook : OROSEI. T.l.j. 9h-12h et 15h-19h

Dorgali, p. 185

➤ **Adresses utiles**
Pro loco (informations)
Via La Marmora, 108B ☎ 0784 96 243 www.enjoydorgali.it. Lun.-sam. 10h-13h et 16h-20h. Également au n° 69 ☎ 349 442 55 52, www.ghivine.com.

NUORO ET LA BARBAGIA

Visite 22, p. 188
Carte p. 174-175

Aritzo, p. 195

➤ **Adresse utile**
Pro Loco (informations)
Corso Umberto I ☎ 0784 628 205 ; Via Sant'Antonio ☎ 0784 63 811. Mai.-oct. : mar.-dim. 9h30-12h30 et 15h30-18h30.

Mamoiada, p. 193

➤ **Adresse utile**
Office de tourisme
Via Sardegna, 13 ☎ 0784 56 012 ou 380 689 99 69, www.prolocomamoiada.it.

Nuoro, p. 189

➤ **Adresse utile**
Pro Loco (informations)
Via Sassari, 22 ☎ 348 272 50 58, Facebook : Pro Loco Nuoro.

Oliena, p. 192

➤ **Adresse utile**
Office de tourisme
***Presidio Turistico Su Sole**, corso Grazia Deledda, 32 ☎ 078 428 60 78. Lun.-ven (sam. en été). 9h-13h et 16h-19h.*

Orgosolo, p. 192

➤ **Adresse utile**
Office de tourisme
Via Sas Codinas ☎ 078 440 09 01, www.comune.orgosolo.nu.it

HÉBERGEMENT

La Sardaigne dispose de nombreux types d'hébergement. Pendant l'été, il est indispensable de faire les réservations très en avance, notamment pour les stations balnéaires. Durant la période d'octobre à avril, vous risquez de vous trouver face à des hôtels fermés sur le littoral, à l'exception de villes importantes. Dirigez-vous alors plutôt vers l'intérieur des terres, à Nuoro, Sassari ou Tempio Pausania.

Attention, pendant le mois d'août, un nombre minimum de nuitées vous sera souvent imposé. Pour les hôtels, une semaine est souvent requise. Pour les B&B et les *agriturismi*, les propriétaires demandent souvent un séjour d'au moins 3 nuits.

➤ *Agriturismi*

Ce mode d'hébergement, encore appelé « tourisme vert », consiste à séjourner dans une structure dite « agricole ». Contrairement à leurs homologues toscans, les *agriturismi* sardes sont généralement plus *agri* que *turismi* ! Mais ce que l'expérience peut perdre en raffinement, elle le compensera en **authenticité**. Une alternative responsable qui représente une occasion unique de goûter à l'hospitalité sarde, sans oublier sa gastronomie. Il s'est développé sur l'île depuis une dizaine d'années et permet de trouver une résidence à un tarif très convenable *(env. 75 € pour une chambre double)*. Attention toutefois, évitez si possible de fréquenter les faux *agriturismi* qui existent encore sur l'île, malgré une récente réglementation, et dont certains établissements qui n'ont rien d'agricole se sont approprié l'enseigne dans le but d'éviter certaines taxes ! **www.agriturismo.com** : ce site généraliste est un guide parfait pour planifier vos vacances et réserver un *agriturismo*, mais également une maison de vacances, une résidence, un hôtel ou un Bed & Breakfast.

www.agriturismo.it *(☎ (39) 564 417/418)* : site proposant différents *agriturismi* dans toute l'île *(en italien)*.

D'autres offres d'*agriturismi* sur les sites de THC et Images du monde, ainsi que sur *www.byfarmholidays.com*.

POURBOIRE

Comme en France, l'usage est d'arrondir le montant de la note, voire de laisser quelques pièces de monnaie si vous considérez que le service a été de qualité.

➤ Auberges de jeunesse

Les auberges de jeunesse de l'île – *alberghi per la gioventù* – constituent une alternative bon marché. Les prestations sont simples, avec des lits disposés en dortoirs, et il est parfois possible d'y manger. Entre 15 et 40 € la nuit/pers., en fonction du niveau de confort (dortoirs ou chambre privée), il convient néanmoins d'adhérer à la fédération des auberges de jeunesse, avec souvent la possibilité de le faire sur place. Faites-vous préciser au préalable le règlement de l'établissement (heures d'ouverture, de départ) pour ne pas avoir de surprise.

➤ Bed & Breakfast

En plein développement, notamment dans les villes et dans les zones touristiques côtières, les B&B constituent le plus souvent un hébergement de qualité. Toutes les gammes sont présentes sur l'île.

Si vous souhaitez séjourner en B&B, renseignez-vous sur **www.bed-and-breakfast.it**. Large choix de locations de chambres d'hôtes et autres établissements de standings divers à Cagliari, Alghero et dans une vingtaine d'autres localités touristiques à travers toute la Sardaigne.

➤ Campings

De loin la solution la plus économique, les campings – *campeggi* – sont nombreux sur le littoral. Ils disposent souvent d'emplacements d'exception avec un accès direct à la mer, voire de plages privées. Dotés de plus ou moins d'infrastructures, ils peuvent proposer des bungalows ou des caravanes à louer à la semaine. Généralement ouverts d'avril à octobre, ils pratiquent des prix variant en fonction de la gamme, du type d'hébergement (tente, caravane, bungalow…) et de la période. Les réservations ne sont nécessaires

que pour la location de bungalows pendant la haute saison.
Rens. : www.touringclub.it ou auprès des offices de tourisme.
Pour ceux qui arrivent en camping-car, vous trouverez la liste des emplacements où il est possible de garer son véhicule, de recharger ses batteries, vidanger et se réapprovisionner en eau sur *www.camperonline.it.*

➤ Hôtels

Appelés *pensione* pour les plus simples et *albergo* pour les plus confortables, la Sardaigne possède un éventail d'hôtels assez large en termes d'offres. La classification se fait ici aussi par étoiles. Le développement touristique ayant commencé dans les années 1970, beaucoup d'hôtels peuvent sembler un peu démodés. Mais, dans la plupart des cas, le charme demeure. En revanche, les établissements récents présentent en règle générale une décoration raffinée.

➤ Hôtels-clubs

Les hôtels-clubs sont très développés, notamment sur le littoral. Les animations, les infrastructures et le concept « tout inclus » constituent l'hébergement idéal pour les familles. Ce type de résidence n'est cependant pas accessible à tous, car les hôtels-clubs sardes sont haut de gamme. En haute saison les prix ne sont pas à moins de 150 €/pers. par jour en demi-pension.

➤ Location d'appartements et de villas

L'offre est très large puisqu'elle va de la simple chambre *(affittacamere)*, à la somptueuse villa avec piscine. Pour louer, mieux vaut se renseigner auprès des offices de tourisme qui vous fourniront les coordonnées d'agences locales. Autrement, les sites de locations regorgent de villas.

AirBnB *www.airbnb.com*

Cuendet *www.cuendet.com.* Villas haut de gamme.

Destination Italie *www.destination-italie.net* et **Bellavista** *www.bellavista-villas.com.* Nombreux appartements et villas à louer à travers toute la Sardaigne.

URGENCES

Gendarmerie *(carabinieri)* : ☎ *112*
Police *(polizia di Stato)* : ☎ *113*
Pompiers : ☎ *115*
Secours routiers : ☎ *116*
Urgences médicales : ☎ *118*
Informations maritimes : ☎ *196*
Renseignements : ☎ *12*

Homelidays *www.homelidays.com.*

Images du monde ☎ *01 44 24 65 10, www.images-du-monde.com.* Au choix, villas, demeures de charme, maisons rurales, fermes et appartements.

Interhome ☎ *01 53 36 60 00 (gratuit depuis un poste fixe), www.interhome.fr.*

Italie Loc'appart ☎ *01 53 36 60 00, www.locappart.com.* Locations d'appartements, villas et maisons.

Mediavacances *www.mediavacances.com.* Locations de particuliers à particuliers dans le monde entier, et en Sardaigne notamment.

Sardegna Rent ☎ *079 689 718, www.sardegnarent.it.* Offre d'hébergement variée et contact direct avec des propriétaires sardes : appartements, villas, villages de vacances, *agriturismi* ou bord de mer, adaptés à tous les budgets.

À TABLE

Le repas complet est assez copieux. Viennent d'abord les ***antipasti*** (hors d'œuvre), suivi du ***primo piatto*** (premier plat), il s'agit généralement d'un risotto ou d'un plat de pâtes. Le ***secondo piatto*** est le plat principal, à base de viandes ou de poissons servis sans garnitures, vous pourrez choisir votre ***contorno*** à part. Les ***dolci*** sont les desserts. À table, on vous servira quasi automatiquement de l'eau minérale, de marque locale, elle sera *frizzante* (minérale) ou *naturale* (plate). Le pain et le couvert sont facturés, ne soyez pas surpris en lisant votre addition.

➤ Une spécialité : le km 0

Les Italiens et les Sardes portent une attention toute particulière à un phénomène encore émergent :

le **kilomètre zéro**. *Agriturismi* et restaurants proposent des repas dont les produits proviennent presque exclusivement de la région alentour, voire de leur propre terre. Ils entretiennent ainsi l'**économie locale** et évitent les transports de marchandises souvent polluants.

HORAIRES

L'heure locale est la même qu'en France.

➤ Banques

Généralement, les banques ouvrent du lundi au vendredi de 9h à 13h et de 15h à 17h. Elles sont souvent équipées de distributeurs de billets *(bancomat)*.

➤ Magasins

Les magasins sont généralement ouverts de 9h à 13h et de 16h à 20h ou 17h à 21h du lundi au samedi. Dans les grandes stations balnéaires et en pleine saison, les boutiques ouvrent tous les jours et jusqu'à tard dans la soirée (23h). Certaines pratiquent même la journée continue.
Le travail dominical est permis en Italie, aussi n'est-il pas rare de voir des magasins ouverts le dimanche.

➤ Musées et sites archéologiques

Si le jour de fermeture est souvent le lundi, il est en revanche difficile d'établir une règle quant aux heures d'ouverture des musées. Pour les sites archéologiques, l'ouverture est souvent en fonction de la luminosité et donc des heures d'hiver et d'été. En règle générale, les sites en plein air ferment en été de 13h à 16h en raison de la chaleur. À noter qu'il n'est pas rare que certains sites ferment de la fin octobre à début avril ou n'ouvrent que sur résa. *Pour plus de précisions, voir au fil de nos visites.*

➤ Restaurants

Les Sardes, comme les Italiens en général, déjeunent vers 13h et dînent à partir de 21h. Les heures d'ouverture des restaurants suivent logiquement ces habitudes, aussi peut-on dire qu'ils ouvrent de 12h à 15h et de 20h à 22h. Tous les restaurants ferment un jour par semaine, hormis dans les villes du littoral en pleine saison. Dans les grandes villes, il n'est pas rare que les restaurants choisissent le mois d'août pour leur fermeture annuelle.

FÊTES ET JOURS FÉRIÉS

1er janv. : Nouvel An.
6 janv. : Épiphanie.
25 avr. : fête de la Libération.
28 avr. : jour de la Sardaigne.
1er mai : fête du Travail.
2 juin : fête de la République.
15 août : Assomption *(Ferragosto)*.
1er et 2 nov. : Toussaint et jour des morts.
8 déc. : fête de l'Immaculée Conception *(Immacolata)*.
25 et 26 déc. : Noël.

USAGES ET POLITESSE

Les Sardes sont polis et respectueux des touristes et des étrangers. Il n'est cependant pas rare que vos interlocuteurs emploient le tutoiement, notamment dans les magasins. N'y voyez pas une marque de familiarité, cela fait partie des usages en Italie.

SANTÉ

Si vous avez besoin de consulter un médécin sachez qu'il y a, pratiquement partout sur l'île, des ***guardie turistiche***. Ce sont des médecins qui exercent dans des centres de santé ouverts en été, essentiellement, aux touristes.La nuit, de 20h à 8h, vous pourrez faire appel aux ***guardie mediche***.
Pour avoir la liste de ces médecins vous pouvez vous rendre sur *www.sardegnasalute.it*.

SÉCURITÉ

La Sardaigne est une destination de vacances plutôt sûre, où peu de vols sont à déplorer. Malgré tout, il est recommandé de faire attention et de prendre les précautions d'usage, surtout dans les villes et dans les stations balnéaires. Veillez à ne laisser aucun objet visible dans votre véhicule ni objets de valeur dans votre chamabre d'hôtel. En cas de perte ou de vol, allez au bureau de la police municipale le plus proche et faites une déposition dont vous demanderez une copie pour vous assurer d'être remboursé par votre assurance.

TÉLÉPHONE – INTERNET – COURRIER

➤ Téléphone

Appels

Sardaigne-France : 00 + 33 + numéro de votre correspondant (sans le 0 initial).
France-Sardaigne : 00 + 39 + numéro de votre correspondant toujours précédé du 0 initial.

Téléphoner avec votre portable

Depuis l'été 2017, il n'existe plus de *roaming* européen, vous pourrez donc consulter Internet sur votre téléphone, même à l'étranger, sans être hors forfait. Cependant, l'utilisation peut être limitée à un nombre de gigas. De la même manière, les communications passées de votre téléphone mobile français en Italie, une fois sur le territoire italien, ne devraient plus être surtaxées. Pour éviter les mauvaises suprises, rapprochez-vous de votre opérateur pour en savoir davantage.

➤ Courrier

Les timbres, *francobolli* en italien, s'achètent à la poste ou dans les bureaux de tabac signalés par un T blanc sur fond noir.

SPORTS ET LOISIRS

Au-delà de l'attrait des plages, l'île propose une multitude de sports qu'il est possible de pratiquer dans une nature sauvage et préservée.

➤ Équitation

Comme en témoignent les fêtes traditionnelles où il est souvent l'un des personnages principaux, le cheval est un élément fondamental de la culture locale. Sa pratique est donc largement diffusée sur toute l'île, qui abrite plus de 100 centres d'équitation. Un grand nombre d'entre eux fonctionnent toute l'année.
Rens. : comité régional sarde de la Fédération italienne d'équitation (www.fise.it, ☎ 068 366 841).

➤ Escalade

Depuis quelques années, la Sardaigne est devenue un formidable terrain de jeux pour les grimpeurs. L'escalade se pratique dans les régions montagneuses à l'intérieur des terres, notamment le Supramonte aux alentours d'Oliena qui offre une vue splendide sur le golfe d'Orosei. Pour plus d'informations, renseignez-vous auprès du **Club alpino italiano** de Cagliari *(☎ 070 667 877, www.caicagliari.it).*

➤ Golf

Les trois parcours de 18 trous de Sardaigne sont tous très prestigieux, à l'instar du club **Il Pevero** de la Costa Smeralda. Leur qualité sportive alliée à des sites d'une beauté exceptionnelle ont assuré leur renommée internationale. D'autres parcours plus modestes permettent une pratique plus détendue tout en profitant des cadres splendides.
Rens. : délégation sarde de la Fédération italienne de golf ☎ 070 947 497, www.sardegnagolf.net.

➤ Plongée

Les 1 849 km de côtes et les eaux cristallines de la Sardaigne sont comme une invitation à la plongée. Du baptême à la sortie en mer en passant par le passage des niveaux, l'offre des clubs de plongée en Sardaigne est très complète. Il suffit d'une semaine de pratique quotidienne encadrée pour passer son certificat de niveau 1. Un système d'équivalences permettra de faire valider votre brevet en France. Demandez aux moniteurs si les formations dispensées sont reconnues par l'ANMP (membre de la CEDIP) et la FFESSM (membre de la CMAS), les deux principales fédérations françaises (et les fédérations internationales auxquelles elles sont affiliées).

➤ Randonnée

L'éventail des randonnées est large en Sardaigne et s'est considérablement développé ces dernières années.

Malheureusement, les sentiers sont peu balisés. Les moins chevronnés se dirigeront donc vers des associations proposant des excursions encadrées. La période estivale est peu recommandée en raison de la chaleur, et l'hiver est, quant à lui, trop froid. Les randonnées s'effectuent idéalement à la fin du printemps pour profiter de la nature et des fêtes qui ont lieu à cette période. L'automne constitue également une excellente alternative. Les randonneurs devront s'équiper du relevé topographique national italien *(carta d'Italia)* de la Sardaigne dont il existe deux échelles : 1/25 000 et 1/50 000. Pour plus d'informations, renseignez-vous auprès du **Club alpino italiano** de Cagliari *(☎ 070 667 877, www.caicagliari.it).*
Bon nombre d'associations proposent des excursions : **Coopérative Ghivine** *(excursion dans la zone du Supramonte ☎ 338 834 16 18, www.ghivine.com)* et la **coopérative Gorropu** *(☎ 347 423 36 50, www.gorropu.com).* Sinon, renseignez-vous aux **offices de tourisme** ou aux **Pro Loco**.

➤ Vélo

Pour les amateurs de deux-roues, la Sardaigne est une destination idéale car elle peut convenir aux cyclistes tendance loisir comme aux plus sportifs. Comme pour la randonnée, il est conseillé d'éviter la période estivale en raison des fortes chaleurs et de préférer le printemps ou l'automne. La région autonome de Sardaigne édite deux **guides d'itinéraires** pour les amateurs de VTT et de cyclotourisme. Ces publications sont compréhensibles pour les non-italianophones car elles sont constituées en grande partie de plans et de parcours avec les dénivelés et les distances. Elles sont téléchargeables sur le site *www.sardegnaturismo.it*.

➤ Voile

Comme sa voisine corse, la Sardaigne est une destination très prisée dans ce domaine. Les ports du littoral permettent de s'amarrer pour des périodes de courte durée et les criques sont idéales pour le cabotage. Tous les ports et les marinas sont pourvus d'agences de location de bateaux.
Attention, la Méditerranée peut réserver des surprises aux plaisanciers avec des vents violents.
Procurez-vous la **brochure** sur les ports de plaisance de la Sardaigne, *I porti turistici della Sardegna* en italien, disponible dans les offices de tourisme.

➤ Windsurf et kitesurf

Si la pratique de la planche à voile peut se faire presque partout sur l'île, certains spots sont bien connus des amateurs de windsurf. **Porto Pollo**, près de l'île des Gabbiani, est le lieu phare des amoureux de la planche à voile. La présence quasi permanente de vents explique l'engouement pour ce site. Le kitesurf y est aussi pratiqué, même si c'est entre Vignola et Santa Teresa Gallura que celui-ci a acquis ses lettres de noblesse. Des épreuves de la coupe du monde de kitesurf y ont été organisées.
Rens. : Surf center du champion Silvestri ☎ 339 429 33 00, www.silvestri.it.

AVEC LES ENFANTS

En Italie, les enfants sont rois, on leur pardonne à peu près tout. Il est donc très facile de voyager avec les enfants en Sardaigne.

➤ Hébergement

Certains hôtels et *agriturismi* proposent des chambres familiales. Les hôtels-club proposent souvent des activités ludiques pour les enfants.

➤ Au restaurant

Beaucoup d'établissements vous proposeront une portion plus petite et/ou un plat plus simple pour les enfants même si rien n'est marqué sur le menu. Il y a très souvent une chaise haute.

TABAC

En Italie, comme en France, il est interdit de fumer dans les lieux publics. Si vous fumez dans la rue, ne jetez pas votre mégot par terre, vous risquez une amende qui peut aller jusqu'à 300 €.

Lexique

➤ Formules usuelles

Oui : *si*
Non : *no*
Monsieur : *Signore*
Madame : *Signora*
Bonjour : *buongiorno*
Bonsoir : *buonasera*
Bonne nuit : *buona notte*
Au revoir : *arrivederci*
Excusez-moi : *scusi*
S'il vous plaît : *per favore*
Merci : *grazie*
Je vous en prie : *prego*
Pourquoi ? : *perchè ?*
Loin : *lontano*
Près : *vicino*
À droite : *a destra*
À gauche : *a sinistra*
Encore : *ancora*
Pouvez-vous me dire ? : *può dirmi ?*
Avez-vous ? : *ha ?*
Je ne comprends pas : *non capisco*
Parlez lentement : *parla lentamente*
Beaucoup : *molto*
Peu : *poco*
Trop : *troppo*
Assez : *abbastanza*
Tout : *tutto*
Rien : *niente*
Combien coûte ? : *quanto costa ?*

➤ Les nombres

Un : *uno*
Deux : *due*
Trois : *tre*
Quatre : *quattro*
Cinq : *cinque*
Six : *sei*
Sept : *sette*
Huit : *otto*
Neuf : *nove*
Dix : *dieci*
Onze : *undici*
Douze : *dodici*
Treize : *tredici*
Quatorze : *quattordici*
Quinze : *quindici*
Seize : *sedici*
Dix-sept : *diciassette*
Dix-huit : *diciotto*
Dix-neuf : *diciannove*
Vingt : *venti*
Vingt et un : *ventuno*
Vingt-deux : *ventidue*
Trente : *trenta*
Quarante : *quaranta*
Cinquante : *cinquanta*
Soixante : *sessanta*
Soixante-dix : *settanta*
Quatre-vingts : *ottanta*
Quatre-vingt-dix : *novanta*
Cent : *cento*
Deux cents : *duecento*
Trois cents : *trecento*
Mille : *mille*
Deux mille : *duemila*
Trois mille : *tremila*
Un million : *un milione*
Un milliard : *un miliardo*

➤ Le temps

Lundi : *lunedì*
Mardi : *martedì*
Mercredi : *mercoledì*
Jeudi : *giovedì*
Vendredi : *venerdì*
Samedi : *sabato*
Dimanche : *domenica*
Aujourd'hui : *oggi*
Hier : *ieri*
Avant-hier : *ieri l'altro*
Demain : *domani*
Après-demain : *dopodomani*
Le matin : *la mattina*
Dans l'après-midi : *nel pomeriggio*
Le soir : *la sera*

➤ À la gare et à l'aéroport

Un billet pour… : *un biglietto per…*
Changer : *cambiare*
À quelle heure part… : *a che ora parte…*
À quelle heure arrive… : *a che ora arriva…*
Arrêt : *fermata*
Arriver : *arrivare*

Bagages : *bagagli*
Consigne : *deposito*
Contrôleur : *controllore*
Couchette : *cuccetta*
Gare : *stazione*
Horaire : *orario*
Quai : *binario*
Valise : *valigia*

➤ En voiture

Danger : *pericolo*
Automobile : *macchina*
Entrée : *ingresso*
Essence : *benzina*
Gonflage : *gonfiatura*
Graissage : *lubrificazione*
Huile : *olio*
Interdit : *vietato*
Lavage : *lavaggio*
Parking : *parcheggio*
Péage : *pedaggio*
Pneu : *pneumatico*
Sortie : *uscita*
Stationnement interdit : *divieto di sosta*
Travaux en cours : *lavori in corso*

➤ En ville

Avenue : *viale*
Cloître : *chiostro*
Cour : *cortile*
Cours : *corso*
Église : *chiesa*
Escalier : *scala*
Grande place : *piazzale*
Jardin : *giardino, orto*
Marché : *mercato*
Musée : *museo*
Palais : *palazzo*
Place : *piazza, largo*
Promenade : *passeggiata*
Rue/ruelle : *via/vicolo*
Ruines : *rovine*

➤ Au restaurant

Agneau : *agnello, abbacchio*
Beurre : *burro*
Fromage : *formaggio*
Gâteau : *dolce*
Glace (dessert) : *gelato*
Glaçon : *ghiaccio*
Jambon : *prosciutto*
Menu : *carta, lista*
Mouton : *castrato*
Œuf : *uovo*
Orange : *arancia*
Pain : *pane*
Pâtes : *pasta*
Pêche : *pesca*
Plat, assiette : *piatto*
Poisson : *pesce*
Pomme : *mela*
Pomme de terre : *patata*
Porc : *maiale*
Poulet : *pollo*
Repas : *pranzo*
Restaurant : *ristorante, trattoria*
Riz : *riso*
Salade : *insalata*
Saucisson : *salame*
Sel : *sale*
Sucre : *zucchero*
Veau : *vitello*

➤ À l'hôtel

Auberge/hôtel : *locanda/albergo*
Une pension de famille : *una pensione familiare*
Je désire une chambre : *vorrei una camera*
À un lit, à deux lits : *a un letto, a due letti*
Quel est le prix ? : *qual è il prezzo ?*
Services et taxes compris ? : *servizio e tasse compresi ?*
Tout compris ? : *tutto compreso ?*
À quelle heure, le déjeuner/dîner ? : *a che ora, il pranzo/la cena ?*
Réveillez-moi à X heures : *svegliatemi alle ore X…*
L'addition, s'il vous plaît : *il conto, per favore*

➤ Médicaments

Antiseptique *: antisettico*
Aspirine *: aspirina*
Bandage *: fasciature*
Comprimés *: compresse*
Ordonnance *: ricetta medica*
Pommade *: pomata*
Serviettes périodiques : *assorbenti*
Tampons hygiéniques : *tamponi*

Index

A

Abbasanta 124, 221
Aéroports 262, 267
Aggius 57, 208
Agriculture 259
***Agriturismi* 278**
Alghero 97, 216
- cattedrale Santa Maria 100
- chiesa San Francesco 100
- chiesa San Michele 101
- Museo archeologico 100
- museo del Corallo 102
- Museo diocesano 99
- piazza Civica 98
- plages 103
- remparts 98
- tours 98

Ambassades et consulats 262
Arbatax 178, 231
Arborea, Eleonora d' 117, 253
Argent 264
Aritzo 195, 236, 277
Armungia (villaggio-museo d') 171
Art 250
Arzachena 44, 204, 270
Asinara (golfe de l') 86, 272
Asinara (parco nazionale dell') 92, 214

B

Baja Sardinia 44
Basse-Barbagia 194
Barbagia supérieure 191
Barumini 129, 222
Bidderosa 187
Bosa 109, 218
***Bottarga* 259**
Budget 265
Buggerru 138, 223
Burcei 171

C

Cabras 119
Cagliari 155, 226
- anfiteatro romano 158
- basilica San Saturnino 163
- bastione di San Remy 163
- Castello (quartier) 159
- cattedrale Santa Maria di Cagliari 160
- chiesa di San Sepolcro 157
- citadella dei Musei 159
- Exmà 163
- galleria comunale d'arte 159
- jardins publics 159
- Marina 155
- mercato San Benedetto 163
- municipio 155
- orto botanico 158
- palazzo Viceregio 161
- parco di Molentargius 164
- piazza Palazzo 160
- piazza Yenne 158
- plage del Poetto 164
- quartier du ghetto juif 162
- sella del Diavolo 164
- Stampace (quartier) 155
- torre dell'Elefante 116
- via Roma 155
- Villanova (quartier) 159

Calangianus 60
Cannigione 46, 205
Cannonau 13, 259
Capo Caccia 106
- grotta di Nettuno 107

Capo dell'Argentiera 93
Capo San Marco 122
Capo Testa 65
Caprera (île) 51
Carbonia 140, 223, 244, 275
Carignano 13, 144
Carlo Emanuele III 146, 243
Castelsardo 67, 210
- plages 69

Chant et danse 251
Châteaux
- di Baldu 57
- di Castelsardo 68
- di Marmilla (Las Plassas) 130
- Malaspina (Bosa) 110
- Sabaudo (forte, Sant'Antioco) 145

Chia 167
Cinéma 251
Ciusa, Francesco 159, 250
Climat 265
Corail 102
Costa del Sud 167
Costa Nebida 141
- Porto Flavia 141

Costa Paradiso 66, 211
Costa Rei 170
Costa Smeralda 40
Costa Verde 139, 223
Courrier 282
Couteaux 85
Cuglieri 124
Culture 250
***Culurgiones* 180**

D-E

Deledda, Grazia 190, 251
***Domus de janas* 240**
Dorgali 185, 234
Dunes de Piscinas 139
Économie 254
Églises, basiliques, cathédrales
- dell'Immacolata (Bosa) 111
- dell'Immacolata (Ozieri) 85
- della Purissima (Iglesias) 134
- Madonna del Rosario (Sassari) 79
- Nostra Signora del Buon Cammino (Iglesias) 136
- Nostra Signora del Regno (Logudoro) 82
- Nostra Signora di Castro (Logudoro) 84
- Nostra Signora di Luogosanto (Luogosanto) 57
- San Francesco (Alghero) 100
- San Francesco (Iglesias) 135
- San Francesco (Oristano) 117

San Gavino (Porto Torres) 87
San Giovanni di Sinis (péninsule de Sinis) 120
San Michele (Alghero) 101
San Nicola (Sassari) 77
San Paolo Apostolo (Olbia) 35
San Pietro (Bosa) 112
San Pietro (Tempio Pausania) 59
San Pietro di Sorres (Logudoro) 82
San Salvatore di Sinis (San Salvatore di Sinis) 122
San Saturnino (Cagliari) 163
San Sepolcro (Cagliari) 157
San Simplicio (Olbia) 35
San Trano (Luogosanto) 57
Sant'Antioco di Bisarcio (Logudoro) 83
Sant'Antonio Abate (Castelsardo) 68
Sant'Efisio (Pula) 166
Santa Chiara (Iglesias) 134
Santa Giusta (Oristano) 118
Santa Maria (Alghero) 100
Santa Maria (Castelsardo) 69
Santa Maria Assunta (Oristano) 117
Santa Maria di Betlem (Sassari) 78
Santa Maria di Cagliari (Cagliari) 160
Santa Maria Maddalena (La Maddalena) 50
Santissima Trinità (La Maddalena) 50
Santissima Trinità della Saccargia (Logudoro) 82

Enfants 283

Équitations 281

Étangs

de Bidderosa 187
de Cabras 119
de la péninsule de Sinis 120
de Notteri (Villasimius) 170

F

Fascisme 243

Faune 13, 256

Fertilia 105, 244

Fêtes 9, 46, 281

Flumendosa (valle del) 171, 229, 276

Fordongianus 126

Formalités 264

Fromage 258

G

Gallura (la) 30

Garibaldi, Giuseppe 51

Gastronomie 11, 258

Giara di Gesturi 131

Ghilarza 124

Golf 281

Golfe d'Orosei 182

Cala Gonone 183, 233
Orosei 183, 234

Golfo Aranci 37, 202

Cala Moresca 38
Cala Sabina 38

Gorropu, canyon 197, 235

Gramsci, Antonio 124

Grottes 257

d'Ispinigoli (Dorgali) 185
de Neptune (Capo Caccia) 107
del Bue Marino (golfe d'Orosei) 184
San Giovanni (Iglesiente) 136
San Michele (Ozieri) 85
Su Mannau (Iglesiente) 138
Su Marmuri (Ulassai) 177

H

Hébergement 279

Histoire 240

Horaires 281

Huile 13

I-J

Iglesias 134, 224

Iglesiente 133

Îles

Asinara 92, 95
Budelli 53
Caprera 51, 207
Gabbiani 48, 208
La Maddalena 49, 207
Mal di Ventre 122
Razzoli 52
San Pietro 146, 224
Sant'Antioco 143, 225
Santa Maria 53
Santo Stefano 53
Spargi 53

Ingurtosu 140

Internet 282

Jerzu 177, 232

Jours fériés 281

Judicats 82, 240

L

La Maddalena (arcipelago di) 48, 207

île Budelli 53
île Caprera 51, 207
49, 207
île des Gabbiani 48
île de La Maddalena
île Razzoli 53
île Santa Maria 53
île Santo Stefano 53
île Spargi 53

La Maddalena (île) 49, 207

Lanaittu (vallée de) 199

Las Plassas 130

Littérature 251

Loisirs 282

Luogosanto 57, 209

Luras 60

M

Magomadas 113, 219

Mamoiada 193, 236,

***Mamuthones* 9, 247**

Marina di Gairo 181

Marina di Tertenia 181

Marras, Antonio 100, 217

Mines 15

Ingurtosu 140
Montevecchio 140
Porto Flavia 141

Modolo 113

Monte d'Accoddi 89

Monte Limbara 60

Monte Sirai 141
Montevecchio 140
Mussolini, Benito 244

N

Nature 256
Nora 166
Nuoro 189, 236
Nuraghes 10, 240
Anghelu Ruju 105
Cabu Abbas 36
Coddu Vecchiu (tomba dei giganti di) 46
Complesso di Lu Brandali 65
Losa 125
Majori 59
Malchittu, tempio di 45
Monte d'Accoddi 89
Palmavera 106
Santu Antine 82
Su Nuraxi 129
Tiscali 191

O

Offices de tourisme 262
Ogliastra 176, 231
Olbia 34, 202
Oliena 192, 237
Orgosolo 192, 237
Oristano 117, 220
Orosei 183, 234
Osilo 214
Ozieri 84, 214

P

Palau 48, 208
Parcs nationaux 256
Asinara 92
Gennargentu 194, 256
Golfe d'Orosei 182, 256
La Maddalena (archipel) 48
plateau de la Giara 131
Porto Conte 106
Sette Fratelli 170
Supramonte 191
Pattada 85
***Pecorino* 258**
Plages 15, 257
Balai (Porto Torres) 89
Bidderosa 187
Cala Banana (Olbia) 37
Cala Brigantina (île Caprera) 51
Cala Budoni (San Teodoro) 39
Cala Caprese (île de Caprera 52
Cala Corsara (île Spargi) 53
Cala Coscia di Donna 92
Cala Coticcio (île Caprera) 51
Cala Domestica (Buggerru) 6, 138
Cala Fico (San Pietro) 149
Cala Fuili (golfe d'Orosei) 184
Cala Gavetta (île de La Maddalena) 50
Cala Goloritzè (golfe d'Orosei) 184
Cala Gonone (golfe d'Orosei) 183
Cala Grande (Capo Testa) 66
Cala Luna (golfe d'Orosei) 15, 184
Cala Lunga (île Razzoli) 53
Cala Lunga (Sant'Antioco) 156
Cala Marina (Castelsardo) 69
Cala Mariolu (golfe d'Orosei) 184
Cala Mezzaluna (San Pietro) 149
Cala Moresca (Arbatax) 180
Cala Moresca (Golfo Aranci) 38
Cala Napoletana (île de Caprera) 52
Cala Persico (île Spargi) 52
Cala Pira (Costa Rei) 170
Cala Piscinnì (Costa del Sud) 167
Cala Portese (île de Caprera) 52
Cala Sabina (Golfo Aranci) 38
Cala Sabina (parc national de l'Asinara) 38
Cala Santa Maria (île Santa Maria) 53
Cala Sassari (Olbia) 37
Cala Sisine (golfe d'Orosei) 184
Cala Spalmatore (île de La Maddalena) 51
Cala Torre Argentina (entre Alghero et Bosa) 109
Calabona (entre Alghero et Bosa) 109
Cava Usai (Villasimius) 169
Ezzi Mannu 90
Funtanamare 141
Giardinelli 51
Grande (Sant'Antioco) 146
Grande Pevero (Costa Smeralda) 42
Is Arutas (péninsule de Sinis) 122
La Cinta (San Teodoro) 39
La Pelosa (Stintino) 90
La Speranza (entre Alghero et Bosa) 109
Lazzaretto (Fertilia) 105
Le Bombarde (Fertilia) 90
Le Saline 91
Li Cossi (Costa Paradiso) 67
Lido di Orrì (Arbatax) 180
Liscia Ruja (Costa Smeralda) 42
Maria Pia (Alghero) 103
Mare e Rocce (Olbia) 37
Masua 141
Monte d'Arena (île de La Maddalena) 51
Notteri (Villasimius) 170
Petra Ruja (Costa Smeralda) 42
Piscina Rei (Costa Rei) 170
Piscinas 139
Pittulongu 37
Platamona (Porto Torres) 89
Poetto (Cagliari) 164
Portixeddu (Buggerru) 138
Porto Ferro (Capo Caccia) 107
Porto Frailis (Arbatax) 180
Porto Giunco (Villasimius) 170

Porto Nibani (Costa Smeralda) 42
Porto Rotondo (Costa Smeralda) 42
Porto Sa Ruxi 169
Principe (Costa Smeralda) 42
Punta Molentis (Villasimius) 170
Putzu Idu 122
Razza Juncu (Costa Smeralda) 42
Relitto (île Caprera) 52
Rena Bianca (Santa Teresa Gallura) 65
Rocce rosse (Arbatax) 179
S'Abba Druche (Bosa) 109
Sa Colonia (Costa del Sud) 167
San Giovanni (Alghero) 103
San Nicolao (Buggerru) 138
Su Giudeu (Costa del Sud) 167
Tinnari (Costa Paradiso) 67
Torre Columbargia 113
Tuerrada 167
Ziu Franziscu (Costa Rei) 170

Plongée 17, 281
Poltu Quatu 44
***Porceddu* 259**
Porto Cervo 42, 205
Porto Rafael 48
Porto Rotondo 41
Porto Torres 87, 215
Posidonie 257
Pourboire 279
Pula 166, 228, 276

R

Randonnée 17, 281
Razzoli (île) 53
Religion 246
Restaurants 280
Roccia dell'Orso 48

S

***Sagra* 13, 247**
San Nicola (oliviers millénaires) 61
San Pantaleo 44, 206
San Pietro (île de) 146, 224
Carloforte 147
plages 149
tonnara de La Punta 148
San Salvatore di Sinis 122
San Teodoro 39
Sant'Antioco (île de) 143, 225, 275
Calasetta 145
plages 146
Sant'Antioco 144
Santa Teresa Gallura 65, 211
Santé 281
Santu Lussurgiu 124, 221, 274
Santuario di Santa Cristina 125
Santuario di Santu Antine 126
Sassari 74, 212
cathédrale San Nicola 77
chiesa Madonna del Rosario 79
chiesa Santa Maria di Betlem 78
corso Vittorio Emanuele II 75
fontana di Rosello 75
museo storico della Brigata Sassari 79
museo G. A. Sanna 80
museo Mus'a 76
palazzo della Provincia 80
palazzo ducale 78
palazzo Giordano 80
piazza Italia 79
Sa Testa (Pozzo sacro) 36
Scala di San Giorgio 178
Sécurité 281
Sedilo 126, 222
Selene (parco archeologico di) 178
Snorkeling 17
Société 252
Spéléologie 17
Sports 282
Stintino 90, 215
Su Gologone 199
Sulcis (museo archeologico della Villa) 168
Supramonte 191

T

Tabac 283
***Tacchi* 177**
Tavolara (riserva marina) 38
Téléphone 282
Tempio Pausania 58, 209
Tempio di Antas 137
Tharros (site archéologique de) 120
Tomba dei giganti (Coddu Vecchiu) 46, 241
Tonara 195, 236
Tortolì 178, 232
Tourisme 254
Transports 262, 268
***Trenino verde* 17, 60, 112, 179**
Tresnuraghes 113

U-V

Ulassai 177, 233
Urgences 280
Usages 281
Vélo 17
Vermentino 13, 259
Villaputzu 229
Villasimius 169, 230
Vin 13, 259
Voyages organisés 266

Crédits photos

Couverture

Plat 1, visuel principal : Montico Lionel / hemis.fr

Plat 1, haut : Rich Carey/ Shutterstock

Plat 4, Gauche : Pixelshop / Adobe Stock

Plat 4, Droite : Gabriele Maltinti / Adobe Stock

Intérieur

ADOBE STOCK

Africa : p. 145 ; Andrea : p. 11, p. 253 ; Atzori Riccardo : p. 198 ; Bill17 : p. 9 b. ; Blanchet Giuly : p. 180 ; Bosanza : p. 139 ; Cameris : p. 128 ; Danielemacis : p. 7 b. ; Defender06 : p. 196 ; Eisenlohr Martine A. : p. 260 ; Emiliano : p. 14 ; Fabriziozaia : p. 193 ; Flysafe340 : p. 53 ; Francescomou : p. 71 ; Franke182 : p. 120 ; Frenk58 : p. 10 b. ; Fusolino : p. 5 ; GigiPeis : p. 125 ; Grellmann Tito : p. 179 ; Johnkruger1 : p. 50 ; Lai Alessandro : p. 26 b., p. 93 ; Lamio : p. 44 ; Levranii : p. 67 ; Locci Elisa : p. 27 ; Lotti Fabio : p. 54 ; Maltinti Gabriele : p. 2, p. 74, p. 103, p. 181; Marcociannarel : p. 28 ; Milda79 : p. 46 ; Milosk50 : p. 78 ; Murasal : p. 69, p. 158 ; Naumov Dmitry : p. 126 ; Orrù Alessio : p. 26 ht, p. 168, p. 131 ; P. Luciano : p. 43 ; Pixelshop : p. 6 ht, p. 7 ht ; Pkazmierczak : p. 167 ; Presutti Fabio : p. 45 ; Puckillustrations : p. 16 ; Quacquarelli Claudio : p. 61 ; Refresh (Pix) : p. 91 ; Rovati Lionnello : p. 119 ; Sailorr : p. 39 ; Salvatore : p. 66 ; Spritz77 : p. 252 ; Utzeri Andrea : p. 56 ; Uva51 : p. 68 ; Uwalthie Pic Project : p. 134 ; Xavier Marc p. 10 ht.

SHUTTERSTOCK

Arca Stefania : p. 258 ; Basilico Pietro : p. 241 ; Del Castillo Ana : p. 147 ; Francescomoufoto grafo : p. 9 ht ; Givi585 : p. 127 ; Hibiscus81 : p. 102 ; J2R : p. 101 ; Koeleman Ilena : p. 58 ; Kulikova Tamara : p. 8 ; Locci Elisa : p. 92 ; Maltinti Gabriele : p. 182 ; Marmo 81 : p. 161 ; Marongiu Eugenio : p. 31 ; Mildax : p. 47 ; Natale Matteo : p. 154 ; Olbermann Sven : p. 64 ; Prashant_Agrawal : p. 107 ; Puddori Luciano : p. 38 ; S. Antonio : p. 6 b. ; S74 : p. 123 ; Sfocato : p. 133 ; Smiths Janis : p. 4 ; Solodov Alexey : p. 250 ; Ultimathule : p. 12 ; Zilli Roberto : p. 151.

HEMIS

Ansaloni Marco : p. 99, p. 254 ; BAGHEERA/PROPIXO : p. 200 ; Berthier Emmanuel : p. 191 ; Borgese Maurizio : p. 137, p. 166 ; Degas Jean-Pierre : p. 40, p. 96 ; Jon Arnold : p. 86, p. 240 ; Maisant Ludovic : p. 149 ; Montico Lionel : p. 94, p. 104, p. 110, p. 116, p. 162, p. 185, p. 186, p. 256 ; Morandi Bruno : p. 81, p. 173, p. 188, p. 193, p. 238, p. 244, p. 246 ; Pompe Ingolf : p. 255 ; Westend61 : p. 62.

AGE FOTOSTOCK

AddiSpex Alessandro : p. 142 ; Ciaboch Claudio : p. 84 ; Ricatto Giorgio : p. 89 ; Guido CozziAtlantide : p. 108 ; Held Jürgen : p. 113 ; Reuther Joerg/imageBROKER : p. 36 ; Sobreira Miguel : p. 165.

PHOTONONSTOP

Addis Alessandro/SIME : p. 34 ; Albanese Alessandra/Sime : p. 176 ; Morin Arnaud : p. 194.

La présente édition de ce guide a été mise à jour par **Veronica Maiella**

L'édition originale a été établie par **Nathalie Rouveyre-Scalbert** et **Anthony Moinet**.

Direction : Nathalie Bloch-Pujo

Direction éditoriale : Cécile Petiau

Édition : Marine Barbier-Blin, Camille Dupont, Émilie Lézénès, Géraldine Péron, Adam Stambul et Julie Wood

Suivi éditorial : Isabelle Guilhamon

Ont également collaboré : Marella Barbera et Marion Vergnolle

Cartographie : Aurélie Huot et Frédéric Clémençon

Fabrication : Liza Sacco

Conception graphique de la couverture et de la maquette intérieure : Thibault Reumaux

Mise en pages intérieure : Chrystel Arnould

Contact presse : Rachida Mazef, rmazef@hachette-livre.fr ☎ 01 43 92 36 66

Pour nous écrire : Hachette Tourisme / Guides Évasion
58, rue Jean-Bleuzen – 92170 Vanves
evasion@hachette-livre.fr
Pour nous lire : www.guide-evasion.fr
Facebook @GuideEvasion • **Instagram** @ guideevasion • **Twitter** @GuideEvasion

Édité par Hachette Livre, 58 rue Jean-Bleuzen, CS 70007, 92178 Vanves cedex
Imprimé en République tchèque par Finidr
Achevé d'imprimer : février 2020 – Dépôt légal : mars 2020
Collection n° 25 – Édition n° 01
ISBN : 978-2-01-706109-0
N° de codification : 65-5707-9